Der Prozess der Organisationsberatung

Achim Loose

Bibliografische Information der Deutschen Nationalbibliothek: Die Deutsche Nationalbibliothek verzeichnet diese Publikation in der Deutschen Nationalbibliografie; detaillierte bibliografische Daten sind im Internet über dnb.de abrufbar.

Zugl.: Wuppertal, Bergische Universität, Diss.

Verlag: BoD • Books on Demand GmbH, In de Tarpen 42, 22848 Norderstedt
Druck: Libri Plureos GmbH, Friedensallee 273, 22763 Hamburg
Umschlagbild: Franz Wilhelm Seiwert, Arbeiter (Öl auf Leinwand, 1926)

ISBN: 978-3-7597-3526-3

Inhaltsverzeichnis

1 Organisationsberatung als Prozess

„Organisieren geschieht durch Prozesse."
(334, S. 130)

„Beratung dauert" (218) merkt Oskar Neuberger kurz und knapp an und deutet damit darauf hin, dass im Rahmen beratender Kommunikation und Aktivität etwas vor sich geht, eine Entwicklung stattfindet und die Zeit hierbei eine wichtige Rolle spielt. Die externe Beratung von Organisationen ist kein auf einen Zeitpunkt oder beliebig kurzen Zeitraum komprimierbares Phänomen. Beratung ist in der Regel ein mehr oder weniger lang andauernder Prozess, der gekennzeichnet ist durch Kommunikation, Voran- und Zurückschreiten, perspektivische Wechsel, Verengungen und Erweiterungen sowie Veränderung und Bewahrung – und eben durch Zeitbedarf. Etwas geht zwischen Rat suchenden und Rat gebenden Akteuren vor sich, etwas wird bewegt oder bewegt sich. Und immer sind Prozess und Ergebnis einer Beratung Ko-Produktion von Berater(n) und Klient(en), das heißt gemeinsam Erarbeitetes von den, am Verlauf einer Beratung Beteiligten. Ein derart bewegtes und bewegendes (Veränderungs-) Vorhaben „ist keine punktuelle Entscheidung, es stellt immer einen Prozess dar" (82, S. 382). Der – nicht zwangsläufig in verändernde Bewegungen versetzende – externe Rat, Hinweis oder Vorschlag kann, wie wir im Folgenden sehen werden, auf vielfältige Art und Weise in Organisationen erforderlich werden und in unterschiedlichsten Formen und Verfahren an die Frau, den Mann, das Management und/oder die Organisation gebracht – von externen Akteuren heran- und hereingetragen – werden.

Spricht man von Beratung, so bezieht man sich im Alltagsverständnis zumeist auf diejenigen kommunikativen Aktivitäten zwischen mindestens zwei Akteuren, in denen in der Regel versucht wird, Wissen zu vermittelt und zugleich immer subjektiv geprägte Erfahrungen, Ansichten, Einschätzungen, Unterscheidungen, Interpretationen und Empfehlungen transportiert bzw. weitergegeben werden. Beratung ist daher zum einen eine selbstverständliche, in zwischenmenschlichen Beziehungen tagtäglich praktizierte und in der Regel naiv durchgeführte Angelegenheit, an der jeder auf der einen oder anderen Seite einer „Berater-Klienten-Beziehung" schon einmal teilgenommen hat. Zum anderen kann Beratung eine professionelle und oftmals hochbezahlte Tätigkeit unterschiedlicher Experten mit besonderen formalen Anforderungen und inhaltlichen, oftmals wissensintensiven – auf personales wie organisationales Lernen und Veränderung zielenden – Akzenten sein. Die alltägliche Beratung konkretisiert sich oftmals in nicht-professionellen Beratungsgesprächen, die einen Teilbereich der normalen zwischen-

1

menschlichen Kommunikation ausmachen und einen mehr oder weniger reflexiven Umgang mit verbalen und non-verbalen Aspekten des zwischenmenschlichen Kontaktes erfordern (245, S. 29) wenn es darum geht, gute Problemlösungen und/oder richtige Entscheidungen durch (gemeinsame) Überlegung zu finden. Professionelle Beratung zielt hingegen auf die Identifikation, Konkretisierung, Reflexion und (Auf-) Lösung spezieller, in der Regel komplizierter(er) Frage- und Problemstellungen mit Blick auf die

- physische und psychische Verfasstheit von Personen (u.a. medizinische, gesundheitliche, psychologische oder psychotherapeutische Einzel-Beratung),
- Interaktionsprozesse zwischen zumindest zwei Akteuren – beispielsweise in Familien und (Klein-) Gruppen (Familientherapie, Gruppenberatung, Team-Supervision),
- individuellen sowie gruppenspezifischen (Entwicklungs-) Potenziale in sozialen Kontexten (z.b. Einzel- und Gruppencoaching, Supervision, Personal- und Teamentwicklung),
- Veränderung (und/oder Bewahrung) von Organisationen (Organisationsberatung und –entwicklung) sowie auf die
- gestalt- und steuerbare Entwicklung von Politik und (Welt-) Gesellschaft (Politikberatung).

In jedem der genannten Themenfelder sind unterschiedliche Erwartungen der beteiligten Akteure an den Beratungsprozess relevant, gelten andere Ordnungsvorstellungen für den Interaktions- und Prozessverlauf, dominieren andere formelle und informelle Regeln sowie Ressourcen das Geschehen, bewegen andere Leitbilder, Orientierungen, Theorien, Interessen und Dynamiken das Handeln der Akteure und sind je spezifische Kontexte von Bedeutung. Im Besonderen der Beratungsprozess von Organisationen – hier verstanden als *externe* Beobachtung, Beschreibung, Analyse und Intervention durch Berater und Beraterinnen – erfordert aufgrund der hohen (Eigen-) Komplexität des Beratungsgegenstandes sowie der zu berücksichtigenden Beziehung zwischen Klienten und Beratern immer eine gegenstands*spezifische* Betrachtung. Und dies auf der Basis mehr oder weniger stark ausdifferenzierter kommunikations- und organisationstheoretischer Orientierungen und (Beratungs-) Ansätze des Beraters.

Im Vordergrund der im folgenden dargelegten Überlegungen zum *Prozess der Organisationsberatung* stehen weder Individuen – und damit auf Personen zentrierte Beratungs- bzw. Therapieansätze – noch *gruppen*dynamisch oder -therapeutisch geprägte Überlegungen, Methoden und (Interaktions-) Theorien, sondern Frage- und Problemstellungen, die im Kontext von zumeist organisationsintern initiierten und extern unterstützten Prozessen des (Re-) Organisierens auftauchen bzw. hierbei von Bedeutung sind. Eine Reflexion auf Reorganisation und auf den Prozess organisationaler Veränderung muss – im Besonderen wenn sie an Aspekten und Möglichkeiten *externer* Beratung interessiert ist – den kommunikativen und interaktiven sowie periodischen Charakter einer beratenden Begegnung berücksichtigen, der sich, auf einer persönlichen Ebene, zwischen Berater und Klient sowie, auf interorganisationaler Ebene, zwischen Beratungs- und Klientenorganisation entwickelt. Mein thematischer Schwerpunkt liegt daher auf den *interorganisationalen Beziehungen* zwischen einer ratgebenden und ratempfangenden Organisation sowie auf den sich hieraus ergebenden Anforderungen, Problemen, Lösungsansätzen, Spannungsverhältnissen sowie (Management-) Funktionen, die Berater und Klienten im Verlauf eines Beratungsprozesses – immer mehr oder weniger gemeinsam und kooperativ – zu bewältigen haben.

Wer nach einem externen (Re-) Organisationsberater ruft erwartet in der Regel den Rat eines Experten, das heißt er hofft auf detailliertes – im Idealfall theoretisch fundiertes – Wissen, umfangreiche (Fach-) Informationen sowie vielfältige praktische Erfahrungen im Umgang mit problematischen Fragen des (Re-) Organisierens in Unternehmen. Gesucht (und erwartet) werden zumeist klare, verständliche und in der ratsuchenden Organisation anschlussfähige Vorschläge (Interventionen) des Beraters zum Erreichen spezifischer, sich oftmals erst im Beratungsprozess konkretisierender Zielvorstellungen. Gefragt sind hierbei die Kompetenzen, Fähig- und Fertigkeiten sowie Ressourcen eines Beraters bzw. Beratungsteams in den unterschiedlichsten (Aufgaben-) Feldern. In einem Beratungs- und Reorganisationsprozess will der Ratsuchende zumeist *an die Hand* genommen werden und einen (für ihn) sicheren, gut begehbaren, rational nachvollziehbaren, gut vermittelbaren, gewinnbringenden sowie – letztendlich – seine (Haus-) Macht vermehrenden Weg gewiesen bekommen, der ihm – aus welchen Gründen auch immer – allein so nicht zugänglich gewesen wäre. Was er hingegen nicht erwartet ist die Platzierung in einem Labyrinth kontingenter Möglichkeiten, in welches er von dem Berater geführt wird, der sich dann durch einen der zahllosen Irrgänge entfernt.

Mit Blick auf den Prozess der Organisationsberatung sind es vor allem drei Frage- bzw. Problemstellungen, die im Folgenden detaillierter betrachtet werden. Zum einen ist die Beratung von Organisationen durch Organisationen ein Interaktionsprozess zwischen zumindest zwei Organisationen – einer Rat gebenden und einer Rat nachfragenden bzw. -empfangenden Organisation. Eine derartige Betrachtungsweise bietet sich an, da in der vielfältigen und heterogenen Literatur zur Organisationsberatung eine explizite Betrachtung der interorganisationalen

Besonderheiten einer Berater-Klienten-Beziehung fast ausschließlich durch die Systemtheorie geleistet wird. Zweitens werden in der Fachdiskussion die, Beratung erforderlich machenden, Organisationsprobleme oftmals als mehr oder weniger existent und konkret beschreibbar vorausgesetzt, ihr *da-sein* bzw. *eben-so-sein* naiv unterstellt und ihr besonderer Entstehungsprozess nicht explizit zum Thema gemacht. Diverse (Re-) Organisationsprobleme sind – so wird dann unterstellt – einfach vorhanden („das sieht doch jeder") und eben nicht –durch wen auch immer – interessiert erzeugt. Daher wird dem Prozess der Problementstehung hier ein zentrales Kapitel gewidmet. Drittens wird der (soziale) Prozess der Problemlösung und organisationalen Veränderung – die extern unterstützte Reorganisation – selten theorieorientiert und wenn doch, dann inzwischen dauerhaft und sehr exklusiv, aus der Perspektive der modernen Systemtheorie betrachtet. Mit der Strukturationstheorie von Anthony Giddens wird hier ein alternatives, auf zahlreichen Anwendungsfeldern erprobtes sozialtheoretisches Konzept auf das Thema Organisationsberatung angewendet.

Um dem Leser und der Leserin einen ersten Einblick in das Themenfeld der Organisationsberatung zu ermöglichen geht es im 2. Kapitel zunächst um eine Skizze der, in der Beratungspraxis auffindbaren Vielfalt. Dazu werden der Beratungsmarkt bzw. das Angebot an Beratungsdienstleistungen, die Anlässe für eine Beauftragung externer Organisationsberater sowie das Problem der Beratungsevaluation kurz dargestellt. Im 3. Kapitel werden dann drei zentrale, in der Beratungspraxis relevante Leitbilder vorgestellt, die das (Re-) Organisieren, das reflexiv-reorganisierende Handeln der Akteure mehr oder weniger bewusst anleiten und jedem Beratungsprozess (s)eine spezifische Prägung verleihen. Im Einzelnen geht es hierbei um die Leitbilder der Fremd-, Mit- und Selbstorganisation. Im 4. Kapitel wird ein erstes Resümee gezogen, welches die externe Beratung von Organisationen als spezielle Interorganisationsbeziehung charakterisiert und die besonderen Anforderungen an eine theoretische Betrachtung eines interorganisationalen Beratungsprozesses aufzeigt.

Im Anschluss wird im 5. Kapitel die Sozialtheorie von Anthony Giddens – die Theorie der Strukturation – vorgestellt, ihre Bedeutung u.a. für die (Inter-) Organisationstheorie erläutert und in Kapitel 6 für den Prozess der Organisationsberatung fruchtbar gemacht. Hierbei geht es konkret um einen strukturationstheoretisch informierten Blick auf die selbst problematischen Prozesse der sozialen Konstruktion von Problemen in und zwischen Organisationen (6.1) sowie auf den Prozess der Problemlösung – hier: der Reorganisation – sowie auf die besonderen Spannungsverhältnisse, mit denen Berater und Klienten im Verlauf eines Reorganisationsprozesses umgehen müssen (6.2). Im Anschluss werden vier Metafunktionen interorganisationaler Beratungsprozesse – die Funktionen der Selektion, Regulation, Allokation und Evaluation skizziert (6.3). Abschließend geht es im 7. Kapitel im Rahmen eines Ausblicks um das Thema „(Inter-) Organisationsberatung und Unternehmungsnetzwerke", da sich einerseits externe Berater zunehmend in wissensintensiven Beratungsnetzwerken organisieren, andererseits nicht nur einzelne Unternehmen oder Unternehmensbereiche (wie z.b. Profit-Center oder strategische Geschäftseinheiten) Rat nachfragen, sondern ebenso miteinander vernetzte, mehr oder weniger (un-) abhängig voneinander agierende – (Netzwerk-) Organisationen im Rahmen ihrer Entstehungs- und Entwicklungsprozesse.

2 Der Markt für Beratungsdienstleistungen

2.1 Das Beratungsangebot: vielfältig und unübersichtlich

Wer nicht mit der Zeit geht,
geht mit der Zeit.

Die Beratungspraxis ist durch ein vielfältiges, sich zunehmend ausdifferenzierendes und in Folge unübersichtlicher werdendes Dienstleistungsangebot gekennzeichnet. Ebenso wie in nahezu allen Bereichen der Gesellschaft ist auch der Differenzierungsdruck in der Beraterbranche dauerhaft intensiv. Und entsprechend der gesamten Beratungsszene präsentiert sich auch der Markt für Organisationsberatung als zunehmend heterogen und umfasst unterschiedlichste Themen, Inhalte und Schwerpunkte sowie divergente Vorgehensweisen der Beratenden – z.b. hinsichtlich der zum Einsatz kommenden Analyse- und Interventionsmethoden sowie der von ihnen im Beratungsprozess eingenommenen Beraterrollen (242, S. 68; 206, S. 181; 70, S. 160 u. 209; 19, S. 22).

Die von den Beratungsunternehmen angebotenen Dienstleistungen und die von ihnen in der Regel zeitlich begrenzt übernommenen Aufgaben sind daher ebenso umfassend und komplex wie die in der Organisations- und Managementpraxis erwarteten, befürchteten oder wahrgenommenen Probleme. In Abhängigkeit von historisch unterschiedlichen Problemsituationen und/oder Management- bzw. Organisationsmoden – so beispielsweise die Debatten um Lean Production, Business Process Reengineering oder aktuell um resiliente und/oder agile Organisationen – haben sich wechselnde Nachfrageakzente gebildet, die die Beratungsinhalte ebenso wie die Vorgehensweise(n) der Berater – mithin die Ausgestaltung eines Beratungsprozesses – maßgeblich beeinflussen. Rückblickend verlief die Entwicklung – sehr verkürzt zusammengefasst – von stärker technisch und ingenieurwissenschaftlich orientierten, in der Tradition des Scientific Management stehenden Ansätzen der Produktions- und Betriebsberatung über betriebswirtschaftliche Beratungen bei Umsatz- und Ertrags-, Finanzierungs- und Bilanzierungsproblemen bis zu – damit eng verknüpften – Fragen der Beschaffung, des Absatzes und des Personals. Aktuell liegen die Beratungsschwerpunkte – in übereinstimmender Einschätzung von Beratern und Klienten – bei der ganzheitlichen Führungs- und (Re-) Organisationsberatung (Strategie- und Kulturberatung, Organisationsentwicklung, Netzwerkberatung) sowie – vor dem Hintergrund der aktuell stattfindenden 4. Industriellen Revolution – im Bereich der Digitalisierung und des Einsatzes von Künstlicher Intelligenz (38, S. 46; 133, 0510 S. 2; 206, S. 182f.; 269, S. 15f.). Hinter dieser unübersichtlichen Vielfalt der vorhandenen Angebote an Beratungsdienstleistungen steht zudem das zusätzlich verunsichernde, ebenfalls sehr unterschiedliche und mehr oder weniger verlässliche, vertrauenswürdige, methodisch angeleitete, theoretisch abgesicherte, praktisch erprobte und schwer zu beurteilende – Vorgehen der ratgebenden Personen im konkreten Einzelfall. Die hier angedeutete Variationsbreite und die damit einhergehende Komplexität des Beratungsangebots wie auch diejenige der konkreten Vorgehensweisen im Beratungsprozess führt zu erheblichen Unwägbarkeiten bei ratsuchenden Klienten und wird immer wieder ebenso treffend wie hilflos beklagt.

Einfalt in der Vielfalt
Im Gegensatz zu der – aufgrund der vorhandenen Angebotsvielfalt erwartbaren – Pluralität und kundenbezogenen Individualität von Beratungsprozessen sowie im Widerspruch zu der hier vorherrschenden „Rhetorik des Neuen" (348, S. 5) und den immer wieder betonten Verlautbarungen der Beratenden, dass sie als Geburtshelfer und Begleiter beim Erkennen und Umsetzen von (organisationalen) Innovationen agieren, ist die Beratungspraxis eher durch einen Konservatismus gekennzeichnet, der oftmals – trotz gegenteiliger Bekundungen und durchaus mit guten Gründen – an etablierten Ideen, bewährten Konzepten und routinisierten Vorgehensweisen des (Re-) Organisierens festhält.[1] Die Beratungsprojekte und die hierbei von den Beratern eingesetzten Analyse- und Interventionsmethoden zielen oftmals mehr auf eine gewollte Bewahrung und Konservierung bestehender Organisationsroutinen, Sichtweisen, Leitbilder und (Macht-) Verhältnisse als auf grundlegende organisatorische Erneuerungsprozesse (289, S. 19). Viele der angebotenen Beratungsleistungen sind daher nur bei einer flüchtigen Betrachtung und in der Rhetorik der Berater vielfältig und innovativ. Denn selten soll in Beratungsprojekten die theoretisch mögliche Variationsbreite, Flexibilität und Kreativität externer Beratung praktisch realisiert bzw. ausgereizt werden. Zwar existieren am Beratungsmarkt fundamental unterschiedliche Ansätze, die – wie wir noch genauer sehen werden – auf unterschiedlichen Leitbildern, Metaphern sowie Theorien der Organisation bzw. des (Re-) Organisierens aufbauen, aber diese können sich – schaut man genauer – in der (Beratungs-) Praxis nach wie vor nicht gleichberechtigt durchsetzen. Nach einer Einschätzung von Staehle (289, S. 4) beruhten zum damaligen Zeitpunkt etwa 95%

---

[1] Aktuell hierzu Ernst/Kieser (73, S. 53ff.) mit Blick auf die „commodification" des Beraterwissens, der Beratererfahrungen und des Wissenstransfers im Beratungsprozess.

aller Beratungsaufträge und –projekte auf einem eher konservativ-traditionellen Beratungsansatz.[2]

Vergleichbar und immer noch zutreffend äußern sich Ibielski/Küster/Sebode (133, 0510, S. 2; 1300, S. 2) in dem von ihnen herausgegebenen Handbuch zur Unternehmensberatung: „Bei einer Analyse verschiedener Erhebungsergebnisse überrascht jedoch die Tendenz, dass sich die Praxis überwiegend in herkömmlichen Problemkategorien beraten lässt [...]". Die Ratsuchenden „sind nicht nur in konventionellen Grenzen gefangen, ihnen fehlen Orientierungshilfen anhand externer Daten, die mutige Entscheidungen zur Neuordnung dessen auslösen, was wirklich zur Zukunftssicherung unabdingbar ist. [...] In vielfacher Hinsicht äußert sich das Beratungsangebot in ähnlich konservativer Weise. Und dort, wo ein *revolutionärer Berater* auftritt [...] erleidet dieser Schiffbruch, weil seine Management-Philosophien zu hochgestochen sind. Die Modelle [...] finden [...] nicht den tragfähigen Ansatz zur Umsetzung und Anwendung im praktischen Geschehen." Und ebenso betonen Gabele/Hirsch (86, S. 494) in ihrer empirischen Untersuchung zur Qualität betriebswirtschaftlicher Beratungsleistungen, dass es nur einem guten Berater gelingt „aus traditionellen betriebswirtschaftlich und/oder praktischen Denkschemen herauszutreten bzw. sich von diesen zu lösen". Daher plädieren sie für die – auch gegenwärtig noch nicht realisierten – Einführung einer Weiterbildungspflicht für Berater, die diesen die Teilnahme an entsprechenden Schulungsmaßnahmen auferlegt und ihnen „Basiswissen neuesten Stands vermittelt" (86, S. 497).

Diese Qualifizierungsoffensive wird vermutlich in der Erwartung eingefordert, dass die Berater – wenn sie erst einmal mit dem aktuellen, notwendigen und richtigen Wissen ausgestattet sind – problemlos als externe Innovatoren in Organisationen tätig werden können. Dabei unterliegen die Qualifizierungsbefürworter aber gelegentlich der Fehleinschätzung, die Gründe für den Konservatismus der Beratung überwiegend in der Person des Beraters, das heißt in seinem mangelhaften Ausbildungsstand und/oder seinen veralteten Analyse- und Interventionsmethoden zu verorten. So vernachlässigen sie bei ihrer Einschätzung den oftmals konservierenden Einfluss des Handlungs- und Beratungskontextes, das Beharrungsvermögen organisationaler Routinen bzw. den strukturell bedingten Konservatismus von Organisationen. Sie übersehen zudem die Bedeutung der eher bremsenden machtdurch-

---

tränkten Interaktionen zwischen den Organisationsmitgliedern einerseits, zwischen Beratern und Klienten andererseits. Diese aber müssen bei einer genaueren Untersuchung der Ursachen dieses Konservatismus berücksichtigt werden und lassen dann einseitig personifizierende Zuschreibungen als unzureichend deutlich werden. Grundsätzlich sind Organisationen, ist organisationale (soziale!) Wirklichkeit fast immer widerständig, lastend und bedrängend. Diese „ist träge auch dort, wo sie begrifflich verfasst ist – und wir haben mit ihr [auch bzw. gerade in Organisationen, A.L.] nicht nur in ihrer begrifflichen Verfasstheit zu tun" (29, S. 34).

Mit Blick auf das ratsuchende Management stellen Ortmann et al. (227, S. 455) als ein Ergebnis ihrer mikropolitischen Analysen zur Einführung und Nutzung computergestützter Informations- und Planungssysteme fest: „Es zeigt sich nämlich, dass der Innovationsbereitschaft des oberen Managements auf technologischem Gebiet ein ausgeprägter Konservatismus bei der Umsetzung organisatorischer Innovationen gegenübersteht. Reorganisationen im Bereich der Arbeitsabläufe oder gar der Abteilungs- und Hierarchiestrukturen werden eher gemieden als gesucht und gefördert."[3]

Verständlicher wird dieser Widerspruch zwischen dem oft und lautstark kommunizierten Anspruch der Beratung und der tatsächlichen Beratungspraxis dann, wenn man die Einschätzung der Ratsuchenden, was Unternehmensberatung für sie ist bzw. sein sollte sowie ihre Erwartungen an Berater und Beratungsprozess genauer betrachtet. Zum einen wird die externe Beratung von den Kunden als eine Dienstleistung angesehen die der Stärkung der eigenen Wettbewerbsfähigkeit und Innovationskraft dienen soll. Die beratene Unternehmung – zumindest aber das ratsuchende und zahlende Management – möchte nach der Beratung besser darstehen als zuvor. Die dieser Orientierung entsprechenden quantitativen Beratungsziele lauten – wenig überraschend – Erhöhung des Marktanteils, Effektivitäts-, Produktivitäts-, Umsatz- und Ge-

---

[3] Pfeffer/Salancik (236, S. 9f.) liefern – im Rahmen einer Untersuchung zu der Bedeutung einzelner Akteure in organisierten Kontexten – weitere Begründungen für diesen organisationalen Konservatismus. Erstens führen "both personal and organizational selection processes [...] to similarity among organizational leaders. This means that there is a restriction on the range of skills, characteristics, and behaviors of those likely to achieve positions of importance in organizations. Second, even when a relatively prominent position in the organization has been achieved, the discretion permitted to a given individual is limited. Decisions may require the approval of others in the organization; information used in formulating the decisions comes from others; and persons may be the target of influence attempts by others in their role set – these social influences further constrain the individual's discretion."

winnsteigerung sowie Kostensenkung oder aber – stärker qualitativ und deutlich unbestimmter – die (Konkretisierungs-) Arbeit an eher unspezifischen Problemlagen (ausführlich hierzu Abschnitt 6.1). Entsprechend dieser Erwartungen sehen die Klienten in dem Berater nach wie vor überwiegend den aktiven *Experten und Problemlöser* und versprechen sich von ihm vor allem eine objektive (!) Diagnose der bestehenden (Unternehmens-) Situation sowie darauf aufbauende, kurzfristig realisierbare und erfolgreiche Therapievorschläge. Die den Beratungsmarkt dominierenden Beratungsansätze sind dementsprechend gekennzeichnet durch den Anspruch technisch-organisatorischer sowie systemischer Rationalisierung und durch Maßnahmen zur Verbesserung der (Gesamt-) Effizienz der Unternehmung.

Weitere Zielvorstellungen der ratsuchenden Klienten belegen zudem eine oftmals wenig innovationsfreundliche Orientierung. Denn die potenziellen Kunden wollen – wie bereits angedeutet – durch einen Beratungsauftrag nicht aufs Glatteis geführt werden, sondern vielmehr auf Nummer Sicher gehen. Zurückgeführt werden kann diese konservative, eher risikoaverse und sicherheitsorientierte Grundeinstellung – über die zuvor bereits genannten Gründe hinaus – auf die, bei Beratern wie Führungskräften vorherrschenden Erfahrungen und handlungsanleitenden (Alltags-) Theorien über Organisation und (Re-) Organisieren, die diese im Verlauf ihrer (Berufs-) Ausbildung und (Management-) Praxis erworben haben und die mitbestimmen, was an welchen Realitätsausschnitten oder an bearbeitungsbedürftigen Organisationsproblemen jeweils als relevant erachtet wird und wie diese in den problematisierenden Blick der Akteure geraten. Diese mehr oder weniger naiven und oftmals unreflektierten Organisations- und Verhaltensmuster bestimmen die Vorstellungen der Akteure über effizientes Funktionieren und Intervenieren, erforderliche Steuerungs- und Kontrollmaßnahmen sowie extern angeleitetes Gestalten und Verändern von Organisationen aber an zentraler Stelle mit. Entsprechend ihrer konservativen Grundhaltung verstehen Klienten wie Berater ihre Arbeit zumeist als gezielte, instrumentelle Verursachung von intendierten Wirkungen und orientieren ihr Vorgehen oftmals an mechanistischen Organisationsbildern sowie einer organisationsexternen, funktionalen Rationalität (vgl. hierzu Kapitel 3). Die theoretische Grundhaltung von Beratern, Klienten und den, die Praxis bestimmenden Beratungsansätzen, die hinter der vermeintlichen Angebotsvielfalt sichtbar wird, ist oftmals gekennzeichnet durch naive Machbarkeitsvorstellungen, die Annahme einer prinzipiell beliebigen Gestaltbarkeit von Organisationen bzw. der Beeinflussbarkeit von Strukturen und Prozessen, wie auch durch die Nicht-Berücksichtigung der bestehenden – für organisationale Innovationen und Reorganisationen aber zentralen – Machtverhältnisse und (mikro-) politischen Interessenlagen der Akteure.

Zusätzlich zu diesen basalen (alltags-) theoretischen Orientierungen lassen sich weitere Ursachen für die grundsätzliche Aversion von Organisationen und Management gegen Wandel und Veränderung, Innovation und Reorganisation aufdecken. Zum einen liegen diese in – in der Vergangenheit getätigten – hohen Investitionen in spezialisierte Maschinen, Anlagen, Humanressourcen und soziale Beziehungen (Beziehungskapital) begründet. Neben diesen *sunk costs* behindern fehlende oder unvollständige (Markt-) Informationen über Veränderungs- und Anpassungserfordernisse, die Macht der Gewohnheit, die Trägheit etablierter Organisationsroutinen und Routinespiele sowie die Angst der Mitarbeiter vor einem Arbeitsplatz- oder Machtverlust Wandlungsprozesse in Organisationen (227, S. 464ff.; 60, S. 10).

Darüber hinaus ist die praktizierte Vorgehensweise der Berater nicht vorrangig von mehr oder weniger ausdifferenzierten und theoretisch fundierten (Beratungs-) Konzepten sowie einer darauf aufbauenden Hypothesenbildung bestimmt, sondern mitunter charakterisiert durch eine, das eigene Überleben sichernde Orientierung an der Verkäuflichkeit ihrer Beratungsangebote sowie an, die Beratungsexistenz sichernden Empfehlungen und/oder Folgeaufträgen (105, S. 127). Die hierdurch zum Ausdruck kommende materielle *Abhängigkeit* zumindest kleiner (Einzel-) Berater kann ein umfassend selbstbestimmtes Auftreten sowie die – via eigener (Macht-) Ressourcen gelingende – Propagierung und unkomplizierte Durchsetzung innovativer Ideen und Ansätze durch den Berater verhindern. Von Beratern und Kunden gemeinsam geteilte – hier konservative – Managementphilosophien und Organisationsbilder erleichtern zudem den einvernehmlichen Abschluss eines Unternehmensberatungsvertrages und die im Verlauf eines Beratungsprozesses notwendig werdenden Kommunikations- und Abstimmungsprozesse bzw. die inhaltliche Zusammenarbeit zwischen Beratern und Management.[4]

Auf der Kundenseite entspricht dieser mehr oder minder opportunistischen Orientierung der Berater an den Interessen, Erwartungen und Sichtweisen seiner Klienten[5] eine – ebenfalls machttheoretisch be-

---

[4] Die in diese Beratungs- und Managementphilosophien eingeschriebenen Normen und Werte sowie die Anschlussfähigkeit der Sichtweisen von Beratern und Klienten werden im Kapitel 6 als in diesem Kooperationsprozess relevante, rekursiv stabilisierte Regeln der Legitimation und Signifikation genauer untersucht.

[5] Gegen diesen Opportunismusvorwurf setzen sich die Berater allerdings mit halb und halb überzeugenden, die strukturellen Besonderheiten der Interaktionsbeziehung zwischen Klienten und Beratern berücksichtigenden Argumenten zur Wehr.

gründbare – Orientierung weniger an den Anforderungen und Problemlagen der Unternehmen, sondern an stabilisierenden Legitimationsleistungen des Beraters zur Bestätigung bereits intern getroffener Entscheidungen sowie zur Absicherung eigener (Macht-) Positionen im Unternehmen. So ist es in der Praxis durchaus üblich, dass Unternehmen bzw. die Geschäftsführung einen Beratungsauftrag ausschließlich nach persönlichen bzw. subjektiven Gesichtspunkten vergeben (133, 0510, S. 4) und hierbei eine Instrumentalisierung der Berater bei innerbetrieblichen Machtkämpfen stattfindet (163, S. 57; 73, S. 55ff.).

Es bleibt aber prinzipiell offen und unbestimmt, wer sich im Verlauf eines Beratungsprozesses und den hier stattfindenden Interaktionen jeweils durchsetzen wird, wer diesen Prozess dominiert und wer sich an wen mehr oder weniger anpassen wird. Bedeutet die – oftmals gewünschte und immer wieder postulierte – *Unabhängigkeit des Beraters* von dem Ratsuchenden zugleich dessen Machtlosigkeit und sein Ausgeliefertsein im Beratungsprozess? Ist es der objektive, aktive und machtbewusste Organisationsberater, der als Unternehmensexterner dominierenden Einfluss auf den Prozess des Organisierens (334) entwickeln kann und die Entwicklungsrichtung des (Reorganisations-) Prozesses bestimmt?[6] Hat der Berater ausschließlich das machtvoll vertretene Interesse der beratenen Unternehmung und des beauftragenden Managements zu wahren, dessen Problemsicht auszuloten und bruchlos bei der Ausarbeitung entsprechender Lösungsvorschläge aufzugreifen? Oder sind drittens Prozess und Ergebnis der Beratung prinzipiell kontingent, das heißt immer so und auch anders möglich[7], und von den

---

Beispielsweise stellt Greiner (105, S. 145) diesbezüglich fest: „Hat die antizipierte Lösung des Auftraggebers keine offensichtlich negativen Konsequenzen, so unterstützt der Unternehmensberater dessen Lösung mit sachlichen Argumenten, insbesondere durch saubere Ausarbeitung und Bewertung mehrerer Alternativen. Dies hat nichts mit Opportunismus zu tun, sondern stellt lediglich das verantwortungsbewusste Ausnutzen von Spannungsgefällen im Sinne der eigenen Ziele dar. Mit diesem Vorgehen ist sowohl Auftragnehmer als auch Auftraggeber gedient" (so auch 130, S. 223ff.).

[6] Durch welche (Macht-) Ressourcen der intervenierende Einfluss eines externen Beraters grundsätzlich möglich wird, wird an späterer Stelle thematisiert (vgl. hieruzu Abschnitt 6.2).

[7] Das Problem der Kontingenz spielt (auch) in Beratungsprozessen eine nicht unbedeutende Rolle. Begreift man Kontingenz als „Enttäuschungsgefahr und Notwendigkeit des Sicheinlassens auf Risiken" (186, S. 31), da alles auch ganz anders möglich ist als ursprünglich erwartet wurde, so ist grundsätzlich nichts zwangsläufig notwendig, wenn (externe) Organisationsberatung stattfindet. Als „negierte Notwendigkeit" tritt sie an vielen Stellen eines Beratungsprozesses offen zutage. Speziell wenn es um folgende Fragen geht: 1. Wie entstehen spezielle Sichtweisen von

beteiligten Akteuren erst in und durch ihre sozialen Praktiken gestaltetes Produkt der Interaktionsgeschichte zwischen Berater und Klient bzw. zwischen Berater- und Klientensystem? In diesem Fall wird die Gestaltung des Beratungsprozesses mitbestimmt von den spezifischen Beratungsinteressen und Handlungsmöglichkeiten sowohl des externen Beraters als auch denjenigen des Klienten, von dem weiteren Handlungskontext und seinen strukturellen Merkmalen, soll heißen den die Beratung zugleich ermöglichenden und restringierenden Rahmenbedingungen.

Die Vielfalt der Beratungsangebote und die daraus resultierende Intransparenz des Beratungsmarktes wird – dies soll zusammenfassend festgehalten werden – durch die oftmals einseitig ausgerichteten Interessen und eine theoretisch ähnliche Grundüberzeugung der Ratsuchenden wie der Berater relativiert. Dennoch bleibt die (Beratungs-) Situation durch eine andere prinzipielle Unsicherheit – nämlich die Kontingenz des sozialen Beratungs- und Interaktionsprozesses – gekennzeichnet, die mit der expansiven Entwicklung des Beratungsmarktes und der steigenden Anzahl an Beratern und Beratungsangeboten weiter zunehmen wird. Denn die Intransparenz des Beratungsmarktes beruht nicht lediglich auf einem umfassenden Beratungsangebot, sondern ist zentral mit den generellen Eigenschaften dieser abstrakten Dienstleistung verknüpft. Das immaterielle Produkt Beratung ergibt sich erst im bzw. durch den Prozess seiner Erstellung und ist a priori schlecht spezifizierbar. Zudem ist das Beratungsergebnis oftmals nicht direkt sicht- und bemerkbar bzw. entzieht sich einer schnellen quantitativen Bewertung durch harte – möglichst eindeutige – Kriterien. Kosten und Nutzen von Beratungsprozessen bleiben oftmals unklar, da greifbare Bewährungsmerkmale der Beratung fehlen. Und die Kunden sind zumeist nicht in der Lage, die Qualität der Berater sowie die ihrer Konzepte zuverlässig ein- und abzuschätzen oder diese gar im Vorfeld einer Beratung zu identifizieren (296, S. 2; 123, S. 177; 294, S. 7f.; 335, S. 194f.). Verstärkt wird diese Ungewissheit zudem durch die fehlende Berufsordnung und Ausbildung der Berater, durch die begriffliche Unklarheit und den inflationären Gebrauch des Begriffs der Unternehmens- bzw. Organisations-

---

Problemen in einer Organisation? Warum und wie wird ein Problem zum Problem? 2. Warum benötigt man externe Beratung? Kann man das Problem nicht auch organisationsintern lösen? 3. Wohin bewegt bzw. entwickelt sich ein Beratungsprozess? Ist sein Ergebnis antizipierbar, steuerbar, kontrollierbar, reproduzierbar? 4. Was will der externe Berater? Worin liegt sein Eigeninteresse begründet? Was kann er bzw. wie kann er (m)einem Unternehmen (effizient) helfen? 5. Wie können Beratungsleistungen verlässlich beurteilt werden?

beratung in Beratungspraxis und Literatur wie auch durch eine ungenügende (sozial-) theoretische Fundierung des Beratungsprozesses.

Die grundsätzliche Intransparenz und – als Folge – die problematische Steuerbarkeit eines umfassenden Beratungs- bzw. Reorganisationsprozesses erzwingen oftmals eine Orientierung der Klienten am bloßen Erfolg oder Misserfolg der Beratung: eine Ergebnisorientierung. Aber auch die jeweils realisierten Beratungs(miss)erfolge können nur schwer abgeschätzt, noch schwerer individuell zugerechnet werden, wenn auf mehr geachtet werden soll als beispielsweise auf die kurzfristige Einsparung von Beschäftigten. Erfolgsbeurteilungen sind ebenso wie die Frage nach der eigentlichen Prozessverantwortung zwischen Berater und Klient oftmals umstritten und Ergebnis eines interessiert und machtvoll geführten Zuschreibungsprozesses. Die (Miss-) Erfolgsgeschichten – und die hier festgeschriebenen (Miss-) Erfolgsanteile der jeweils beteiligten Akteure – werden eher auf der Basis (mikro-) politischer Prozesse des Absicherns und Zuweisens (227, S. 446ff.) als unter Berücksichtigung gemeinsam festgelegter (Effizienz-) Kriterien geschrieben. Der hiermit verbundene Legitimationsdruck der Berater, die sich im Prozessverlauf gegenüber ihren Klienten durchgängig als kompetente, verlässliche und vertrauensvolle Ratgeber erweisen müssen, zieht daher mitunter eine gewisse Scheinheiligkeit nach sich. Unter Legitimations- und Erwartungsdruck werden von den Beratern dann Scheinerfolge als reale präsentiert und die erwartete Sicherheit und Kompetenz der Beratung durch geschickt inszenierte Sicherheitssurrogate, Vertrauensillusionen und Erfolgsmythen substituiert (179). Ebenso gehört Bluffen, gehört das Pokern mit im Zweifelsfall nicht vorhandener Erfahrung, Beratungskompetenz und Umsetzungserfolgen – so verlautet es selbst aus dem Munde versierter Unternehmensberater — als wiederkehrender (Haupt-) Bestandteil zum Beratungsprozess und bestätigt die geäußerte Scheinheiligkeitsvermutung (134, S. 57). Wie begründet vor diesem Hintergrund die bei Rat suchenden Klienten immer wieder anzutreffenden Vorbehalte gegenüber externer Beratung und den Beratenden sind, wird nochmals deutlicher, wenn man einen Blick in die Veröffentlichungen und Stellungnahmen der Beratungsliteratur wirft. Diese zeichnen mitunter ein bedenkliches Bild der Beratungspraxis und charakterisieren diese wiederkehrend durch (134, 86; 35)

- erschreckende Qualitätsmängel,
- fehlende Qualifikation, arrogantes Auftreten, blinden Aktionismus und peinliche Schnitzer der Berater,
- die Zerstörung von Motivation und Betriebsklima durch externe Cost-Cutter sowie eine langfristige Demoralisierung der Mitarbeiter,

14

- trotz aller Aktivitäten der Berater keine Veränderung nachhaltig lähmender – von einzelnen Akteuren oftmals aber interessiert aufrechterhaltener – Unternehmensstrukturen,
- keine Berücksichtigung der – zum Teil großen – regionalen Verantwortung der Unternehmen sowie
- keine individuell angepassten Konzepte, sondern Lösungen von der Stange.

Manchen Führungskräften wird vor dem Hintergrund dieser Aussagen, aufgrund eigener Erfahrungen oder durch kritische Berichte Dritter über durchlittene Beratungsprojekte deutlich, dass auch Renommee und Reputation mancher alteingesessener oder international tätiger Beratungsunternehmung vor Irrtümern, Misserfolgen, falschem Vorgehen und fehlendem Beistand bei der Umsetzung der erarbeiteten Vorschläge nicht schützt (174, S. 49; 134, S. 56). Ein beratungsgeschädigter Kunde beschreibt denn auch seine, im Rahmen eines Beratungsprozesses gewonnenen Erfahrungen entsprechend: „Der Unternehmensberater hinterlässt eine Zusammenschrift der internationalen Managementliteratur und verabschiedet sich auf dem Höhepunkt der innerbetrieblichen Verunsicherung" (289, S. 13).

Der Beratungsprozess geht aber nicht nur mit einer prinzipiellen, mit den besonderen Merkmalen dieser Dienstleistung verknüpften Unsicherheit einher, sondern agieren Berater in dieser Grauzone oftmals orientierungssicher als „Parasiten der Unsicherheit" (227, S. 454) und beziehen ihre Legitimations- und Machtpotentiale vor allem aus ihrer zugleich unsicherheitserhöhenden sowie –reduzierenden Funktion für die ratsuchenden Klienten, denen die Kontingenz organisationaler Prozesse und Praktiken gelegentlich über den Kopf zu wachsen droht. Berater und Beratungsprojekte verursachen – beispielsweise bei der Beraterauswahl und der Problemdefinition – nicht nur zunächst zusätzliche Unsicherheit, sondern sie erhöhen langfristig die Sicherheit des Klienten durch innovative sicherheitsstiftende Maßnahmen und/oder sicherheitsvortäuschende Fiktionen. Derart nutzen sie zwar parasitär die Unsicherheit ihrer Klienten, aber ist ihr Beratungs-Bluff unter bestimmten Umständen durchaus sein Geld wert. Dies beispielsweise immer dann, wenn Organisationen auf externe Verstärkungsmechanismen der Absorption eigener (Entscheidungs-) Unsicherheit oder Schwäche angewiesen sind oder das Management zumindest glaubt, auf diese angewiesen zu sein. Derartige Sicherheiten, die die Berater ihren Klienten erfolgreich vorgaukeln können sind beispielsweise:

- die Konstitution von Vertrauen in die unerschütterliche Kompetenz der Berater (207),

- der Hinweis auf zurückliegende Beratungserfolge und auf zufriedene Referenzkunden – obwohl diese für den konkreten Einzelfall wenig aussagen,
- glänzende, die Kunden beeindruckende Vor- und Zwischenpräsentationen,
- akademische Titel, die vorhandene (Fach- und/oder Prozess-) Kompetenz oftmals bloß vortäuschen sowie
- hohe Beraterhonorare und Tagessätze.

Trotz des in den vergangenen Jahren zu beobachtenden Beratungsbooms bestehende Akzeptanzprobleme bei potentiellen Klienten werden aber nicht nur auf die bereits erfahrenen und erlittenen – nicht allein den Beratern anzulastenden – Misserfolge zurückgeführt. Ebenso wird die bei Ratsuchenden oftmals diagnostizierte Einstellung, werden die bei ihnen vorhandenen Vorurteile und Befürchtungen gegenüber Beratern und Beratungsprozessen für diese ablehnende, die Auswahlprozesse erschwerende Haltung verantwortlich gemacht. Grundsätzlich ist diese Position geprägt durch eine – wie wir bereits gesehen haben durchaus nachvollziehbare – Skepsis, die sich auf Prozess und Ergebnis der Beratung bezieht. Ursachen hierfür sind:

- ein unzureichender Informationsstand der Unternehmen über Beratungsangebote und –inhalte,
- die Furcht vor dem Verlust von – eigene Kernkompetenzen begründenden – Unternehmensgeheimnissen und –interna,
- ein befürchteter Machtverlust der Unternehmensleitung durch die Beratungsergebnisse,
- die (erwartete) Unruhe bei den Beschäftigten die in der Beauftragung eines externen Beraters ihnen gegenüber bestehendes Misstrauen der Geschäftsführung vermuten und ein zukünftig vergiftetes Unternehmensklima befürchten,
- falsche Vorstellungen über die entstehenden Beratungskosten wie „Berater sind teuer und bringen nichts" (134, S. 61),
- Angst vor möglichen Autonomiebestrebungen der ratsuchenden Akteure (Personen, Abteilungen, Ressorts) oder – im Gegenteil – vor dem Festschreiben des status quo und dem Beharren auf traditionellen Verhaltensmustern sowie die
- Furcht vor Image- und Prestigeverlusten bei Kunden und Geschäftspartnern.

Ursächlich für die wiederkehrend dokumentierte, skeptische Haltung der ratsuchenden Klienten – so machen einige der genannten Argumente deutlich – sind neben dem bereits erwähnten Konservatismus vor allem die, auf fehlenden Bewertungskriterien und defizitär wahrgenommenen

Kontrollmöglichkeiten über den Beratungsprozess aufbauenden Ängste der Manager. Diese befürchten, dass sie den Prozess bzw. seine Folgen nicht umfassend beeinflussen können, oder dass sie sich gar in die Abhängigkeit eines externen Beraters begeben (müssen). Eine empirische Studie von Roy Damary (57) hat dieses unfruchtbare und zunächst misstrauensgeprägte Verhältnis zwischen Unternehmen und Beratern dokumentiert. Als Gründe für diese wenig partnerschaftliche Zusammenarbeit nannte Damary

- ein falsches Rollenverständnis und überzogene Erwartungen der Kunden an die Berater,
- eine laienhafte und daher unprofessionelle Auswahlpraxis durch die Klienten sowie
- die grundsätzlich fehlende Bereitschaft zur Zusammenarbeit mit externen Beratern.

Und weiter führt er hierzu aus: „It seems typical of German management that it should be self-sufficient and not need any external advice" (57, S. 62). Und trotz der anhaltenden Expansion der Beratungsbranche wird diese Do-It-Yourself-Mentalität der deutschen Führungskräfte immer wieder bestätigt und bestehen nach wie vor Berührungsängste – speziell bei kleinen und mittleren Unternehmen.

Soll es aber dennoch – trotz begründeter Skepsis – zu einem Beratungsprozess kommen, muss in der ratsuchenden Organisation aufgrund spezieller Anlässe oder Problemlagen ein Beratungsbedarf erkannt, die Ursache für die Nachfrage nach Beratungsdienstleistungen offensichtlich werden. Warum und wie externe Berater in den Focus der Aufmerksamkeit von Unternehmen und Management gelangen können, soll im folgenden Abschnitt 2.2 skizziert werden.

2.2 Der Beratungsanlass: Organisationsberatung im Fokus der Aufmerksamkeit[8]

Die anhaltend expansive Entwicklung der Beratungsbranche ist – wenn man davon ausgeht, dass sie nicht nur auf einer Kostensteigerung der Beratungsdienstleistungen beruht – zugleich ein Beleg für die Zunahme der Ausgaben der Unternehmen für externe Beratung und dokumentiert eine zunehmende (Beratungs-) Nachfrage. Betrachtet man dieses Interesse genauer und sucht – ungeachtet der zuvor identifizierten Skepsis in den ratsuchenden Unternehmen und dem oftmals gut begründeten Misstrauen gegenüber Beratern – nach auslösenden Motiven und Anlässen externer Beratung, so deckt eine solche Ursachenforschung zum einen unternehmensextern wie -intern bedingte *Problem*bereiche auf und lassen sich zum anderen zahlreiche *Funktionen* identifizieren, die die Berater wiederkehrend für das auftraggebende Management – gleichsam als externe Stabstelle (13) – übernehmen sollen. In der Beratungsliteratur werden vor allem drei unternehmensexterne Bedingungen für die Konsultation eines Beraters genannt:

1. Der intensive Wettbewerbsdruck: Die Unternehmen sind ständig auf der Suche nach Rationalisierungsmöglichkeiten sowie ertrags- und produktivitätssteigernden Problemlösungen (206, S. 189; 133, 0500, S. 1).
2. Die zunehmende Globalisierung, De- und Reregulierung sowie Dynamisierung der wirtschaftlichen, (informations-) technischen, sozio-kulturellen und politisch-administrativen Rahmenbedingungen: Demnach wird es für das Management zunehmend schwieriger, die jeweils verfügbaren und relevanten Informationen zu erkennen, zu strukturieren und in einen konsistenten Bezugsrahmen einzuordnen (Informationsbedürfnis).[9]
3. Erhöhte Anforderungen an die Entscheidungsträger in den Unternehmen: Einerseits nimmt das Ausmaß an zu berücksichtigenden, entscheidungsrelevanten Informationen zu, andererseits

---

[8] Die Genese von Organisationsproblemen bzw. der hierbei relevante Prozess der sozialen Problemkonstruktion wird in Abschnitt 6.1 ausführlich diskutiert. Hier geht es lediglich um einen vorläufigen Einblick in die, in der Literatur genannten Anlassfaktoren für die Hinzuziehung externer Beratung.

[9] Elfgen/Klaile (70, S. 203ff.) unterscheiden zwischen faktischen, diagnostischen und instrumentellen Informationen. Damit verbunden sind die Beratungsaufgaben der Informationsbeschaffung, der Informationsverarbeitung (Schwachstellenanalyse, Erstellung von Lösungsvorschlägen) sowie der Bereitstellung von Methoden, Modellen und Verfahren zur Unterstützung des Klienten bei seinen Problemlösungsaktivitäten (Hilfe zur Selbsthilfe).

werden zugleich erhöhte Ansprüche an diese gestellt (Entscheidungsfindungs- und –durchsetzungskompetenzen).[10]

Unternehmensintern verursachter Beratungsbedarf wird vor allem auf folgende Faktoren zurückgeführt:
1. Die Unternehmen haben nur begrenzte Ressourcen und Kapazitäten an Personal, Wissen, Zeit etc. um die notwendigen Veränderungsmaßnahmen einzuleiten und umzusetzen (326, S. 6f.; 123, S. 171; 206, S. 187). Es besteht ein Mangel an quantitativem Problemlösungspotential.
2. In den Unternehmen fehlen Know-How, Wissen, Kompetenzen und Erfahrungen, um mit neuartigen Frage- und Problemstellungen sowie innovativen gesellschaftlichen, technologischen und ökologischen Entwicklungen organisationsadäquat umzugehen. Es fehlt qualitatives Problemlösungspotential.
3. Die Manager legen Wert auf eine unvoreingenommene, vermeintlich objektive Situationsdiagnose, den (organisations-) fremden Blick sowie die erprobte Vorgehensweise externer Berater.
4. Bei der Beratungsnachfrage spielt der me-too-Effekt eine zentrale Rolle. Das heisst, es wird die Einführung einer, dem neuesten Wissensstand und/oder der aktuellen Organisationsmode entsprechenden innovativen Idee (Produktions- und Organisationsform, Technologie) durch den externen Spezialisten gewünscht (326, S. 8; 282, S. 170ff.).
5. Die eigene, organisationsinterne Problemlösung eines einmaligen Problems ist zu (zeit-) aufwendig, zu teuer und daher unwirtschaftlich.
6. Die zunehmende Publizität und ein steigender Bekanntheitsgrad durch Veröffentlichungen in der Fachpresse sowie durch Aktivitäten der Beratungsverbände haben die Reputation und Akzeptanz der Beratungsbranche insgesamt erhöht.[11]

Ein Blick auf die vielfach genannten und in empirischen Untersuchungen bestätigten Funktionen der Beratung verdeutlicht weitere Nachfragemotive. Demnach besteht – so beschreibt es Bartling (13, S. 12) – eine der

---

[10] Diese *auslösenden Faktoren* bewirken natürlich nicht unmittelbar und automatisch eine Nachfrage nach externen Beratungsdienstleistungen. Vielmehr müssen die Akteure in ihrer sozialen Praxis diese Probleme erst einmal wahrnehmen, diese als *relevante* Probleme kennzeichnen und unternehmensweit bzw. an auftragvergebender Stelle *zum Thema* machen (können) (ausführlich hierzu Abschnitt 6.1).

[11] Vgl. hierzu im Besonderen den bereits erwähnten Beitrag von Alfred Kieser (144) über die – von Beratern interessiert mitverursachte – Verbreitung von Organisations-, Management- und Beratungsmoden.

Hauptfunktionen der Beratung darin, „dem Management von Organisationen durch die Anwendung von Spezialwissen und -methoden bei der Identifizierung und Analyse von Problemen zu helfen, notwendige Aktionen zu empfehlen und bei ihrer Implementierung unterstützend mitzuwirken." Neben dieser, hier von Bartling nicht genauer spezifizierten Problemidentifikations- und -lösungsfunktion können zudem konkretere Aufgabenbereiche identifiziert werden, in denen die Berater Beiträge zum Unternehmensprozess oder zur Lösung von (Führungs- und Organisations-) Problemen erbringen können:

- Die Funktion der *objektiven Beobachtung und Beurteilung* (Objektivitätsfunktion): Aufgrund der Distanz des externen Beraters von der ratsuchenden Organisation und seiner, ihm zumeist unterstellten Unabhängigkeit ist er grundsätzlich, so wird erwartet, zu objektiven, von organisationsinternen Zwängen und Abhängigkeiten unbelasteten Analysen und unvoreingenommenen Stellungnahmen befähigt.

- Die Funktion der *Entscheidungsvorbereitung und -hilfe*: Hier zielen die Aktivitäten der Berater auf eine Verbesserung der inter- wie intraorganisationalen Kommunikationsprozesse. Die unternehmerische Entscheidungsfindung wird als komplexer Informationsverarbeitungsprozess verstanden, der durch die Aktivitäten des Beraters verbessert werden kann. Dessen (Haupt-) Tätigkeit wird in Folge als „Informationsvermittlung sowie als Transfer von Erfahrung, Wissen und Verfahrenstechniken" (73, S. 57ff.; 67, S. 18) skizziert.

- In engem Zusammenhang hiermit steht die Funktion der *internen und/oder externen Vermittlung und Koordination*: Vermittlungsbemühungen werden von dem Berater immer dann erwartet, wenn es gilt Abteilungsegoismus und Ressorteigensinn, Unstimmigkeiten und Diskrepanzen zwischen (internen und externen) Kooperationspartnern sowie dem Unternehmensmanagement zu überwinden. Hierbei fungiert der Berater sowohl bei unternehmensinternen (Entscheidungs-) Konflikten als auch bei externen Beziehungsproblemen als neutraler Dritter, Moderator, Schlichter und/oder Schiedsrichter.

- Die *Innovations*- oder *Anregungsfunktion*: Durch das Einbringen neuer, ungewöhnlicher, provokativer und verfremdender Gedanken, Einfälle und Informationen wirkt der Berater als Garant für Erneuerungen bzw. als „Innovationsstimulant" (13, S. 62). So soll er beispielsweise für die Einführung und verhaltenswirksame Durchsetzung von neuen organisatorischen Regelungen und Verfahren sorgen (67, S. 18f.).

20

- Die *Funktion der externen Zielorientierung*: Der Berater soll Einfluss nehmen auf die (strategische) Grundorientierung des Managements. Auf Grundlage seiner detaillierten Kenntnisse über die Unternehmensumwelt sowie seiner, in anderen Beratungsprojekten erworbenen Branchenerfahrung soll er die Situation des ratsuchenden Klienten dadurch verbessern helfen, dass er eine Berücksichtigung der zukünftig relevanten externen (Rahmen- und Branchen-) Bedingungen gewährleistet.
- Die *Trainingsfunktion*: Neben unmittelbar problembezogenen Schulungs-, Trainings- und Weiterbildungsmaßnahmen soll der Berater in Prozessen der Personalentwicklung Hilfe zur Selbsthilfe leisten sowie dem Management Methoden- und Verfahrenskenntnisse vermitteln, die eine Bewältigung zukünftig wichtiger werdender Herausforderungen – durch dann eigene (Kern-) Kompetenzen des Unternehmen bzw. der Beschäftigten – ermöglichen.

Neben diesen – eher sachlich und problembezogen daherkommenden – Beratungsanlässen und –funktionen werden weitere Motivlagen identifiziert, die ein anderes Licht – wohl eher: Zwielicht – auf die, von den Ratsuchenden verfolgten Ziele und die von den Beratern übernommenen Aufgaben werfen. Diese Funktionen, die externe Berater für ihre Klienten immer auch übernehmen können oder sollen sind:
- Die *informelle Kontaktfunktion*: Der Berater soll die formal bedingte Unnahbarkeit, Isoliertheit sowie oftmals Lebens- und Praxisferne des Managements überbrücken und stellvertretend für die Unternehmensführung den Puls der Organisation ertasten und sehen, wo es brennt und wo in der Organisation das Leben (170, S. 7) oder der Teufel (11, S. 10) tobt.
- Die *Vertrauensfunktion*: Der Berater avanciert – aufgrund der fehlenden Konkurrenzsituation zwischen ihm und dem Top-Management – zum Vertrauten des Klienten. Gegenüber dem Berater kann dieser „laut denken [...] ohne sich bloßzustellen" bzw. „ohne Maske über gewisse Probleme" sprechen (56, S. 24f.).
- Die *Verantwortungs- bzw. Alibifunktion*: Der Manager erwartet von dem Berater die Übernahme der Verantwortung für unpopuläre Vorschläge, Entscheidungen und Maßnahmen oder für bereits eingetretene Misserfolge. Der Berater wird zum Sündenbock und das Management stiehlt sich damit aus seiner (Gesamt-) Verantwortung. Es erkauft sich Unbescholtenheit und betreibt damit eine „bequeme Art des Misserfolg-Outsourcings" (282, S. 176).

- Die *Legitimationsfunktion*: Der Berater wird bei bestehenden Widerständen gegen unternehmensintern entwickelte Konzepte und Problemlösungen hinzugezogen, denen er Glaubwürdigkeit, Objektivität und Neutralität verleihen soll. Die Beratung dient dem Management als bloßes *Feigenblatt* und wird zu einer bloß „konfirmativen Beratung" (166, S. 120).

- Die *Machtressourcenfunktion*: Der Berater wird beauftragt um einer – zumeist der den Beratungsauftrag vergebenden – Partei als zusätzliche (Macht-) Ressource bei internen Auseinandersetzungen zu dienen, oder um als Durchsetzungs(ge)hilfe (Promotor) für bereits entschiedene aber intern schwer durchsetzbare Reorganisationsmaßnahmen zu agieren.[12] Hierbei werden die Beratungskonzepte mitunter zur disponiblen Spielmasse der Auftraggeber.

- Die *Prestigefunktion*: Auch das Streben nach Prestige und Anerkennung kann zur Beauftragung eines – international renommierten – Beraters führen. In diesem Fall soll die Beratung externen wie internen Akteuren unternehmerischen Einfluss und unternehmerische Potenz signalisieren und/oder den Führungskräften den Zugang zu „gehobenen Kreisen" (56, S. 28), in denen der Berater vermeintlich verkehrt, ermöglichen.

Welche konkreten Ziele, individuellen Motive und persönlichen Erwartungen die Ratsuchenden jeweils mit der Beauftragung eines externen Beraters verbinden, ist allerdings eine nur empirisch beantwortbare Frage. Dass die Beratungsanlässe vielfältig und unterschiedlich motiviert sind, wird aber bereits an diesem kurzen Blick auf die Aufgabenbereiche und Funktionen externer Beratung deutlich. In Abschnitt 6.3 wird – unter der Überschrift Selektion: Praktiken der Berater- und Klientenauswahl – auf diese Problematik zurückzukommen sein und werden die, für die wechselseitige Auswahl der Prozessbeteiligten relevanten Erwartungen, Kriterien und Verfahren strukturationstheoretisch diskutiert. Im folgenden Abschnitt wird aber – dieses Kapitel abschließend – die

---

[12] Bereits dieser vorläufige Blick auf die, in der Literatur beschriebenen Anlassfaktoren externer Organisationsberatung verdeutlicht einen zentralen Problembereich, mit dem Berater und Klienten in der Beratungspraxis immer konfrontiert sind. Denn die Beratungsanlässe können entweder aufgabenspezifisch und (sach-) problembezogen oder individuell-persönlicher aber immer machtpolitischer Natur sein und verlangen von dem Berater – aber ebenso von seinem Auftraggeber – im Verlauf des Beratungsprozesses einen Spagat zwischen der Sache und der – mehr oder weniger offen ausgetragenen – Auseinandersetzung um Positionen, Besitzstände, Karrieren, Einfluss und Macht (vgl. zu dieser mikropolitischen Perspektive 170, S. 7).

sich im Rahmen der Bewertung eines Beratungsaprozesses ergebende Problematik skizziert.

2.3 Der Beratungserfolg: Konstruierte Objektivität und inszenierte Erfolge

Der Auftrag an einen externen Organisationsberater wird immer begleitet von besonderen Erwartungen des auftraggebenden Klienten etwa hinsichtlich der Erzielung von strategischen Wettbewerbsvorteilen, einer wie auch immer ausgerichteten positiven Entwicklung der Organisation oder – wie Schein (263, S. 123) es formuliert – einer „improved organizational performance". Stets kann davon ausgegangen werden, „dass sich die Manager von der meist kostspieligen Beratertätigkeit auch einen realen ökonomischen Erfolg versprechen" (56, S. 29). *Auch* einen ökonomischen Erfolg soll heißen, dass es im Rahmen eines wissensintensiven Beratungsprozesses ebenso um eine Verbesserung der (Entscheidungs- und Handlungs-) Situation bestimmter, machtvoller Koalitionen, um die Besserstellung nur einzelner Akteure – etwa hinsichtlich ihrer mikropolitischen Einflusschancen und Durchsetzungsmöglichkeiten, um Alibileistungen für das auftraggebende Management, um die Überlebensfähigkeit der Organisation, um die Außendarstellung des Unternehmens und vieles andere mehr gehen kann. Immer stehen (vorläufige) Bewertungsversuche des Beratungserfolges sowie entsprechende Verfahren nicht erst am Ende eines Beratungsprozesses auf der Tagesordnung, sondern begleiten ihn von Beginn an. Die Akteure stehen permanent – speziell gegenüber Geldgebern, Beratungsopponenten und -kritikern – unter Erfolgs- und Legitimationsdruck. Der Berater muss sich beispielsweise gegenüber seinem Klienten, dessen Beschäftigten aber ebenso gegenüber seinen Vorgesetzten im Beratungsunternehmen, der Klient gegenüber seinen Mitarbeitern und weiteren (externen) Anspruchsgruppen (stake holder) für seine Entscheidungen sowie das gewählte Vorgehen rechtfertigen. Dass dieser Legitimationsdruck auch Scheinhaftigkeit und Scheinheiligkeit nach sich ziehen kann, dass unter Druck Erfolge bloß inszeniert, Scheinerfolge als wirkliche präsentiert und (Erfolgs-) Sicherheit durch Sicherheitssurrogate ersetzt werden können, wurde in der Organisationsforschung schon vor langem erkannt und diskutiert (227, S. 449, 338, S. 533).

Im Kontext der Beratung von Organisationen werden die Evaluationspraktiken in der Regel durch ökonomische Kriterien dominiert. Aber trotz der immer wieder betonten Bedeutung dieser vermeintlich objektiven Bewertungsmaßstäbe existieren aktuell nur wenige Instrumente „to assist the practical evaluation of inter-organizational relations with respect to profitability, flexibility or innovativeness" (300, S. 2361). Das

Fehlen derartiger Bewertungsinstrumente ist aber nicht wirklich verwunderlich. Zum einen – so dass nach wie vor gültige Fazit der Überlegungen von Trebesch (318, S. 59) zu Fragen der Bewertung – ist die „Effizienz des OE-Prozesses [...] für mich unmittelbar an das Verhalten der Prozessbeteiligten gekoppelt: Verantwortungsbewusstsein und Offenheit als Verhaltenskriterien. Oekonomische Kriterien bleiben für mich vorerst zweifelhaft. Sie beruhigen manche Klienten, verlieren aber im Verlauf des Prozesses an Bedeutung und helfen den Prozessbeteiligten selber wenig." Zum anderen sind die Akteure – Berater wie Klienten – an detaillierten Bewertungsprozessen aus mikropolitischen Gründen oftmals gar nicht interessiert oder bevorzugen die Anwendung selbst – und oftmals erst ex post – definierter Erfolgskriterien. Speziell bei bereits eingetretenen Rückschlägen oder absehbaren Misserfolgen unterstützen, die nach eigener Einschätzung dafür Verantwortlichen (zu) genaue Aufklärungsprozesse nicht, forcieren eher eine mikropolitisch geschickte Verschleierung der Entwicklungen und Verklärung der Zusammenhänge: Sie gehen – (nicht nur) im Kontext von Evaluationsprozessen – auf Nummer Sicher.[13]

Über derartige Einreden und Zweifel erhaben – oder ihrer einfach nur ignorant – wird in der Beratungsliteratur gebetsmühlenartig der effizienzfördernde Einfluss der externen Beratung betont und mit besonderen Fähig- und Fertigkeiten des Beraters sowie seiner besonderen Stellung im und zu dem ratsuchenden Unternehmen begründet. Folgt man dieser *Eigenschafts-Erklärung,* so sind es die besonderen, persönlichkeitsbedingten Qualifikationsmerkmale des Beraters die es ihm ermöglichen, aufgrund fachlicher Expertise, speziellen Qualifikationen, unterschiedlichsten Erfahrungen sowie analytischer und/oder moderner, ganzheitlich-integrativer Denkansätze positiv auf die Organisation(-smitglieder) und deren Entwicklung einzuwirken (125, S. 3 u. S. 151; 106, S. 28ff.; 248, S. 131ff.; 169, S. 296f.; 152; 153).

Wie der Berater das im Einzelnen macht bzw. womit er während eines Beratungsprozesses konkret auf die Organisation und ihre Mitglieder positiv einwirkt wird allerdings an keiner Stelle explizit thematisiert. Die Vertreter dieser Sichtweise wiederholen – wie bereits Greiner/Metzger (106, S. 28) – lediglich folgendes Mantra: „As a result, the success or failure of a consulting project depends on the multi-faceted skills that

---

[13] Sehr instruktiv sind hierzu die Überlegungen von Ortmann et al. (227, S. 444ff.) zu einer Mikropolitik der Sicherheit und Absicherung, die auch in den hier interessierenden Bewertungsprozessen ihren festen Platz haben. Immer geht es für die Akteure hierbei darum, „im nachhinein plausible Geschichten zu rekonstruieren um zu erklären, wo sie gerade stehen, selbst wenn keine derartige Geschichte sie genau an diese Stelle gebracht hat" (334, S. 14).

a consultant brings to the client's situation. If the consultant is not perceptive, does not communicate with sensitivity, or lacks up-to-date knowledge, the client's problem will not be solved."[14] Diese ganz auf die individuellen Qualitäten eines Beraters zentrierte und zugeschnittene – seine weitere soziale Einbettung sowie strukturelle Aspekte der Berater-Klienten-Beziehung vernachlässigende – Erfolgsgeschichte erzählen stellvertretend für viele Blake/Mouton (27, S. 6) so: „In general, consultant effectiveness depends on the consultant's ability to identify correctly the focal issue, introduce the kind of intervention the situation objectively requires, and deal with the real client." Und auch bei Holtz (131, S. 185) – dem es um richtige Auswahl und optimale Nutzung eines Beraters geht – steht nicht eine umfassende Bewertung des Beratungsprozesses im Vordergrund der Effizienzbetrachtung, sondern eine Bewertung des Beraters, die ausschließlich vor dem Hintergrund der – unstrittig? – erreichten Beratungsziele formuliert wird.[15]

Zum anderen – so die *Organisations-Erklärung* – werden die Vorteile des Beraters und sein positiver Einfluss auf Problemlösungsansätze, Lernprozesse und die organisationsinternen Abläufe in seiner organisationsexternen Position und seiner sich daraus ergebenden Distanz und Distanziertheit gesehen: „Die Präsenz des externen Experten in der Unternehmung führt zu einer spezifischen Organisationsstruktur von Arbeitsprozessen, die als effizienzfördernd eingeschätzt wird" (152, S. 5). Entsprechend betont dieser Erklärungsansatz alle – vermeintlich effizienzwirksamen – Indikatoren, die sich aus der externen Position eines Beraters ergeben können (153, S. 106) und thematisiert damit implizit das Spannungsverhältnis von Nähe und Distanz zwischen Klienten und Beratern. Als besondere Vorzüge des Externen werden u.a. identifiziert (125, S. 3; 153, S. 106; 56, S. 23ff.):

---

[14] Entsprechend dieser Eigenschaftserklärung betonen die Autoren (106, S. 28ff.) besondere Fähigkeiten externer Berater, die die ratgebenden Akteure in die Lage versetzen (sollen) effektiv Rat zu geben: „diagnostic ability", „solution skills", „knowledge", „communication skills", „marketing and selling", „managerial ability and skillful leadership" sowie „personality characteristics" (wie „ethical standards", „empathy and trust", „positive thinking", „self-motivation", „team player", „self-fulfillment", „mobility", „energy" und „self-awareness").

[15] Auch Holtz entwickelt für die Klienten einen Kriterienkatalog bzw. ein „Worksheet to Evaluate Consultant's Performance" (131, S. 185) und berücksichtigt hierbei Bewertungskriterien wie „technical and communications skills", „writing ability", „presentations", „relationship with staff", „judgement", „cooperation", „dependability" und „schedule adherence" sowie als weitere „topics for comment": „enthusiasm", „leadership", „efficiency", „effectiveness" und „openness" der Berater.

- der fremde, unverstellte Blick bzw. die nicht vorhandene Betriebsblindheit,
- die Fähigkeit zur objektiven und neutralen Betrachtung und Beurteilung,
- die Kommunikationsfunktion des Beraters: der Berater als Kommunikator und als unvoreingenommener Treibriemen bei Informationsweitergabe und –vermittlung,
- seine Ergänzungsfunktion zu bürokratischen Routinetätigkeiten bzw. seine Innovationsfunktion sowie
- die interne Koordinations- und Vermittlungsfunktion als Maßnahme wider egoistisches Ressortdenken.

Das simple Fazit dieses Erklärungsansatzes lautet: Die bloße Distanz des Beraters sorgt – wie eine unsichtbare Hand – für effizienzsteigernde Effekte in der beratenen Organisation. Unbeantwortet bleibt hierbei lediglich die Frage nach dem Wie – das heißt danach, wie und wodurch der Berater eben genau diesen Effekt praktisch bewirken kann.

Drittens zielt die *Informations-Erklärung* auf die – allerdings wiederum von Person und Position des Beraters abhängige – quantitative Erweiterung und qualitative Verbesserung des Informationsniveaus der ratsuchenden Organisation sowie der an einem Beratungsprozess beteiligten Personen, Gruppen und/oder Abteilungen.[16] „Der Beratungsvorgang wird in dieser Betrachtungsweise auch als *Kommunikationsprozess* interpretiert, der im Ergebnis zu einer Erhöhung des Informationsstandes der Unternehmung und damit zu (der Chance) einer verbesserten Problemlösung führt" (153, S. 106). Ein derart verbessertes Informationsniveau der Organisation sowie das neu erworbene Know-how einzelner Organisationsmitglieder bewirkt – so wird hierbei unterstellt – automatisch und selbstverständlich eine Effizienzverbesserung organisatorischer Abläufe und interner Prozesse. Keine Beachtung findet die Möglichkeit, dass die Akteure den neu erworbenen Informationsvorsprung auch contra-effizient einsetzen könn(t)en, diesen nicht im Sinne der Organisationsziele oder der organisatorischen Abläufe verwenden, sondern gezielt zum Aufbau neuer Beziehungen und eigener (Macht-) Ressourcen nutzen. Und auch jenseits dieses individuellen Opportunismus kann es keineswegs als sicher gelten, dass ein mehr an verfügbaren Informationen und ein Wissenszuwachs zu effizienteren organisatorischen Prozessen und/oder einer größeren Steuerungsfähigkeit führt.

---

[16] Diese Einschätzung wird von empirischen Untersuchungen gestützt. Auf die Frage, was war für Sie der Nutzen aus der Beratung, antworteten immerhin 33% der befragten Klienten: zusätzliches Fachwissen, neue Erkenntnisse und innovationsfördernde Fähigkeiten (125, S. 167).

Ohnehin argumentieren die Vertreter der oben genannten Erklärungs-ansätze erstaunlich einseitig, wenn sie den (Miss-) Erfolg eines Bera-tungsprozesses ausschließlich dem externen Berater zuschreiben und weitere erfolgswirksame Faktoren – beispielsweise die (Miss-) Erfolgs-anteile des Klienten (-systems) sowie qualitative Aspekte der Aus-tauschbeziehung – in der Regel außer acht lassen.

Positive Eigenschaften, distanzierte Positionierung und überlegene Wissensressourcen des Beraters bzw. Asymmetrien des Wissens zwi-schen Berater und Klient sind aber auch exakt diejenigen Faktoren, die eine Evaluation ihrer Tätigkeiten für die Klienten so problematisch ma-chen. Wissensvorsprung und ein höheres – besser: anderes – Qualifi-kationsniveau bezüglich Fach- und/oder Methodenkompetenz des Be-raters machen es für den Klienten schwierig dessen Vorstellung zu be-werten. Immer ist es für Klienten „difficult to assess whether the consult-ant is really knowledgeable or only knows how to manage impressions" (73, S. 63).

Einen anderen Weg zur Beurteilung der Beratungsqualität haben Gabele und Hirsch (86, S. 486ff.) mit der *Inhaltsanalyse von Beratungs-berichten* eingeschlagen. Nicht die in Befragungen erhobenen subjekti-ven Zufriedenheitsmaße der beratenen Klienten und/oder der Berater war ihr Ausgangsmaterial, sondern die in Schriftform vorliegenden Be-ratungsberichte von staatlich subventionierten Beratungen in kleinen Unternehmen. Dieses Vorgehen begründen die Autoren (86, S. 494) so: „die Qualität betriebswirtschaftlicher Beratungsleistungen nur anhand der (Zufriedenheits-) Äußerungen oder anderer, letztendlich auf subjek-tive Einschätzung der Beteiligten zurückzuführende Kriterien (z.B. ‚Um-satzanstieg verursacht durch Beratung') zu beurteilen, muss – vom me-thodologischen Standpunkt aus gesehen – als nicht ausreichende Vor-gehensweise bezeichnet werden." Aber auch diese Untersuchung ent-deckt dann doch wieder exklusiv „die Schwachstellen im Beratungsbe-reich bei den die Beratung ausführenden Personen" (86, S. 496) und konzentriert die (Verbesserungs-) Vorschläge auf Maßnahmen zur Qua-lifizierung der Berater, auf die Einführung einer gesetzlichen (Berufs-) Regelung des Beratungswesens, auf eine Verbesserung der Aus- und Weiterbildung der Berater sowie auf eine verstärkte Zusammenarbeit zwischen Beratern, Unternehmen und den betriebswirtschaftlichen For-schungseinrichtungen der Hochschulen mit dem Ziel eines verbesser-ten Wissenstransfers.

Die in dieser Arbeit vorgeschlagene Perspektive auf externe Bera-tung als einen zunächst einmaligen, gelegentlich wiederholten, mehr-phasigen und komplexen, d.h. multilateralen, kontingenten und riskan-ten sowie interaktionsbasierten Prozess sollte demgegenüber bereits verdeutlicht haben, „dass der Beratungserfolg sich nicht einseitig aus den Aktivitäts- und Effizienzbeiträgen der Beratungsseite, sondern aus der erfolgreichen Interaktion und Kooperation zwischen beiden Partnern ergibt. Er stellt sich nicht als punktuelles Gesamtergebnis ein, sondern ist das Resultat vieler individueller und kooperativer Effizienzbeiträge aller Beteiligten in den Phasen des Beratungsprozesses" (141, S. 110f).[17] Derart prozessorientierte und zeitraumbezogene Bewertungsansätze sowie in diesem Zusammenhang relevante Kosten-Nutzen-Analysen stehen aber immer vor mehreren Schwierigkeiten. Gabele und Hirsch (86, S. 486) sprechen sogar von den, bei Beratungsprozessen „nicht vorhandenen Kontrollmöglichkeiten in Bezug auf die Einhaltung von Qualitätsstandards". Ähnlich skeptisch äußert sich Schein (263, S. 129), der – mit Blick auf die Prozessberatung von Organisationen – feststellt, dass „one cannot measure specific indicators, however much this might be desirable". Dieser strukturelle *Bewertungsnotstand* wird von Hafner/Reineke/Dresselhaus (113) zum einen auf eine Überlagerung des Beratungsprozesses durch zahlreiche externe Einflüsse (z.B. konjunkturelle Entwicklungen und strukturelle Marktveränderungen), zum anderen auf die „kaum zu quantifizierenden psychologischen Wirkungen" (113, S. 53) der Beratung zurückgeführt. Und auch Ibielski/Küster/Sebode betonen, dass nahezu 50% des Beratungserfolges auf psychologischen Momenten beruhen und stellen hierzu fest: „Ist ein fachkundiger Berater nicht in der Lage, seine durchaus anerkannten Empfehlungen [...] dem Auftraggeber ‚zu verkaufen', d.h. ihn von der Notwendigkeit der Verwirklichung ausgearbeiteter Maßnahmeprogramme zu überzeugen, muss eine solche Beratungsleistung als Fehlschlag registriert werden" (133, 1500, S. 1).

Mit dieser Anmerkung knüpfen die Autoren – sicherlich eher ungewollt – an die zuvor angedeuteten Verfahren der Erfolgsbewertung an.

---

[17] Kienbaum/Meissner (141, S. 113f.) versuchen dementsprechend die jeweiligen Effizienzbeiträge von Beratern und/oder Klienten in verschiedenen Phasen des Beratungsprozesses zu identifizieren und betonen in ihrer Untersuchung insbesondere die (Effizienz-) Vorteile externer Beratung. Diese ergeben sich in der Konzeptionsphase „zum einen durch die Erkenntnis, dass man in der Unternehmenspraxis nach der Entwicklung eines befriedigenden Problemlösungsvorschlags den Such- und Bewertungsprozess abbricht, zum anderen, dass generell bei strategischen und/oder Innovationsproblemen das Wissenspotential im Unternehmung nicht vorhanden ist oder nicht aktiviert wird" (141, S. 114). Und bei der Implementierung „kann die multiple und wechselnde Rolle des Beraters als Fachspezialist, Moderator, Katalysator und Konfliktlöser zwischen Entscheidungsträgern und Mitarbeitern [...] Befürchtungen und Frustrationen abbauen bzw. vermeiden und eine zunehmende Identifikation mit neuen Systemen erreichen. [...] Solche Effizienzwirkungen sind nicht quantifizierbar, obwohl sie nachhaltigen Einfluss auf den Erfolg von komplexen Veränderungsprozessen haben" (141, S. 115f.).

Immer dann, wenn eine Beratungsleistung nicht anhand objektiver oder (mikro-) politisch unumstrittener Kriterien bewertet werden kann – und das kann sie in der Regel fast nie – kommt einer überzeugenden Darstellung und Inszenierung sowie geschickten und machtbewussten Symbolisierung der Qualität der Beratungsergebnisse eine Hauptrolle im Evaluationsprozess zu. Denn – dies soll nochmals betont werden – "the criterion of effectiveness is a subjective notion of a client as to whether he likes, or feels satisfied with, the consultant's job. [...] Accordingly, it is considered necessary to rely on essentially subjective evaluations made by key organization members of the perceived effectiveness of the consultant-assisted change effort, including the identification of organizational characteristics in which they perceive improvements" (58, S. 21).

Eine detaillierte Betrachtung der Evaluation des Beratungsprozesses wie seiner Ergebnisse darf sich aber nicht hinter der hier angedeuteten Bewertungsproblematik verstecken oder mit der Behauptung der „Unmessbarkeit des Erfolges" (129, S. 95) zufrieden geben und damit den Vorgang der Bewertung – der in der Beratungspraxis in irgendeiner Form, nach irgendwelchen (subjektiven) Kriterien und durch spezielle Verfahren immer durchgeführt wird – unproblematisiert lassen. Daher sind einerseits die in diesem Zusammenhang relevanten, von den Akteuren in ihrer sozialen Praxis implizit oder explizit angelegten Bewertungsmaßstäbe genauer zu betrachten und andererseits die – das Beratungsergebnis positiv oder negativ beeinflussenden – Aspekte zu bestimmen, die von Berater und Klient gemeinsam formuliert und/oder kontrolliert werden können. Denn „in the end, the outcome of a period of process consultation must be judged jointly by members of the client system and the consultant" (263, S. 129). Dieser gemeinsam zu leistende Bewertungsprozess wäre vergleichsweise einfach und unkompliziert, wenn lediglich eine begrenzte Anzahl von Bewertungskriterien bedeutsam wäre und diese zudem einheitlich und einvernehmlich quantifiziert werden könn(t)en. Aber auch eine Verwendung (vermeintlich) harter, ökonomischer Bewertungsverfahren und -kriterien kann dem Problem nicht entgehen, dass „[t]he importance of the subjective element in such evaluation is high" (169, S. 156; ebenso 125, S. 152f.). Problemverschärfend kommt hinzu, dass die Ergebnisse einer extern unterstützten (Re-) Organisation von zahlreichen Einflussfaktoren abhängen, deren (miss-) erfolgswirksames Zusammenspiel im Nachhinein nur selten genauer bestimmt werden kann. In der Regel ist diese Bewertungssituation – so hat Kubr (169, S. 151) dies treffend zusammengefasst – dadurch gekennzeichnet, dass
    „- the number of criteria is high [...];

- some important criteria (especially environmental, social and human criteria) are difficult, if not impossible, to quantify;
- the evaluation involves, therefore, some assessment of criteria which are not directly comparable (e.g. financial criteria are especially difficult to compare with social and human ones);
- this introduces a strong subjective element into evaluation – in the absence of hard data somebody has to decide how important various criteria are in the given case".

Aufgrund dieser Problematik sind immer wieder wissenschaftlich fundierte Verfahren vorgeschlagen worden, die eine Bewertung von Beratungsprozess und -ergebnis trotz der dargelegten Problematik ermöglichen sollen. Ein solches – von Hoffmann (125) entwickeltes – Modell zur Erklärung der Beratungseffizienz soll kurz vorgestellt und um mikropolitische Überlegungen zu einer Erfolgsbestimmung ergänzt werden.

Ein Modell zur Erklärung der Beratungseffizienz
Aufbauend auf Arbeiten zum Konsultationsverhalten ratsuchender Unternehmen (153), der Messung der Effizienz von Entscheidungen (109) sowie dem Informationsverhalten in Entscheidungsprozessen (352) entwirft Hoffmann (125, S. 171ff.) ein zweistufiges Modell zur Erklärung der Beratungseffizienz, welches in Abbildung 2.1 dargestellt ist. Er geht davon aus, dass die „Interaktion des Berater- und Klientensystems in dem sich arbeitsteilig vollziehenden Problemlösungsprozess [...] letztendlich die Prozess- und Ergebnis-Effizienz des Beratungsprojekts" (125, S. 176) bestimmt und identifiziert vor dem Hintergrund dieser Grundannahme vier Schlüsselvariablen:
1. Kontext, Situation und Aufgabe der Beratung,
2. Beratungsreife des Klienten,
3. Klientenverhalten und
4. Beraterverhalten im Beratungsprozess.

Diese Variablen – folgt man den Ergebnissen seiner Untersuchung – haben maßgeblichen Einfluss auf die Effizienz eines Beratungsprozesses.

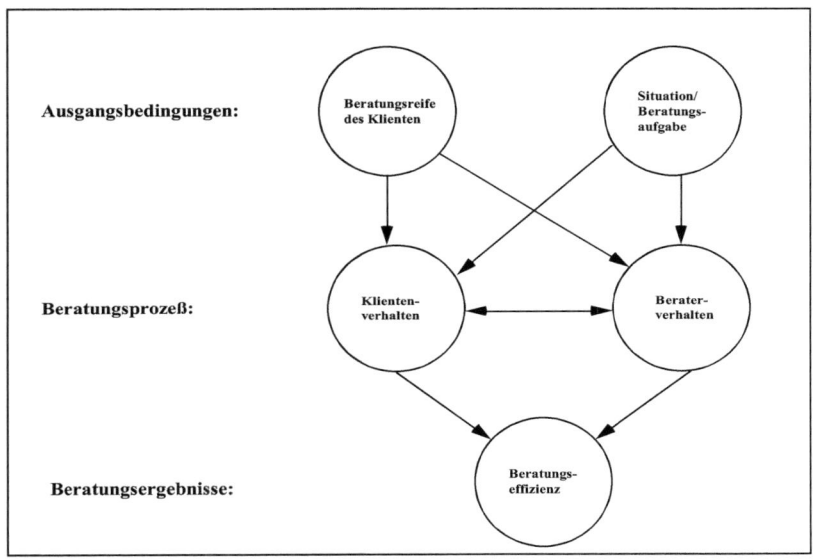

Abbildung 2.1: Modell zur Erklärung der Beratungseffizienz
(125, S. 175)

Als wichtigste Bestimmungsmerkmale der Situation und des Beratungskontextes identifiziert Hoffmann (125, S. 173 u. 177f.):

- die Struktur des Klientunternehmens bestimmt nach Größe, Alter, Rechtsform, Branchenzugehörigkeit und Eigentümerstruk-
  tur,
- die Finanz-, Vermögens- und Ertragslage des ratsuchenden
  Unternehmens sowie der aktuell wahrgenommene Problem-
  und Wettbewerbsdruck,
- die vorhandenen Potenziale, (Kern-) Kompetenzen und (Hu-
  man-) Ressourcen des Klientensystems – speziell mit Blick auf
  die Umsetzung und Realisierung der erarbeiteten Maßnahmen
  zur Reorganisation,
- die Art, Komplexität und der Umfang der Beratungsaufgaben
  sowie
- weitere Einflüsse aus dem Umfeld der Beratung wie rechtliche,
  technologische und konjunkturelle (Rahmen-) Bedingungen.

Die Beratungsreife bzw. die Konsultationsfähigkeit des Klienten – als
„grundsätzliche Fähigkeit des Klientensystems, mit einem externen

31

Unternehmensberater gemeinsam eine Problemlösung zu erarbeiten und umzusetzen" (125, S. 174ff.) – erfasst er anhand von sieben operationalisierbaren Faktoren:

- dem konkreten Anlass der Konsultation,
- dem Auswahlprozess des Beraters,
- den bisherigen Erfahrungen im Umgang mit externen Beratern,
- der grundsätzlichen Einstellung zur Unternehmensberatung,
- der ‚a priori' vorhandenen Bereitschaft zur aktiven und offenen Kooperation im Beratungsprozess,
- der Bereitschaft im Beratungsverlauf die erforderlichen Ressourcen bereitzustellen und schließlich an
- der Unternehmenskultur – hier besonders an der Kooperations- und Teamfähigkeit der Klientenorganisation.

Das Verhalten der externen Berater sowie der ratsuchenden Klienten kann nach Hoffmann (125, S. 174) schließlich näher charakterisiert werden durch:

- die jeweils dominierenden Beraterrollen und den praktizierten Beratungsstil,
- die Beratungsstrategie und -taktik,
- die (gemeinsame) Planung, Steuerung und Kontrolle des Beratungsprozesses,
- die generelle Verfügbarkeit von (beratungs-) relevanten Ressourcen (Personal, Know-how, Finanz- und Sachmittel, Patenten etc.),
- den ratsuchenden Kliententyp und dessen Bereitschaft zum Lernen und Durchführen von Veränderungsprozessen,
- den akut vorhandenen bzw. wahrgenommenen Problemdruck sowie durch
- das Vorhandensein von Beratungspromotoren und -opponenten.

Die Ergebnisse der von Hoffmann (125, S. 298) auf der Basis dieses Modells durchgeführten Untersuchung von 200 EDV- und Organisationsberatungen ergeben allerdings wenig Überraschendes, nämlich „dass der Beratungserfolg nicht auf eine einzige Ursache, sondern auf ein Bündel miteinander zusammenhängender Faktoren zurückzuführen ist." Beratungserfolg und Effizienz des Beratungsprozesses werden demgemäss signifikant von drei, sich wechselseitig beeinflussenden Größen bestimmt: Erstens dem Verlauf des Beratungsprozesses mit besonderer Bedeutung der Intensität der Klientenbeteiligung und der Realisationsunterstützung durch den Berater. Zweitens der Beratungsreife sowie dem Konsultationsverhalten des Klienten. Und drittens dem sonstigen Klienten- und Beraterverhalten. An vorderster Stelle – so fasst Hoffmann (125, S. 302) zusammen – hat die Untersuchung „bestätigt, dass nicht das Beraterverhalten, sondern die Beratungsreife und das Konsultationsverhalten des Klientensystems den entscheidenden Einfluss auf die Beratungseffizienz ausüben." Bereits 1971 (!) hat Davey durch eine empirische Untersuchung versucht die – auch bei Hoffmann in Vordergrund stehende – These zu stützen, dass „the effectiveness of consultant-assisted change efforts is a function of the nature of the relationship between an organization and its retained consultant" (58, S. 3). Im Zentrum seiner Analyse stand der Versuch einer Bewertung der Berater-Klienten-Beziehung sowie die Entwicklung von "measures or descriptions of change, or of meaningful consequences of change, which can be considered with respect to the differing nature of the organization-consultant relationship" (58, S. 3).

Auf Basis seiner Untersuchungsergebnisse wird von ihm – immer noch aktuell – „hypothesized that consultant-assisted change programms will be more effective, and the required changes more efficiently accomplished, where:

1) organizations members ascribe expertise to and demonstrate trust in the consultant for his ability to develop and implement effective change programs;

2) the consultant develops a change program on the basis of his diagnosis of organization problems and needs, rather than where he supplies the organization with a 'packaged program' or standard prescription;

3) organization members are advised of the nature of the consultant's intended activities and the reasons for his intervention;

4) the consultant works closely and directly with organization members within a cooperative rather than a coercive framework;

5) explicit provision is made for the consultant to report to the organization on his progress and findings throughout the course of the assignment, rather than at its completion only;

6) the organization establishes a specific point of contact and liaison with whom and through whom the consultant can operate;

7) the consultant actively involves organization members – and particularly key managers – in the diagnosis of problems and the development and implementation of appropriate change programs;

8) the scope of assignment permits (or requires) the consultant to assist with the implementation of recommended programs;

9) the organization initiates the original request for help or other form of contact with the consultant;

10) the organization does not closely direct the consultant's work or unreasonably constrain him, by embargo or withheld information, from

investigating what he perceives as relevant areas of the organization's affairs;

11) organization members are in general agreement as to the need for and desirability of obtaining consultant assistance;

12) organization members are in general agreement as to the particular consultant selected;

13) organization members have participated in the discussions and decisions leading to the retention of the consultant; and

14) the organization considers some changes may be necessary, rather than where a consultant is retained to merely audit the status quo."

Das Bewertungsproblem setzt sich in der Tatsache fort, dass in den vorliegenden empirischen Untersuchungen zur Evaluation der Beratung zumeist einer bloß ergebnisorientierten Erfolgsbetrachtung der Vorzug vor einer prozessorientierten Untersuchung gegeben wird, da diese leichter und unumstrittener einer quantifizierenden und damit (schein-) objektiven Bewertung zugeführt werden kann. Denn die ergebnisorientierte Effektivität der Beratung ist beispielsweise „messbar" an quantitativen Größen wie Umsatz (-steigerung), Gewinn (-zuwachs) und Marktanteil – aber auch an „weichen" Größen wie Imagesteigerung und Know-how-Zuwachs (112, S. 54). Demgegenüber lässt sich die (beratungs-) prozessbezogene Effektivität nur anhand der stark subjektiv geprägten Kriterien wie Beziehungsqualität zwischen Berater und Klient, nachgewiesene Objektivität und Integrität, fachmännische Arbeitsweise sowie Informationsweitergabe durch den Berater sowie dessen Ergebnispräsentation beurteilen. Lediglich die Einhaltung von Terminen und Kosten laut Arbeitsplan des Beraters ermöglichen hier ansatzweise eine quantifizierende Bewertung (113, S. 56).

Aufgrund der Vielfalt potenziell relevanter Bewertungskriterien (s.o.) und der sich daraus ergebenden Komplexität der Bewertungssituation ist eine triviale Ergebniszurechnung und Evaluation eines Beratungsprozesses in der Regel nicht möglich. Diese – so ist zu erwarten – bleibt bis zum Abschluss der Beratung mehr oder weniger umstritten und umkämpft. Bewertung und Zurechnung von Erfolg und/oder Misserfolg bleiben kontingent und immer auch einer anderen (machtvolleren) Beurteilungspraxis zugänglich. Grundsätzlich – und dies lässt sich auch kritisch gegen das von Hoffmann entwickelte Effizienzmodell einwenden – „lässt sich in der Realität zwischen mächtigen Entscheidergruppen nur schwer Konsens über die zu verfolgenden Ziele erreichen, und es ist kaum möglich, Handlungsalternativen eindeutige Konsequenzen zuzuordnen" (290, S. 496).

Leider beschränken sich die zuvor erwähnten Untersuchungen zumeist auf quantitative Erhebungen sowie auf die (Ein-) Ordnung des Beratungsangebots anhand der bereits erwähnten Kategorien. Detaillierte Analysen und darauf aufbauende (Er-) Kenntnisse fehlen speziell hinsichtlich qualitativer Kriterien der Beratung, des Beratungsprozesses sowie mit Blick auf die hierbei bedeutsamen Grundprobleme der Beratung, die generellen (Handlungs-) Möglichkeiten und Zwänge der Akteure, die Chancen und Risiken der Interaktion sowie die verschiedenen Kooperations- aber auch Kontrollformen. Mit anderen Worten: Es fehlt eine detaillierte Berücksichtigung der Beratungspraxis (und der hier jeweils generierten sozialen Konstruktionen) sowie der im Beratungsprozess relevanten (sozialen) Praktiken der Akteure. Das wiederholt genannte Ziel der Autoren – nämlich einen Beitrag zur Reduzierung der am Beratungsmarkt vorhandenen Unübersichtlichkeit zu leisten – wird durch derart quantitative Erhebungen und die Vernachlässigung (beratungs-) prozessualer Aspekte allerdings nur bedingt erreicht. Hier ist nach wie vor ein Forschungswildwuchs (296, S. 21) zu verzeichnen, da die vorliegenden Untersuchungen selten Bezug aufeinander nehmen und jedes Projekt das Forschungsfeld von Grund auf neu zu bearbeiten scheint. Die unterschiedlichen, in diesen Untersuchungen zur Anwendung gelangten Erhebungsmethoden, die Verschiedenartigkeit der ausgewählten Stichproben (Anzahl, Größe und Tätigkeitsschwerpunkte der befragten Beratungs- und Klientunternehmen), das Fehlen intensiver Einzelfallstudien sowie detaillierter Begleitforschungen bei – erfolgreichen oder abgebrochenen – Beratungsprozessen (hierzu 181) sowie die zumeist nicht vorhandene (sozial- und organisations-) theoretische Fundierung dieser Untersuchungen verhindern eine sinnvolle Ergänzung der einzelnen, mosaikartigen (Teil-) Untersuchungen und Ergebnisse zu einem übersichtlichen Gesamtbild der externen Organisationsberatung. Immer noch gilt: "[H]ow these effective consultants operate with their clients has not been codified in the skimpy literature" (106, S. VII).

Das Fehlen von Untersuchungen zur praktischen Ausgestaltung des Beratungsprozesses durch Berater und Ratsuchende sowie – damit eng verbunden – den Frei- und Spielräumen der beteiligten, wie auch der nicht beteiligten aber betroffenen, Akteure sowie schließlich den, das praktische Handeln restringierenden Rahmenbedingungen lassen viele wichtige Fragen, Aspekte und Probleme einer Berater-Klienten-Interaktion bisher unbeantwortet. Daher fehlt in diesen Untersuchungen des Beratungsprozesses auch eine ausführliche Diskussion der Bedeutung des Aufbaus einer – immer wieder geforderten – Vertrauensbeziehung zwischen Berater und Klient für Fortgang und Ergebnis der Beratung. Da es aber Zweifler, Skeptiker und Gegner der Beratung in Unternehmen aller Größenklassen und Branchen gibt, ist der Prozess einer gelingenden Vertrauensentwicklung und dauerhaften -(re)produktion sowie ein darauf aufbauender (erfolgreicher) Überzeugungs- und Beratungsprozess – mit Blick auf Beteiligte und Betroffene – umso wichtiger für einen erfolgreichen und zufriedenstellenden Beratungsverlauf. Stets gilt es zu berücksichtigen, dass die Unternehmensberater „von den Mitarbeitern vieler Unternehmungen nicht mit offenen Armen empfangen werden. Kritische Distanz bestimmt oft ihr Verhältnis zueinander" (200, S. 15) und sind daher – wie Marner und zahlreiche weitere Autoren dies fordern — „vertrauensbildende Maßnahmen dringend geboten".[18] Und ebenso vermisst man eine intensive und kritische Auseinandersetzung mit der – immer begrenzten – Objektivität, Distanz und Autonomie des externen Beraters bzw. seiner notwendigen Abhängigkeit von dem Auftraggeber und der Bedeutung des weiteren Handlungskontextes der Akteure. Auch eine Thematisierung seiner grundsätzlichen Einflussmöglichkeiten auf die Problemanalyse und -konstruktion, auf den Prozess der (Grundsatz-) Entscheidung für eine bestimmte Problemlösung und auf die konkrete Umsetzung der ausgewählten Alternative fehlt in der Regel. Diese Aspekte werden in den Untersuchungen zwar angesprochen, zumeist sogar in ihrer grundlegenden Bedeutung für den Beratungsprozess erkannt, aber an keiner Stelle in den Mittelpunkt gestellt und ausführlicher – oder gar theoriegeleitet – zum Thema gemacht. Daher kratzen derartige empirische Forschungen nur an der Oberfläche der – für Ablauf und Ergebnis aber zentralen – qualitativen Beratungsproblematik, die sich im Rahmen des Interaktionsprozesses von Berater und Klient, d.h. der sozialen Praxis eines Beratungsprozesses ergibt.

Nachdem zuvor ausgewählte, in ihren qualitativen Ergebnissen aber überschaubare Untersuchungen zu allgemeinen Fragen und Aspekten der Organisations- und Unternehmensberatung skizziert worden sind, soll der hier interessierende Prozess der Organisationsberatung weiter eingekreist und näher bestimmt werden. Hierzu werden in Kapitel 3 praktisch relevante Leitbilder der Beratungspraxis und des Reorganisationsprozesses genauer vorgestellt.

---

[18] Zunehmende Bedeutung gewinnt diese Forderung auch deshalb, weil zahlreiche Unternehmen – in der Studie von Marner (200, S. 52) waren es immerhin 75,7% der Befragungsteilnehmer – ein personenbezogenes Vertrauensverhältnis zum Einzelberater der Beratung durch größere Beratungsgesellschaften mit häufig wechselndem und damit anonymerem Personaleinsatz vorziehen.

3 Praxisrelevante Leitbilder der Organisationsberatung

„Die wichtigsten Akteure in der Arena einer
Organisationsmode sind Unternehmensberater,
Buchautoren, Verlage und Professoren [...].
Der beste Akzellerator ist ein Management-Bestseller,
der sich einer typischen Rhetorik bedient.
Bestseller und die sich um sie rankende Literatur
generieren Leitbilder und Mythen." (144, S. 21)

Leitbilder sowie Metaphern des (Re-) Organisierens, die in der Beratungs- und Managementpraxis dauerhaft Konjunktur haben und das Denken wie Handeln der Akteure im Beratungsprozess grundlegend mitbestimmen, sollen im folgenden Kapitel in den Blick genommen werden. Vor dem Hintergrund der aktuell eher überschaubaren theoretischen Grundlegung des Beratungsprozesses von Organisationen erscheint das begriffliche „Denkzeug" (322, S. 13) der Berater und Manager als gelegentlich diffus und wenig konkret. Es entspricht zumeist unscharfen, alltagspraktischen Leitbildern und Metaphern von *guter* Organisation und *richtigem* Reorganisieren als (organisations-) theoretisch reflektierten Entwürfen und hiermit begründeten Vorgehensweisen. Deutlich stärker kennzeichnen mehr oder weniger explizite Leitbilder der Organisation, des Organisierens sowie von effizienten Veränderungsprozessen die praktisch relevanten Orientierungspfade der Akteure und dienen ihnen als – durchaus ambivalente und mitunter widersprüchliche – Deutungs- und Handlungsschemata, „die einerseits normativ Richtungen angeben und festschreiben, andererseits als Bilder, Mythen und Metaphern beträchtlichen Spielraum für Definition und Auslegung schaffen" (227).

Zwar verfügen Berater ebenso wie Manager über Beratungs- und Management- sowie Alltagstheorien, die sich auf die Funktionsweise(n) sowie gesteuert-kontrollierten Veränderungsprozesse von Organisationen beziehen, aber diese Vorstellungen sind in der Regel erfahrungsbedingt entstanden und stehen den Akteuren oftmals nur implizit zur Verfügung. Sie gehören zum Wissensbestand des impliziten Wissens bzw. des „practical consciousness" (90, S. XXIII). Nur selten verfügen Berater und/oder Beratene über umfassende, explizite (Organisations-) Theorien, auf die sie sich im Rahmen ihrer praktischen Tätigkeiten reflexiv beziehen. Und ebenso ist ihnen oftmals nicht bewusst, mit welchen (theoretischen) Begriffen von Organisation und Re-Organisieren sowie den damit verbundenen Perspektiven, Orientierungen und (Vor-) Annahmen sie die organisationale Praxis und die Praktiken der Akteure beobachten, wahrnehmen, analysieren, bewerten und gegebenenfalls auch verändern (322, S. 13). Nicht feststehend und allgemeingültig wie – vereinbarungsgemäß wahre oder zumindest weitgehend akzeptierte wissenschaftliche – Theorien aber auch nicht beliebig in Form und Inhalt sind Leitbilder als interpretative Muster einer kognitiven Ordnung „dicht, aussagekräftig, beredt, lebendig" (334, S. 96) und übernehmen komplexitätsreduzierende, antreibende, motivierende, sinnstiftende sowie normativ-legitimatorische Funktionen. Im Einzelnen können derartige Leitbilder des (Re-) Organisierens Werte und Einstellungen, Auffassungen über die rationale und effiziente(ste) Durchführung von Problemlösungsprozessen, Bündel von Interessen, Wissensbestände sowie sinnhafte Handlungsgründe und -zwecke umfassen. Ein Leit-Bild, welches die Erfahrungen und das Handeln der Akteure anleitet – so verdeutlicht es Weick „dirigiert die Erkundung von Objekten, diese Erkundung wählt Teile eines Objektes aus, die ausgesuchten Samples modifizieren das Schema, welches dann weitere Erkundung und weiteres Sampling dirigiert, welche das Schema weiter modifizieren" (334, S. 223).

Sind die Akteure – in unserem Fall Ratgebende und Ratsuchende – erst einmal zu überzeugten Anhängern eines bestimmten Leitbildes von (Re-) Organisation geworden und ist ein derartiges Bild in Berater- und Klientenorganisation dauerhaft institutionalisiert, so lenken diese – ganz im Sinne einer sich selbst erfüllenden Prophezeiung – „ihre Aufmerksamkeit in einer solchen Weise auf die Umwelt und wählen sie so aus, dass die feste Überzeugung selbstbestätigend wird und die Gruppe eine noch glühendere Hingabe an das Schema entwickelt" (334, S. 225f.).

Das jeweils aktuelle Leitbild von (effizienten) Reorganisationsprozessen wird in derartigen Reproduktionszusammenhängen dann selbst „zum Movens der Entwicklung, obwohl es weder experimentell abgesichert noch der mit seiner Realisierung verbundene Nutzen präzise greifbar ist" (336, S. 224). Die Praxis der Organisationsberatung wird im Besonderen von drei derartigen Leitbildern dominiert, die im Folgenden kurz vorgestellt und diskutiert werden sollen.

3.1 Fremd-Organisation: Organisationen als zweckorientierte und extern manipulierbare Maschinen

Probleme sind „garantiert, solange der Unglücksaspirant sich
an zwei einfache Regeln hält: Erstens, es gibt nur eine mögliche,
erlaubte, vernünftige, sinnvolle, logische Lösung des Problems,
und wenn diese Anstrengungen noch nicht zum Erfolg geführt haben,
so beweist das nur, dass er sich noch nicht genügend angestrengt hat.
Zweitens, die Annahme, dass es nur diese einzige Lösung gibt,
darf selbst nie in Frage gestellt werden". (329, 29f.)

Sprache, Terminologie, methodisches Repertoire und Vorgehensweise(n) klassischer Organisationsberatung sind – ebenso wie jeder andere Beratungsansatz – (organisations-) theoretisch überformt und präformiert. Immer werden den Akteuren durch entsprechende – mehr oder weniger implizite oder explizite – Theorien Begrifflichkeiten, Sprachvermögen und auch Sprachlosigkeiten an die Hand gegeben sowie beratungsstrategische, die Beobachtungen und Aktivitäten (an-) leitende Schwerpunkte gesetzt. Auch klassische Berater sind – aus heutiger Sicht mehr oder weniger naive – (Organisations-) Theoretiker. Neben den ingenieurwissenschaftlichen Überlegungen von F.W. Taylor sind für klassisch ausgerichtete Beratungsprozesse vor allem die betriebswirtschaftlichen Arbeiten von Erich Gutenberg aber ebenso die bürokratietheoretischen Konzepte von Max Weber maßgebend. Sprechen derart (vor-) geprägte Berater über Organisationen, so denken sie zumeist an „einen Zustand wohlgeordneter Beziehungen zwischen klar definiertem Teilbereichen, die auf einem bestimmten Ordnungssystem beruhen. [...] [Sie] sprechen von Organisationen wie von Maschinen, und folglich erwarten [sie], daß sie wie Maschinen funktionieren, nämlich routinemäßig, effizient, verläßlich und vorhersehbar" (214, S. 27).

Diese, auf den ersten Blick zwar sehr instruktiven aber zugleich stark vereinfachenden Vorstellungen finden sich in ähnlicher Begrifflichkeit auch bei Max Weber, der mit Blick auf die, von ihm an exponierter Stelle thematisierten bürokratischen Organisationen feststellt: „Ein voll entwickelter bürokratischer Mechanismus verhält sich [...] genau wie eine Maschine zu den nicht mechanischen Arten der Gütererzeugung. Präzision, Schnelligkeit, Eindeutigkeit, Aktenkundigkeit, Kontinuierlichkeit, Diskretion, Einheitlichkeit, straffe Unterordnung, Ersparnisse an Reibungen, sachlichen und persönlichen Kosten, sind bei streng bürokratischer [...] Verwaltung [...] auf das Optimum gesteigert" (333, S. 561f.) Besonders deutlich wird diese Orientierung zudem an seiner Redeweise vom Amts- oder Behördenapparat: „Der einzelne Beamte kann sich dem Apparat, in den er eingespannt ist, nicht entwinden. [...] Er ist – der überwiegenden Mehrzahl nach – nur ein einzelnes, mit spezialisierten Aufgaben betrautes Glied in einem [...] rastlos weiterlaufenden Mechanismus, der ihm eine im Wesentlichen gebundene Marschroute vorschreibt" (333, S. 727).

Derartige Leitbilder beschreiben Organisationen als Maschinen die nach festen, extern vorbestimmten und damit auch extern veränderbaren Prinzipien arbeiten, nach fremdbestimmten Regelmäßigkeiten funktionieren. Der Begriff der Organisation wird im Rahmen dieser Leitvorstellung – im Sinne des Wortes – zu einem Gegenstandsbegriff und werden die vielfältigen und komplexen organisationalen Phänomene entweder unhinterfragt versachlicht, das heißt als gegenständlich und damit von den Akteuren beliebig handhabbar – genauer: steuer-, kontrollier- und veränderbar – angesehen oder direkt als irrelevant abgetan. Der eigentliche Gegenstand des (Re-) Organisierens wird in den „Beziehungen zwischen den betrieblichen Vorgängen und Tätigkeiten" (108, S. 237) gesehen. Organisieren meint dann das Formulieren von generellen Regelungen und den – im Falle einer Re-Organisation – extern angeleiteten Auf- und Umbau organisatorischer Regelwerke. Insofern ist alles generell Geregelte organisierter Sachverhalt, die Organisationsstruktur das entsprechende Regelwerk und Regelsystem. Organisation umfasst im Rahmen dieses Leitbildes und einer darauf aufbauenden (Beratungs-) Konzeption vor allem *rationale* Formen der Aufgabenteilung und –integration, die sich in unterschiedlichen Modellen der Aufbau- und Ablauforganisation darstellen lassen. Üblicherweise sind derartige Überlegungen an organisationsexternen und rationalitätstheoretischen Prämissen orientiert. In klassischen Beratungsprozessen – so skizziert das Niklas Luhmann (188, S. 165) – führt der Berater „selbst eigene (oder: vermeintlich wissenschaftliche, oder: vermeintlich allgemeingültige) Rationalitätsvorstellungen ein und prüft, wie weit die Organisationen in Struktur und Operation diesen Vorstellungen genügen. Die Kritik der Organisation hat dann das Ziel, ihr Rationalitätsniveau anzuheben". Oder der Berater nimmt – so setzt Luhmann diese Überlegungen fort – an „die Organisation selbst strebe nach Rationalität. Sie verstehe sich selbst als ein System, das sich an Zielen orientiere, dafür geeignete Mittel auswähle und ein solches Programm gegen etwaige Widerstände über einen formalen Herrschaftsapparat durchzuführen versuche" (188, S. 165).

Im Zentrum des Gestaltungs-, (Re-) Organisations- und Interventionsinteresses steht hierbei die Herstellung einer zweckrationalen Organisationsstruktur, stehen optimierte Organisationsprozesse und Arbeitsverfahren. Organisationsspezifischer Regulierungsbedarf besteht zwecks Etablierung einer zunehmend effizienteren und effektiveren Ordnung. Der hierbei als relevant erachtete Management- und/oder Beratungsprozess (des Organisierens) lässt sich dann durch vier zentrale

40

und regelungsbedürftige Bereiche kennzeichnen (167, S. 15; 124, S. 27):

1. Die Ziel- und Aufgabenanalyse: Was soll konkret erreicht werden? Was ist hierfür zu tun? Was darf das kosten?
2. Den Zuordnungs- und Verteilungsprozess: Wer soll welche Aufgaben durchführen?
3. Die konkrete Aufgabenerledigung: Wie – mit welchen Hilfsmitteln und Ressourcen und unter welchen organisationsinternen (Arbeits-) Bedingungen – sollen die Aufgaben erledigt werden? Was ist wann in welcher Reihenfolge (von wem) wo zu tun?
4. Die abschließende Bewertung: Warum waren wir (nicht) erfolgreich?

Die praktische Konsequenz dieses Leitbildes ist eine instrumentell-funktionale Vorgehensweise der – als omnipotent gedachten und/oder sich selbst so präsentierenden – Berater. Diese geht mit der Auffassung einher, dass ein Unternehmen eine umfassend manipulierbare Organisation *hat*, die eindeutiges Ergebnis des (Re-) Organisierens ist und als bloßer Erfüllungsgehilfe übergeordneter Zwecke fungiert (Instrumentalfunktion der Organisation). Entsprechend werden die Organisationsmitglieder – sofern sie hierbei überhaupt ins (Leit-) Bild kommen – in der Regel als unproblematisch-dienstwillige Aufgaben- und Leistungsträger betrachtet.[19] Derartige Vorstellungen vom Prozess des (Re-) Organisie-

---

[19] Obwohl eine Gleichsetzung von *klassischer* Organisationsberatung und *klassischer* Organisations- / Managementtheorie unzulässig ist, sind die inhaltlichen Überschneidungen und Anleihen doch deutlich erkennbar. Speziell die Orientierung an der Maschinenmetapher der Organisation und an Management- bzw. Beratungs*techniken* (Management by Objectives; Planning, Programming and Budgeting Systeme (PPBS); Management-Informations-Systeme, Gemeinkostenwertanalyse, Zero-Base-Budgeting, Reengineering u.v.a.m.) lässt dies deutlich werden. Gareth Morgan (214, S. 26) fasst die zentralen Prinzipien der klassischen Managementtheorie wie folgt zusammen (vgl. hierzu auch 40, S. 96ff.): „**Unity of command**: an employee should receive orders from only one superior. **Scalar chain**: the line of authority from superior to subordinate, which runs from top to bottom of the organization; this chain [...] should be used as a channel for communication and coordination. **Span of control**: the number of people reporting to one superior must not be so large that it creates problems of communication and coordination. **Staff and line**: staff personnel can provide valuable advisory services, but must be careful not to violate the line. **Initiative**: to be encouraged at all levels of the organization. **Division of work:** management should aim to achieve a degree of specialization designed to achieve the goal of the organization in an efficient manner. **Authority and responsibility**: attention should be paid to the right to give orders and to exact obedience; an appropriate balance between authority

rens finden sich wiederum bei Gutenberg und zwar in dem von ihm aus-
gearbeiteten Konzept der strikten Trennung von Planung und Organisation: „Während Planung den Entwurf einer Ordnung bedeutet, nach der
sich der gesamtbetriebliche Prozess vollziehen soll, stellt Organisation
den Vollzug, die Realisation dieser Ordnung dar. Diese Realisierungs-
aufgabe bildet das charakteristische Merkmal des Phänomens ‚Organisation‘. [...] Sie ist lediglich der verlängerte Arm der Geschäfts- und Betriebsleitung. Sie unterstützt die Geschäfts- und Betriebsleitung bei ihrer
Aufgabe, die Faktoren Arbeit, Betriebsmittel und Werkstoff zu einer leis-
tungsfähigen betrieblichen Einheit zusammenzufassen. [...] Die Organisation hat also immer nur dienenden oder instrumentalen Charakter. [...]
Je vollkommener die Betriebsorganisation die ihr vorgegebenen betrieblichen Ziele und Planungen zu verwirklichen imstande ist, um so mehr
erfüllt sie die Aufgabe, die ihrer dienenden und instrumentalen Natur
entspricht" (108, S. 235f.). Durch diese Art und Weise des Organisierens
entsteht – so wird hierbei unterstellt – ein streng formalisiertes Rege-
lungssystem und eine, auf die (effiziente) Erreichung des einen, eindeutig festgelegten Unternehmensziels hin entworfene rationale Struktur:
die Organisation. Diese Struktur beansprucht Verbindlichkeit für individuelles wie kollektives Handeln der Organisationsmitglieder und stellt
insofern ein machtvoll sanktioniertes Set von normativen Regeln – in
Form von Anweisungen, Richtlinien sowie Ge- und Verboten – dar.
Diese Regelungen werden begründet und unterfüttert durch eine spezielle Form der Rationalität, die sich hinter vereinfachender Maschinen-
metaphorik, eindimensionaler Zielorientierung in Verbindung mit umfassender Gestaltungs- und Regelungspotenz verbirgt.

Zur Verdeutlichung dieser Rationalitätsvorstellungen soll exemplarisch danach gefragt werden was passiert, wenn eine Maschine defekt
ist oder nicht mehr so funktioniert, wie von ihr erwartet wird. Normalerweise wird in einem solchen (Problem-) Fall ein Experte – etwa ein Ma-
schinenbau-Ingenieur – hinzugezogen, der nach *der* maßgeblichen Ursache der (Ablauf-) Störung sucht. Ist das Problem gefunden so wird
entweder das defekte Teil ausgetauscht oder es wird geschmiert, gefeilt,

---

and responsibility should be achieved. [...] **Centralization (of authority)**: always
present in some degree, this must vary to optimize the use of faculties of personnel.
Discipline: obedience, application, energy, behavior, and outward marks of respect
in accordance with agreed rules and customs. **Subordination of individual interest to general interest**: through firmness, example, fair agreements, and constant
supervision. **Equity**: based on kindness and justice, to encourage personnel in their
duties; and fair remuneration which encourages morale yet does not lead to over-
payment. **Stability of tenure of personnel**: to facilitate the development of abili-
ties. **Esprit de corps**: to facilitate harmony as a basis of strength" (vgl. hierzu auch
die von Henry Fayol (76) aufgestellten allgemeinen Managementprinzipien).

gehämmert, geglättet oder umgebaut bis die Maschine wieder reibungslos – und in (zuvor) bekannter oder erwarteter Weise – funktioniert. Sie ist (wieder) unter Kontrolle! Der (beratende) Mechaniker nimmt hierbei eine zielgerichtete Intervention bei hinreichend bekannten Ursache-Wirkungs-Ketten vor.[20] Ein entsprechend orientierter Berater „is seen as an experienced repair person who will install powerful control instruments" (73, S. 67). Mit Blick auf (Re-) Organisation betont die hier zum Ausdruck kommende Gestaltungskonzeption „Attribute wie Sachkausalität, Funktionalität, Interventionismus sowie Beherrschbarkeit und führt zur Ausarbeitung und Institutionalisierung ausgeklügelter, formalisierter Regelungssysteme" (232, S. 6). Der Maßstab zur Beurteilung der Funktionsfähigkeit von Maschinen – oder eben Organisationen – liegt hierbei scheinbar selbstverständlich und unhinterfragt offen zutage: Es ist die Vorhersagbarkeit, Zuverlässigkeit, Kontrollierbarkeit, Zielwirksamkeit und Effizienz der Abläufe und Verfahren. Dahinter steht – im Sinne linearer Ursache-Wirkungs-Zusammenhänge – eine Rationalität, die für jeweils (extern) vorgegebene und (intern) unterhinterfragt hingenommene Zwecke die optimalen Mittel finden soll – die damit als *funktional* und *instrumentell* zu klassifizieren ist und nach wie vor oftmals als Idealtypus ökonomischer Vernünftigkeit gilt. Wer auf diese Form der Vernunft rekurriert glaubt auf der sicheren Seite zu sein, da er vermeintlich universelle Prinzipien bemüht – oder diese wohl eher im Sinne eines Schamanen überzeugend beschwört und inszeniert – gegen die es kein vernünftiges Aufbegehren gibt, ja geben kann.[21]

---

[20] Die entsprechenden Interventionen sind unmittelbar zielgerichtet oder müssen derart erfolgen, dass sie zumindest zielgerichtet *erscheinen*. Keinesfalls darf die Vorgehensweise den Auftraggeber an eine nicht zielgerichtete, eher ziellose Bastelei (Bricolage) oder an ein Herumtasten und -basteln, an ein Ausprobieren oder ein Versuch-und-Irrtum Vorgehen erinnern – denn in einem solchen Fall wird sich der Experte lediglich den Vorwurf einhandeln, er wisse nicht was er tue. Vielmehr soll er – so wird erwartet – (fach-) kompetent Ordnung in die nur zeitlich begrenzte Unordnung des Ganzen (der Maschine oder der Organisation) bringen.

[21] Diese Form der Rationalität wurde von Niklas Luhmann (183) bereits 1973 überzeugend zu Grabe getragen. Luhmann hat sie durch eine umfassende(re) Systemrationalität substituiert (vgl. zu diesem Rationalitätsbegriff Schreyögg (270) sowie Becker/Küpper/Ortmann (18, S. 89ff.).

Vorgehensweise klassischer Beratung

Klassisch orientierte Organisationsberatung ist entsprechend des zugrundeliegenden Leitbildes gekennzeichnet durch eine konservative, an etablierten betriebswirtschaftlichen Kategorien angelehnte Beratung, die unter explizitem oder implizitem Rückgriff auf Modelle und Annahmen der betriebswirtschaftlichen Organisationslehre sowie handlungstheoretischer Überlegungen vorgeht. Da eine eigenständige Theorie dieser Beratungsform fehlt, folgt sie in ihrer Praxis dem, auch in ratsuchenden Unternehmen anzutreffenden klassischen Alltagsverständnis von (Re-) Organisation und Beratung: „Das ratsuchende System, das unter einem besonderen Problemdruck steht, erwartet sich vom Ratgeber eine Rezeptur, die zur Lösung des dargebotenen Problems führt. Spezialisieren sich Systeme auf dieses Muster der Problembearbeitung, so erwerben sie sich normalerweise eine besondere Form von Wissen; sie werden zu Fachexperten. Korrespondierend dazu kristallisiert sich für den Problembringer eine komplementäre Publikumsrolle heraus, die des Laien" (348, S. 60).

Für die als Fachexperten daherkommenden Berater wie für das auftraggebende – hier jetzt als Laien (-publikum) am Rand stehende – Management geht es in derart angelegten Beratungsprozessen zum einen um Hilfeleistungen bei konkreten Entscheidungsprozessen und/oder die verbindliche Formulierung normativer Verhaltensvorschriften (Richtlinien und Prinzipien). Zum anderen – und eng hiermit verknüpft – geht es um die Herstellung von organisationaler (Abteilungs-) Effizienz, das heißt um die Erarbeitung optimaler Problemlösungen in den einzelnen betrieblichen Funktionsbereichen (Produktion, Absatz/Marketing, Finanzierung, Forschung/Entwicklung etc.). Die Berater fokussieren ihren expertokratischen Blick demgemäß auf funktionsbereichspezifische Problemstellungen, auf die hier realisierten Formen der Arbeitsteilung und – integration (Arbeitsorganisation) sowie auf die zum Einsatz kommenden Arbeitsverfahren. In diesem Sinne ist klassische Beratung überwiegend Fach- und Spezialberatung, die sich auf bestimmte Funktionsbereiche des Unternehmens konzentriert und (Insel-) Lösungen für Probleme innerhalb eines begrenzten Unternehmensbereiches entwickelt. Deutlich wird diese Orientierung an Stellungnahmen wie sie sich in zahlreichen Beratungsberichten und Selbstdarstellungen von Beratern dieses Typs finden lassen:

- die Organisation muss den Logiken der Betriebswirtschaft folgen,
- optimale Strukturen mit klaren Kompetenz- und Verantwortungszuordnungen sind zu schaffen,
- klare, sachlogisch begründete Strukturen und Systeme sind zu suchen,

- wichtig ist das Aufzeigen von Wegen und Mitteln zur Optimierung von Technik und Organisation,
- die Strategieentwicklung erfolgt durch die Auswahl der richtigen Märkte, Produkte und Technologien; eine Effizienzsteigerung wird möglich durch optimale Strukturen, Abläufe und Methoden,
- das Ziel der Beratung ist eine optimale Gesamtkonzeption für Unternehmen und Gesellschafter,
- durch Berater erfolgt eine Optimierung der Gewinnsituation (289, S. 19f.).

Die neue, effiziente(re) Organisationsstruktur kann – davon wird entweder naiv oder besserwisserisch ausgegangen – extern eingekauft werden. Berater und Manager betrachten die Organisation – dies sei nochmals betont – als ein beliebig manipulierbares Instrument der Unternehmensführung, als ein, über verbindliche Regeln strukturiertes und rational strukturierbares, grundsätzlich steuerbares sowie auf übergeordnete Ziele hin ausrichtbares Phänomen. Organisieren ist *ihre* Gestaltungsaufgabe und Organisationen können – so die Erwartungen – „durch geplante Eingriffe in einen prognostizierbaren Zustand verbesserter Zweck/Mittel-Relationen überführt werden". Hiermit sind „bestimmte Vorstellungen von Machbarkeit, Zweckmäßigkeit und von Eingriffsstrategien verbunden, die einer Vielzahl von Beratereinsätzen und Forschungsarbeiten zugrunde liegen; und dass, obwohl die Akteure wahrscheinlich leugnen würden, dieses Verständnis von Organisationen zu haben". (74, S. 286) In der Regel sind diese Berater von einer Planungs- und Steuerungs- sowie Umsetzungs- und Kontrolleuphorie befallen, die vor dem Hintergrund der Nicht-Trivialität komplexer und zugleich komplexitätsreduzierender organisierter Systeme, deren (Re-) Produktion nicht ausschließlich – vielleicht noch nicht einmal überwiegend – auf, wie noch Gutenberg glaubte, „bewusst gestalteten Maßnahmen von Menschen" (108, S. 235) beruht und deren Input-Output-Beziehungen nicht eindeutigen Übertragungs- und Austauschmechanismen folgen, seltsam naiv anmutet. Daher soll – mit Bezug auf Erhard Friedberg (82, S. 142) – bereits an dieser Stelle darauf hingewiesen werden, dass bei den traditionellen (Management-) Ansätzen eine ergänzungsbedürftige „Tendenz zur Überschätzung des Einflusses und der Tragweite der Formalisierung" kollektiver Handlungssysteme besteht. Und in diesem (Aber-) Glauben treffen sich externe Berater mit den Spezialisten des Managements die ebenfalls oftmals davon ausgehen, Modelle einer guten Organisation ausarbeiten und eine Liste der zu ihrer Verwirklichung nötigen Wege und Mittel liefern zu können" (50, S. 1). Trotz dieser – gut begründeten – Einwände wird von klassisch orientierten Managern, Beratern und Ökonomen weiterhin – und mitunter durchaus erfolgreich – so getan, *als ob* Organisationen bestimmte Qualitäten und Eigenschaften haben, die unabhängig von den Wahrnehmungen, Erfahrungen und Aktivitäten der Organisationsmitglieder existieren und von den Akteuren objektiv identifiziert, interessenneutral bewertet und beliebig variiert bzw. manipuliert werden können. Exner/Königswieser/Titscher (74, S. 276ff.) beschreiben das, mit diesem Beratungs(selbst)verständnis korrelierende Tätigkeitsspektrum externer Berater idealtypisch wie folgt:

1. Gutachten: Ein extern erstelltes Gutachten wird in der Regel dann erforderlich, wenn es gilt Entscheidungen oder „die Funktion, die Zustände und Möglichkeiten einer Organisation (Klientensystem), innerhalb eines Fachgebietes, als Legitimationsfunktion nach innen bzw. außen zu bewerten" (74, S. 276). Von einem Gutachter wird erwartet, dass er – „lediglich auf einen Ausschnitt der Problemstellung konzentriert" (74, S. 276) ist und unparteiisch, objektiv sowie emotional neutral bewertet. Er soll über den organisationsintern oftmals umstrittenen und umkämpften Dingen stehen, formal korrekt vorgehen, das heißt im Besonderen ausschließlich formale (Bewertungs-) Kriterien berücksichtigen und uneigennützig das Wohl der gesamten Organisation im Auge behalten. Im Vordergrund stehen das spezielle Fachwissen, Know-how und die Expertise des *sachverständigen* Externen. Er kommt als unabhängiger Spezialist für zwar besondere, zugleich aber organisations-, funktions- oder branchentypische Problemlagen daher, die er aufgrund seiner organisationsübergreifenden Erfahrungen selbständig – ohne die unmittelbare und zeitintensive Beteiligung der ratsuchenden Organisation und ihrer Mitglieder – zu lösen in der Lage ist. Hierbei geht es oftmals um Kostensenkungsprogramme oder die Einführung neuer Verfahren zur Effizienz- und Produktivitätssteigerung. In diesem Zusammenhang sind (Beratungs-) Konzepte wie die Gemeinkostenwertanalyse oder das Zero-Base-Budgeting von Bedeutung und kommt Markt- und Wettbewerbsanalysen sowie eine Überprüfung strategischer Planungsverfahren eine zentrale Rolle zu. Seine – der Unterstützung wie der Legitimation von Entscheidungsprozessen dienenden – Ergebnisse legt der Berater zumeist in Form einer Präsentation im Rahmen eines Workshops und eines schriftlichen Berichtes vor. Für den Auftraggeber besteht nach dieser Präsentation und einer Durchsicht des Abschlussberichtes stets die Gefahr: „still confused, but on a higher level" (20, S. 67).

2. Spezialist auf Zeit: In dieser Rolle ist der Berater „persönlich kompetent und verantwortlich für die Lösung eines durch den Auftraggeber genau definierten Problems. [...] Der Berater übernimmt die volle Verantwortung, dass Veränderung geschieht und in welcher Form sie vor sich geht". (74, S. 277) Zusätzlich zu seiner fachlichen Kompetenz werden Prozess-, Um- und Durchsetzungsfähigkeiten sowie die dazu erforderlichen (Macht-) Ressourcen von dem Berater erwartet. Er muss die organisatorischen Veränderungs- und Verbesserungsmaßnahmen nicht nur rational begründet vorschlagen und diese Vorschläge anderen Akteuren zur Entscheidung vorlegen, sondern zusätzlich eine effiziente Umsetzung – wie und wodurch auch immer – garantieren können. Hierbei avanciert der externe Berater zum Leihmanager und übernimmt zeitlich begrenzt (re-) organisationsspezifische Tätigkeiten, für die eigentlich das auftraggebende Management verantwortlich zeichnet, nämlich die Verantwortung für Auswahl, Umsetzung und Etablierung von innovativen Problemlösungen.

3. Prozessorientierte Fachberatung: Dieses stärker ablauforientierte Beratungskonzept „geht von einem Modell aus, welches Fach- und Prozessebene bewusst auseinander hält. [...] Es ist daher für den Berater wichtig, die Veränderungsprozesse so zu gestalten, dass aus den durch die neuen Gegebenheiten ‚Betroffenen Beteiligte werden'. Das erfordert von dem Berater spezifische Kompetenz zur Gestaltung dieser Prozesse" (74, S. 277) und weist den Weg eines, die Interessen der beteiligten und betroffenen Organisationsmitglieder wahr- und ernstnehmenden, verhaltens- wie prozessorientierten Organisationsentwicklungskonzepts (vgl. hierzu Abschnitt 3.2).

Diesem Tätigkeitsspektrum – zumindest als Gutachter und Spezialist auf Zeit – entspricht die, mehr an quantitativen Aspekten orientierte analytische Vorgehensweise klassischer Berater. Diese nehmen im Rahmen ihrer Diagnosen – neben den allgemeinen Unternehmenszielen und den sich daraus unmittelbar abgeleiteten Aufgabenbereichen – z.B. den Strukturtyp der Organisation, den Formalisierungs- und Zentralisierungsgrad, die Qualifikationen der operativ tätigen Beschäftigten, die Kontrollspanne des Managements, horizontale wie vertikale Kommunikationsprozesse sowie organisationsintern etablierte Koordinations- und Kontrollmechanismen in den Blick. Im einzelnen geht es um Aspekte einer zu verändernden, zu optimierenden Aufgabendifferenzierung und der sich daraus ergebenden neuen Aufgabenzuordnung zu Stellen und Stellenbereichen (Abteilungen), die Integration der Einzelleistungen durch modifizierte Koordinationsmechanismen, eine angepasste Leitungs- und Hierarchiestruktur sowie schließlich um Maßnahmen zur Verbesserung der Zusammenarbeit zwischen Mitarbeitern und Abteilungen und um Bereitstellung des hierzu notwendigen Konfliktbewältigungspotentials (215, S. 41f.).

Schmidt (267, S. 67) hat die – in verschiedenen Prozessphasen – relevanten Techniken der Erhebung, Planung, Darstellung und Bewertung organisationaler Sachverhalte in klassisch geprägten (Veränderungs-) Prozessen wie folgt zusammengestellt (vgl. Abbildung 3.1).

Prozessphase	Gestaltungstechniken
1. Auftrag und Projektplanung	Planungstechniken: Zielformulierungstechniken, Netzplantechnik, Balkendiagramme
2. (Daten-)Erhebung	Erhebungstechniken: (teilstrukturiertes) Interview, Fragebogen, (teilnehmende) Beobachtung, Selbstaufschreibung, Laufzettel, Schätzungen, Skalierungsverfahren
3. (Daten-)Analyse	Aufgaben-, Informations- und computergestützte Kommunikationsanalysen
4. Würdigung	Systematische Problemanalyse: Prüffragenkatalog, allgemeine Aufbau- und Ablaufdarstellungstechniken
5. Lösungsentwurf	Kreativitätstechniken; Techniken der Aufbau- und Ablauforganisation
6. Bewertung und Auswahl	Verbaler Vergleich, Wirtschaftlichkeitsvergleich, Nutzwertanalyse, Kosten-Wirksamkeitsanalyse, Präsentationstechnik

Abbildung 3.1: Analyse-/Gestaltungstechniken
klassischer Beratung

Als Referenzkriterium für ihr Vorgehen dient den Beratern ein nach zweckrationalen Gesichtspunkten entworfener Idealtypus der Organisation und eine Orientierung an einer organisationsexternen, vermeintlich absoluten und universell gültigen (ökonomischen) Rationalität organisationaler Prozesse und Gestaltungsprinzipien in Verbindung mit mechanistischen Kausalitätsvorstellungen sowie einem Denken in One-Best-Way Kategorien. Oftmals besserwisserisch und mit zumeist absolutem Gültigkeitsanspruch erstellen diese Berater Gutachten, Stellungnahmen und expertokratische Ratschläge obwohl sie zumeist lediglich eindimensional lokale – dem organisationalen Gesamtzusammenhang aus beratungsstrategischen Gründen entkoppelte – Funktionserfordernisse und/oder abteilungsspezifische Erwartungen und Erfolgspotentiale berücksichtigen. Zu recht ist an dieser Beratungsform schon früh – so beispielsweise von Rechberg – folgendes kritisiert worden: „[B]ei der klassischen Form der Beratung, kennt der Kunde und Auftraggeber am Ende das Ergebnis, er weiß aber nicht oder nur bedingt, wie es zustande gekommen ist und so wird er in der Zukunft zur gleichen Frage erneut des Rates bedürfen. [...] Es muss [...] eindeutig herausgestellt werden, dass die externe Beratung im konventionellen Sinne die Voraussetzungen zur Problemlösung beim Kunden für die Zukunft kaum nachhaltig verbessert, wenn sie nicht sicherstellt, dass das Know-how, wie die Lösung erarbeitet wird, wie man dabei vorgeht, dem Kunden mit übergeben wird" (244, S. 3).

Die von diesem Beratungsansatz bevorzugten Verfahren der (Re-) Organisation sind – wenig überraschend – ebenfalls durch eine betriebswirtschaftlich-rationale Orientierung und Vorgehensweise gekennzeichnet. Die Veränderung der Organisationsstruktur im Rahmen eines Reorganisationsprozesses wird ausschließlich als *Planungsaufgabe* betrachtet. Eine umfassende und sorgfältig ausgeführte Planung bedingt – in Verbindung mit darauf abgestimmten und unwidersprochen von den Betroffenen hingenommenen, hinzunehmenden Anweisungsprozessen – mehr oder weniger automatisch die angestrebten Veränderungen (in) der ratsuchenden Organisation (273, S. 170f.). Deutlich wird dieses Reorganisationsverständnis daran, dass eine extern unterstützte Umsetzungs- und praktische Reorganisationsphase im Unternehmen fehlt. Diese ist – wenn weit- und umsichtig genug *geplant* wurde – erstens problemlos und zweitens ohnehin Sache der beratenen Organisation und nicht des externen Beraters. Die hierbei implizit unterstellten Wirk- und Wandlungsmechanismen gründen überwiegend auf optimal erstellten (Ausführungs-) Programmen, formaler Autorität und umfassenden Kontrollmöglichkeiten, nur selten auf Kooperation, Verständigung und Vertrauen. Im Widerspruch zu diesem implizit geforderten machtvollen Vorgehen steht aber die Tatsache, dass gerade in klassischen Konzepten Herrschaftsstrukturen sowie die macht- und mikropolitischen Aspekte organisationalen Handelns keine besondere Rolle spielen und – zumeist wohl aus ideologischen und/oder prozess-strategischen Gründen – nicht thematisiert werden. Bei dieser Beratungsform besteht in Folge immer die Gefahr, dass der Berater „aufgrund seiner deterministischen Konzepte zu *der* einen Therapie gelangt, die dem Kunden nur die Wahl zwischen [...] Anwendung oder totaler Ablehnung lässt" (215, S. 47). Wenn überhaupt findet im Rahmen derartiger Beratungsprozesse lediglich ein *Wandel erster Ordnung* statt (6). Dieser „gleicht Abweichungen aus, ermöglicht die Anpassung an wenig turbulente Umwelten. Vermehrte Redundanz ohne Ausweitung der Varietät [...] ist eine entsprechende [Beratungs-]Strategie" (74, S. 274). Demgegenüber bedeutet die Veränderung zweiter Ordnung strukturellen Wandel: „[S]ie gründet sich auf positive, die Abweichungen verstärkende Regelkreise, ist nicht linear und hat qualitative Umformungen zur Folge. Diese Strategie erfordert Lernen und meist auch (nachträgliche) Reflexion eingelebter oder tradierter Problemlösungsmuster [...], also ‚Sinneswandel'" (74, S. 274).

Vor diesem Hintergrund wird auch dem konkret-praktischen Handeln der Akteure – hier vor allem der Berater und Führungskräfte – im Rahmen organisationaler Veränderungsprozesse keine explizite Beachtung zuteil, ihnen vielmehr omnipotentes Machertum unterstellt und zugestanden, die rationale Gestaltung der Organisation in gewünschter Form bewältigen, eine zielorientierte Lenkung jederzeit machtvoll gewährleisten zu können. Zumeist wird hierbei die Existenz und Bedeutung der durchaus vielfältigen, oftmals widersprüchlichen Ziele und Interessen der Organisationsmitglieder – sowie die daraus resultierende Konfliktproblematik – einfach übersehen oder dieser keine Relevanz attestiert. Nicht in den Blick geraten die Erwartungen, Motive, Bedürfnisse sowie die (kognitiven) Möglichkeiten und Grenzen eines eigensinnigen und teil-autonomen Handelns der Akteure. Ebenso bleibt ihre kontextuelle, organisationale und soziale Einbindung unberücksichtigt und ist die Organisationskultur (so z.B. Werte, Deutungsmuster, symbolisches Management, Mythen und Mythologisierungen) kein Thema. Da Unternehmen aber Organisationen sind – nicht nur haben – und die Organisationsmitglieder einen wesentlichen Anteil an ihrer dauerhaft gelingenden (Re-) Produktion übernehmen sowie (relevante) Organisationsprobleme durch sie erst konstituiert und (re-) konstruiert werden (vgl. hierzu Abschnitt 6.1), scheint eine Berücksichtigung ihrer besonderen Fähig- und Fertigkeiten im und für den Verlauf eines Beratungsprozesses unverzichtbar.

Gehen die Akteure bei einem Beratungsprozess von den zuvor deutlich gewordenen, trivialisierenden und monokausalen – wahrscheinlich gerade deshalb in der Beratungspraxis bisher so erfolgreichen, da die Manager schnell überzeugenden – Annahmen aus, so ist damit zu rechnen, dass „Umstrukturierungsmaßnahmen oft Folgen nach sich ziehen, die vorher überhaupt nicht vorausgesehen wurden und auch nicht voraussehbar sind: Es werden Teams neu zusammengesetzt, in denen einzelne nicht miteinander können. Es besteht Unklarheit über neue Aufgaben oder Widerstand gegenüber Veränderungen: Es treten neue Kosten auf, weil nunmehr der Informationsfluss nicht mehr klappt, es fehlen klare Regeln der Kompetenz in der neuen Organisation, es breitet sich Resignation aus [...], so dass letztlich die gesamte Umstrukturierung keinen Gewinn mit sich bringt, sondern nur Kosten verursacht" (160, S. 17f.).

Wenn Organisationen – wie in diesem Leitbild unterstellt wird – maschinengleich oder zumindest -ähnlich wären, dann wären sie zumindest seltsame und eigenartige Maschinen. Dies illustrieren Wallerstein und Sampson, die Organisationen mit – keineswegs trivial-mecha-

50

nischen – Uhren vergleichen, die von Organisationsmitgliedern und Beratern nicht nur falsch abgelesen werden können. Vielmehr ist es ebenso möglich, ja sogar hochwahrscheinlich, „1. dass die *Häufigkeit*, mit der die Uhr *abgelesen* wird, die Zeit, die sie anzeigt, verändert; 2. dass die Zeit, die anzuzeigen man von der Uhr erwartet, die tatsächlich angezeigte Zeit verändert; 3. wenn dem Betrachter die Uhr missfällt (sagen wir aus ästhetischen Gründen), wird sie die Zeit anders angeben, als wenn sie ihm gefällt; 4. wenn der Beobachter jemand anderen zum Ablesen der Uhr schickt, wird sie etwas anderes anzeigen; 5. dass die Zeit, die andere Uhren in der Nachbarschaft der gerade abgelesenen anzeigen, oder die Stellung dieser Uhr in Relation zu anderen die Zeit beeinflusst, die die betreffende Uhr anzeigt" (328, S. 45).

Sind Organisationen aber eher mit derart ungewöhnlichen Uhren vergleichbar – und dafür gibt es, wie wir im Folgenden noch sehen werden, zahlreiche Gründe – dann wird wohl kaum ein (beratender) Mechaniker, der mit simplen Ursache-Wirkungs- oder Zweck-Mittel-Kategorien an (und in) ihnen arbeitet sinnvolle Hilfe, überzeugende Reparatur- bzw. erfolgreiche Reorganisationsleistungen erbringen können. Denn Organisationen – ebenso wie die nur auf den ersten Blick surrealen Uhren von Wallerstein und Sampson – entwickeln gelegentlich eine schwindelerregende Eigendynamik, da die (organisatorischen) Regeln – auf deren direkte Wirkmächtigkeit zumeist naiv gesetzt wird – nicht deshalb befolgt werden, weil sie unmittelbar und machtvoll auf die Akteure einwirken, sondern weil das komplexe Zusammenspiel von Regeln, Regelkonstruktionen und –reproduktionen sowie praktischem Handeln in komplizierten, rekursiven Prozessen durch das (soziale) Tun der Akteure selbst gewährleistet und auf Dauer gestellt wird.[22] Ein Berater der dieses labyrinthische Geschehen in Organisationen vorschnell als praxisfernes Glasperlenspiel in Abrede stellt, wird nicht in der Lage sein, die – gerade das Absurde von Organisationen möglich machenden – Aspekte und Charakteristika der sozialen Praxis des (Re-) Organisations- und Beratungsprozesses in seine Beobachtungen mit einzubeziehen. Daher machen im Besonderen klassisch orientierte Berater ihre negativen und unverstandenen Erfahrungen mit eben diesen indirekten und unintendierten Phänomenen. Das Licht, welches sie mit Hilfe ihrer orthodox-betriebswirtschaftlichen Sichtweise auf die ratsuchende Orga-

---

[22] Es scheint daher theoretisch angebracht wie praktisch hilfreich zu sein, nicht so direkt, unmittelbar und (mono-) kausal zu denken, sondern gelegentlich auch um Ecken zu reflektieren, das heißt die Reflexion erst dort einsetzen zu lassen wo sie klassischerweise(!) beendet wird: Reflexion der Reflexion. Hierauf wird an späterer Stelle – wo es um den Regelbegriff und die Konzepte des sozialen Wandels der Strukturationstheorie geht – zurückzukommen sein.

nisation werfen können gleicht eher einem energiereichen Röntgen-strahl, der aber nur blasse, blutarme Gebilde und dürre Skelette „aus rationalen Prozeduren, Linie und Stab oder aus Spezialisierung, Koordination, Delegation und Formalisierung" (227, S. 3) zu Tage bringt, und der die bunte, kreative, chaotische, rekursive sowie immer mal wieder paradoxe und absurde Vielfalt des – irgendwie ja doch – *geregelten* organisationalen Geschehens nicht einfangen, nicht erhellen kann. Eben weil diese Phänomene für ihn durchsichtig sind und in Folge mit anderen (theoretischen) Hilfsmitteln sichtbar gemacht werden müssen. Derartige Beratungskonzepte übersehen – so lässt sich mit Becker/Küpper/Ortmann (18, S. 90f.) zusammenfassen – „erstens die so offenkundig begrenzte Rationalität menschlicher Individuen, zweitens die Vielfalt von Zielen und Interessen der Organisationsmitglieder, drittens eine gewisse Anarchie organisationaler Entscheidungsprozesse, viertens machtpolitische Beeinträchtigungen der Effizienz von Problemlösungen, fünftens die Vielfalt kulturell bedingter Weltdeutungen und Wahrnehmungsweisen, und sechstens [...] die systemtheoretische Frage nach der Funktion von Zwecken in Organisationen und den Grenzen des Denkens in Kategorien von Zweck und Mittel überhaupt". Die hier kritisierte Sicht- und Vorgehensweise klassischer Beratung bekräftigt schließlich auch die – ebenfalls in der Literatur wiederholt geäußerte – Unzufriedenheit mit einer fehlenden Orientierung der Berater sowohl an den Zielen, Erwartungen und Sichtweisen ihrer Klienten, als auch an den internen wie externen Beziehungen, Abhängigkeiten und Besonderheiten der ratsuchenden Organisation – wie beispielsweise bestehende soziale, intra- wie interorganisationale Beziehungen, informale Organisation, Unternehmenskultur sowie Kommunikationsstrukturen, Spezialsprachen und Sprachspielen in Organisationen (69, S. 167; 68, S. 300ff.). Aufgrund dieser konzeptionellen Defizite klassischer Beratung, die die (fortlaufend zunehmende) Komplexität der globalisierten organisationalen Praxis nicht ausreichend berücksichtigen und damit oftmals keine hinreichenden Problemlösungen (mehr) liefern können, verlieren klassische Beratungskonzepte zwar in der theoretischen Diskussion an Bedeutung, können aber aufgrund des schon in Kapitel 2 angesprochenen organisationalen Konservatismus der Management- und Beratungspraxis (noch) längst nicht als obsolet bzw. ganz aus der Zeit gefallen abgetan werden. Vor diesem Hintergrund kann das im folgenden Abschnitt diskutierte (Beratungs-) Konzept der Organisationsentwicklung „als Gegenposition zum betriebswirtschaftlichen Organisationsverständnis und zur primär technisch ausgerichteten Praxis bei der Umgestaltung von Organisationen verstanden werden" (347, S. 103f.).

3.2 Mit-Organisation: Planvoll-kooperative Organisationsentwicklung

Das zweite praktisch bedeutsame Leitbild externer Organisationsberatung beruht auf Ideen, Vorstellungen und Konzepten der Organisationsentwicklung. Auch die zu diesem Themenbereich verfasste Literatur erweist sich als extrem heterogen und im Rahmen einer beratungsorientierten Auseinandersetzung mit dem Thema Organisationsentwicklung kam Wohlgemuth (354, S. 53) zu dem Ergebnis, dass man „kaum zwei Autoren finden [kann], die dem Begriff denselben Inhalt geben" und unter Organisationsentwicklung übereinstimmend ein bestimmtes Leitbild, *„eine bestimmte Art und Weise der Entwicklung von Organisation(en)"* verstehen. Und Trebesch stellt „50 Definitionen der Organisationsentwicklung" (316, S. 53) zusammen, ohne ein Ende der Ausdifferenzierung der Ansätze erkennen zu können. Eine auch gegenwärtig noch zutreffende Einschätzung.

Erleichtert wird eine Durchsicht der umfangreichen OE-Literatur dadurch, dass im Folgenden nur diejenigen Beiträge berücksichtigt werden, die in der Organisationsentwicklung ein praktisches, die Hilfe eines *externen* Beraters erforderlich machendes sowie theoretisch begründetes Leitbild organisationalen Wandels sehen. Wohlgemuth spricht in diesem Zusammenhang von einer „methodischen Interventionsstrategie" (354, S. 55), die durch (externe) Berater ein- und angeleitet wird. Aber auch diese spezielle Form der OE erweist sich – soviel sei an dieser Stelle bereits angedeutet – als diffuses und uneinheitliches Sammelbecken verschiedenster (theoretischer) Strömungen der Gruppendynamik und Aktionsforschung, der Human-Relations- und Human-Resources-Bewegung, der Organisationspsychologie wie auch des organisationalen Lernens, des sozio-technischen Systemansatzes sowie der neueren Systemtheorie.

Organisationsentwicklung: Planbarer organisationaler Wandel
Unter dem Begriff Organisationsentwicklung (OE) werden unterschiedlichste Maßnahmen und Vorgehensweisen zur *geplanten* Veränderung von Organisationen – ob mit oder ohne Unterstützung externer Beratung – zusammengefasst (290, S. 869; 142, S. 113ff.; 251; 347; 316; 283, S. 210). French/Bell (79, S. 31) definieren in ihrem – zu einem Klassiker der OE-Literatur avancierten – Beitrag zu sozialwissenschaftlich fundierten Strategien der Organisationsveränderung Organisationsentwicklung als „eine langfristige Bemühung, die Problemlösungs- und Erneuerungsprozesse in einer Organisation zu verbessern, vor allem durch eine wirksamere und auf Zusammenarbeit gegründete Steuerung der Organisationskultur [...] durch die Hilfe eines OE-Beraters oder

Katalysators und durch Anwendung der Theorie und Technologie der angewandten Sozialwissenschaften unter Einbeziehung von Aktionsforschung."[23]

Die deutsche Gesellschaft für Organisationsentwicklung (GOE) konzipiert – weniger kultur- und stärker lernorientiert als French/Bell – OE als einen „längerfristig angelegten, organisationsumfassenden Entwicklungs- und Veränderungsprozess von Organisationen und der in ihr tätigen Menschen. Der Prozess beruht auf Lernen aller Betroffenen durch direkte Mitwirkung und praktische Erfahrung. Sein Ziel besteht in einer gleichzeitigen Verbesserung der Leistungsfähigkeit der Organisation (Effektivität) und der Qualität des Arbeitslebens (Humanität)" (142, S. 114).

Das praktische Vorgehen im Rahmen von Organisationsentwicklungsprozessen zielt – so übereinstimmend die Mehrheit der OE-Experten – auf einen Wandel der Klienten*organisation* (struktureller Aspekt) und der Organisations*mitglieder* (verhaltens- und handlungstheoretischer Aspekt). Besonders betont werden vor diesem Hintergrund individuelle wie soziale und organisationale Lernprozesse und deren dauerhafte, organisationsweite Institutionalisierung (vgl. hierzu 283; 252; 249; 250; 273). Das hinter diesen Überlegungen stehende Leitbild organisationaler Veränderung – so betont Wohlgemuth (354, S. 57f.) – beruht auf einer doppelten Zielsetzung, nämlich zum einen auf personal/interpersonalen und zum anderen auf struktural/technologischen Aspekten: „Der Mensch wird dabei als wichtigstes Element der Organisation betrachtet. Beabsichtigt ist mit der OE ebenso die Förderung der Partizipationsmöglichkeiten, des Lernens durch Erfahrung und der Persönlich-

---

[23] Die *Aktionsforschung* ist nach French/Bell (79, S. 34) durch folgende Vorgehensweise charakterisiert: erste Diagnose (1), Sammeln von Daten unter Mitwirkung des Klientensystems (2), Datenfeedback an das Klientensystem (3), Analyse und Auswertung der Daten durch das Klientensystem (4), Handlungsplanung (5) und der anschließenden Durchführung der ausgewählten Maßnahmen (6). Die auch von der Aktionsforschung geforderte und angestrebte Integration von personalen *und* organisationalen Anforderungen, von Kultur *und* Struktur versuchen andere Vertreter der OE – wie wir noch sehen werden – durch eine stärkere Orientierung an dem *soziotechnischen Systemansatz* einzulösen. Auch von diesem (theoretischen) Konzept erhofft man sich einen Brückenschlag zwischen Personen und Gruppen einerseits sowie (technischer) Organisation und Organisationskultur andererseits, und glaubt man, den *dualen* Charakter dieser Kategorien überwinden oder zumindest einen Vermittlungsprozess zwischen ihnen in Gang bringen zu können.

keitsentwicklung der beteiligten Menschen wie auch die Erhöhung der Leistungsfähigkeit und Flexibilität der gesamten Organisation."[24] Diese, in einem anhaltend problematischen Spannungsverhältnis stehenden Ziele der Organisationsentwicklung – Steigerung der Leistungsfähigkeit der Organisation *und* Schaffung von Möglichkeiten zur individuellen Entfaltung und Entwicklung der Mitglieder – fokussieren die OE-Maßnahmen einerseits auf einen organisationsumfassenden, mehr oder weniger detailliert plan- und steuerbaren Wandel organisatorischer Strukturen und Prozesse. Andererseits geht es zugleich um die – in klassischen (Beratungs-) Ansätzen zumeist übersehene oder übergangene – Entfaltung der sozialen (Gruppen-) Beziehungen (Human Relations) und Human Resources (271, S. 58; 142, S. 95ff.). Aufgrund dieser (Selbst-) Verpflichtung nimmt „die Frage der Koordination der personalen Systeme der Organisationsmitglieder und des sozialen Systems der Organisation generell einen zentralen Stellenwert innerhalb der OE ein" (283, S. 211). Mit einer zeitgleichen Realisierung beider Zielvorstellungen ist sowohl die Suche nach geeigneten Verfahren des individuellen *und* organisationalen Lernens als auch nach einer speziellen Form der Steuerung und Kontrolle des personalen wie organisationalen Entwicklungsprozesses durch externe, ratgebende *Entwicklungshelfer* verbunden (132, S. 15). Vor diesem Hintergrund findet sich in (älteren) Veröffentlichungen und Stellungnahmen zur Organisationsentwicklung noch die naive Forderung nach einer umfassenden „Steuerung von Problemlösungsprozessen", einer „Optimierung des Problemlösungspotenzials von Organisationen" (283, S. 210) oder wird die „Steuerung der Organisationskultur" (79, S. 31) als grundsätzlich möglich angesehen und angestrebt.

Für den externen OE-Berater – ob professioneller (Prozess-) Berater oder beratender Aktionsforscher – stehen bei der Durchführung von Organisationsentwicklungsmaßnahmen somit immer die Organisation (Struktur) und die Teilnehmer am Organisationsgeschehen (Personen) im Zentrum seiner Beobachtungen sowie der Veränderungs- und Entwicklungsbemühungen. Er muss Verständnis für die besonderen Beziehungen zwischen der Organisation und ihren Mitgliedern entwickeln, das heißt das Verhältnis von personalen und sozialen Systemen im Auge behalten aber ebenso die Beziehungen zwischen (eigenem) Berater- und (fremdem) Klientensystem reflexiv bei seiner Tätigkeit mit-

---

[24] Zu den Interdependenzen zwischen (inter-) personaler und struktural/technologischer Perspektive vgl. Crozier/Friedberg (50, S. 162ff). Gerade die organisationale „Praxis hat immer wieder gezeigt, dass z.B. eine rein verhaltensorientierte Betrachtung der Organisation (Human-Relations-Bewegung, z.B. Gruppendynamik) ungenügend ist. Die Struktur muss miteinbezogen werden" (354, S. 62).

führen können. Margulies/Raia (199, S. 77) stellen – dieses Verhältnis erweiternd – fest: „Consultation is a process which attempts to facilitate learning and change in individuals, groups, and organizations" und erfordert daher ein (theoretisches) Verständnis der speziellen Beziehungsformen zwischen Personen, Gruppen und der Organisation sowie – aus einer interorganisationalen Perspektive – den am Beratungsprozess beteiligten Organisationen. Betrachtet man die Art und Weise wie Organisationsentwicklung praktisch durchgeführt wird genauer, so geht es einerseits um die Übernahme adäquater Beraterrollen – hier als Moderator, Katalysator, Prozessbegleiter und neutraler Dritter – sowie andererseits um die Umsetzung besonderer, mit diesen Rollen verbundenen Diagnose-, Interventions- und Entwicklungsvorstellungen. Wohlgemuth (354, S. 120) hat zu dieser Form der externen Beratung feststellt: *„Die OE-Beratung ist ein Element der OE und dient der Einleitung und Förderung der OE durch den OE-Berater. Sie besteht aus den Interaktionen zwischen OE-Berater und Klient und wird in der Regel vom OE-Berater und von den betroffenen Organisationsmitgliedern gemeinsam getragen, bis die Organisation die OE selbständig weiterführen kann. Zu berücksichtigen sind, neben den dabei verwendeten Instrumenten, auch die Gesamtheit der Interaktionen und Interdependenzen zwischen OE-Berater, Organisation und Umwelt."*

Die konkrete Beratungssituation ist somit durch ein komplexes Beziehungs- und Interaktionsgeflecht zwischen Klienten- und Beraterorganisation sowie zwischen Organisationsmitgliedern, externen Beratern und der sonstigen (Organisations-) Umwelt gekennzeichnet, die durch bestehende Interdependenzen der Akteure zusätzlich kompliziert wird. Als Voraussetzung für eine dennoch erfolgreiche Kooperation und Intervention werden als Funktionsbedingungen der OE – neben organisatorischen (und vertraglichen) Maßnahmen, die die konkrete Zusammenarbeit zwischen Klient und Berater regeln – immer wieder gegenseitiges Verständnis und vertrauensvolle Beziehungen genannt und diese für einen gelingenden Beratungsprozess als unverzichtbar angesehen (79, S. 36; 250, S. 132; 347, S. 83; 283, S. 214). Der problematischen wie erfolgsrelevanten (Re-) Produktion vertrauensvoller Beziehungen widmen die erwähnten Autoren aber kein klärendes Wort, lassen vielmehr im Unbestimmten wie in Austauschbeziehungen gegenseitiges Verständnis möglich wird und Vertrauen generiert und (re-) produziert werden kann. Und dies obwohl die als OE konzipierte Reorganisation als ein umfassender, ganzheitlicher – und zeitlich andauernder – *Prozess* verstanden wird, der zu einer veränderten (Aufbau- wie Ablauf-) Organisation führen soll und in dessen Verlauf grundlegende, oftmals konfliktäre organisationale Veränderungen anvisiert und umgesetzt werden (354, S. 42). Mehr als Lippenbekenntnisse über die zentrale Bedeutung von Vertrauen bzw. wiederholte Hinweise vor den schädlichen Folgen eines Vertrauensverlustes – ohne eine (Er-) Klärung ob, wie und warum Vertrauen zwischen den Akteuren überhaupt ent- und fortbesteht – erfolgen nicht. Stärker organisations- und verhaltenspsychologisch begründete Veränderungs- und Entwicklungskonzepte der OE betonen zwar die Bedeutung einer Variation der individuellen Leitbilder (!) und Orientierungsmuster und – darauf aufbauend – der typischen, routinisierten Betrachtungs- und Handlungsweisen der Akteure als Keimzelle übergreifender, auch organisationsweiter Wandlungs- und Veränderungsprozesse (258) aber statt auf diesen Prozess näher einzugehen wird zumeist lediglich die Forderung nach Förderung der „Normen der Offenheit in der Kommunikation, des Vertrauens zwischen Personen, der Senkung von Statusbarrieren und der Wechselseitigkeit zwischen Teilen des Systems als notwendige Bedingungen des reedukativen Prozesses [formuliert]". (43, S. 43f.). Damit aber wird implizit die Bildung von Vertrauen auf lediglich normative (Integrations-) Mechanismen reduziert, die der umfassenderen Problematik einer Vertrauens(re)produktion nicht gerecht werden (179, S. 160ff.).

Organisationsentwicklung als Entwicklung sozio-technischer Systeme
Aufgrund der Bedeutung systemtheoretischer Kategorien für die Aktionsforschung wie für die Thematisierung von Lernprozessen in und von Organisationen können systemische Ansätze als eine wichtige Grundlage der (theoretischen) Überlegungen zur OE betrachtet werden. Hierzu stellen bereits French/Bell – allerdings eher beiläufig – fest: „Organisationen sind Systeme; und die Aspekte der Interdependenz und Interaktion von Teilen, wie auch der Aspekt der Ganzheit, stellen wichtige Dimensionen bei der OE dar" (79, S. 100). An dieser Randbemerkung wird deutlich, dass sich die Autoren auf einen (älteren) Systembegriff beziehen wie er zunächst in der allgemeinen Systemtheorie – speziell im Rahmen kybernetischer und biologischer Forschungsarbeiten – formuliert worden ist. Demgemäß werden Organisationen – so macht es Morgan (214, S. 52) anschaulich deutlich – verstanden als eine Art Biologie, bei der die „Unterscheidungen und Beziehungen zwischen *Molekülen, Zellen, komplexen Organismen, Spezies* und *ihrem speziellen ökologischen Lebensraum* denen zwischen *Individuen, Gruppen, Organisationen, Populationen (Arten) von Organisationen* und ihrem *sozialen Umfeld* gegenübergestellt werden." Der diese Beschreibung anleitende Begriff des offenen Systems hebt die – interdependenten – Beziehungen zwischen Teilen (Systemelementen; personalen, sozialen und technischen Subsystemen) und dem organisatorischen Ganzen sowie die Umweltabhängigkeit des Systems hervor. Dieser Systembegriff ist aber – so stellt Luhmann kritisch fest – grundsätzlich problematisch, da „das

Ganze doppelt gedacht werden musste: als Einheit und als Gesamtheit der Teile. Man konnte dann zwar sagen, das Ganze *sei* die Gesamtheit aller Teile oder *sei mehr* als die bloße Summe der Teile; aber damit war nicht geklärt, wie das Ganze, wenn es nur aus Teilen plus Surplus bestehe, auf der Ebene der Teile als Einheit zur Geltung gebracht werden könne" (187, S. 20). Ungeachtet dieser (grund-) begrifflichen Problematik wurde in den Debatten über Organisationsentwicklung zunächst die Variante des *sozio-technischen Systemansatzes* – wie er auf Forschungsarbeiten der Tavistock Forscher Miller, Rice und Trist zurückgeht – intensiv diskutiert und ausgearbeitet.[25] Dies vor allem, da hier nun – wie bereits erwähnt – die „Idee der Integration von individuellen und organisatorischen Bedürfnissen" (214, S. 55) im Vordergrund der Überlegungen und Betrachtungen stand. Und dieser Ansatz – so verkündeten seine Vertreter ebenso hoffnungsvoll wie unbescheiden – sollte „Humanität und Effizienz, Organisation und Mensch, Kapital und Arbeit, Ratio und Emotio, Selbstverwirklichung und Systementwicklung" zusammenführen (251, S. 128). Der sozio-technische Ansatz kann in Folge „als vielleicht wichtigster theoretischer Bezugsrahmen der Organisationsentwicklung angesehen werden" (298, S. 13). Dieser – so ergänzt Staehle (290, S. 37f.) – „betont gleichermaßen die Bedeutung sachlicher und menschlicher Aspekte und liefert mit Überlegungen zum organisatorischen Gestaltungsspielraum, zur Arbeitsmotivation durch Aufgabenorientierung und zur teilautonomen Gruppenarbeit Konzepte, deren Bedeutung weit über die anderer Ansätze dieser Zeit [etwa ab 1945; A.L.] hinausreicht."

Für den externen Organisationsberater ergeben sich vor diesem Hintergrund grundsätzliche Fragen nach der Beeinflussbarkeit von speziellen Systemvariablen und den Anpassungsmöglichkeiten des offenen, sozio-technischen Systems Organisation an veränderte interne wie externe Rahmenbedingungen (z.B. Arbeits(un)zufriedenheit, Forderungen nach mehr Teilzeitbeschäftigung, technologische Entwicklungen wie u.a. die Digitalisierung und KI, Wertewandel in Gesellschaft und Management). Vor allem praktisch tätige, beratungsorientierte (OE-) Forscher haben Antworten auf diese Fragen gesucht und haben mitgeholfen, „die Erkenntnisse der Kontingenztheoretiker und den systemtheoretischen Ansatz allgemein auf den Boden der praktischen Anwendbarkeit zu stellen, und zwar durch die Entwicklung diagnostischer und deskriptiver Modelle zur Identifizierung organisatorischer Schwächen und zur Empfehlung von Heilungsmaßnahmen. Im Grunde haben sie die

---

[25] Die enge Beziehung zwischen Organisationsentwicklung und sozio-technischem (System-) Ansatz betonen auch Trebesch (315), Rieckmann (249, 250, 251), Wohlgemuth (354) sowie Wimmer (347).

Rolle eines Heilberufs im Bereich Organisation übernommen" (214, S. 84). Aber die Lösung dieser selbst gestellten Aufgabe, nämlich die Integration und harmonische Vermittlung von sozialen, technischen und (arbeits-) organisatorischen Veränderungsprozessen gelingt (auch) dem sozio-technischen Ansatz nicht überzeugend. Denn was einerseits das *Soziale*, andererseits das *Technische* am sozio-technischen System ist bleibt unklar und theoretisch unbestimmt. Deutlich werden die Defizite des Ansatzes beispielsweise bei einer genaueren Betrachtung einer sozio-technisch angeleiteten Arbeitsstrukturierung sowie einer Analyse des sozialen (Arbeits-) Systems. Hierbei sind – nach Staehle (290, S. 904) – acht Aspekte von Bedeutung:

1. die Organisationsstruktur (Hierarchieebenen, Arbeitsgruppen, formale Rollen),
2. Schwachstellen im sozialen System (Ort der Problementstehung; Art und Weise der Problembearbeitung),
3. Hilfsfunktionen und (heimliche) Ergänzungshilfen zur Aufrechterhaltung des Produktionsprozesses (informale Organisation),
4. Kommunikationsstrukturen, räumliche Gegebenheiten und Arbeitszeitordnung,
5. die horizontale Mobilität der Arbeitskräfte,
6. die Bedürfnisse der Mitarbeiter (aus der Sicht des Managements),
7. Identifikation von Stellen mit häufigen Fehlern sowie
8. die (eigene) Rollenwahrnehmung der Mitarbeiter.

Zwar wird an dieser Aufzählung der Gestaltungsspielraum (arbeits-) organisatorischer Festlegungen deutlich, aber das Soziale wird bei diesem Vorgehen entweder reduziert auf individuelle Motive, Befindlichkeiten und (Selbst-) Einschätzungen der Akteure oder auf problembeladene Kommunikations-, Gruppen- bzw. Interaktionsprozesse beschränkt. Es erfolgt keine genaue Bestimmung des Sozialen oder eine Berücksichtigung der (sozialen) Interaktionspraxis der Akteure wie ihrer Einbettung in einen weiteren prozessualen (Handlungs-) Kontext. Daher bleibt es fraglich, wie ein organisationsumfassender, kooperativ angelegter und sozialverträglich durchgeführter Veränderungsprozess (auch) der Organisationsstruktur unter Rückgriff auf diesen Ansatz erfolgreich geplant, initiiert und umgesetzt werden kann – speziell dann, wenn dieser soziale und technische Aspekte zum einen unbestimmt lässt, zum anderen keine Bemühungen hinsichtlich ihrer theoriegeleiteten Vermittlung unternimmt.

Grundsätzlich sind die ausdifferenzierten Ansätze der OE daher gekennzeichnet durch kategoriale Heterogenität aufgrund von Anleihen aus unterschiedlichsten theoretischen (Denk-) Traditionen und lassen –

trotz ihrer mehr oder weniger stringent durchgehaltenen Systemorientierung – nach wie vor ein gemeinsames, grundlegendes und integrierendes (sozial-) theoretisches Konzept vermissen. Sie sind vielmehr durch eine Inkonsistenz ihrer Positionen charakterisiert und Kritikern erscheint diese Form der OE als „ein Bauchladen eklektisch zusammengewürfelter psycho-sozialer Methoden und Techniken, ohne eigene Identität, Erkenntnisinteresse, Forschungsprogramm, Leistungsnachweise etc." (251, S. 130). Die basale theoretische Fundierung der OE einerseits, wie die Absicherung der praktischen Vorgehensweise der OE-Berater andererseits bleibt nach wie vor unzureichend und auf weitere konzeptionelle Arbeiten angewiesen. Mit den vorliegenden Arbeiten zum Thema wird eher einem zunehmend unübersichtlichen – opportunistischen? – Verhalten der OE-Berater Tür und Tor geöffnet und verheißen viele OE-Praktiker auch heute immer noch – wie Neuberger (218, S. 256) scharfzüngig festgestellt hat – „die gleichzeitige Erfüllung humaner und ökonomischer Ziele. Dass an dieses unwahrscheinliche Ergebnis geglaubt wird, ist vermutlich vor allem damit zu erklären, dass die Verbindung von Effizienz, Produktivität, Flexibilität, Problemlösefähigkeit einerseits mit Partizipation, Authentizität, Selbstverwirklichung und Gesundheit andererseits eine solche große Attraktivität besitzt, dass kritische Realitätsprüfung ausgeschaltet wird. Es besteht die Neigung, kontrafaktisch zu glauben, was man sich wünscht. Dies wird unterstützt durch die Marketingstrategie der OE-Anhänger; auch wenn sie von ihrer Mission durchdrungen und von ihrem Beitrag zu einer besseren Arbeitswelt überzeugt sind, so bleibt doch als wesentliches Faktum, dass die meisten ihr Geld mit diesem Produkt verdienen und es deshalb so vermarkten müssen, dass Nachfrage erzeugt und befriedigt wird."

Aufgrund der unzureichenden (Gesamt-) Konzeption umfassender organisatorischer Veränderungsprozesse in den Ansätzen der OE ist in der Diskussion zum Thema Organisationsentwicklung in den vergangenen Jahren immer wieder „eine Stagnation und gewisse Resignation eingetreten" (273, S. 170). Im Mittelpunkt der konzeptionellen Kritik stehen einerseits die bereits angesprochenen ergänzungsbedürftigen Grundlagen des traditionellen OE-Denken – wie Machtvergessenheit, Manipulationsmöglichkeiten und Opportunismus der Berater sowie deren finanzielle Abhängigkeit – und andererseits die, den Entwicklungsprozessen zugrundeliegende (Veränderungs-) Logik. Exemplarisch formulieren Schreyögg/Noss (273, S. 174) hierzu vier zentrale Kritikpunkte:

1. Organisatorischer Wandel ist keine ausschließliche Angelegenheit von (externen) Experten.
2. Organisatorischer Wandel ist kein steuerbarer, umfassend beherrschbarer Prozess.

3. Organisatorischer Wandel ist niemals ein festumrissener, scharf abgrenzbarer Problembereich.

4. Organisatorischer Wandel ist kein Sonderfall (des Prozess) des Organisierens der nur in Ausnahmesituationen stattfindet, sondern Reorganisation und Reproduktion sind in Organisationen permanent aktuell und bedeutsam.

Ausgehend von dieser Kritik konventioneller OE-Annahmen – und der sich daraus ergebenden Veränderungsmaßnahmen und –möglichkeiten – kommen die Autoren (273, S. 176) zu dem Ergebnis, dass gegenwärtig vor allem „das Konzept der lernenden Organisation ein aussichtsreicher Kandidat für eine [...] Umorientierung ist. Diese Konzeption startet mit der Idee, dass der Basismodus von Leistungsorganisationen das Lernen ist." Auf der Basis einer systemtheoretischen Betrachtungsweise entwickeln sie die These, dass Organisationen vor allem durch *kollektive* Lernprozesse Wissen erwerben, verarbeiten und speichern können. Hierbei begreifen sie Lernen als „Restrukturierung der Wissensbasis" (273, S. 177) eines Systems und betrachten die Lernfähigkeit von Systemen als Grundlage der Sicherstellung ihrer Veränderungsbereitschaft und des Veränderungserfolges.

Als Ergebnis dieses kurzen und exemplarischen Ausflugs in die OE soll festgehalten werden, dass im Kontext der – eher kritisch-ablehnenden – Auseinandersetzung mit den *traditionellen* Konzepten der Organisationsentwicklung zunehmend neuere systemtheoretische Kategorien eine zentrale Rolle in der Diskussion spielen und Forderungen nach einer Fortsetzung und/oder Neuformulierung der OE mit systemischen Mitteln lauter werden. Einen derartigen Versuch der „Weiterführung des OE-Ansatzes in Richtung systemischer Organisationsberatung" hat Wimmer (347, S. 45ff.) vorgelegt, der – ebenfalls ausgehend von einer Kritik des traditionellen Verständnisses von OE – die hier identifizierten Dilemma in einem systemtheoretisch fundierten, komplexeren OE-Entwurf aufheben will. Dieser erfordert – etwa aufgrund des problematischen Parteilichkeitsdilemmas der OE – eine (theoretische) Berücksichtigung innerorganisatorischer Machtauseinandersetzungen und mikropolitischer (Macht-) Spiele, die dem externen Berater einerseits seine stets begrenzten, in der Regel aber dennoch überschätzten Interventionsmöglichkeiten vor Augen führen, ihm andererseits aber zugleich gangbare und viable Wege einer machtbewussten, ressourcenbasierten Beeinflussung von Organisationen aufzeigen. Zudem wird in traditionellen OE-Ansätzen übersehen, dass Diagnose- und Interventionsphase nur analytisch voneinander getrennt werden können, und „dass schon die Art des Erstkontaktes ‚intervenierenden' Charakter besitzt, dass also auch Art und Weise, wie eine Diagnose erarbeitet wird, einen massiven

Eingriff ins Klientensystem darstellt, der erhebliche Konsequenzen für die Weiterarbeit des Beraters besitzt" (347, S. 107). Er empfiehlt daher eine – ihrerseits nicht unproblematische – Orientierung an den Kategorien der Disziplinen der neueren Systemtheorie, der Kybernetik 2. Ordnung sowie des Radikalen Konstruktivismus. Auch Rieckmann (251, S. 134ff.) – ebenfalls im Rahmen eines kritischen Rück- und Ausblicks zur Organisationsentwicklung – identifiziert ähnliche Bewegungen und Beweglichkeiten der OE wie Wimmer und erwartet

- eine Flucht in die Unternehmenspolitik sowie eine Berücksichtigung von – bisher naiv vernachlässigten – Machtprozessen und –spielen in Organisationen,
- ein Abgleiten in die Tiefen(-psychologische)-OE und die Suche nach – die Beziehungen zwischen Organisation und Beschäftigten beeinflussenden — (un-) bewussten, (un-) ausgesprochenen und oftmals unaussprechbaren (Bewusstseins-) Phänomenen,
- ein Abheben in die Esoterik: „Hier wird ehemalige OE-Sozialromantik nun zur Himmelskomik, zu einer Selbst-Erlösungsillusion auf nunmehr transsystemischem Niveau" (251, S. 135),
- einen Rückzug auf nur noch praktische OE-Maßnahmen, das heißt auf ein (sozialtechnologisch verwertbares) OE-Knowhow, welches „bei der Umsetzung von Strategien in Strukturen, Kulturen und Prozesse, in Führung, Motivation und Qualifikation, in Entscheidung, Planung und Durchführung gebraucht" (251, S. 135f.) – man kann auch sagen vom Management an- und abgefordert – wird sowie
- die Suche nach neuen, hoffnungsstiftenden und tragfähigen Paradigmen, welche nun endlich und wirklich die Akteure in die Lage versetzen, der ausufernden Problem- und Systemkomplexität zu begegnen, und diese effizient zu begrenzen.

Hierbei bezieht sich Rieckmann vor allem auf systemische Beratungsansätze wie sie in St. Gallen formuliert wurden sowie auf eine Befruchtung der OE durch die (neuere) Systemtheorie von Niklas Luhmann und ihrer beratungsbezogenen Fortschreibung durch u.a. die Wiener Beratungsgruppe (74). Auf diese Überlegungen wird im folgenden Abschnitt 3.3 zu der systemtheoretischen Grundlegung einer Beratungstheorie genauer eingegangen. In diesem Entwicklungsprozess wird die traditionelle Organisationsentwicklung also entweder in ein – mehr oder weniger innovatives – Konzept organisationalen Lernens überführt oder sie mutiert andererseits zur (post-) modernen Systementwicklung. Rieckmann (251, S. 138) kam daher zu dem – zugleich resignativen wie hoff-

nungsvollen – Schluss, dass sich die klassische, humanistisch-emanzi-patorische und normative Organisationsentwicklung auflösen wird
- „in entmythologisierte ‚vernünftige' Sozialtechnologie im Sinne ‚Praktischer Organisationsentwicklung' einerseits,
- in allgemeines Problemlöse-Know-how im Sinne von ‚Meta-OE' andererseits und drittens
- in die sozioanalytische Dimension der Tiefen-OE."

Zugleich taucht in diesem Zusammenhang die verlorengegangene – o-der nur verlorengeglaubte? – kritisch-explorative OE in anderen Kontex-ten (Human Ressource Management, Personalentwicklung, organisati-onales Lernen) wieder auf und wird der „(reine) Instrumentalcharakter des Menschen und der ‚Praktischen OE' [...] genau von hier aus in eine [...] paradoxe Widerspruchsituation geraten, was zu einer tendenziellen Aufhebung ihrer Instrumentalitäten und unter Umständen auch zu einer Renaissance der ‚alten' OE in neuem Gewande führen könnte" (251, S. 139). Eine – gerade vor dem disparaten theoretischen Unterbau der OE – nach wie vor nur schwache Hoffnung da neuere, systemisch-evolutio-näre Konzepte – um die es im Abschnitt 3.3 gehen wird – eher auf eine reflektiertere Ablösung der (klassischen) OE drängen als auf ihre tradi-tionsbewusste Wiederauferstehung in systemisch-kritischem Gewand.

Von der Organisations- zur Personalentwicklung und zurück – mehr als die Veränderung von Personen?
Neben die, lange Zeit im Vordergrund der Diskussion stehende Organi-sationsentwicklung – als geplanter, zielgerichteter sowie umfassender Wandel von Organisationen – und die anhaltende Überführung dieser Konzepte in einen stärker systemisch fundierten Ansatz ist die Personal-Entwicklung (PE) getreten. Ebenfalls planvoll und zielorientiert soll die Qualifikation des Personals stetig (fort-) entwickelt, sollen Maßnahmen einer andauernden Lernförderung in aber auch von Organisationen er-griffen werden. Im Mittelpunkt der Überlegungen steht nicht mehr (nur) die Entwicklung einer schwer begreifbaren Organisation und ihrer for-malen Regelwerke (Strukturen), sondern die der Fähig- und Fertigkeiten der Beschäftigten. Wie der Organisations- fehlt auch der Personalent-wicklung (noch) ein zugleich theoretisch einheitliches wie praktisch re-levantes Grundlagenkonzept und weisen, wie Flohr und Niederfeichtner (78, S. 11) anmerken, „sowohl Begriff, als auch die damit verbundenen Inhalte [...] große Heterogenität und Unschärfe auf". Was die zahlrei-chen Definitionen der Personal-Entwicklung im Einzelnen alles umfas-sen macht Neuberger (218, S. 3) deutlich, der bei einer detaillierten Ana-lyse der zahlreichen Bestimmungsversuche der PE die folgenden, cha-rakteristischen Gemeinsamkeiten identifiziert: „Meist wird die Entwick-

lung von (Einzel-) Personen oder sogar nur von Qualifikationen hervorgehoben, es werden der systematische, gezielte, absichtliche Gestaltungsprozess und die Verantwortung des Managements oder der Personalabteilung betont; häufig wird auch auf den Zielkonflikt zwischen organisationalen und individuellen Interessen hingewiesen und die Möglichkeit seiner konstruktiven Lösung behauptet".

Die Grenzziehung zwischen Organisations- und Personalentwicklung ist vor diesem definitorischen Hintergrund keineswegs eindeutig und bestehen fortgesetzt Abgrenzungsschwierigkeiten und Zuständigkeitsprobleme zwischen diesen Disziplinen. So begreift beispielsweise Willke (344, S. 167) PE als eine spezielle Schule der OE, versteht Hanft (116, S. 45ff.) unter Personalentwicklung ‚organisationales Lernen' und argumentiert einzelne Personen übergreifend, setzt Hacker (111, S. 13) OE und PE aufgrund des „dialektischen Verhältnisses" zwischen Organisation und Organisationsmitgliedern gleich, betrachtet Neuberger (218, S. 13) noch umfassender „Personalentwicklung als Vereinigungsmenge von Person-, Team- u. Organisations-Entwicklung" und erscheint Flohr/Niederfeichtner (78, S. 30) der „Zusammenhang zwischen Personalentwicklung und Organisationsentwicklung [...] untrennbar". Dies betont auch Willke (344, S. 192) wenn er feststellt: „Ohne eine entsprechende Veränderung von geltenden Regeln verpufft der größte Teil der Anstrengung der Personalentwicklung" – hier verstanden als Entwicklung von Personen. Vor dem Hintergrund der wechselseitigen Beziehungen zwischen Personal und Organisation und in Folge einer mehr oder weniger gemeinsamen, aufeinander abgestimmten Entwicklung bleibt – nicht nur in der Fachliteratur – unklar, was denn wie, wann und wohin entwickelt werden soll oder kann. Als Ansatzpunkte der Entwicklung und Veränderung werden daher – mehr oder weniger uneinheitlich oder widersprüchlich – genannt:

- die Person und ihr Qualifikationsniveau,
- die Gruppe, im Besonderen die sozialen Beziehungsmuster der Akteure (human relations) und/oder
- die materiellen und organisatorischen (strukturellen) Rahmenbedingungen.

Diesem Dreiklang entsprechend zielen entwicklungsauslösende Interventionen auf Individuen, Beziehungen und/oder Strukturen, sind personal, interpersonal und/oder apersonal orientiert. Die Objekte der Personal-Entwicklung sind die individuelle Qualifizierung (1), die inter-personale Beziehungsförderung (2) sowie die apersonale – von konkreten Personen abstrahierende – Strukturgestaltung (3) (218, S. 13f.). Wird – wie in der PE-Literatur traditionell üblich – der Entwicklungsbereich der *personalen Qualifizierung* betont stehen zumeist folgende Aspekte im Vordergrund:

- die Fähig- und Fertigkeiten sowie das (explizite) Wissen der Mitarbeiter,
- ihre individuellen Bedürfnisse, Motive und Interessen,
- ihre Gefühle, normativen Orientierungen und Werte,
- ihre Belastbarkeit, Stress- und Frustrationstoleranz sowie
- ihre Identität und ihr Selbstwertgefühl (218, S. 24ff.).

Durch an Individuen ansetzende Entwicklungsmethoden wie kognitives Lernen, Sensitivity-Training, Lab- und T-Group-Training sowie Outward-Bound-Training sollen – in Anlehnung an Maßnahmen der OE – individueller Wandel ausgelöst, eine neue Sicht der Dinge sowie andere, normative Orientierungen bewirkt werden. Eine interpersonale Entwicklungsarbeit betont darüber hinaus

- die Bedeutung direkter, face-to-face Interaktionen,
- die zeitliche Dauer von Beziehungen und somit Tradition und Überlieferung,
- Rollenschemata bzw. die Zuweisung (und Verselbständigung) gegenseitiger Erwartungen,
- Normen, Werte, Ideologien und Mythen,
- (un-) bewusste Grenzziehungen zwischen dem ‚Ich' und dem ‚Wir' sowie – bereits auf dieser Ebene von besonderer Bedeutung –
- Interessen, Macht und Mikropolitik (218, S. 26ff.).

Die Charakteristika einer *apersonalen Betrachtung* liegen schließlich

- in der Vernetzungsproblematik mehrerer (Arbeits-) Gruppen,
- in Hierarchie, Entscheidungs(de)zentralisation und einer in der Regel nicht gleichgewichtigen Ressourcenallokation in Organisationen,
- in Formalisierung, Kodifizierung und Standardisierung – Neuberger (218, S. 34) kritisiert in diesem Zusammenhang u.a. die „‚apersonale' Fixierung von Handlungsimperativen",
- in (widerstreitenden) Ideologien, Philosophien, Kulturen, Missionen, Visionen und Zielen,
- in, sich daraus ergebenden Krisen und Konflikten sowie – wie auf interpersonaler Ebene –
- in konfligierenden Interessen, Machtspielen und mikropolitisch motivierten Aktivitäten (218, S. 33ff.; 142, S. 121).

Nachdem die drei zentralen Gegenstandsbereiche der Entwicklung identifiziert und ausdifferenziert wurden stellt sich nun die Frage, welche

Entwicklungsvorstellungen möglichen Interventionen zugrunde liegen. Neuberger (218, S. 39) unterscheidet hier zusammenfassend zwischen

- Entwicklung als das Durchlaufen von rationalen Problemlöse- und Entscheidungsprozessen (‚Macher'-Perspektive),
- Entwicklung als das Durchschreiten zwingend-vorgegebener Phasen – etwa bei dem Aufbau von Beziehungen in Gruppen sowie
- Entwicklung als Selbst-Organisation und als Eigen(e)-Entwicklung.

Auf die theoretische Diskussion der Personal-Entwicklung (116; 77) soll an dieser Stelle nicht weiter eingegangen werden. Aber bereits an diesem ersten Einblick ist deutlich geworden, dass Personal- und Organisationsentwicklung keine einander ausschließenden Alternativen sind, sondern das die eine ohne die andere nicht gedacht und praktiziert werden kann. Personalentscheidungen sind Strukturentscheidungen (und umgekehrt) und implizieren oftmals „die schärfste Absicherung von Redundanz" (188, S. 177) bzw. „die wirkungsvollste Strukturbildung" (226, S. 124). Auf das besondere (rekursive) Verhältnis von personalen Akteuren und organisationaler Struktur wird in strukturationstheoretischer Perspektive ausführlich zurückzukommen sein.

3.3 Selbst-Organisation: Die Systemtheorie als Grundlage einer Beratungstheorie

> „Unternehmensberatung fokussiert im
> effizienten Kostenmanagement,
> Organisationsberatung in der
> raffinierten Komplexitätsbewältigung."
> (8, S. 144ff.)

Über eine wohlwollende Berücksichtigung im aktuellen Diskussionskontext der Organisations- und Personalentwicklung sind die, auf systemtheoretischen Überlegungen aufbauenden „raffinierten" Beratungs- und Managementkonzepte längst weit hinaus. Neben die – nicht mehr ganz so neuen und innovativen – Formen der, sich zunehmend systemisch gebenden OE und PE treten die – oftmals eigenständige Beratungskonzepte begründenden – systemisch-evolutionären Beiträge der *St. Gallener*-Schule, des *Münchner*-Ansatzes sowie die – deutlich enger an den systemtheoretischen Überlegungen von Niklas Luhmann anschließenden – Arbeiten der Wiener-Beratungsgruppe und der – vormals Bielefelder – Systemtheoretiker (8; 85; 344; 345).

Die Grundlagen der systemisch orientierten Beratungsansätze liegen in Varianten und Ausprägungen der Theorie(n) sozialer Systeme, wie sie im besonderen von Gregory Bateson (14) und – in anderer Form – von dem Soziologen Niklas Luhmann (187) mit Bezug auf die Arbeiten der Biokybernetiker Humberto Maturana (201) und Francesco Varela (324) sowie den Mailänder Familientherapeuten um M. Selvini-Palazzoli (278; 279; 280) vorgelegt worden sind. Gemeinsam ist diesen Konzepten die Betonung von kybernetischen – rückgekoppelten und rekursiven – sowie evolutionstheoretischen Prinzipien und ein Denken mit und in den Kategorien Komplexität und Kontingenz, Vernetztheit und Interdependenz, Redundanz und Varietät – man kann auch von Stabilität und Flexibilität sprechen – sowie Reflexivität, Autopoiese und Selbstreferenz. Luhmann (187, S. 12) selbst stellt zu dieser besonderen Begrifflichkeit fest: „Im Unterschied zu gängigen Theoriedarstellungen, die, wenn überhaupt, einige wenige Begriffe der Literatur entnehmen, sie in kritischer Auseinandersetzung mit vorgefundenen Sinngebungen definieren, um dann damit im Kontext der Begriffstraditionen zu arbeiten, soll im folgenden versucht werden, die Zahl der benutzten Begriffe zu erhöhen und sie *mit Bezug aufeinander* zu bestimmen. Das geschieht mit Begriffen wie: Sinn, Zeit, Ereignis, Element, Relation, Komplexität, Kontingenz, Handlung, Kommunikation, System, Umwelt, Welt, Erwartung, Struktur, Prozess, Selbstreferenz, Geschlossenheit, Selbstorganisation, Autopoiesis, Individualität, Beobachtung, Selbstbeobachtung, Beschreibung, Selbstbeschreibung, Einheit, Reflexion, Differenz, Information, Interpenetration, Interaktion, Gesellschaft, Widerspruch, Konflikt."

Eine erste Orientierung im verzweigten Labyrinth der unterschiedlichen Ver- und Anwendungsweisen des Systembegriffs ermöglicht ein Schema von Niklas Luhmann (187, S. 16) in welchem er drei Ebenen der (theoretischen) Betrachtung und Analyse von Systemen unterscheidet (vgl. Abbildung 3.2).

Systeme
↓
Maschinen   Organismen soziale Systeme   psychische Systeme
↓
Interaktionen Organisationen   Gesellschaften

Abbildung 3.2: Ebenen der Systembildung

Diese Differenzierung – so erläutert er (187, S. 17) – soll zum einen fruchtbare Vergleichsmöglichkeiten zwischen unterschiedlichen Systemtypen festlegen, lässt aber zum anderen „auf Anhieb typische ‚Fehler' oder zumindest Unklarheiten in der bisherigen Diskussion sichtbar werden. Vergleiche zwischen verschiedenen Arten von Systemen müssen sich an eine Ebene halten. Dasselbe gilt für negative Abgrenzungen. [...] Es ist zum Beispiel wenig sinnvoll zu sagen, Gesellschaften seien keine Organismen [...]. Ebenso ‚schief' liegt der Versuch, auf der Grundlage von Interaktionstheorien allgemeine Theorien des Sozialen zu konstruieren. Das gleiche gilt für die neuerdings aufkommende [...] Tendenz, den Maschinenbegriff auf der Ebene der allgemeinen Systemtheorie zu verwenden [...]." Auch wird durch dieses Schema „die (viel kritisierte) Direktanalogie von sozialen Systemen und Organismen bzw. Maschinen ausgeschlossen, nicht jedoch die Orientierung an einer allgemeinen Systemtheorie, die umfassendere Ansprüche einzulösen vermag" (187, S. 32). Bereits im 2. Kapitel wurde deutlich, dass sich (theorie-) spezifische Probleme – nicht nur mit Blick auf Beratungsprozesse – immer dann ergeben, wenn Organisationen thematisiert werden, *als ob* sie Maschinen oder *als ob* sie Organismen wären, und dadurch das Soziale am Phänomen Organisation gerade nicht in den Blick gerät. Die Maschinenmetapher etwa schränkt, wie wir gesehen haben, den Blick auf lineare und monokausal gedachte – mit anderen Worten: triviale – Ursache-Wirkungs-Ketten ein, ist eher Sozial- oder Organisationstechnologie und vernachlässigt die sozialen Aspekte des Systems Organisation. Und ebenso kann die Organismusmetapher, wie dies in Abbildung 3.2 angedeutet ist, zwar typisch systemisches erfassen – so etwa die Offenheit, Umwelt- und Ressourcenabhängigkeit sowie Evolutionsfähigkeit von (biologischen) Systemen – aber auch ihr gelingt es aufgrund ihrer speziellen Begrifflichkeit nicht, das Soziale kategorial einzufangen. Aber selbst dann, wenn Organisationen als *soziale* Systeme rekonstruiert werden ergibt sich kein einheitliches Bild, sondern differieren und verschwimmen die jeweiligen Begriffs- und Gegenstandsbestimmungen. Was das originär Soziale am sozialen System Organisation ist bleibt auch hier oftmals unklar und umstritten. Entsprechend unterschiedlich gestalten sich die, auf diversen (system-) theoretischen Varianten aufbauenden, Ansätze systemischer Organisationsberatung und Vorgehensweisen systemischer Organisationsberater.

Welche theoretischen Grundüberlegungen hinter fundiert angelegten und daher ernst zu nehmenden systemischen Ansätzen stehen, wie die Um- und Fortsetzungen systemtheoretischer Ideen mit konkreten Management-, Führungs- und (Re-) Organisationsproblemen umgehen und welche theorieadäquaten, praktisch zum Einsatz kommenden Interventionsverfahren hier formuliert werden wird Thema der nächsten Abschnitte sein.

Systemisch Beobachten: „Draw A Distinction"

Wie alle Akteure müssen auch Berater ihren (professionellen) Blick schulen und spezifische Kompetenzen erwerben, um dort etwas zu sehen, wo andere nichts erkennen können, um zu Beobachtungsmöglichkeiten zu kommen, die anderen – aus welchen Gründen auch immer – (zunächst) verschlossen bleiben. Eine theoretische Perspektive, die den Prozess der Beobachtung in den Mittelpunkt ihrer Überlegungen stellt muss an zentraler Stelle danach fragen, was Beobachtung bedeutet, wie Beobachtung konzeptionell begriffen werden kann und welche Voraussetzungen für eine (externe) Beobachtung erfüllt sein müssen. Mit anderen Worten: Es geht um die Frage, was Akteure explizit und/oder implizit tun, wenn sie Beobachtungsoperationen durchführen bzw. darum, wie Beobachter beobachten.

Arbeitet man mit dem Begriff des Beobachters, so ist man zunächst – eher naiv und alltagspraktisch – geneigt anzunehmen, dass der Beobachter unmittelbaren Zugang zu dem Objektbereich seiner Beobachtungen hat. Dasjenige, was er beobachtet ist ihm (scheinbar) selbst äußerlich und wird durch seine Beobachtungen – mehr oder weniger eingefärbt oder verfälscht durch individuell-kognitive sowie unbewusste Prozesse – *repräsentiert.* Das jeweils unter Beobachtung stehende Phänomen existiert unabhängig von (s)einem Beobachter und verändert sich in seinem Wesen und So-Sein durch den Prozess der Beobachtung – eine gewisse Eintrübung mitgedacht – nicht. Grundsätzlich anders erfolgt der Zugriff der allgemeinen Systemtheorie auf den Begriff der

Beobachtung (erster Ordnung), der hier als „Handhabung von Unterscheidungen" (187, S. 63) eingeführt wird. Die Formulierung weist darauf hin, dass dieser Beobachtungsbegriff keine menschenähnliche Instanz voraussetzt, die die Beobachtungen unter- bzw. vornimmt (85, S. 30). Auch Systeme (Gesellschaften, Organisationen) können Beobachtungsoperationen aus- und durchführen sowie Ereignisse beschreiben. Im Anschluss an die operative Logik von George Spencer Brown (288) hat sich eine Terminologie entwickelt, „die Erkennen als Beobachten und Beschreiben versteht und Beobachten bzw. Beschreiben als Unterscheiden und Bezeichnen" (189, S. 123). Die hierdurch gekennzeichnete eigentümliche Struktur der Beobachtung offenbart sich allerdings erst dann, wenn nachgefragt wird, was dies für praktische Beobachtungsprozesse eigentlich bedeutet. Zunächst ist mit jeder Beobachtung ein *Akt der Unterscheidung* verbunden. Das Ereignis Beobachtung benutzt eine Unterscheidung, denn das Beobachtete muss, damit es beobachtet werden kann (beobachtbar wird!), von anderem getrennt, von einem unspezifiziert rauschenden Hintergrund abgehoben, eben unterschieden (markiert) werden. Beobachtungsprozesse erzeugen *order from noise*. Allerdings geht Beobachtung nicht in einer einfachen Unterscheidung auf, denn „das Ereignis Beobachtung benutzt eine Unterscheidung und bezeichnet eine der beiden Seiten dieser Unterscheidung. [...] Das Ereignis Beobachtung ist die Bezeichnung einer Seite im Rahmen einer Unterscheidung" (85, S. 31). Durch diesen Prozess werden dem Bezeichneten (Beschriebenen) semantische Qualitäten verliehen, und es erfolgt zum einen seine kommunikative Bemächtigung durch die Akteure (343, S. 183). Zum anderen wird hierdurch die Voraussetzung für die soziale Vermittlung und Anschlussfähigkeit des Beobachteten bzw. des – durch den Akt der Beobachtung – Konstituierten gelegt. Diese Anschlussfähigkeit ist für soziale Interaktionsprozesse von besonderer Bedeutung, da für das Verhältnis zwischen dem Beobachter und dem Gegenstand seiner Beobachtungen aus systemtheoretischer Perspektive gilt: „*Die Logik der Beobachtung* (und der aus der Beobachtung folgenden Beschreibung) ist die Logik des *beobachtenden Systems* und seiner kognitiven Struktur [...]. Damit ist gesagt, dass es der Beobachter ist, der über die Art und Weise, *wie* er beobachtet, festlegt, *was* er beobachten kann" (344, S. 22f.). Bezieht sich ein Beobachter im Rahmen einer Beschreibung auf eine Seite der *von ihm* zuvor getroffenen Unterscheidung, so erzeugt er (und nur er) eine Referenz, einen beobachterspezifischen und -abhängigen Standpunkt – er beobachtet selbstreferentiell. Das heißt, die „*Referenz der Beobachtung* ist nur vordergründig der beobachtete ‚Gegenstand'. Aufgrund der beobachter-basierten Konstruktion des Gegenstandes ist die Referenz der Beobachtung der Beobachter" (344, S. 24). Folgt man diesen Überlegungen sind

Beobachtungen die einen unmittelbaren Zugang zu realen Phänomenen – z.B. zu fremden sozialen oder psychischen Systemen – finden prinzipiell nicht möglich. Im Gegenteil: „Alle Beobachtung ist darauf angewiesen, Einheit zu erschließen; und sie muss sich dazu an Differenzen orientieren, um feststellen zu können, was etwas im Unterschied zu anderem ist" (187, S. 654). Eine in diesem Diskussionskontext auftauchende Frage lautet folglich: Wie können Beobachter (Berater) an die jeweils gewählte Selbst-Referenz eines anderen Beobachters (Organisation) *sinnvoll* weitere Kommunikations- und Informationsverarbeitungsprozesse anschließen?[26] Dies wird durch iterative Abstimmung und Annäherung divergierender Systembeschreibungen über Kommunikation möglich, die die „in menschliche Sprache eingebaute Differenz von Beziehungsebene und Inhaltsebene [nutzt]. Als Therapeut, Freund,

---

[26] Soziale Systeme sind – ebenso wie psychische – auf der Basis von Sinn organisiert. Der Sinnbegriff bezeichnet im systemtheoretischen Kontext nicht einen Sachverhalt „in der Welt", sondern die Ordnungsform menschlichen Erlebens und sozialen Handelns überhaupt (181, S. 31). Er bezieht sich auf die Bedeutung, die irgendetwas für einen *Beobachter* besitzt. Die Konstitution von Sinn erfolgt durch die Auswahl des gerade Aktuellen aus einem weiteren Möglichkeitshorizont. Die Grundbestimmung von Sinn ist demnach die Differenz von Aktuellem und Möglichem (246, S. 36f.). Demgemäß dient Sinn der Reduktion der „Überfülle des Möglichen" (181, S. 32) und avanciert zu einem jederzeit überprüfbaren und damit revidierbaren, systeminternen Ordnungsprinzip, welches jeweils aktuell relevantes zu bestimmen hilft, Komplexität mithin einschränkt. Sinn schiebt sich wie ein Filter zwischen die Vielfalt der (Umwelt-) Ereignisse und das aktuell relevante Erleben. Und zugleich zeigt der „jeweils gegebene Erlebnisinhalt [...] in der Form von Verweisungen und Implikationen weit mehr an, als zusammengenommen oder auch nacheinander in den engen Belichtungsraum der Bewusstheit eingebracht werden kann" (181, S. 32). *Sinn haben* heisst dann, „dass eine der anschließbaren Möglichkeiten als Nachfolgeaktualität gewählt werden kann und gewählt werden muss, sobald das jeweils Aktuelle verblasst, ausdünnt, seine Aktualität aus eigener Instabilität selbst aufgibt" (187, S. 100). So verstanden wird Erleben und Handeln erst durch Sinnkriterien möglich und ist die Beziehung zwischen *Sinn* und *System* eine rekursive: „Systeme sind sinnkonstituierende und sinnkonstituierte Gebilde. Sie erzeugen kontinuierlich systemspezifischen Sinn und werden doch selbst erst durch die Ausbildung bestimmter abgrenzbarer Sinnstrukturen in Existenz gebracht" (342, S. 36). Sinn*strukturen* sind somit zugleich Ergebnis und Bedingung, Ermöglichung und Zwang der Erlebensweisen und Handlungen der Akteure (vgl. hierzu die Ausführungen in Kapitel 6 zu dem ebenfalls rekursiv angelegten Strukturbegriff von Anthony Giddens). Sehr viel konkreter kann – mit Weick (334, S. 278) – dieser Sinngebungsprozess verstanden werden „als das Schreiben von plausiblen Rechenschaftsberichten, Geschichten und Sequenzen für die Gestaltung. Mehrdeutigkeit wird beseitigt, wenn die Gestaltung mit einer Geschichte beliefert wird, welche sie hervorgebracht haben könnte."

Lehrer, Arzt, Systemanalytiker, Unternehmensberater, Entwicklungsexperte etc. kann ich auf der Inhaltsebene durch transjunktive [– Differenzen überschreitende, A.L. –] Operationen einen Verweisungszusammenhang durchbrechen, den ich auf der Beziehungsebene dennoch erhalte – und dessen Erhaltung auch notwendig ist, um inhaltliche Diskrepanzen erträglich zu machen" (343, S. 187f.). Als eine wesentliche Konsequenz – die für externe Berater und Beratungsprozesse extrem bedeutsam ist – ergibt sich aus diesen Unterscheidungsoperationen, „dass die Unterscheidung, die benutzt wird, um zu bezeichnen, selbst nicht beobachtet werden kann. Sie ist immer für den Beobachter, der sie einsetzt, unsichtbar. Er sieht nur das, was er bezeichnet, und will er sehen, welche Unterscheidung diese Bezeichnung ermöglicht, braucht er eine andere Unterscheidung, die die erste Unterscheidung unterscheidet von anderen Unterscheidungen" (108, S. 35). Diese ab- und ausgrenzenden – Orientierung aber erst ermöglichenden – Unterscheidungsoperationen sind ursächlich für den *blinden Fleck* des Beobachters. Denn hat man erst einmal eine bestimmte Unterscheidung mehr oder weniger bewusst gewählt, dann verfügt man nicht mehr über „die Möglichkeit, die Unterscheidung als Einheit, als Form zu sehen – es sei denn mit Hilfe einer anderen Unterscheidung." (189, S. 123). Jede Beobachtung – verstanden als aktiver Auswahlprozess – steht also immer unter dem Vorbehalt, dass sie mit der durchgeführten Unterscheidung das Ganze nicht mehr sehen kann und in Folge immer mit einem blinden Fleck – einer unterscheidungsabhängigen Blindheit – behaftet ist.

Systemische Berater suchen bzw. fragen auf dieser (Beobachtungs-) Basis vor allem danach, wie das ratsuchende System, die ratsuchende Organisation (sich selbst) beobachtet und durch welche Einschränkungen und Blindheiten diese Art der Beobachtung gekennzeichnet ist. Zudem müssen sie darüber reflektieren (können) wie sie selbst beobachten und was ihre Beobachtungen mit denen des Klientensystems zu tun haben (344, S. 21) – genauer: welche Anschlussmöglichkeiten sich aus unterschiedlichen Beobachtungen, denen unterschiedliche Unterscheidungskriterien zugrunde liegen, entwickeln lassen. Denn immerhin könn(t)en (nicht nur) die Berater wissen, was sie beobachten, wenn sie wissen, mit welchen handlungsleitenden Differenzen sie arbeiten (344, S. 32). Diese Fähigkeit setzt ein – mehr oder weniger komplexes, explizit oder implizit verfügbares – (Ressourcen-) Potential an Unterscheidungs- und Differenzierungskriterien voraus, welche ein Beobachter bei der Beobachtung einer Organisation anlegen, bei (s)einer Ausdifferenzierung von Welt aktualisieren kann. Über welches Differenzierungspotential Beobachter (Berater, Klienten, ratsuchende Organisationen) jeweils verfügen ist abhängig von ihren individuellen Erfahrungen, von ihrem praktischen wie theoretischen Wissen (Begriffssystemen), ihrer sonstigen Weltsicht sowie von ihren kognitiven Strukturen und mithin eine nur durch Beobachtung (!) zu beantwortende Frage.

In Abgrenzung zu den bisher betrachteten Beobachtungsprozessen erster Ordnung ist zudem festzuhalten, dass eine Beobachtung zweiter Ordnung, das heißt die Beobachtung von Beobachtern in gewisser Hinsicht mehr sieht. Sie muss mit mehreren Unterscheidungen zugleich jonglieren. Aber dennoch bleibt auch die komplexere Beobachtung zweiter Ordnung Beobachtung, „bleibt Bezeichnung im Rahmen einer Unterscheidung" (85, S. 47). Luhmann (189, S 127) erläutert dies so: „Ein solcher Beobachter *zweiter* Ordnung beobachtet eine *doppelte* Differenz. Er beobachtet zunächst einen Beobachter und beobachtet damit: *dass* dieser Beobachter beobachtet. Wie jede Operation zieht auch die Beobachtung eine Grenze um das, was sie tut. Sie unterscheidet *sich*. Außerdem aber hantiert sie *mit* einer Unterscheidung, um etwas unterscheiden und bezeichnen zu können. Oder genauer gesagt: sie ist eine Unterscheidung, die sich unterscheidet. Oder in der Terminologie von Bateson (21): sie produziert eine Information als „difference that makes a difference". Während der Beobachter erster Ordnung [...] die Unterscheidung, die er seiner Beobachtung zugrunde legt, nur anwendet, macht der Beobachter zweiter Ordnung diese Unterscheidung zum Gegenstand einer weiteren Unterscheidung. Er beobachtet diesen Beobachter – und nichts anderes. Und er beobachtet, *wie* der Beobachter beobachtet, das heißt: mit welcher Unterscheidung – ob als Moralist oder als Physiker, ob als Philosoph im Hinblick auf das Wesen der Dinge oder als König im Hinblick auf Ruhe oder Unruhe der Untertanen." Aber auch durch Beobachtungen zweiter Ordnung kann es einem Beobachter – etwa einem externen Berater der beobachtet wie die ratsuchende Organisation sich und/oder die Umwelt beobachtet – immer nur gelingen, die interne Komplexität einer (operativ abgeschlossenen) Organisation perspektivisch – also selektiv – anzuschneiden und steht er immer vor dem Risiko, dass bereits jeder analytisch-beobachtende Vorstoß, spätestens aber die im Anschluss daran erfolgende Intervention mehr variiert als ursprünglich intendiert war (187, S. 9). Diese problematische Erwartung stellt besondere Anforderungen an das Interventionsrepertoire der systemischen Beratung. Dazu drängen sich beispielsweise folgende Fragen auf:

1. Was bleibt (externen) Beratern im Umgang mit einem sich selbst organisierenden System zu tun?
2. Zu welchen (anderen) Beobachtungsmöglichkeiten können systemtheoretisch reflektierte Berater prinzipiell kommen? Welche neuen bzw. anderen Unterscheidungskriterien gibt die Systemtheorie den Beratern an die Hand, damit sie in andere Möglichkeitsräume der Beobachtung vorstoßen können?

3. Welche Instrumente stehen Beratern für praktische Einflussversuche bzw. Interventionen zur Verfügung? Wie können durch – im Klientensystem anschlussfähige, dieses in seinen Kreis- und Umläufen störende – Fremdreferenzen die eingefahrenen, routinisierten Muster selbstreferentieller Kommunikations- und Reproduktionszusammenhänge verändert und in eine neue Form bzw. Kreisbahn gebracht werden?

Veränderung von Organisationen durch kommunikative Intervention

> „Organisationsberatung heißt [...], zwischen dem Berater und seinem Klienten einen Kommunikations-Prozess zu entfalten, in dem der Klient etwas über sich selbst lernt, was nur er wissen kann" (8, S. 146).

Organisationen *sind* – wenn die Seinsfrage als relevant zugelassen wird – in einer konsequent Luhmann´schen Perspektive sozial organisierte Kommunikationszusammenhänge. Kommunikation ist das (eigentliche) Grundgeschehen in sozialen Systemen. Genauer sind Organisationen bei Luhmann (188, S. 166) keine einfachen Handlungssysteme, sondern autopoietische Systeme, *„die aus Entscheidungen bestehen und die Entscheidungen, aus denen sie bestehen, durch die Entscheidungen, aus denen sie bestehen, selbst anfertigen.* Und mit ‚Entscheidung' ist hier nicht ein psychischer Vorgang gemeint, sondern eine Kommunikation". In Organisationen wird dasjenige als Entscheidung betrachtet, was *von der Organisation* selbst als Entscheidung angesehen wird – was intern den Status einer Entscheidung zugewiesen bekommt (188, S. 168). Hierbei denkt Luhmann (225, S. 91) „nicht so sehr psychologisch: Entscheidungen ergeben sich weniger aus einem sozialen Bewusstseinsvorgang, sondern erscheinen eher als eine soziale Form, in der sich Kommunikation präsentiert: ‚Ich habe das so und so gemacht'". Diese autopoietische Abgeschlossenheit und Distanziertheit von Organisationen macht an herausragender Stelle die, für Berater wie Manager desillusionierende „Vergeblichkeit (und folglich: Verbissenheit) systemexterner Erwartungen und Appelle verständlich, die keinen Zugang zum internen Netzwerk der Entscheidungsprodukte finden" (188, S. 168). Aufgrund dieser Vermutung, die für jeden Berater als Zumutung erscheinen muss, stellen sich zumindest zwei Fragen: Erstens, ob und wie auf dieser Basis eine beratungstheoretische, auf die Sinnhaftigkeit externer Interventionen abzielende Betrachtung überhaupt zu leisten ist. Darauf wird weiter unten zurückzukommen sein. Zweitens ob diese – auch in der organisationstheoretischen Diskussion auf eine gewisse Tradition zurückblickende hier jetzt aber als radikal daherkommende – Festlegung auf Kommunikation und Entscheidung nicht zentrale, zumindest ebenso bedeutsame Aspekte des (Re-) Organisationsgeschehens preisgibt. Denn in der Regel können Organisationen „nicht von Luft und Liebe leben: nicht von Kommunikation und Entscheidung allein. Sie müssen – nehmen wir Unternehmungen als paradigmatischen Fall – einkaufen, produzieren, verkaufen. Es muss gehandelt, nicht nur entschieden werden. [...] Es muss gearbeitet, geführt, motiviert, interpretiert werden. [...] Die meisten relevanten organisatorischen Probleme stellen sich *jenseits der Entscheidung*: als Probleme ihrer Durchsetzung, Ausführung und deren Kontrolle; als Probleme der (Mikro-) Politik, die sich nicht oder nur zu hohen Preisen auf Entscheidungen reduzieren lässt" (18, S. 105f.).

Trotz dieser – scheinbar (externe) Beratung erschwerende – Ausgangssituation wird auf diese Ideen zunehmend in Theorie und Praxis der Organisationsberatung zurückgegriffen. Beispielsweise beschäftigen sich Exner, Königswieser und Titscher (74) in einem frühen Beitrag zur systemischen Unternehmensberatung mit diesen Ideen – auch wenn sie statt von Entscheidungs- noch von Handlungssystemen sprechen. Bereits einleitend weisen sie in ihrem Beitrag darauf hin, dass externe Berater immer (auch) *Beobachter* intra- wie interorganisationaler Phänomene und sozialer Prozesse sind. Und damit sie diese Beobachtung der Beobachter „effizient ausüben [...] können, müssen folgende Bedingungen gegeben sein: eine angemessene Theorie, die Bereitschaft, sich trotzdem auf die Sichtweise des Klienten einzulassen und die Kenntnis der entsprechenden Interventionsmethoden" (74, S. 265). Diese Bemerkung der Autoren weist auf drei zentrale Aspekte hin, die im Rahmen (system-) theoretisch angeleiteter Beratungsprozesse zumindest zu beachten sind. Erstens ergibt sich der *Theoriebedarf* des Beraters aus der Komplexität des zu beobachtenden Beratungsobjektes.[27] Die vielfältigen in und zwischen den beteiligten Organisationen ablaufenden (Interaktions- und Kommunukations-) Prozesse binden umfassend die Aufmerksamkeit eines externen Beraters, der in der Regel als Organisations*fremder* daherkommt. Er muss zunächst durch Beobachtungsprozesse seine Fremd- und Unvertrautheit, seine Unwissenheit über das Konkrete des jeweiligen Beratungsgegenstandes überwinden. In dieser, nur vordergründigen Schwäche liegt zugleich seine

---

[27] *Komplexität* – ein zentraler Begriff der Systemtheorie – „bezeichnet das Problem, dass aufgrund bestimmter Entwicklungsbedingungen moderner Gesellschaften viele soziale Verhältnisse nicht mehr einfach und überschaubar, sondern vielschichtig und verwickelt geworden sind" (342, S. 12). „Komplexität bezieht sich also immer auf eine System-Umwelt-Relation, in welcher der Beziehungs- und Möglichkeitsreichtum der Umwelt dem System zum Problem wird" (342, S. 20).

Stärke als *Fremder*. Dieser – so argumentiert Georg Simmel (284, S. 63) – „ist innerhalb eines bestimmten räumlichen Umkreises – oder eines, dessen Grenzbestimmtheit der räumlichen analog ist – fixiert, aber seine Position in diesem ist dadurch wesentlich bestimmt, dass er nicht von vornherein in ihn gehört, dass er Qualitäten, die aus ihm nicht stammen und stammen können, in ihn hineinträgt." (vgl. hierzu auch 262). Will er diese, noch genauer zu spezifizierenden Qualitäten – wie und in welcher Form auch immer – weitergeben, muss der Berater von eigenen klaren Vorstellungen ausgehen können, denn ansonsten drohen Unverständlichkeit und Orientierungslosigkeit. „Man wird mit unterschiedlichen Interpretationen konfrontiert und in widersprüchliche Interessenlagen verwickelt; die einen lehnen Berater ab, die anderen wollen sie in ihre Machtspiele einbeziehen. [...] Die wichtigste Hilfe bei den Versuchen sich nicht ins System hineinziehen zu lassen, stellen klare Hypothesen dar" (74, S. 266). Nur durch theoriegeleitete – hier: systemtheoretische – Annahmen wird es externen Beratern möglich, „die Beobachterrolle beizubehalten und auch in Krisensituationen nicht in der Rolle eines Mitakteurs zu verschwinden" (74, S. 265f.). Diesen notwendigen Theoriebedarf der Beratung erkennt auch Wimmer (346, S. 271) wenn er feststellt: „Gegenüber der Undurchschaubarkeit des Klientensystems und gegenüber der verwirrenden Fülle an Daten und Eindrücken, die einem das Klientensystem schon bei den ersten Kontakten liefert, bieten eigene Hypothesen über dieses System sowie klare methodische Vorstellungen, wie die Berater vorgehen wollen, eine unverzichtbare Orientierungshilfe." Zweitens betonen Exner, Königswieser und Titscher die Bedeutung des *Sich-Einlassens des Beraters* auf die Sichtweise(n) des Klienten und damit die organisationsinterne Anschlussfähigkeit seiner Beobachtungen, Kommunikationen sowie Interventionen. Zugleich warnen sie davor, sich zu tief in das System und die hier ablaufenden – nicht nur mikropolitischen – (Macht-) Spiele hineinziehen zu lassen, haltlos in das System zu fallen oder systeminterne Sichtweisen naiv zu übernehmen. Damit thematisieren die Autoren implizit das Spannungsverhältnis von Autonomie und Abhängigkeit zwischen Berater- und Klientensystem (vgl. hierzu Abschnitt 6.2). Dieses Verhältnis kommt in systemtheoretischer Terminologie als Beziehung von Fremd- und Selbstreferenz in den Blick und ist für die Entwicklung und (Selbst-) Veränderung sozialer Systeme von zentraler Bedeutung. Willke (343, S. 72f.) beschreibt dies wie folgt: „Die mit der Simultaneität von Selbstreferenz und Fremdreferenz korrelierende Mischung von Unabhängigkeit und Abhängigkeit eines autonomen Systems lässt sich nun präzisieren: es ist unabhängig von seiner Umwelt hinsichtlich der Tiefenstruktur seiner Selbststeuerung und seiner daraus folgenden rekursiven Operationsweise. Es ist abhängig von seiner Umwelt hinsichtlich der Konstellationen und Ereignisse, aus denen es Informationen und Bedeutungen ableiten kann, welche die Selbstbezüglichkeit seiner Operationen interpunktieren und anreichern." Neben diesen analytischen und beobachtungsspezifischen Problemen sind drittens theorieadäquate *Interventionsmethoden* erforderlich will der externe Berater organisatorischen Wandel erfolgreich initiieren und zielführend – besser: richtungsgebend – gestalten. Zugleich sind gelingende, unmittelbar reorganisationsauslösende und -steuernde Interventionen vor diesem (theoretischen) Hintergrund hochgradig unwahrscheinlich und es stellt sich die Frage, wie es um die praktischen Möglichkeiten externer Beobachtung (Unterscheiden und Bezeichnen), fundierte Beurteilung sowie verändernder Intervention bestellt ist. Und ebenso ist zu klären, „ob und mit welchen Schwierigkeiten Organisationssysteme solche externen Beurteilungen internalisieren und als eigene unter Verantwortung für die damit verbundenen Störungen und Aufwendungen praktizieren können" (188, S. 181). Luhmann selbst war hinsichtlich der praktisch relevanten Möglichkeiten seiner Theorie eher skeptisch. Er (192, S. 106) vermutete, „dass die Theorie der Autopoiesis nur einige wenige praktische Konsequenzen hat, wie etwa, dass alles nur über Irritation läuft, dass man eigene Strukturen selbst ändern kann und dass die Änderung nur über die Autopoiesis im System, aber nicht von außen durchgeführt werden kann." Was können nun aber systemische Berater an, von der Theorie derart eng gezogenen Grenzen zu bzw. mit sich selbst organisierenden, unberührbar wirkenden (Entscheidungs-) Systemen tun? Einer ersten Beantwortung dieser Fragen widmen sich die folgenden Überlegungen.

Einflussnahme und Interventionen systemischer Beratung

> „Verändere, indem du nicht veränderst'.
> Und: ‚Wenn *du* veränderst, verändert sich gar nichts.
> Denn jede Veränderung muss Selbständerung sein'"
> (341, S. 350).

Bereits die einführende Anmerkung von Helmut Willke irritiert und macht deutlich, dass externe Interventionen in Organisationen bzw. ihre von außen angestoßene Veränderung im Kontext einer (konsequent ausgeübten) systemischen Beratung keinesfalls als triviales Problem angesehen werden kann. Systemische Berater die sich bei ihrem Vorgehen stringent an der Theorie selbstreferenzieller Systeme orientieren sind, wenn es um organisationalen Wandel geht, stets mit folgendem – von Luhmann (187, S. 477) aufgeworfenen – Fragenkomplex konfrontiert: „[M]it welcher Semantik bestimmt das System selbst die Unterscheidung von System und Umwelt, wie wirkt diese Semantik sich auf Prozesse der Informationsverarbeitung aus und welche Anpassungsnotwendigkeiten erscheinen infolgedessen auf den Bildschirmen des Systems." Die Betonung der *semantischen Qualitäten* einer Organisation beruht auf der theoretischen Grundannahme, dass der Kern der operativen Geschlossenheit (einer Organisation) auf einem selbstreferenziell ausdifferenzierten Verweisungszusammenhang von organisationsspezifisch geprägten Kommunikationen beruht. Entsprechend zielt eine extern initiierte Veränderung von Organisationen nicht darauf ab „Personen zu verändern, sondern die in der Organisation geltenden Regelsysteme" (344, S. 154). Sie will die organisationsintern vorherrschenden Kommunikationsstrukturen, die den Entscheidungs- und Handlungsprozessen zugrunde liegen, beeinflussen. Ein systemischer Berater begibt sich daher auf die Suche nach organisationstypischen Spezialsprachen, Sprachspielen und/oder teilbereichsspezifischen Kommunikationsformen innerhalb der ratsuchenden Organisation sowie in den Interaktionsbeziehungen und –prozessen mit relevanten Umwelten. Je *systemischer* es bei einer Organisationsberatung zugeht – so Dirk Baecker (7, S. 213) – „desto mehr ist das Sonderwissen, das die Unternehmensberatung bereitstellt, ein Irritationswissen, das davon ausgeht, dass das Spiel der Organisation, wenn der Berater auftaucht bereits im Gang ist, so dass die Entwicklungsmöglichkeiten [...], die der Berater zu erkennen glaubt, nur mithilfe von Interventionen in Gang gebracht werden können, die das Unternehmen dazu bringen, das eigene Spiel zu erkennen und anders damit umzugehen als bisher." Hinter dieser Bemerkung verbirgt sich die voraussetzungsreiche Forderung nach der Entwicklung einer veränderten, einer neuen Reflexions- und Kommunikationsleistung, welche das beratene Management und die ratsuchende Organisation erlernen müssen, wenn systemische Beratung erfolgreich Veränderungen bewirken will. Anders formuliert geht es um das zwar extern – und damit fremdreferenziell – zu initiierende, aber organisationsintern ablaufende, hier dauerhaft zu reproduzierende *andere* Beobachten des eigenen Vorgehens (Kommunizieren, Entscheiden, Handeln). Einer Organisation, die nicht sieht, dass sie nicht sieht, muss es im Beratungsprozess ermöglicht werden, zu sehen, dass (und was) sie nicht sieht. Erst durch diese Leistung bezieht die externe Beratung gegenüber der ratsuchenden Unternehmung jene Distanz bzw. „jenen Rejektionswert [...], den die verschiedenen Vorentscheidungen, in denen die Organisation ihren Änderungsbedarf von dem unterscheidet, was beibehalten werden soll, abzulehnen erlaubt und die Organisation statt dessen mit der Einsicht konfrontiert werden kann, dass in diesen Vorentscheidungen die Strukturen enthalten sind, die die Probleme produzieren, wegen derer die Berater gerufen wurden. [...] Die Beratung bezieht gegenüber dem Unternehmen jene Position eines dritten, eines imaginären Wertes, über den [...] die Unterscheidungen, die das Unternehmen konstituieren, in das Unternehmen wieder eingeführt werden können" (7, S. 216). Die bereits im Kontext der Organisationsentwicklung identifizierte *Hilfe zur Selbsthilfe* taucht hier auf einem, theoretisch weiter ausformulierten Niveau wieder auf. Das heißt, die systemische Beratung zielt auf eine gesteigerte Reflexionsleistung der Organisation wie auch ihrer Mitglieder, die durch das (externe) Einbringen anderer Unterscheidungskriterien und/oder –operationen erstmalig oder auf einem gesteigerten Komplexitätsniveau (über sich selbst) nachdenken, reflektieren kann bzw. können. Entscheidend hierbei bleibt, „dass diese Systeme als strukturdeterminierte, selbststeuernde Systeme von Umweltereignissen [– und damit auch von den Interventionen externer Berater! – A.L.] nur zu eigenen Operationen angeregt oder angestoßen, nicht aber determiniert werden können" (344, S. 60). Dirk Baecker hat vor diesem Hintergrund wiederholt betont, dass durch systemische Beratung die Kompetenz erworben werden kann, *anders* mit dem (eigenen) organisationalen (Sprach-) Spiel und den organisationalen Kommunikationsregeln umzugehen. *Anders* nicht unbedingt besser, effizienter, rationaler, sondern eben nur anders. Daher führt das systemische Vorgehen auch nicht generell und verlässlich zu einer Überwindung von organisationaler Ignoranz, Ineffizienz, Irrationalität oder den in der Vergangenheit eingeschlagenen Irrwegen. Zumindest aber wird der Ignoranz der (eigenen) Ignoranz der Kampf angesagt. Spätestens bei derartigen Formen des Einmischens sind Interventionen externer Berater nicht mehr einfache, expertokratisch-chirurgische Eingriffe, die auf eine Verursachung im voraus festgelegter oder -stehender Wirkungen zielen, sondern – in Kommunikationsprozessen stattfindende – (ver-) störende Anregungen zu einer Variation der Selbststeuerung und eigenverantwortlich vorangetriebenen (Selbst-) Veränderung. Ob und wie dieses Vorgehen im Einzelnen wirkt hängt „in erster Linie nicht von der Absicht der Intervention, sondern von der Organisationsweise und den Regeln der Selbststeuerung des Systems ab" (342, S. 36f.). Eine Intervention „in komplexe Systeme [...] ist deshalb darauf angewiesen, in einem grundsätzlich nicht beherrschbaren Feld kalkulierbare Wirkungen zu erzielen" (341, S. 351). Durch welche konkreten Interventionsformen und -praktiken werden nun derart „kalkulierbare Wirkungen" möglich? Wie und womit kann kontrollierbare An- und Aufregung in die selbstreferenziellen und eingefahrenen Kreis-Läufe einer Organisation gebracht werden?

Zunächst – und das kann an dieser Stelle nicht mehr überraschen – begreifen Systemtheoretiker Interventionen in soziale oder psychische Systeme als zielgerichtete Kommunikationen, die eine bestimmte Wirkung beim Adressaten der Kommunikation auslösen wollen (162, S. 17; 163, S. 53; 313, S. 312; 341, S. 333) – und dies, obwohl sie in die organisationale Ungewissheit, in das „relative System-Dunkel" (163, S. 55) hinein erfolgen. Jede Intervention eines Beraters muss also immer durch das Nadelöhr der kommunikativen Interaktion – und setzt damit eine Beziehung, einen kommunikativen Interaktionsprozess zwischen den, am Beratungsprozess beteiligten Akteuren immer schon voraus. Was also unterstützt den systemischen Berater bei seiner Arbeit mit Organisationen bzw. mit welchen Methoden verschafft er sich Zugang, Wissen, Gehör und Einfluss hinsichtlich der laufenden (Kommunikations-) Prozesse der Organisation?

Irritieren, Stören, Widersprechen
Aus den bisher skizzierten Überlegungen ergibt sich zum einen, dass sich systemische Analysen und Beobachtungen nicht auf Probleme richten, „die jemand hat, sondern auf die Zusammenhänge, in deren Licht bestimmte Verhaltensweisen von anderen als problematisch angesehen und auch aufrechterhalten werden. [...] Ziel ist die Unterstützung der Bemühungen, neue Differenz-, Erwartungs-, Kommunikations- bzw. Handlungsstrukturen aufzubauen" (74, S. 267f.).[28] System*theoretisch* orientierte Berater fragen eben nicht – wie dies beispielsweise von König/Volmer (160) vorgeschlagen wird – nach den persönlichen und individuellen Eigenschaften oder den sozialen Defiziten der Akteure, sondern stellen *zirkuläre Fragen* und betreiben *rekursive Informationsschöpfung* (59). Hypothetisieren, Zirkularität und Neutralität bestimmen als Richtlinien die Sammlung von Informationen über das ratsuchende Klientensystem (278, S. 123ff.). *Hypothetisieren* meint das Aufstellen einer vorläufigen Hypothese über den Beratungsgegenstand, welche aufgrund von – aus Vorgesprächen zur Verfügung stehenden – (Basis-) Informationen möglich wird. Diese erste Hypothese leitet die folgenden Gespräche und Interviews bis zu dem Zeitpunkt, an dem die Hypothese entweder verworfen wird, durch eine neue ersetzt werden muss oder Bestätigung findet. Zwischen Gesprächsinformationen und Hypothesen (-bildung) ergibt sich ein rekursiver Verweisungszusammenhang, besteht ein iterativer Prozess der Hypothesen(re)produktion. Dieser Prozess verweist auf die zweite Regel, die einem systemisch reflektierten Berater in seinen Beratungssitzungen Orientierungshilfe gibt: *Zirkularität*. Hierunter wird die Fähigkeit des Beraters verstanden, *„sich selbst in seiner Befragung vom Feedback leiten zu lassen, das sich ihm aus dem Verhalten der Familie* [bzw. der ratsuchenden Organisation, A.L.] *dar-*

---

[28] „Von vornherein muss man deshalb wohl mit aller Klarheit sagen, dass ein angemessenes Verständnis von Organisationen weder die Reduktion der Organisation auf gesellschaftlich vorgegebene Strukturen verträgt, noch die Reduktion auf Gruppendynamik oder Persönlichkeitstheorien" (344, S. 140f.).

bietet, wenn er um Informationen über ihr Verhältnis untereinander, d.h. über Unterschiede und Veränderungen bittet" (278, S. 131). Unter *Neutralität* schließlich verstehen Selvini-Palazzoli et al. (278, S. 137f.) nicht lediglich eine innerpsychische Distanz, sondern eine spezielle, pragmatische Wirkung des Beraters bzw. seiner (Rollen-) Haltung auf die ratsuchenden Akteure. Hierzu gehört auch, dass dieser an ihn herangetragene Verbrüderungsversuche, Koalitionsangebote und Verführungsstrategien erkennen und ablehnen bzw. *neutralisieren* kann.

Konkret erkundigen sich systemische Berater beispielsweise nach den *Beziehungen* zwischen ihren aktuellen Interviewpartnern und anderen – (nicht) anwesenden – Personen und versuchen sie, die Aus- und Rückwirkungen dieser Relationen auf die Befragten herauszuarbeiten. Oder sie experimentieren mit einem triadischen Fragekonzept, um die Beziehungen zwischen zwei Personen durch die Befragung einer dritten Partei auszuloten. Diese Vorgehensweise ermöglicht es „Informationen über Beziehungsnetze und die dafür konstitutiven Differenzierungskategorien zu erhalten" (74, S. 269). Darüber hinaus reflektieren systemische Berater in *Meta-Dialogen* (117, S. 236ff.) laut, das heißt in öffentlicher Sitzung, über das Klientensystem, bestätigen sie im Rahmen *positiver Konnotationen* die Aktionen der Organisation, geben aber ebenso *inhaltliche Inputs*, um dem System Informationen über mögliche Unter- und Entscheidungsvarianten zu vermitteln (313, S. 339f.). Neben diesen konkreten Verfahren sind – wie bereits erwähnt – die Beziehungen zwischen *Selbst-* und *Fremdreferenz* des Beobachters und des beobachteten Systems von grundsätzlicher Bedeutung. Prinzipiell beruht die Idee der Selbstreferentialität und operativen Geschlossenheit von Organisationen auf einer Radikalisierung längst vorhandener und in der Literatur ausführlich diskutierter Vorstellungen über die Eigendynamik und Autonomie von sozialen Systemen. Diese können immer dann „als operativ geschlossen angesehen werden, wenn sie Sprach-Codes und Programme ausbilden, welche die in ihnen ablaufenden kommunikativen Operationen auf selbstreferentielle, rekursive Umlaufbahnen zwingen" (344, S. 143). In Organisationen konstituiert sich diese operative (Ab-) Geschlossenheit durch einen „selbstreferentiellen Verweisungszusammenhang von organisationsspezifischen Kommunikationen" (400, S. 149), den es in irgendeiner Art und Weise aufzubrechen, zu verwirren und zu irritieren gilt wenn Wandel möglich, Reorganisation angestoßen werden soll. Als zwingende Konsequenz für systemtheoretische Betrachtungen zum organisationalen Wandel ergibt sich hieraus, dass – will man komplexe Systeme beeinflussen und fortentwickeln – „die Härte des Gedankens reiner Selbstreferenz und operativer Geschlossenheit abzumildern [ist] durch die Frage nach der besonderen Art der Kombination oder Koppelung von Selbstreferenz und Fremdreferenz, d.h. der

Kombination von Bezügen auf die eigene Systemlogik und Bezügen auf Bedingungen der äußeren Umwelt" (344, S. 60) und mithin – aus der Perspektive des ratsuchenden Systems – auf (system-) fremde Anregungen, Irritationen und Provokationen eines externen Beraters. Denn eine konsequent vollzogene, selbstreferentielle Schließung erschöpft sich in der Wiederholung ewig gleicher Kreisläufe – es kommt zu einem ‚Lock-In' (224, S. 151ff.) – und verhindert die externe Erreichbarkeit des Systems im Rahmen seiner (Ab-) Geschlossenheit. Die daraus folgende Relativierung der externen Beeinfluss- und Manipulierbarkeit von komplexen sozialen Systemen (Organisationen) kulminiert in der – auch von Luhmann bestätigten – Einsicht, dass ein derartiges „System nicht durchschaut, entschlüsselt, entdeckt oder gar objektiv-wissenschaftlich geklärt werden kann. Immer handelt es sich bei solchen Bemühungen um subjektive Rekonstruktionen, um Arbeitsmodelle, welche für bestimmte Zwecke und Absichten mehr oder weniger brauchbar sein können" (344, S. 64). Und Luhmann (187, S. 478) stellt nochmals klar: „Es gibt keinen direkten Kausalzugriff der Umwelt auf das System ohne Mitwirkung des Systems." Und noch ernüchternder merkt er (188, S. 173ff.) an anderer Stelle an: „Im Kontext der autopoietischen Reproduktion wirkt die Umwelt [z.B. in Form eines Beraters, A.L.] als Irritation, als Störung, als Rauschen, und sie wird für das System erst sinnvoll, wenn sie auf Entscheidungszusammenhänge des Systems bezogen werden kann. [...] Man kann sich, ausgehend von diesen Annahmen Organisationen vorstellen als ständig oszillierend zwischen Aufnahme oder Abweisen von Rauschen und zwischen Verlust und Wiederherstellung von Redundanz."

Aus dieser Perspektive erzeugen vor allem entdeckte oder gezielt inszenierte Paradoxien, Widersprüche und Tautologien in der Organisation zunächst Irritationen, dann Instabilitäten. Sie zerstören „für einen Augenblick die Gesamtpräsentation des Systems: geordnete, reduzierte Komplexität zu sein. Für einen Augenblick ist dann unbestimmte Komplexität wiederhergestellt, ist alles möglich" (187, S. 508) und wird Wandel, Veränderung und Reorganisation wahrscheinlich(er). Und nur in diesem vergänglichen, geschickt in Szene gesetzten Augenblick kann die Reproduktion des Systems gegebenenfalls auf andere Bahnen gelenkt werden (187, S. 508). Der systemische Berater wird hiermit aufgefordert, in einem geeigneten – oder manchmal auch beliebigen – Moment (s)einen Stein (des Anstoßes) in die träge dahinfließende, in Routineprozessen reproduzierte Organisation zu werfen und die sich ausbildenden temporären Verwirbelungen und Strudel geschickt für Veränderungen der Fließgeschwindigkeit und Flußrichtung zu nutzen, bevor die Organisation wieder in einen eher ruhigen – jetzt aber anderen – Fließ-Zustand übergeht.

Zirkuläres Fragen

Zirkuläres Fragen dient systemischen Beratern als Methode der Informationsgewinnung und Informationsschöpfung hinsichtlich der „relationalen Strukturen eines Wirkungsgefüges" (163, S. 62). Mit anderen Worten: es zielt auf die Erhebung der Beziehungsstrukturen einer Gruppe, Abteilung oder Organisation. Bereits diese Einstiegsphase der Befragung stellt eine sprachliche (kommunikative) Intervention in das Klientensystem dar, da im Verlauf der Interviews zumeist verschiedene (Beobachter-) Perspektiven angesprochen und unterschiedlichste Sachverhalte mehr oder weniger transparent gemacht werden können. Zum einen werden Fragen nach relevanten Unterschieden gestellt (163, S. 62):

- Unterschiede in der Rangfolge: Wer ist von dem identifizierten Problem am stärksten oder am wenigsten belastet?
- Unterschiede zwischen vorher und nachher: Was hat sich seit dem Managementwechsel oder der Umstrukturierung, Reorganisation, Fusion etc. verändert? Wie war es vorher?
- Relevante Unterschiede zwischen alternativen Möglichkeiten: Unterstellt, das Management wird bei den anstehenden strategischen Entscheidungen (noch) (un-) sicherer – was passiert dann in (und mit) der Organisation?
- Unterschiede zwischen den Sichtweisen von (anderen) Abteilungen oder Subgruppen: Über welches Firmenbild verfügt jeweils die Einkaufs-, Produktions- oder Marketingabteilung ihrer Meinung nach?
- Unterschiede in Fragen der Bewertung: Welche Ereignisse/Ergebnisse müssten eintreten, damit die Geschäftsleitung von einem (Miss-) Erfolg der Beratung sprechen würde?

Zum anderen zielen zirkuläre Fragen im engeren Sinn immer auch auf intra- oder interorganisationalen *Klatsch und Tratsch* über andere Akteure – und dies in der Regel während ihrer Anwesenheit. Sie sollen den Beratern helfen, verdeckte Koalitionen und Tabus in der Organisation in Erfahrung und – im Anschluss – offener ins Gespräch zu bringen.

Paradoxe Intervention(en)

Paradox sind jene Interventionsformen, „die entgegen den Erwartungen des Klientensystems darauf abzielen, dem Klientensystem zu signalisieren: Sie können sich nur ändern, wenn Sie so bleiben, wie sie sind oder Sie können nur so bleiben, wie sie sind, indem Sie sich verändern" (163, S. 62). Derart provozierende Interventionen zielen primär auf die in der Organisation etablierten, eingefahrenen, sich fortlaufend und selbstverständlich wiederholenden Interaktionsmuster und Handlungsroutinen, die via direkter Intervention – etwa dem normativen ‚das müssen/sollten Sie aber anders machen als bisher' oder ‚dieses Vorgehen ist im betriebwirtschaftlichen Sinn nicht rational' – unerreichbar bleiben (163, S. 62). Im Einzelnen werden in diesem Zusammenhang vier zentrale Formen der Einmischung hervorgehoben:

1. **Symptomverschreibung:** Von Beratern wird genau dasjenige verordnet, was (vom Klientensystem) als symptomatisch, krankhaft oder problematisch angesehen wird. Hinter diesem Vorgehen verbirgt sich die Annahme, dass Symptome eine Mitteilungs- und Kommunikationsfunktion haben, „dass sie eine Art Sprache, eine Verständigungsform sind, eine eigene Dynamik und daher im Gesamtsystem eine wichtige Bedeutung haben" (163, S. 63).

2. **Umdeutung** oder **Refraiming:** Durch die kommunikative Konstruktion eines veränderten begrifflichen Bezugsrahmens soll die (interne) Sicht des Klientensystems – auch und gerade von sich selbst – in einem anderen Licht erscheinen. Durch derartige Umdeutungsversuche – etwa die Einführung und beispielhafte Anwendung anderer interpretativer Schemata und Leitbilder sowie der Rückgriff auf andere Bedeutungsstrukturen (Sinn) – kann gegebenenfalls „mehr Flexibilität, Beweglichkeit und Selbstbewusstsein erreicht werden und dadurch wird die Eigenkomplexität erhöht, was wiederum eine gute Voraussetzung für die komplexere Informationsverarbeitungskapazität gegenüber den Umwelten ist. Oft läuft es auch auf eine Entdramatisierung [oder im Gegenteil: auf gewollte Dramatisierung, A.L.] hinaus, weil im Kontext verschiedener Logiken auch scheinbar dramatische Ereignisse normal sein können [und umgekehrt, A.L.]. Aus Schuldigen werden Helden, aus Chaoten werden Kreative, aus Sturheit wird Stärke, aus Dominanz wird Verantwortung, aus Paranoia wird Verzicht usw." (163, S. 63).

3. **Splitting:** Hierbei wird von dem Berater der Versuch unternommen, dem Klientensystem explizit sichtbar und deutlich zu machen, dass innerhalb des eigenen Systems eine bedeutsame, statisch-dramatische Rollenverteilung angelegt ist. Je ein Mitglied des Beratersystems repräsentiert hierbei eine Seite des aufgedeckten intraorganisationalen Widerspruchs: „Dadurch, dass beide Widersprüche des Systems repräsentiert sind, sorgt man für Verwirrung und Überraschung – gute Voraussetzungen für Veränderung. Durch diese Art der Intervention wird gleichzeitig die Neutralität der Berater gewahrt und Partei ergriffen. Die Widersprüche werden nicht abgewertet" (163, S. 63).

4. **Positive Konnotation und positive Symptombewertung:** Ein positives Feedback durch den Berater sowie eine zustimmende, bestätigende Reaktion auf eine Situation oder ein Symptom soll das Bewertungssystem (Normen, Werte, Beurteilungskriterien) der Organisation aufdecken und anschließend verändern (helfen). Aus systemischer

Sicht gilt, „dass das Akzeptieren einer Situation bereits der erste Schritt zu deren Beseitigung bedeutet" (163, S. 63).

Analoge Intervention(en)

Eine analoge Intervention bezieht sich auf die absichtsvolle sprachliche Anwendung von Metaphern und Bildern, das Erzählen von Märchen und/oder paradigmatischen Geschichten sowie auf das Aufführen von Sketchen, Pantomimen und Skulpturen (sog. „lebenden Bildern"). Fritz B. Simon (285) bringt in diesem Zusammenhang eine Anmerkung von Gregory Bateson in Erinnerung, der feststellt, dass Menschen in erster Linie in Geschichten denken, die selbst Muster in der Zeit seien und durch den Einbezug von Metaphern Identifikationsmöglichkeiten schaffen, die auch neues Licht auf Probleme werfen und veränderte Perspektiven für Problemlösungen eröffnen können.[29] Sinnvoll und mit Aussicht auf Erfolg ist vor diesem Hintergrund eine externe Beratung immer dann, wenn die konkrete Problemkonstellation eine Arbeit des Beraters an – dieses Problem konstituierenden! – Kommunikationsmustern und Interaktionsstrukturen zulässt und das Klientensystem bereit und fähig ist, reflektierend mit fremd- *und* selbstreferenziellen (Kommunikations-) Prozessen umzugehen. Als eine Konsequenz ergibt sich hieraus, dass eine systemische Beratung immer dann *nicht* angebracht ist, wenn

- aktuell anstehende oder bereits getroffene Entscheidungen lediglich durch den externen Berater legitimiert werden sollen,
- kurzfristig operatives Krisenmanagement oder Management auf Zeit erforderlich ist,
- eine klar umgrenzte Problemstellung – etwa ein spezielles fachliches Defizit oder ein genau zu lokalisierender Mangel an Know-how oder Information – besteht und
- mehr oder weniger machtvoll bestimmte (Re-) Organisationsvorstellungen und/oder neue Regeln von dem Berater im Sinne der Unternehmensführung durchgesetzt werden sollen (74, S. 279).

Die Betonung der Kommunikationsprozesse zwischen Berater und Klient sowie der sprachlich ansetzenden – ein gewisses Maß an gelingender Interaktion voraussetzenden – systemischen Interventionen ver-

---

[29] Als eine weitere, allerdings nicht konsequent aus systemtheoretischen Überlegungen ableitbare, Interventionsform erwähnt Titscher (313, S. 336) das **Joining**. Hierunter versteht er das Festlegen des Settings sowie alle Entscheidungen darüber, in „welchen Abständen welche Sitzungen (nach Thema und Teilnehmern bzw. Kompetenzen differenziert) an welchem Ort stattfinden und wie diese zeitlich strukturiert sind."

deutlichen, dass den Beziehungen der Akteure in dem systemischen Ansatz eine besondere Bedeutung zukommt. Zum einen fragt der Berater (zirkulär) nach den Beziehungsmustern, die in der Organisation am werke sind. Zum anderen muss er die Entwicklung der Beziehungen und Interaktionsprozesse zwischen dem Klienten und seiner eigenen Person und/oder Organisation reflektierend und planend beobachten (kontrollieren), da diese gleichfalls maßgeblichen Einfluss auf Beratungsverlauf und -erfolg ausüben. Der systemische Berater ist explizit aufgefordert, im Beratungsprozess auch die eigene Person in Betracht zu ziehen und danach zu fragen, welche „– verbalen und nonverbalen – Verhaltensweisen, Kommunikationen und Reaktionen meinerseits können von Einfluss darauf gewesen sein, dass die Situation sich so und nicht anders entwickelt hat?" (279, S. 221). Eine Vielzahl der Beiträge zur systemischen Beratung gehen daher davon aus, dass ratsuchende und beratende Organisationen im Rahmen ihrer Interaktionen ein drittes Supra- oder Beratungssystem ausbilden, welches sich aus den beiden (Sub-) Systemen *Klient* und *Berater* zusammensetzt und im Verlauf eines Beratungsprozesses eine eigene Dynamik entfalten kann. Ein Grundproblem – nicht nur der systemischen – Organisationsberatung besteht somit in der Etablierung einer tragfähigen (Kommunikations- und Arbeits-) Beziehung zwischen Berater- und Klientensystem (346, S. 267). Im Besonderen stellt sich dieses Problem für systemische Berater, da – wie Watzlawick/Beavin (331, S. 98) dies formuliert haben – jede Kommunikation einen Inhalt- und einen Beziehungsaspekt besitzt. Einen Beziehungsaspekt, der sich im hier diskutierten Zusammenhang vor allem auf das komplexe Verhältnis zwischen (mindestens) zwei Systemen – nämlich Berater- und Klientenorganisation – bezieht.[30]

Die Theorie sozialer Systeme und eine konsequent hieran orientierte systemische Beratung von Organisationen verfügen über ein umfassendes, theoretisch valides, heuristisch ergiebiges sowie praktisch relevantes (Veränderungs-) Potential und Interventionsinstrumentarium. Letzteres kann sich – im Besonderen auf der Grundlage der aktuell vorliegenden vielfältigen beratungsspezifischen Arbeiten – auf ein umfang-

---

[30] Erst wenn eine (sprachliche) Anregung von einem Gegenüber aufgegriffen und prozessiert wird, genauer: die Differenz von Information und Mitteilung „beobachtet, zugemutet, verstanden und der Wahl des Anschlussverhaltens zu Grunde gelegt wird" (187, S. 196) kommt Kommunikation zustande. „Zur Kommunikation gehört, dass sie eine soziale Situation schafft, die solche Anschlussentscheidungen erwarten lässt" (187, S. 204). Deutlich wird an derartigen Überlegungen, dass Kommunikation – wie in der Übertragungsmetapher der Information naiv unterstellt wird – kein (ziel-) gerichteter Prozess ist, sondern eine im Verlauf offene Interaktion zwischen interagierenden (Kommunikations-) Partnern.

reiches, innovatives und inspirierendes Repertoire zur Moderation und Gestaltung von Beratungsprozessen stützen. Entsprechend der theoretischen Konzentration der Systemtheorie auf *Kommunikation* zielt – wie wir zuvor gesehen haben – die systemische Organisationsberatung auf gestaltende Kommunikation und sprachliche Intervention. Die hierzu vorgelegten, kommunikationszentrierten Methoden sind auf vielfältige Weise – wie zahlreiche Beiträge aus der systemischen Beratungspraxis verdeutlichen (162; 360) – bestens geeignet, Organisationen zu irritieren, zu verstören und mit selbst(re)produzierten Widersprüchen und Paradoxien zu konfrontieren. Hiermit wird ein Ansatz vorgelegt, auf dem inzwischen seit Jahrzehnten aufgebaut, mit dem zunehmend gearbeitet, mit dem erfolgreich beraten wird.

Allerdings erschöpft sich weder das soziale System Organisation, noch die Interorganisationsbeziehung zwischen Klient und Berater in bloßer Kommunikation. Die hier ablaufenden (Beratungs-) Prozesse werden vielmehr immer dann greifbarer, wenn – in Theorie *und* Praxis – neben Kommunikation, interpretativen Schemata und sprachlich vermittelten Leitbildern zudem Normen und Regeln der Legitimation sowie Machtressourcen und -prozesse explizite und gleichberechtigte Berücksichtigung im Rahmen einer Prozessbetrachtung finden. So sind beispielsweise gerade Kommunikation und sprachliches (Ausdrucks-) Vermögen Ressourcen, sind Machtmittel in Interaktionsprozessen, die überlegt und (macht-) bewusst eingesetzt werden können und die immer auch einer organisationskonformen Legitimation bedürfen.

Verknüpft mit dieser Erweiterung der systemtheoretischen Perspektive ist die Frage, welche zusätzlichen Differenzierungen und Unterscheidungsoperationen ein Berater ver- und anwenden kann. Sind es überwiegend diejenigen – wie Luhmann (188, S. 181) vorschlägt – von Redundanz und Varietät oder weitere, nicht exklusiv systemtheoretisch inspirierte (aber hier durchaus anschlussfähige) wie beispielsweise diejenigen von Bewahren und Verändern, von Autonomie und Abhängigkeit sowie von Vertrauen und Kontrolle? Und wie steht es um die Möglichkeiten eines externen Beraters seine (anderen) Unterscheidungen in der Organisation zu Gehör zu bringen, diese machtvoll und anschlussfähig an den kommunizierenden Mann und/oder die kommunizierende Frau zu bringen? Die im Kapitel 5 vorgestellte Strukturationstheorie von Anthony Giddens – auf die sich die weiteren Überlegungen und Ausführungen zum Prozess der Organisationsberatung stützen werden – ermöglicht die zuvor angedeuteten Ergänzungen und perspektivischen Erweiterungen systemtheoretischer Überlegungen. Dieser sozialtheoretische Ansatz weist gegenüber einer systemtheoretischen Betrachtungsweise des Beratungsprozesses den zentralen Vorteil auf, dass er, über Kommunikationsprozesse und -strukturen sowie kommunikationsbasierte Interventionsformen hinaus, den Blick auf praktisch bedeutsame Macht- und Legitimationsphänomene – nicht nur in Organisationen – erweitert und diese Aspekte des Sozialen gleichberechtigt betont und in ihren Verschränkungen ausformuliert.

Bevor im 5. Kapitel in die von Anthony Giddens vorgelegte Strukturationstheorie eingeführt und unter Bezugnahme auf ihr Potenzial für die externe Beratung von Organisationen diskutiert wird, soll im folgenden Kapitel 4 zunächst ein Resümee der bisherigen Betrachtungen gezogen werden. Die Beratung von Organisationen durch Organisationen wird hier zusammenfassend als eine besondere Interorganisationsbeziehung konzipiert (wie z.B. das Beratungssystem im Kontext der systemischen Organisationsberatung), welche – wie jede interorganisationale Beziehung – durch basale Probleme, Spannungsverhältnisse und spezielle Grundfunktionen charakterisiert werden kann.

Exkurs: Varianten systemsicher Beratungsansätze
Systemische Perspektiven (1): Personen als Ziel systemischer Interventionen
König und Volmer, die eine Arbeit mit dem Titel „Systemische Organisationsberatung. Grundlagen und Methoden" vorgelegt haben, unterscheiden – in Anlehnung an Überlegungen von Gregory Bateson (14) – sechs Ebenen der Betrachtung sozialer Systeme (160, S. 32ff.): Personen als Elemente sozialer Systeme (1), subjektive Deutungen der Systemmitglieder (2), Regeln sozialer Systeme (3), Interaktionsstrukturen (4), die Systemumwelt (5) und die Entwicklung (Evolution) des sozialen Systems (6). Soziale Systeme kommen ihnen als Systeme handelnder Personen in den Blick, die sich – aufbauend auf kognitiven Prozessen – ein (subjektives) Bild von ihrer Wirklichkeit machen. Im Mittelpunkt „steht die Frage nach relevanten Personen des sozialen Systems" (160, S. 31). Auf dieser Grundlage definieren sie (160, S. 48) systemische Organisationsberatung „als Prozessberatung mit dem Ziel, die Gesprächspartner (das Klientensystem) bei der eigenständigen Problemlösung zu unterstützen. Für den Berater bedeutet dies, dass er grundsätzlich nicht die Verantwortung für eine bestimmte Lösung des Problems übernimmt." Konkreter legen die Autoren an anderer Stelle (160, S. 69) fest: „Systemische Prozessberatung ist Beratung mit dem Ziel, dem Gesprächspartner Hilfestellung bei der Klärung und Veränderung seiner subjektiven Deutungen der Wirklichkeit zu geben." Vor dem Hintergrund dieser speziellen Form *systemischer* Beratung sehen die Autoren deutlich, dass sich im Grunde „jeder auf systemische Überlegungen berufen kann, ohne dass dabei eine klare Begrifflichkeit oder eine klare darauf basierende Konzeption erkennbar werden" (160, S. 20). Systemische Berater helfen – folgt man diesen Überlegungen – vor allem bei einer

Veränderung kognitiver Prozesse und subjektiv-individueller Deutungsmuster sowie zugehöriger Interpretationsschemata der Akteure. Ihr analytischer Blick ist auf kommunizierende, interagierende Personen gerichtet, ihr Vorgehen verhaltenstherapeutisch orientiert und nur mittelbar (Veränderungs-) Arbeit an den Regeln und (Kommunikations-) Strukturen des sozialen Systems. Der Beratungsprozess ist primär beeinflusst und geprägt durch

- Konzepte klientenzentrierter Gesprächsführung und aktiven Zuhörens (256; 257; 103, S. 64ff.),
- rational-emotive Therapieformen (71, S. 103ff.),
- das (Meta-) Modell der neurolinguistischen Programmierung (10),
- provokative Techniken (75) sowie zahlreiche
- Einflüsse aus der Gestalttherapie (234, S. 137ff.; 295).

Eine methodisch-analytische Orientierung der Berater an diesen Konzepten sowie ein entsprechendes Vorgehen im Beratungsprozess bedeutet aber, den Hebel der Intervention sowie Veränderungsansprüche vor allem bei den Systemelementen – hier: den kommunizierenden, interpretierenden und handelnden *Personen* – anzusetzen und ist damit eher psychologische, bestenfalls organisationspsychologische denn systemische Organisationsberatung. Systemisch(er) wird die Diskussion erst an der Stelle wo es den Autoren um die Regeln geht, die Orientierungen, Erwartungen, Wahrnehmungen und Verhalten der Personen in einem sozialen System (mit-) bestimmen. Als weiteres, externes Moment der Verhaltensbeeinflussung sind demgemäss organisationale Regeln vom Berater zu erfassen, hinsichtlich ihrer Funktionen zu bewerten und zu verändern (160, S. 202). Auf diesen Prozess der gezielten Regelveränderung durch den systemischen Berater, wie er von den Autoren (160, S. 211ff.) konzipiert wird, soll im Folgenden kurz eingegangen werden. Demgemäss ergeben sich – neben den zuvor erwähnten personenbezogenen Maßnahmen – vor allem vier zentrale Vorgehensweisen:

1. Bewusstmachung (dys-) funktionaler Regeln: Bestehende Regeln sowie die Verfahren ihrer Sanktionierung sollen bewusst gemacht, auf ihre (Dis-) Funktionalität überprüft und ggf. durch – explizit ausgewählte – Alternativen ersetzt werden, die in höherem Maße funktional sind.
2. Regelveränderung durch explizite Kontrakte: Im Rahmen einer vertraglichen Vereinbarung erfolgt eine möglichst eindeutige Formulierung der (neuen) Regeln sowie der begleitenden positiven und negativen Sanktionen. Von besonderer Bedeutung für diese Form der Regelveränderung sind die Zustimmung der

Vertragsparteien sowie die Festlegung von Check-Punkten, die der Regelüberprüfung und ihrer ggf. erneuten Veränderung dienen sollen.

3. Veränderung von Regeln ‚Top-down': Bei diesem *klassischen* Verfahren der Regeländerung werden von dem (Top-) Management neue und/oder veränderte Regeln erarbeitet und – für die Mitglieder der Organisation – als verbindlich vorgeschrieben. Die Einhaltung der Regeln wird über entsprechende Sanktionen, die ebenfalls hierarchisch festgelegt werden, abgesichert.

4. Veränderung von Regeln ‚vor Ort': Die Mitarbeiter einer Organisation sind vorgeschriebenen Regeln nicht völlig ausgeliefert, sondern haben selbstgesetzte Möglichkeiten (durch den Einsatz verfügbarer Ressourcen) diese Regeln zu verändern. So haben Mitarbeiter beispielsweise „Einfluss auf Regeln, die im Team, im Umgang zwischen unmittelbarem Vorgesetzten und Mitarbeiter usw. gelten" (160, S. 214). Folgende Möglichkeiten bestehen aus Sicht der Mitarbeiter diese Regeln zu verändern: (1) Veränderung von Regeln durch Problematisierung; (2) Ausweitung des eigenen Interpretationsspielraums; (3) Übertreten oder Missachten bestehender Regeln; (4) Regelveränderung durch Setzung von (neuen) Sanktionen.

Die von König/Volmer beschriebenen Verfahren der Regelveränderung in Organisationen bleiben vor allem hinsichtlich ihrer praktischen Umsetzungsmöglichkeiten und Konsequenzen allerdings unklar und unbestimmt. Es gelingt den Autoren nicht, Licht auf die praktischen Verfahren, konkreten Rahmenbedingungen und beratungsspezifischen Konsequenzen derartiger Regelveränderungsprozesse zu werfen. Aufgrund ihrer personenorientierten sowie – für den Fall der Regelveränderung – präskriptiven Vorgehensweise muss der Ansatz, entgegen seiner Behauptung systemische Organisationsberatung zu betreiben, eher in den Diskussionskontext der – systemischen – Personalentwicklung zurück verwiesen werden und soll aus diesem Grund an dieser Stelle nicht vertiefend betrachtet werden.

Systemische Perspektiven (2): Beratung als soziales (Handlungs-) System

Ralph Elfgen hat – im Rahmen einer von Niklas Luhmann inspirierten, systemtheoretischen Untersuchung – den *Interaktionsprozess* zwischen Berater und Klient in den Mittelpunkt seines Interesses gestellt und damit früh einen speziellen Typus sozialer Systeme, nämlich Interaktionssysteme, zum Gegenstand seiner Betrachtungen gemacht. Elfgen (67, S. 29) selbst spricht von Beratung *als* einem sozialen System und betrachtet die „an der Beratungsaufgabe (Sinn) orientierten, aufeinander aufbauenden Einzelhandlungen als in gewisser Weise systematisiert und somit als Handlungssystem".[31] Diesem „Beratungssystem werden die ihm eigenen Sinnschwerpunkte in Form einer Zwecksetzung verliehen" (67, S. 106). Diesen Zweck bzw. die originäre Aufgabenstellung eines Organisationsberaters sieht er „in der Gestaltung (d.h. Erstellung bzw. Modifikation) der formalen Strukturen einer Unternehmung" (67, S. 29). Diesen Erstellungs- und/oder Transformationsprozess organisatorischer Regelungen macht er aber nicht zu dem zentralen Gegenstand seiner Betrachtungen. Sein Interesse richtet sich vielmehr auf diejenigen Aktionen, die auf die Gestaltung und Steuerung des Beratungsprozesses selbst gerichtet sind „und vor allem die Konstitution und projektspezifische Institutionalisierung des Beratungssystems betreffen. [...] Letztlich sind die Interaktionsbeiträge der Betroffenen selbst zu untersuchen und die Beeinflussung ihres Verhaltens durch soziale und psychische Momente aufzudecken" (67, S. 30).

Entsprechend ist Organisationsberatung bei Elfgen (67, S. 32) ein „innovativer, politischer und sozialer Prozess, dessen Ergebnisse durch Machtverhältnisse und Rollenverteilungen sowie bestimmte Rahmenbedingungen determiniert werden." *Innovativ* ist dieser Prozess, da es um die Schaffung neuer oder Veränderung bestehender formaler Regelungsstrukturen geht. Das Beratungsziel besteht in einer verhaltenswirksamen Umsetzung struktureller Änderungen in der Klientunternehmung (67, S. 38). Seine Politikhaltigkeit und (mikro-) politische Brisanz erhält der Gestaltungsprozess aufgrund unterschiedlicher Interessen, Ziele, Wertorientierungen und Veränderungserwartungen der am Beratungsprozess beteiligten oder von ihm betroffenen, mit unterschiedlichen Ressourcen ausgestatteten Akteure. Die Problematik eines, in seiner Entwicklung und Ausgestaltung umkämpften Beratungsprozesses kommt bei Elfgen im Besonderen unter der Überschrift „Akzeptanzbarrieren der Unternehmensberatung" und ihrer reflektierten Beseitigung durch Berater und Management zur Sprache. Die soziale Komponente liegt schließlich in der Konzeptualisierung des Beratungsprozesses als soziales (Handlungs-) System, welchem die *sinn*orientierten Handlungen – das heißt die konkreten Arbeiten an Beratungsaufgabe und -ziel – als Elemente zuzuordnen sind.

Das soziale Handlungssystem Beratung, als beratungs(ziel)bezogener Sinnzusammenhang von Handlungen, muss sich an seiner

---

[31] Mit dieser Bestimmung lehnt sich Elfgen an eine ältere Definition Luhmanns (184, S. 115) an: „Unter einem sozialen System soll [...] ein Sinnzusammenhang von sozialen Handlungen verstanden werden, die aufeinander verweisen und sich von einer Umwelt nicht dazugehöriger Handlungen abgrenzen lassen."

Umwelt, im Besonderen an den Systemen in dieser Umwelt orientieren. Es steht über Grenzen „hinweg mit weiteren Systemen in Kontakt. So zählen etwa die sozialen Systeme ‚Klientunternehmung' und ‚Beratungsunternehmung' zur Umwelt des Beratungssystems, stehen aber dennoch mit letzterem bei der Aufgabenerfüllung in ständigen Austauschbeziehungen" (67, S. 45). Aufbauend auf dieser Grundüberlegung wird es möglich, das interaktive, *interorganisationale* Geschehen zwischen Beratungs- und Klientensystem sowie Beratung als Interorganisationsbeziehung – als spezielle Form eines ratgebenden Leistungsaustausches – zu diskutieren. Diesen Weg der Thematisierung eines Beratungsprozesses schlägt Elfgen aber nicht ein, sondern kommt auf die Problematik der Intersystembeziehung zwischen Beratungs- und Klientensystem als *Interpenetration* – als Konstitutionszusammenhang im Sinne wechselseitiger Ermöglichung – sozialer und personaler Systeme zu sprechen: „Personales und soziales System durchdringen sich wechselseitig und stellen jeweils die eigene Komplexität zum Aufbau des anderen zur Verfügung [...]. Die Wechselseitigkeit der Interpenetration ermöglicht eine Differenzierung zweier Beeinflussungsrichtungen: (1) Eine Konstitution bestimmter Elemente personaler Systeme durch das Beratungssystem und (2) eine Beeinflussung des Handlungszusammenhanges im Beratungssystem durch die psychischen Dispositionen der Systemteilnehmer" (67, S. 51f.). Diese wechselseitige – macht- und ressourcenabhängige – Einflussnahme zwischen Beratungssystem einerseits sowie den personalen Systemen von Beratern und Klienten andererseits macht deutlich, dass einseitige Zuschreibungen von Verantwortlichkeiten, Erfolgszuständigkeiten sowie Behinderungsversuchen ins Leere laufen. Erfolg wie Misserfolg der Beratung, Akzeptanz wie Ablehnung der einzelnen Beratungsschritte sind Ergebnis wie Folge der Interaktion und Interpenetration der am Prozess beteiligten Systeme. Auf der Basis der sich ausbildenden Beziehungen zwischen den am Beratungsprozess teilnehmenden psychischen *und* sozialen Systemen – im Besonderen intern im Beratungssystem – will Elfgen vor allem die Entstehung und Beseitigung von Akzeptanzbarrieren herausarbeiten. Entsprechend setzt er sich mit der Konstitution beratungsprozessspezifischer Akzeptanzbarrieren bei Auftraggeber (Management) und Betroffenen auseinander und diskutiert Instrumente der Projektgestaltung zur Erzielung von Verhaltens- und Einstellungsakzeptanz mit Blick auf Beratungsprojekte in mittelständischen Unternehmen. Im Besonderen ist er an Strategien interessiert, die bei abweichenden Verhaltensmaßnahmen von Kritikern und Gegnern der Beratung – so bei Gestaltungs- und/oder Anpassungskonflikten – vom Beratungssystem in Gang gesetzt werden können (67, S. 108).

Auf diese – bei Elfgen dann doch wieder einseitig vom Beratungs- auf die ‚abweichenden' personalen Systeme des Klienten zielende – Diskussion akzeptanzbeeinflussender Vorgehensweisen und Instrumente möchte ich an dieser Stelle nicht genauer eingehen. An späterer Stelle, wenn es um das Spannungsverhältnis von Vertrauen und Kontrolle geht, werde ich auf dieses (negative) Akzeptanzverhalten in anderer Terminologie zurückkommen. Grundsätzlich möchte ich zu diesen Überlegungen von Elfgen zwei abschließende Anmerkungen machen. Zum einen erscheinen auf der Basis seiner gewählten handlungsorientierten Betrachtungsweise alle nicht unmittelbar an dem vereinbarten, einvernehmlich fixierten Beratungsziel orientierten Tätigkeiten der Akteure als sinnlos. Sinnvoll ist im Beratungsprozess nur dasjenige, was erkennbar der Beratungsaufgabe dient, im Besonderen alle zielorientierten Aktivitäten der Beteiligten. Hierbei geht Elfgen – trotz einer Berücksichtigung der auf unterschiedliche Ziele und Interessen der Akteure zurückzuführenden Akzeptanzbarrieren – unbegründet von einem einzigen relevanten und zudem dauerhaft stabilen (Beratungs-) Ziel – hier der Veränderung bestimmter, genau bestimmbarer formaler Organisationsstrukturen – aus. Zum zweiten bleiben seine Ausführungen auch zum Themenbereich Akzeptanzbarrieren unvollständig, da eine detailliert ausformulierte machttheoretische und mikropolitische Grundlegung seines Ansatzes fehlt, welche um Zieldivergenzen und Machtunterschiede der Akteure nicht nur weiß, sondern reflektiert mit diesen umzugehen versteht. Zwar erkennt er die basale Bedeutung von bestehenden Machtverhältnissen und Ressourcenverteilungen in und zwischen Organisationen für Verlauf, Effizienz und Ergebnis von Beratungsprozessen, aber er unternimmt keine überzeugende Vermittlung der Macht- und Ressourcenproblematik mit den von ihm gewählten systemtheoretischen Kategorien.

Systemische Perspektiven (3): Der St. Galler Ansatz – Einflussversuche im unbestimmten Bereich spontaner Ordnung

Der in St. Gallen entwickelte Ansatz des systemisch-evolutionären Managements analysiert (die Führung von) Organisationen auf der Basis einer evolutionstheoretisch erweiterten Konzeption sozio-technischer Systeme (196, S. 303). Im Mittelpunkt der Beiträge aus St. Gallen steht die Idee der spontanen Ordnung – wie sie im Besonderen F.A. von Hayek (120) ausgearbeitet hat – sowie die Problematik der Erhaltung und Erhöhung der *Varietät* von Systemen im Anschluss an Überlegungen von Ashby (6). Spontane Ordnungen ergeben sich als emergente systemische Phänomene aufgrund der faktischen Befolgung von Regeln durch die handelnden Akteure. Diese handlungsanleitenden Regeln werden von ihnen nicht exklusiv in einem bewusst geplanten

Schöpfungsprozess generiert, sondern sind eher das Resultat von evolutionären Entwicklungsprozessen. Derartige Regelsysteme, die indirekt „durch ihre Befolgung entstehen, unterliegen als Ganzes einem Selektionsdruck analog der natürlichen Selektion" (196, S. 310) und gerade nicht ausschließlich der zweckrationalen Bestimmung, Setzung und Anpassung durch die Akteure. Als Folge dieser Einsicht mahnt eine systemisch-evolutionäre Perspektive Manager wie Berater zunächst „zu Bescheidenheit, Zurückhaltung und zu einer Besinnung auf die Grenzen des Möglichen" (197, S. 123) – ohne die Konstitution und Reproduktion dieser Begrenzungen selbst zu problematisieren bzw. zu diskutieren. Berater und Manager soll(t)en sich „unter Verzicht auf ein ‚aktivistisches' Eingreifen in die innere Funktion der Unternehmung darauf beschränken, günstige Voraussetzungen zu kultivieren und als Katalysator die Selbstentfaltung bestimmter wünschbarer Ergebnisse und Eigenschaften [...] unterstützen" (241, S. 132). Es muss darauf verzichtet werden, „in die Detailorganisation und die Detailfunktionen eines Systems einzugreifen und statt dessen [sind] jene exogenen Rahmenregeln zu schaffen und zu kultivieren, die das endogene Wachstum von Ordnung und Komplexität möglich machen" (196, S. 311). Die Akteure haben sich ganz bewusst auf Vorläufigkeit, Fehlentwicklungen, Unerwartetes, Revidierbarkeit und permanente Veränderungsbereitschaft einzustellen (vgl. hierzu auch 143, S. 202). Mit Blick auf die „Kanalisierung der Varietät" können sie sich lediglich darum bemühen, den Evolutionsprozess beeinflussende, richtungsweisende Rahmenbedingungen vorzugeben und dadurch „einen Kontext zu schaffen, der einem System erlaubt, seine eigene Gestaltung zu finden und zu erfahren". Es ist „ein Raum zu schaffen, der determiniert, innerhalb welcher Schranken gehandelt werden kann und in welche Richtungen es gehen soll" (241, S. 141).

Im Kontext einer derartigen Global- oder Kultursteuerung sollen Berater wie Manager – in metaphorischer Sprechweise – mehr oder weniger unabhängig von den jeweils auf der Bühne der Organisation stehenden Schauspielern einen allgemeinen (Handlungs-) Rahmen – ein Bühnenbild oder Thema – vorgeben, welcher das konkrete Tun der Akteure in gewünschte Bahnen zu lenken in der Lage ist bzw. ihnen gangbare Korridore vorgibt. Mit anderen Worten besteht die anspruchsvolle Managementaufgabe darin, „für akzeptierte, gemeinsame Interpretationen und Erklärungen einer widersprüchlichen Welt zu sorgen, die als Basis für das produktive Handeln dienen können" (65, S. 12). Dies bedeutet, dass Berater die Organisation vor allem als einen extern beeinflussbaren kulturellen Kontext zu begreifen haben. Sie sollen (zielorientiert) für Aufbau und Reproduktion gemeinsam geteilter, allgemein akzeptierter

Leitbilder und Interpretationsschemata sorgen.[32] Stillschweigend wird hierbei vorausgesetzt, dass die – rahmensetzenden und damit immer auch struktur(re)produzierenden – Akteure zumindest in groben Umrissen über die Bedingungen der Möglichkeit der Gestaltung dieser (kulturellen) Rahmenbedingungen sowie über die – oftmals hypothetisch bleibenden – ‚Kausalitäten' zwischen derartigen Bedingungen und dem konkreten Handeln der Akteure, mithin ihrer praktischen Bezugnahme auf diese allgemeinen Regeln, Bescheid wissen. Vor diesem Hintergrund lautet aber die zentrale, von diesem Ansatz weder gestellte noch beantwortete Frage: Wie können Manager und/oder Berater diese Anfangs- und Randbedingungen kreativ gestalten – sie sind ja immer schon *mitten drin* – und wie beeinflussen die, von ihnen gesetzten Rahmenbedingungen konkret die Richtung der (Selbst-) Organisationsleistungen der Organisation (-smitglieder)?

Zu diesem zentralen, praktisch relevanten Vermittlungsprozess zwischen handlungsanleitenden Rahmenbedingungen und -regeln auf der einen, konkretem Handeln, Selbstorganisation und Evolutionsprozessen auf der anderen Seite wird in den zahlreichen Beiträgen aus St. Gallen jedoch nichts Konkretes ausgesagt. Es fehlen Überlegungen einer rekursiven Beziehung von Handlung und Struktur. Zwar wird das praktisch-analytische Vorgehen der Akteure betont, welches einer systemisch-evolutionären Vernunft folgen soll und unterstützt wird durch Regeln des systemischen Denkens (240), vernetztes Denken (100; 101) sowie spezielle Systemmethodiken (z.B. Feedbackdiagramme, Wandlungskonzepte der Organisationsstruktur in Anlehnung an Veränderungen der neuronalen Verknüpfungen im Zentralnervensystem) (99), aber eine überzeugende, systemtheoretisch begründete Integrationsleistung zwischen handelnden Akteuren, Struktur(re)produktion sowie dem Einfluss von Struktur und Kultur auf die Handlungsmöglichkeiten der Individuen wie auch auf die Selbstorganisationsleistungen der Systeme bleibt noch zu leisten.

Obwohl dieser Ansatz interessante Perspektiven und Denkrichtungen eröffnet und zu einer fruchtbaren Erweiterung der Fragestellungen bezüglich der – nicht nur rational vorgeplanten – Möglichkeiten des Managements sowie der externen Beratung von Organisationen führt, wirkt er inkonsistent und eklektizistisch und fehlt ihm (noch) das Potenzial zur hinreichenden Beantwortung der selbst aufgeworfenen, weiterführenden Fragen. Dieses Defizit spiegelt sich im Besonderen in der Vagheit und Unbestimmtheit zentraler Begriffe des Ansatzes wie Selektions-

---

[32] Unter dem Begriff der *Signifikationsstruktur* werde ich auf diesen Einfluss- und Interventionsbereich eines externen Beraters im 6. Kapitel zurückkommen.

druck und -kriterien, optimierender Evolutionsprozess, Kontextgestaltung bzw. Schaffung von Rahmenbedingungen sowie Selbstorganisation wieder. Ebenso wird die Übertragbarkeit von, in anderen theoretischen Kontexten (Biologie, Kybernetik) entwickelten und hier bewährten Ideen auf soziale Systeme – wie Luhmann (187) angemahnt hat – nicht problematisiert, diese vielmehr als grundsätzlich möglich und (hier) gelungen vorausgesetzt. Beratung und Management stehen bei einer Bezugnahme auf diesen Ansatz somit ziemlich hilflos da, wenn – statt praktisch anschlussfähiger Empfehlungen, problemspezifischer Hilfestellungen und konkreter Interventionsmethoden – erklärt wird, dass (zu) konkrete Vorgaben einem evolutionären Managementprozess grundsätzlich widersprechen würden. Vor diesem Hintergrund bleiben die Akteure (Ver-) Suchende und ein externer Berater wird die beratungsbedürftige Organisation lediglich bei dem Prozess der versuchenden Lösungsansätze unterstützen können. Er agiert hierbei – wie bereits in älteren Ansätzen der Organisationsentwicklung vorgeschlagen – als Prozessberater, Moderator und Facilitator für Reorganisationsteilnehmer und -betroffene. Grundsätzlich ergeben sich bei Reorganisationsprozessen, die den prozessorientierten Empfehlungen und Methoden des evolutionären Managements St. Galler Prägung folgen keine substantiell anderen, qualitativ besseren Lösungen und Ergebnisse als auf der Basis traditioneller Gestaltungsversuche. Die Empfehlungen bleiben „vage, indem sie offen lassen, wie der richtige Dezentralisierung- oder Detaillierungsgrad bestimmt werden kann, wie viel Selbstorganisation einzuräumen und wie viel Fremdorganisation erforderlich ist" (143, S. 210). Und dieses Defizit kann leicht dazu führen, dass die hiermit verbundene Vorgehensweise weniger der Etablierung von Neuerungen in Organisationen oder einer grundlegenderen Reorganisation dient, sondern vielmehr zur Legitimation konservativer, bereits vorentschiedener Lösungen herangezogen wird und somit zu einem adäquaten (Macht-) Mittel der Manipulation und Einflussnahme im Dienste der Auftraggeber daher kommt.

Systemische Perspektiven (4): Der Münchner Ansatz oder das Veränderungsprozesse auslösende Paradox fremdbestimmter Selbstorganisation

Die Münchner Forschungsgruppe um Kirsch (148; 149; 156; 157; 254) hat sich ebenfalls mit theoretischen Überlegungen zu evolutionsfähigen Systemen, Modellen fortschrittsfähiger Organisation sowie den Grundlagen einer (systemisch-) evolutionären Führungs- und Beratungslehre beschäftigt. Eine evolutionäre Führungskonzeption will – ebenso wie das systemisch-evolutionäre Management – die Selbstorganisationsprozesse sozialer (Interaktions-) Systeme ernst nehmen, zugleich aber Mechanismen der Einflussnahme formulieren, die deren Entwicklungsrichtung zumindest tendenziell beeinflussen können (157, S. 56). „Dabei muss man sich darüber im Klaren sein, das ‚evolutionäre Führungskonzeption' zunächst einmal eine spezifische *Philosophie* [oder ein spezifisches Leitbild, A.L.] bezeichnet, bei der insbesondere die Idee der geplanten Evolution eine Rolle spielt" (157, S. 56). Im Mittelpunkt des Interesses steht die Komplexität von und in Organisationen, der sich Manager wie Berater in ihrer Praxis zu stellen haben. Diese wird – so ein zentraler Ausgangspunkt des Ansatzes – durch einen zunehmenden Konflikt- und Interessenpluralismus in organisationalen Entscheidungsprozessen (mit-) produziert. Immer dann, wenn „die Führung der Organisation sehr viele Betroffene am Entscheidungsprozess partizipieren [lässt], wird das vorverstandene Problem vor dem Hintergrund vieler Kontexte partiell definiert. Es entsteht dann tatsächlich ein komplexes Problem, das, vereinfacht ausgedrückt, um so bösartiger wird, je mehr Betroffene vor dem Hintergrund individueller Kontexte die Problemstellung mitdefinieren. Es ist dann keineswegs unwahrscheinlich, dass es in der jeweils zur Verfügung stehenden ‚Echtzeit' nicht gelingt, einen Metakontext [– z.B. gemeinsame Interpretationsmuster, allgemein akzeptierte Sprachspiele oder Normen, A.L. –] zu finden, der die verschiedenen Perspektiven doch noch zu einer Einheit bringen kann" (254, S. 58).

Im Anschluss an diese Überlegungen stehen der – trotz oder gerade wegen dieser Komplexität – eher unmögliche, zugleich aber notwendige Fortschritt von Organisationen sowie die organisationale Erneuerungs- und Innovationsfähigkeit im Zentrum der Betrachtungen. In diesem Zusammenhang geht es u.a. um die Befriedigung der Bedürfnisse, Interessen und Ziele der (un-) mittelbar vom Handeln der Organisation betroffenen Akteure (148, S. 14; 156, S. 39ff.) und um ein *verständigungsorientiertes Handeln* in hochkomplexen (Entscheidungs-) Situationen. Damit dies gelingt „muss ein Rationalitätskonzept entwickelt werden, das einerseits auch in solchen Situationen Handeln als vernünftig erscheinen lässt, aber andererseits nicht kategorisch jede Handlung angesichts wachsender Komplexität erst einmal als rational erklärt" (254, S. 183f.). Auch in diesem Ansatz spielen Vorläufigkeit, Geduld und das Wissen um die Grenzen des Machbaren eine besondere Rolle. Manager sollen – z.B. von externen Beratern – in die Lage versetzt werden, mit „evolutionärer Gelassenheit" (156, S. 53) Entscheidungsgelegenheiten ruhig abzuwarten, zugleich aber kooperatives Entscheiden und Handeln in permanenten (Re-) Organisationsprozessen auf den Weg bringen. Ein derart idealisierter Akteur verhält sich – im Sinne einer *evolutionären Rationalität* – „reflexiv zu der eigenen und auch zu jeder anderen, fremden Tradition" und ist sich bewusst, „dass sein augenblicklicher ‚Kontext' eben nur einer unter vielen ist, und der deshalb seiner eigenen Einstellung skeptisch gegenübersteht" (148, S. 64f.). „Ein okkasionell rational Handelnder orientiert [...] sein Handeln an einem diffusen und intuitiven Wissen über die Einmaligkeit seiner Situation und der sich entwickelnden transzendierenden Vision. Er handelt rational, insofern er notfalls in der Lage ist, sein intuitives Wissen in Form einer in sich stimmigen Erzählung zu erläutern" (148, S. 393).[33]

Der hier vorgestellte Rationalitätstypus rechnet und kalkuliert mit Selbstorganisationsprozessen in Organisationen und ist sich seiner immer nur begrenzten Einflussmöglichkeiten auf Anfangs-, Rand- und Rahmenbedingungen einerseits sowie auf die sich daraus ergebenden (selbstorganisierenden) Entwicklungsprozesse (Handlungskonsequenzen und Strukturen) andererseits bewusst (157, S. 51). Handlungspraktisch versucht er gestaltenden Einfluss durch drei Formen der Kontextsteuerung zu nehmen, nämlich *Interreferenz, Modulation* und *Konditionierung* (157, S. 58f.; 156, S. 326ff.). Die hiermit verbundenen externen, fremdorganisierten Eingriffe zwecks Ermöglichung und Sicherstellung von (effizienten) selbstorganisierenden Prozessen dienen zunächst der Schaffung der Grundlagen für eine gemeinsame Sprache sowie der Ermöglichung von (verständigungsorientierten) Kommunikationsprozessen (*Interreferenz*). Bei der *Modulation* geht es darum, „in etwas direkterer Weise den Prozess zu beeinflussen, indem man Randbedingungen setzt, die den selbstorganisierenden Prozess nicht unbedingt in Frage stellen, ihm aber doch eine bestimmte Richtung geben – auch wenn man nicht vorher wissen kann, wie genau die Erfüllung dieser Randbedingungen dann bewerkstelligt wird" (156, S. 327). Schließlich soll durch planbare Maßnahmen der *Konditionierung* – so Willke (340, S. 31) auf den sich Knyphausen (156, S. 327) hier bezieht – folgende Form der Kontextsteuerung ermöglicht werden: „The influencing system

---

[33] Zu dieser narrativen Begründbarkeit und Überzeugungskraft des – ex post dann immer rationalen – Handelns führt Kirsch (148, S. 392) weiter aus: „Erst im Nachhinein mag er dann erzählen, was er alles zu seiner Vorbereitung getan hat [...]. Er wird metapherartige Gedankenblitze ansprechen und ferner erzählen, wie er auf die Idee kam, sein Handeln durch eine bestimmte Metapher zu beschreiben. Er mag erzählen, welche Assoziationen er selbst mit dieser Metapher verbindet und welche Assoziationen möglicherweise die Teilnehmer der einen oder anderen, von unserem Aktor beherrschten Traditionen haben mögen. Kurz: Unser Aktor wird eine ‚Erzählung' konzipieren, die er als authentisch empfindet und deren Elemente er als in sich stimmig ansieht. Und diese Stimmigkeit mag auch andere überzeugen." Nochmals sei an dieser Stelle an Karl Weick (334, S. 278) erinnert, der anmerkt, dass ein derartiger Sinngebungsprozess verstanden werden kann als das Erzählen und Schreiben „von plausiblen Rechenschaftsberichten, Geschichten und Sequenzen für die Gestaltung. Mehrdeutigkeit wird beseitigt, wenn die Gestaltung mit einer Geschichte beliefert wird, welche sie hervorgebracht haben könnte."

sets stimuli as antecedental conditions for triggering specific internal operations of the influenced system. For example, this can be temporal conditioning, e.g. timing, sequencing, pacesetting or defining changes in activity levels. Or it can be material conditioning, when resources, opportunities or other preconditions for systemic operations are arranged by an external actor."

Eine exklusive Orientierung von Beratern und/oder Managern an den Münchner Ideen und Interventionskonzepten bleibt aber problematisch. In der vorliegenden Form kann der Ansatz das aufgeworfene Spannungsverhältnis von formaler Organisationsstruktur und verständigungsorientiertem Handeln nicht überzeugend für Erklärung und Gestaltung von Veränderungsprozessen in Organisationen nutzen. Der Wandel formaler Strukturen – oder die ihn auslösenden problemerzeugenden Kommunikationen – bleibt zumindest solange zufällig, solange der „für soziale Integration wesentliche Mechanismus der sprachlichen Verständigung [...] in den formal organisierten Handlungsbereichen partiell außer Kraft gesetzt" bleibt (110, S. 458). Zwar argumentiert dieser Ansatz theoretisch reflektierter, ist detaillierter ausformuliert und – in seinem handlungspraktischen (Interventions-) Potential – weniger diffus als das in St. Gallen entwickelte Konzept, aber auch hier fehlt eine theoretische Lösung der anvisierten Vermittlung von Fremd- *und* Selbstorganisation, Fremd- und Selbstreferenz sowie Kommunikations-, Handlungs- *und* Systemtheorie (157, S. 60f.; 156, S. 54ff.) – und in diesem Zusammenhang der Interaktionspraxis von Beratungs- und Klientensystem. Noch fehlt auch diesem Ansatz eine ausgearbeitete, die auseinanderliegenden Positionen integrierende, sozial- bzw. systemtheoretisch fundierte und machtbewusste Gesamtkonzeption.

Im anschließenden 4. Kapitel erfolgt eine kurze Zwischenbetrachtung und wird eine erste Bilanz auf Basis der bisherigen Überlegungen gezogen. Die externe Beratung von Organisationen wird hier als eine spezielle Interorganisationsbeziehung zwischen einer Rat gebenden und einer Rat empfangenen Organisation konzipiert und werden die besonderen Anforderungen bzw. Fragestellungen für eine strukturationstheoretische Bearbeitung dieses Beratungsprozesses formuliert.

4 Externe Organisationsberatung als Interorganisationsbeziehung

Zieht man auf der Grundlage der bisherigen Betrachtungen ein erstes Resümee, so kann festgehalten werden, dass – mit Ausnahme der systemischen Organisationsberatung – weder empirische (wirtschafts-) wissenschaftliche Betrachtungen der Beratungsthematik noch die praxisrelevanten Beratungsansätze (Fremd- und Mit-Organisation) ein wesentliches Charakteristikum des Beratungsprozesses zum Thema machen: die Beratung von Organisationen durch Organisationen. Als selbstverständlich – und aus diesem Grund in den zahlreichen Diskussionsbeiträgen zur Beratung bisher unbeachtet – gilt vermutlich die Tatsache, dass der Prozess der Organisationsberatung zumindest zwei Organisationen umfasst und es hierbei um interessiert gestaltete sowie machtvoll geführte Interaktions- und Austauschprozesse zwischen mehreren, mehr oder weniger voneinander (un-) abhängigen Organisationen geht.[34] Der klassischen Beratung wird – wie wir gesehen haben – das Organisationale eines ratsuchenden Unternehmens lediglich als extern beliebig manipulierbare Regelstruktur zum Thema und bleibt das spezifisch (Inter-) Organisationale zwischen den, am Beratungsprozess beteiligten Organisationen als stets präsenter eigenständiger Problembereich hier unerkannt. Als auch in diesem Punkt reflektierter erwiesen sich die Überlegungen zur Organisations- und Personalentwicklung, die auf der Grundlage der Beraterrollen als Prozess-Moderator, Katalysator und Change Agent den Interaktionsgedanken gezielt aufgreifen und den Erfolg des Beratungsprozesses insbesondere an die Beziehungs- und Interaktionsqualität der am ihm beteiligten *Personen* knüpfen. In der Regel erfolgt hierbei eine an Personen orientierte Diskussion transorganisationaler Beziehungen und mithin eine Fokussierung auf *personale* Beziehungen und Netzwerke. Noch einen Schritt weiter gehen die systemisch orientierten Ansätze zur Beratung, die die kommunikativen und damit interaktiven Anteile des Beratungsprozesses in den Fokus ihrer Betrachtungen stellen. Beratung wird entweder als eigenständiges

---

[34] Zwar wird im Rahmen der Thematisierung von Beratungsprozessen oftmals die Bedeutung des Interaktionsgeschehens zwischen Beratern und Klienten betont und eine „Untersuchung der Beratungsbeziehung" (5) versprochen, von „Partnern auf Zeit" (204), „tiefenpsychologischen Aspekten der Berater-Klienten Beziehung" (127), „rollentheoretischer Analyse der Berater-Klienten Beziehung" (41) sowie von der besonderen „Bindungsstärke in Kooperations- und Beratungsbeziehungen" (138) gesprochen, aber das Besondere einer, an Beratungsdienstleistungen orientierten Interorganisationsbeziehung kommt hierbei nicht, nur am Rande oder eher implizit – und damit unreflektiert – zur Sprache.

soziales System zwischen Berater- und Klientenorganisation begriffen oder die Beratung wird unmittelbar als spezifischer Interaktionsprozess zwischen zwei oder mehreren sozialen Systemen konzipiert. Vor diesem Hintergrund kann die Beratung von Organisationen durch Organisationen – die Perspektive der bisherigen Arbeiten zum Thema Organisationsberatung ergänzend – als mehr oder weniger umfassend formalisierter, regulierter und institutionalisierter Interaktions- *prozess* zwischen einem Rat gebenden und einem Rat empfangenden Unternehmen, mithin als besondere Interorganisationsbeziehung, rekonstruiert werden. Eine derartige Betrachtung ist möglich und nötig, da die Interaktionsprozesse, -inhalte und -formen zwischen Berater- und Klientensystem weder als einfache, marktförmige (Austausch-) Beziehung, noch – in Abgrenzung zur internen Beratung – als organisationseigene, eher hierarchische (Dienst-) Leistungserstellung zufriedenstellend konzipiert werden können. Vielmehr sind Beratungsprozesse (und die sich hierbei konstituierenden Beratungssysteme) durch intermediäre Eigenschaften charakterisiert und daher zwischen den Idealtypen einer rein marktlichen oder einer rein hierarchischen Organisationsform zu verorten. Dies wird im Besonderen dann anschaulich, wenn man – kontrafaktisch! – unterstellt, dass Beratungsdienstleistungen idealtypische Markttransaktionen wären. Denn in idealen Märkten spielen die zuvor genannten Aspekte interorganisationaler Beziehungen keine prozesskonstituierende Rolle und die stattfindenden Transaktionen „are assumed to be short-lived, social bonds virtually non-existent and the structure of suppliers and customers, which are coordinated via the invisible hand of the price mechanism, rather atomistic" (300, S. 2). Ein gelingender Beratungsprozess setzt aber – einer marktkonformen Sichtweise widersprechend – zumindest eine mehr oder weniger gemeinsame Bestimmung der organisationsspezifischen Probleme, der Beratungsinhalte sowie eine einvernehmlich formulierte Regulation der Zuständig- und Verantwortlichkeiten im Beratungsprozess, das heißt eine gelingende Absprache über die gemeinsame Vorgehensweise voraus. Diese – zumeist selbstverständlich vorausgesetzten – Beziehungsaspekte der Organisationsberatung wurden bereits deutlich und zeigen sich vor allem an (Rand-) Bemerkungen und Formulierungen wie

- helfende Beziehung und als solche ein problemzentrierter Interaktionsprozess,
- psychologisch-soziologische Besonderheiten der Interaktion zwischen Klient und Berater,
- grundlegende Bedeutung der Entwicklung einer partnerschaftlichen Beziehung,
- Probleme der Zusammenarbeit zwischen Beratern und Ratsuchenden im Beratungsprozess,

- Erarbeitung der Problemlösung im Rahmen eines interaktiven Prozesses sowie
- vertragliche Vereinbarungen zwischen den Unternehmen.

Der in diesen Bemerkungen angedeutete Blick auch auf interorganisationale Aspekte von Beratungsbeziehungen und -prozessen ist keineswegs neu. Bereits 1976 hat Alfred W. Clark – damals Mitarbeiter am Tavistock Institute of Human Relations – darauf hingewiesen, dass die Beziehungen zwischen Beratern und Klienten als „Intersystem Engagement" begriffen werden können. Unter Rückgriff auf den sozio-technischen Systemansatz sowie auf austausch- und rollentheoretische Konzepte hat er einen frühen Beitrag zum Management dieser besonderen Interorganisationsbeziehung geleistet. Sein Hauptinteresse galt damals dem Verständnis der „conditions that influence the interdependence of the client and practitioner systems; without some interdependence there is no basis for their relationship. [...] Insofar as each system is open and alert, it will be interested in new inputs that can be transformed into outputs to increase the possibility of survival" (45, S. 120f.). Die von Clark betonte wechselseitige Abhängigkeit von Berater- und Klientenorganisation ergibt sich im Besonderen aufgrund umwelt-, aufgaben-, wert-, gratifikations- sowie machtspezifischer Aspekte dieser besonderen Kooperations- und Austauschbeziehung. Zudem ist das konkrete Abhängigkeitsverhältnis unbestimmt und verändert sich im Verlauf eines Beratungsprozesses. Eine gelingende (Re-) Produktion der Beziehung setzt daher, neben einer grundlegenden – kooperativ zu erarbeitenden – Problem- und Aufgabenorientierung von Berater und Klient, eine (in-) formale Regulation der Beziehung voraus.[35] Erst diese Integrationsleistungen – etwa über eine detaillierte und einvernehmliche Bestimmung von Form und Inhalt der Zusammenarbeit – sind die Grundlage für weitergehende Annäherungsbemühungen der Akteure gegenüber „forces that pull them apart" (45, S. 122). Neben basalen Regulations- und gegenseitigen Akzeptanzerfordernissen sind als weitere (Beziehungs-) Aspekte zu berücksichtigen:
- der Einfluss der spezifischen (System-) Umwelt – etwa (subjektiv empfundener) Markt- und Wettbewerbsdruck auf die ratsuchende Unternehmung,

---

[35] Vor diesem Hintergrund wird die externe Beratung von Organisationen auch als typisches *Kontraktgut* bezeichnet, welches durch Kooperationserfordernisse zwischen Anbieter (Berater) und Nachfrager (Klient) sowie grundsätzliche Informations- und Unsicherheitsprobleme charakterisiert ist (138, S. 73f.; 19, S. 327f.).

- die in den beteiligten Organisationen etablierten Wertsysteme sowie der Aufbau gemeinsam akzeptierter, interorganisational gültiger Werte und Normen (Legitimationsstruktur),
- das Gratifikationssystems sowie das "reciprocal reward system [...] in which both the client and the practitioner system reward each other" (45, S. 125),
- das Machtsystems der Beratung und die mikropolitischen Spiele der beteiligten Akteure, denn – so betont es Clark (45, S. 126) – "[p]ractitioners' assumptions about the needs of their client systems stem from their own political views".

Auch Vertreter systemtheoretischer Beratungsansätze – das wurde zuvor ebenfalls deutlich – interessieren sich für die Frage, was es bedeutet, „wenn ein soziales System sich in einer bestimmten Phase seiner Entwicklung an eine andere Organisation wendet, die sich um den ‚Sinn' Helfen-Beraten strukturiert hat?" (268, S. 353). Die sich hieraus ergebende (Interorganisations-) Beziehung wird dann „von zumindest zwei Kooperationspartnern mit asymmetrischer, aber komplementärer Aufgabenstellung und Funktion, nämlich sich beraten zu lassen bzw. zu beraten, für eine bestimmte Zeit zur Lösung eines oder mehrerer, genau spezifizierter oder noch offener Probleme des Klientensystems eingerichtet" (163, S. 57).[36]

Becker/Schade (19) bemühen sich um eine Erklärung unterschiedlicher Betriebsformen der Unternehmensberatung auf der Basis der Neuen Institutionenlehre sowie einer personalen Netzwerktheorie. Als idealtypische Betriebsformen der Beratungsunternehmen unterscheiden sie (19, S. 327) Einzelberater, Quasifirmen und Partnerunternehmen sowie große, international tätige und hierarchisch organisierte Beratungsunternehmen und fragen nach den Entwicklungs- und Übergangsbedingungen zwischen diesen Betriebsformen sowie dem „effizienten Entwicklungspfad" eines Beratungsunternehmens (19, S. 346f.). Den Autoren geht es in ihrem Beitrag allerdings nicht um die Thematisierung der besonderen Funktionen und Problembereiche der Inter-

---

[36] Ergänzend hierzu stellt Titscher (313, S. 313) fest: „Im Regelfall wird man bei systemischer Beratung versuchen, dass die Kommunikation zwischen sozialen Systemen überwiegt. Die Berater agieren als Staff-System (oder organisieren sich – treten sie einzeln auf – Rückhalt in ihrer Firma, bei Kollegen oder in Supervision) und kommunizieren mit einem Klienten-System, das meist ein definiertes Subsystem der zu beratenen Organisation ist. [...] Im reinen Fall systemischer Organisationsberatung stehen einander also gegenüber: Ein Beratungssystem und ein Klientensystem, das für die Beratung ein Subsystem kreiert. Dieses bildet zusammen mit den Beratern ein neues, intermediäres System" – das Beratungssystem.

organisationsbeziehungen zwischen Berater- und Klientenorganisation, sondern ihr Interesse gilt den besonderen Organisationsformen, wie sie sich zunehmend (auch) zwischen Beratungsunternehmen etablieren. Zwar verfügen die Autoren über die von Casson (42, S. 12) entlehnten Kategorien des „Know-who" – als Zugang zu potenziellen Nachfragern einer Beratungsdienstleistung – sowie des „Being-known-of" – als Reputation eines (Beratungs-) Unternehmens, die die Bereitschaft ratsuchender Akteure zur Zusammenarbeit steigert – die durchaus auch auf die interorganisationale Problematik zwischen Beratern und Klienten bezogen werden können, aber ihr Hauptinteresse gilt einer Betrachtung der inter*personellen* Aspekte der Beziehungen zwischen Beratern und den sich hieraus ergebenden Konsequenzen für die Betriebsformen der Unternehmensberatung. Entsprechend bestehen Netzwerke für die Autoren aus Einzelpersonen (Beratern), und der Beziehungstypus den sie in den Mittelpunkt ihrer Argumentation stellen sind die Geschäftsfreundschaften zwischen den, das Beraternetzwerk aufspannenden Personen.

Grundsätzlich bezeichnet der Begriff *Interorganisationsbeziehung* formal und inhaltlich zunächst unspezifizierte Beziehungen zwischen zumindest zwei unterschiedlichen, genauer: durch bestimmte Kriterien voneinander unterscheidbaren Organisationen. Dies können Unternehmen, Behörden, Forschungsinstitute, Sozialeinrichtungen sowie andere Organisationen sein. Diese Beziehungen umfassen – speziell im Fall von Unternehmen – mehr als bloßes *spot contracting* und gehen weit über diskrete, marktförmige Austauschprozesse hinaus. Sie sind stärker durch Langfristigkeit, Komplexität, Kooperationsbedarf, wechselseitige Abstimmungs- und Anpassungsprozesse sowie Interdependenz zwischen den beteiligten Akteuren (Organisationen) gekennzeichnet (115, S. 3859; 349, S. 2). In der Fachliteratur wird von Interorganisations- oder Netzwerkbeziehungen zumeist immer dann gesprochen, wenn die zwischen zwei oder mehr Organisationen bestehenden Beziehungen langfristig vertraglich geregelt, personell – etwa durch die gemeinsame Besetzung von Projektteams oder den Austausch von Personal und Führungskräften – abgesichert und/oder informationstechnisch unterstützt werden (299, S. 78f.; 306, S. 16).[37] Die unterschiedlichen Formen interorganisationaler Zusammenarbeit werden – im Jargon der Managementpraxis – als (strategische) Allianzen, Bündnisse oder Koalitionen bezeichnet und im Sprachgebrauch der Management- und Organisationsforschung mit Begriffen wie interorganisationale Zusammenarbeit, Organisationssets, organisationale Population und Gemeinschaft oder

---

[37] In einem weiteren Konkretisierungsschritt kann zudem differenziert werden zwischen geschäftlichen – etwa kapitalmäßigen – sowie personalen Beziehungen oder Netzwerken (306; 321).

Hybrid-Organisation belegt (299, S. 61ff.).[38] Für Sydow (299, S. 79) stellt ein Unternehmungsnetzwerk – und diese Charakterisierung gilt ebenso für die, zwischen zwei Organisationen bestehenden, Beziehungen – „eine auf die Realisierung von Wettbewerbsvorteilen zielende Organisationsform ökonomischer Aktivitäten dar, die sich durch komplex-reziproke, eher kooperative denn kompetitive und relativ stabile Beziehungen zwischen rechtlich selbständigen, wirtschaftlich jedoch zumeist abhängigen Unternehmungen auszeichnet."[39]

Charakteristisch für Interorganisationsbeziehungen ist ein gewisses Maß an sozialer Organisiertheit sowie eine – zumindest in der Sphäre der Ökonomie – (wettbewerbs-) strategische Ausrichtung und Orientierung der kooperierenden Akteure. Trotz dieser Bestimmungen aber bleibt diese Arbeitsdefinition allgemein und unbestimmt. Charakterisierungen wie *eher* kooperativ denn kompetitiv, *relativ* stabil, *zumeist* abhängig und zugleich (wirtschaftlich) selbständig verweisen zwar auf zentrale Grundprobleme und Spannungsverhältnisse interorganisationaler Beziehungen, hinterlassen aber zugleich eine eher ambivalente Vorstellung dieser (Kooperations-) Form bzw. eines Unternehmungsnetzwerkes. In welcher Form es um welche Inhalte im Kontext von Interorganisations- oder Netzwerkbeziehungen geht bleibt hier zunächst offen. Aufgrund dieser definitorischen Breite bedarf diese Bestimmung weiterer Zuspitzung. Konkreter gilt – wie Sydow (300, S. 2362) an anderer Stelle ergänzt – für die *Beziehungsinhalte* das Folgende: „In terms of content inter-organizational relations may serve as a way to exchange goods and services, to raise capital and to source labour, to give advice or to transmit information and emotion. Typically organizations exchange different kinds of content via the same linkages". Neben inhaltlichen Aspekten spielen *formale Eigenschaften*, die die Umsetzung der Inhalte wie die praktische Ausgestaltung der Beziehung an zentraler Stelle mitbestimmen, eine bedeutende Rolle. Diese – so führt Sydow (300, S. 2362) weiter aus – "may be either voluntary or mandated, formal

---

[38] In diesem (Forschungs-) Zusammenhang werden Interorganisationsbeziehungen und Unternehmungsnetzwerke zumeist als *intermediäre Organisationsformen* zwischen Markt und Hierarchie lokalisiert (309; 281; 299).

[39] Mit dieser Definition knüpft Sydow (299, S. 78) – ebenso wie weitere Autoren (311, S. 507; 3, S. 40; 176, S. 255) – an den Begriff des sozialen Netzwerkes an, wie er insbesondere von Mitchell (213) konzipiert worden ist. Dieser vermeidet eine Verkürzung der Beziehungen zwischen Unternehmen auf bloß ökonomische Austauschbeziehungen. Mitchell (213, S. 2) bestimmt ein soziales Netzwerk vielmehr als "a specific set of linkages among a defined set of actors, with the additional property that the characteristics of these linkages as a whole may be used to interpret the social behavior of the actors involved."

or informal, hierarchical or heterarchical, cooperative or competitive, vertical or horizontal, deliberate or emergent, tightly or loosely coupled, functional or dysfunctional, national or cross-national, stable or fragile, and so forth".[40]

Bereits diese wenigen Bemerkungen machen deutlich, dass Interorganisationsbeziehungen in der Regel weder spontan entstehen noch willkürlich beendet werden können. Vielmehr weisen sie immer ein bestimmtes Maß an Geschichtlichkeit, Institutionalisiertheit und sozialer Organisiertheit auf und bedarf es *voice to enter* sowie *voice to exit*. Diese Beziehungen entwickeln sich oftmals aus ursprünglich marktförmig organisierten, anonym vollzogenen aber regelmäßig wiederkehrenden Transaktionsprozessen (Quasi-Internalisierung), aufgrund der Ausgliederung von bisher unternehmungsintern erstellten Leistungen (Quasi-Externalisierung) sowie anderen, aufgabenbezogenen – auch informationstechnischen – und/oder sozialen (Austausch-) Beziehungen. Darüber hinaus können interorganisationale Beziehungen auch unfreiwillig entstehen und von einer dritten Organisation – bei Beratungsprozessen etwa von einer Bank – erzwungen bzw. zwingend vorgeschrieben werden (303, S. 3).[41]

---

[40] *Inhaltliche Aspekte* beziehen sich auf den Austausch von Gütern, (Informations-) Dienstleistungen, Personal, (Informations-) Technik, Finanzierungsmitteln, Erwartungen, Einfluss und Kontrolle. Mit Blick auf die (Netzwerk-) Funktion kann dementsprechend zwischen Produktionsnetzwerken, Beschaffungsnetzwerken, Marketingnetzwerken, Finanzierungsnetzwerken, F&E-Netzwerken oder auch Beratungsnetzwerken unterschieden werden (299, S. 88). *Formale Beurteilungskriterien* von Interorganisationsbeziehungen können Umfang, Funktionsteilung, (Interaktions-) Dichte, Diversität, Zentralität, Multiplexität, Konnektivität, Interdependenz, Redundanz, Stabilität, Offenheit, Sichtbarkeit sowie – all dies zusammenfassend – die strukturelle und kulturelle Organisiertheit der Beziehungen sein. Die strukturelle (Netzwerk-) Dimension konkretisiert Sydow (299, S. 87) durch eine personell-organisatorische sowie eine technisch-organisatorische Ebene. Erstere umfasst verschachtelte Aufsichtsratmandate, den gegenseitigen Personalaustausch sowie sonstige personengebundene Beziehungen zwischen den Organisationen. Die zweite Ebene bezieht sich auf die Abstimmung der in der Regel unterschiedlichen Managementsysteme, die gemeinsame Nutzung eines interorganisationalen Informationssystems oder auch die Koordination und Feinabstimmung der Beziehungen durch eine speziell dazu (aus-) gegründete Organisationseinheit (Beirat).

[41] Im Zentrum einer *Netzwerkperspektive* stehen folglich Akteure – Personen und/oder Organisationen – in ihren vielfältigen, multidimensionalen Beziehungen zu anderen Akteuren: „In der Netzwerkperspektive beschränkt sich eine Untersuchung denn auch nicht etwa auf dyadische Beziehungen, wie dies klassischerweise die betriebswirtschaftliche Literatur zur Unternehmungskooperation macht. Vielmehr werden ,ganze' Netzwerke zu erfassen gesucht, die allerdings – je nach

Vor diesem theoretischen Hintergrund gilt mein Interesse im folgenden den spezifischen Aspekten und Problemen der sozialen Organisiertheit, reflexiven Strukturiertheit sowie der sozialen Praxis interorganisationaler Interaktionsbeziehungen im Kontext extern angeleiteter Reorganisationsprozesse sowie den besonderen Bedingungen zur Realisierung eines – die Beteiligten zufriedenstellenden – Veränderungserfolges. Neben den bereits zuvor erwähnten kontextbedingten (Situation und Umwelt), normativen (Legitimation), gratifikationsspezifischen (Honorare und Belohnung) sowie machtrelevanten (Mikropolitik) Aspekten müssen in den komplexen, beratungsorientierten Interaktionsprozessen zwischen Organisationen zudem Probleme der Problementstehung geklärt, spezielle (Management-) Funktionen von den Akteuren mehr oder weniger gemeinsam wahrgenommen und besondere Spannungsverhältnisse gemanagt werden.

Eine Theorie oder – bescheidener – eine theoriegeleitete, prozessorientierte Reflexion, die die (Re-) Produktion sowie soziale Organisiertheit und Konstruiertheit von Beratungsprozessen beschreiben und verständlich machen will, sollte also zumindest die zuvor erwähnten Grundfunktionen, Probleme und Spannungsverhältnisse von Interorganisationsbeziehungen berücksichtigen sowie den – durch die sozialen Praktiken der Akteure (mit-) bedingten – prozessualen Charakter zum Gegenstand der Betrachtung machen können. Damit dies gelingt sollte diese Theorie:

1. Die Entstehung der konkreten Problemsituation begreifbar machen können, die für die Initiierung des Beratungsprozesses (mit-) verantwortlich ist und unter deren Druck die Berater-Klienten Beziehung, ihre spezifische Organisationsform wie die konkreten Beratungsinhalte zustande kommen.

2. Die Selektionsentscheidungen von Klienten aber auch von Beratern reflektieren; hierbei relevante Fragen können sein: Make oder Buy von Beratungsleistungen? Warum wird externe Beratung (in unserer Organisation) notwendig? Wer soll uns (warum) beraten?

3. Den anfallenden Regulationsbedarf im Rahmen eines Beratungsprozesses berücksichtigen können: Wie soll der Bera-

---

Untersuchungszweck – definiert und damit künstlich von ihrer Umwelt abgegrenzt werden" (299, S. 119f.). Auf dieser Grundlage intendiert eine *Netzwerkanalyse* vor allem die „Erfassung sozialer Beziehungen, die Identifikation etwaiger Muster sowie [...] die Analyse ihrer Voraussetzungen und Folgen" (299, S. 121) und ist es grundlegende Absicht in diesem (interorganisationalen) Zusammenhang, „das Verhalten eines Netzwerkelements (hier: einer Organisation) und des Netzwerks als Ganzen aus der Struktur der Netzwerkelemente zu erklären" (299, S. 123).

tungsprozess organisiert, wie der institutionelle Rahmen des Beratungsprozesses ausgestaltet werden?

4. Allokationsprozesse (von Ressourcen) und ihre Machtabhängigkeit in den Blick nehmen.
5. Fragen zu Aspekten der Qualität und Bewertung eines Beratungsprozesses stellen und beantworten können.
6. Spezielle Spannungsverhältnisse – und mit ihnen gegebenenfalls verknüpfte Widersprüche und Paradoxien – sowie rekursive (Beziehungs-) Muster des Gegenstandsbereichs wie etwa diejenigen von Autonomie und Abhängigkeit, Nähe und Distanz, Vertrauen und Kontrolle sowie Verändern (Diskontinuität) und Bewahren (Kontinuität) thematisieren.

Hierbei mitlaufende, gelegentlich quer zu diesen Aspekten liegende Themenbereiche können darüber hinaus sein:

- das Zustandekommen und die Folgen von – symmetrischen oder eher asymmetrischen – Machtbeziehungen zwischen Klient und Berater; hierbei geht es u.a. um Fragen wie: Wer dominiert (warum) den Beratungsprozess oder die Beziehung? Wer schöpft woraus seinen Einfluss und kontrolliert welche – für andere Akteure – relevanten Unsicherheitszonen? Welche mikropolitischen Spiele werden von wem im Verlauf eines Beratungsprozesses gespielt?,
- die in den Organisationen und Interorganisationsbeziehungen dominierenden Rationalitätsmuster und -formen,
- die für den Fortbestand der Beziehung relevanten (In-) Stabilitätsbedingungen bzw. die Frage, warum es (nicht) zu einem Abbruch der Berater-Klienten-Beziehung kommt,
- die Bedeutung spezieller – durchaus divergenter – intra- wie interorganisationaler Praktiken von Beratungs- und Klientenunternehmen auf den Ablauf des Beratungsprozesses sowie
- der Gestaltungsaspekt, der Anleitungen zum Management interorganisationaler Beziehungen im Allgemeinen und zur (einvernehmlichen) Ausgestaltung der Berater-Klienten-Beziehungen im Besonderen erforderlich macht.

Vor dem Hintergrund dieses Themen- und Anforderungskataloges an eine theoriegeleitete Betrachtung interorganisationaler Beziehungen im Allgemeinen sowie den Beziehungen zwischen Klienten- und Beratungsorganisationen im Besonderen wird in dem folgenden 5. Kapitel die – in dem Diskussionskontext der Organisationsberatung bisher nicht berücksichtigte – Strukturationstheorie von Anthony Giddens vorgestellt und im 6. Kapitel mit Blick auf den Prozess der Organisationsberatung fruchtbar gemacht.

5   Die Theorie der Strukturation: Organisations-beratung als Reflexion reflexiver Strukturation

Ein alternativer theoretischer Entwurf zu der, die Beratungsthematik von Organisationen seit Jahren dominierenden, Systemtheorie ist die von Anthony Giddens (88, 89, 90, 91) vorgelegte Theorie der Strukturation. Die als basale Sozialtheorie angelegte Konzeption – so formuliert es Giddens (89, S. VIII) – „spans social science. It is a body of theory shared in common by all the disciplines concerned with the behaviour of human beings". Diesen umfassenden Anspruch konkretisiert er in seinem zentralen Werk „The Constitution of Society" (90, S. XVIf.) wie folgt: „In case there is any doubt about terminology here, let me empha-size that I use the term 'social theory' to encompass issues that I hold to be the concern of all the social sciences. These issues are to do with the nature of human action and the acting self; with how interaction should be conceptualized and its relations to institutions; and with grasp-ing the practical connotations of social analysis."[42] Mit diesem – vom Anspruch her divergente soziologische Theorietraditionen und sozial-wissenschaftliche Diskussionsstränge zusammenführenden – Entwurf will Giddens auch eine neue Grundlegung für die empirisch orientierten Einzelwissenschaften leisten.[43] Im Zentrum seines Forschungsinteres-ses steht die *soziale Praxis*, stehen die *sozialen Praktiken*, die durch kompetent handelnde Akteure konstituiert und reproduziert werden. Er (90, S. 2) betont: "The basic domain of study of the social sciences, ac-cording to the theory of structuration, is neither the experience of the individual actor, nor the existence of any societal totality but social prac-tices ordered across space and time." Die sozialen Praktiken der Ak-teure sind Ausdruck und Ergebnis ihres gewohnheitsgemäßen, routini-sierten Handelns unter Berücksichtigung der zugleich ermöglichenden wie restringierenden Einflüsse struktureller (Rahmen-) Bedingungen. Sie sind Ausdruck sowohl der Fähig- und Fertigkeiten der Akteure wie der strukturellen Merkmale der Systeme, auf die sich die Akteure in ih-ren Interaktionsprozessen rekursiv beziehen. Soziale Praktiken lokali-

---

[42] Als große (Sozial-) Theorie übernimmt die Strukturationstheorie zudem „die Aufgaben einer ganz allgemein ausgerichteten Sozialontologie: Als solche will sie die grundbegriffliche Klärung des Verhältnisses von Mensch und Gesellschaft, von Subjekt und Objekt, von Handeln und Struktur oder auch von Dynamik und Statik leisten" (147, S. 29).

[43] Dieses unbescheidene Vorgehen – so Kießling (147, S. 49) – umfasst „die Angabe und Bestimmung der Bedingungen und Methoden, unter bzw. mit denen diese Disziplinen überhaupt empirische Erkenntnisse über einen konkreten Gegen-stand zu generieren vermögen."

siert Giddens (90, S. XXII) entsprechend "at the root of the constitution of both subject and social object". Der hier angedeutete, wechselseitige Konstitutions*prozess* von Handlung und Struktur wird deutlicher, wenn man ihr Verhältnis – wie auch dasjenige von Subjektivismus und Objektivismus sowie Voluntarismus und Determinismus – nicht als ein disparates, voneinander unabhängiges Nebeneinander, als einen Dualismus, sondern als *Dualität* begreift. Die Strukturationstheorie ist "based on the premise that this dualism has to be reconceptualized as a duality – the duality of structure" (90, S. XX). Die theoretische Beschreibung und Analyse dieses rekursiven Konstitutionsprozesses sowie der Rekursivität allen menschlichen Handelns und damit die Überwindung der auch gegenwärtig noch in den zahlreichen Köpfen (und Theorien) vorherrschenden Trennung von Handlung und Struktur wird – neben der Dualität von Struktur – durch zwei weitere basale Konzepte der Strukturationstheorie ermöglicht: dem „stratification model of the agent" und der „dialectic of control". Diese drei Eckpfeiler der Strukturationstheorie werden im Folgenden ausführlich vorgestellt und anschließend in ihrer Bedeutung und Grundlegung für eine theoretische Betrachtung von beratend begleiteten Reorganisationsprozessen an ausgewählten Problem- und Fragestellungen diskutiert.

5.1 Zur rekursiven Beziehung von Handlung und Struktur

Die Grundannahme der *Dualität von Struktur* beruht – wie bereits angedeutet – auf der Idee, dass die Konstitution von Handlung und Struktur nicht zwei voneinander trennbare und unabhängig voneinander analysierbare Phänomene sind. Es ist aus der Perspektive der Strukturationstheorie weder realistisch noch analytisch erforderlich sie als simplen Widerstreit entgegengesetzter Phänomenbereiche zu analysieren (Dualismus), oder einem Aspekt a priori eine Vormachtstellung einzuräumen. Als sehr viel fruchtbarer erscheint es Giddens, ihre Beziehung als eine wechselseitiger Abhängigkeit und Bezugnahme sowie aktiver Re-Produktion – eben als Dualität – zu beschreiben. Er bindet seine Vorstellungen von Struktur konsequenterweise eng an das – keinesfalls als beliebig unterstellte – Handeln der Akteure. In und durch routinisierte soziale Praktiken werden den Akteuren zugleich bestimmte Handlungsmöglichkeiten eröffnet wie andere verschlossen, das heißt Handeln durch selbsterzeugte Strukturen zugleich ermöglicht *und* eingeschränkt. Die strukturellen Eigenschaften sozialer Systeme sind immer zugleich Mittel *und* Ergebnis der sozialen Praktiken, die diese Systeme rekursiv konstituieren (90, S. 25). Einen einseitigen Reduktionismus auf voluntaristische Handlungskonzepte („anything goes") oder auf strukturelle

Zwänge und externe Determinismen („one-best-way") erklärt die Theorie der Strukturation in Folge für obsolet. Sie fragt vielmehr und in expliziter Abgrenzung von derart einseitig fixierten Ansätzen nach den Motiven und Anlässen, die einerseits das praktische Tun der Akteure *und* andererseits die daraus resultierenden Strukturen wechselseitig hervorbringen. Hierbei interessiert sich Giddens besonders für das „Wie", d.h. den Prozess der Strukturation und übersieht er weder historische (Ein-) Bindungen noch die situativen, zeit-räumlichen Besonderheiten aller sozialen Praktiken. Vielmehr betrachtet diese Theorie Akteure und deren Handlungen als eingebunden in einen weiteren, raum-zeitlichen (Handlungs-) Kontext. Das heißt, in ihrem Handeln berücksichtigen die – als reflexiv gedachten – Akteure immer schon konkrete raum-zeitliche Bedingungen wie beispielsweise das aktuelle und vergangene Handeln anderer Akteure, die allgemeinen geographischen Rahmenbedingungen, eigene Erfahrungen aber auch von ihnen zukünftig erwartete Entwicklungen. Die bereits erwähnte Abgrenzung des Giddens'schen Ansatzes von strukturalistischen und handlungstheoretischen Überlegungen ist in Abbildung 5.1 zusammengefasst.

	Structuralist or voluntarist theories	Giddens' structurationist alternative
Characterization of structure	structure *or* agency	'duality of structure' the interrelation of action and structure
Characterization of actor	agents as supports of structure ('cultural dopes') *or* as purely voluntaristic	knowledgeability of actors/conscious intentionality – but in context of structure as medium and outcome of agency and interaction
Characterization of historicality	ahistorical structures: synchrony *versus* diachrony, statics *versus* dynamics	time (and space) and 'historicality' as integral to action and structure, with 'historicity' as an emergent feature leading to 'time space distanciation' as intended but also unintended consequence

Abbildung 5.1: Struktur, Handlung
und Geschichte bei Giddens (136, S. 120)

Genauer versteht Giddens – in deutlicher Abgrenzung zu statischen und deterministischen Strukturkonzepten, wie sie in traditionellen betriebswirtschaftlichen Organisationslehren und vielen soziologischen (Organisations-) Theorien immer noch an zentraler Stelle zu finden sind – unter *Struktur* „rules and resources recursively implicated in social reproduction". Ausführlicher heißt es hierzu: "[I]nstitutionalized features of social systems have structural properties in the sense that relationships are stabilized across time and space. 'Structure' can be conceptualized abstractly as two aspects of rules – normative elements and codes of signification. Resources are also of two kinds: authoritative resources, which derive from the coordination of the activity of human agents, and allocative resources, which stem from control of material products or of aspects of the material world" (90, S. XXXI). Und ergänzend erläutert Giddens an anderer Stelle: „Structure thus refers [...] to the structuring properties allowing the 'binding' of time-space in social systems, the properties which make it possible for discernibly similar social practices to exist across varying spans of time and space and which lend them 'systemic' form. To say that structure is a 'virtual order' of transformative relations means that social systems, as reproduced social practices, do not have 'structures' but rather exhibit 'structural properties' and that structure exists, as time-space presence, only in its instantiations in such practices and as memory traces orienting the conduct of knowledgeable human agents" (90, S. 17). Diese Ausführungen gilt es genauer zu betrachten: Das *virtuelle* Konstrukt Struktur ist eng verknüpft mit strukturierenden Eigenschaften und Merkmalen sozialer Systeme, welche den Akteuren erst die (soziale) Bindung von Zeit-(und)-Raum ermöglichen und ihnen eine fortgesetzte und dauerhafte (Re-) Produktion sozialer Praktiken – und damit der sozialen Systeme – eröffnen. Denn alle sozialen Systeme „both express and are expressed in the routines of daily social life, mediating the physical and sensory properties of the human body" (90, S. 36). Soziale Systeme – als wiederkehrend reproduzierte soziale Praktiken – eröffnen kompetenten Akteuren einen Möglichkeits(spiel)raum von potentiell aktivierbaren strukturellen Eigenschaften („structural properties"), die diese in – *auch* reflexiven – Handlungsprozessen zu Sets von Regeln und Ressourcen verknüpfen und erst dadurch machtvoll in den Fluss der (sozialen) Welt eingreifen können.[44] Diese Interventionen sind aber weder immer direkt motiviert,

---

[44] Die *strukturellen Eigenschaften sozialer Systeme* sind "[s]tructured features [...], especially institutionalized features, stretching across time and space" (90, S. 377). Das heisst, dass die strukturellen („structural") Eigenschaften sozialer Systeme aus bereits (vor-) strukturierten („structured"), aktiv in eine bestimmte Form gebrachten Merkmalen eben dieser sozialen Systeme bestehen. Aktiv meint in diesem

noch intendiert. Viele Tätigkeiten gründen in alltäglichen Routinen und routinisiert wiederholtem Alltagshandeln. Immer gilt in diesem Zusammenhang: „The structural properties of social systems do not act, or 'act on', anyone like forces of nature to 'compel' him or her to behave in any particular way" (90, S. 181). Erst die – kognitiven und gedächtnisbasierten – Fähigkeiten und Eigenschaften kompetent handelnder Akteure ermöglichen das Überdauern und die Reproduktion von sozialen Praktiken über bestimmte Zeit-Räume hinweg und verleihen diesen ihren *systemischen* Charakter. So verstanden erweist sich Struktur als das Ergebnis von permanentem, auch, aber nicht nur intentionalem Handeln situativ eingebundener Akteure (90, S. 155). In diesem Kontext ist Struktur „not 'external' to individuals: as memory traces, and as instantiated in social practices, it is in a certain sense more 'internal' than exterior to their activities" (90, S. 25). Struktur – als zwar kontingente, aber keinesfalls beliebige Kombination von Regeln und Ressourcen – tritt den Akteuren somit gerade nicht als materialisiertes Objekt, als zwingender und determinierender Aspekt des sozialen Lebens entgegen. Sie bleibt immer auf die aktive, sie aktivierende und (re-) produzierende (Gedächtnis-) Leistung der Individuen angewiesen, ist folglich zwar flüchtiges aber dennoch reproduzierbares soziales Konstrukt. Folglich sind Strukturen auch „nicht zeitlich verortet, sie sind gekennzeichnet durch das ,Fehlen eines Subjekts' und können nicht in Form einer Subjekt-Objekt-Dialektik ausgedrückt werden" (90, S. 144). Diese – zunächst nicht ohne weiteres verständliche – Besonderheit seines Strukturbegriffs erläutert Giddens (90, S. 144) am Beispiel der Dualität von *Sprechen* (Handeln, Interaktion) und *Sprache* (Struktur): „(a) Sprechen ist ,situativ', d.h. es findet in Raum und Zeit statt, während Sprache [...] ,virtuell und außerhalb der Zeit' ist [...]. (b) Sprechen setzt ein Subjekt voraus, während das Spezifische der Sprache ist, dass sie kein Subjekt hat – auch wenn sie nur ,besteht', insofern sie von Sprechern ,beherrscht' und erzeugt wird. (c) Beim Sprechen wird immer die Gegenwart eines anderen potentiell vorausgesetzt. Sprechen ist von grundlegender Bedeutung für kommunikative Absicht, aber Sprechen ist auch immer [...] das Medium einer ganzen Reihe anderer beabsichtigter ,illokutionärer Wirkungen'; als Struktur ist die (natürliche) Sprache andererseits weder das beabsichtigte Produkt irgendeines Subjekts noch auf andere gerichtet."[45]

Zusammenhang: durch aktiv handelnde Akteure. Merkmale können die jeweils ,aktivierten' bzw. ,kombinierten' Regeln und Ressourcen sein, die ein System bereithält und auf welche die Akteure interessiert zugreifen können (229, S. 63ff.).

[45] Kritisch zu diesem Vergleich Thompson (308, S. 60 u. 75).

Die – hier am Beispiel von Sprechen und Sprache dargestellten – sozialen (Sprach-) Praktiken sind nun einerseits abhängig von den Fähig- und Fertigkeiten der kompetent handelnden Akteure, wie andererseits Ausdruck der strukturellen Eigenschaften des sozialen Systems. Soziale Praktiken werden somit immer durch die Verknüpfung einer Struktur- mit einer Handlungsdimension konstituiert. Die Vermittlung geschieht im Rahmen der Theorie der Strukturation über sogenannte *Modalitäten* (der Strukturation), die – im und durch das soziale Handeln der Akteure – Struktur und Interaktion miteinander verbinden. Diesen Zusammenhang verdeutlicht Abbildung 5.2.

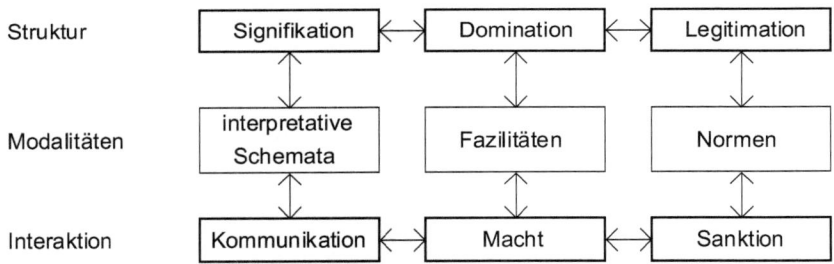

Abbildung 5.2: Die Dualität von Struktur

Giddens formuliert den Anspruch, dass *alle* sozialen Praktiken – und damit auch die besondern (inter-) organisationalen Praktiken, die sich im Kontext eines Beratungsprozesses in und zwischen Berater- und Klientenorganisation entwickeln – durch die analytischen Unterscheidungen der Dualität von Struktur beschrieben, analysiert und verstanden werden können. Die *Strukturdimension* bezieht sich hierbei auf Aspekte der Signifikation (Sinngebung und Bedeutungszuweisung), der Domination (Herrschaft) sowie der Legitimation. Die *Handlungsdimension* umfasst Kommunikation (-sweisen), Macht (-ausübung) und Sanktion (-sverfahren). Verknüpft werden diese Dimensionen durch die *Modalitäten der Strukturation* – im Besonderen interpretative Schemata, Fazilitäten (Möglichkeiten, Mittel) und Normen. Giddens (90, S. 28) konkretisiert die zentrale Bedeutung der Modalitäten wie folgt: „What I call the 'modalities' of structuration serve to clarify the main dimensions of the duality of structure in interaction, relating the knowledgeable capacities of agents to structural features. Actors draw upon the modalities of structuration in the reproduction of systems in interaction, by the same token reconstituting their structural properties." Eine zentrale Rolle spielt in diesem Zusammenhang die bereits mehrfach erwähnte Rekursivität allen menschlichen Handelns. Diese – so argumentieren Ortmann, Sydow und Windeler (228, S. 318) – ist gekennzeichnet durch „die iterative An-

wendung einer Operation/Transformation – hier: der Operation ‚Strukturieren' – auf ihr eigenes Resultat – hier: das Resultat ‚Struktur'."

Legt man das Konzept der Dualität von Struktur einer Analyse sozialer Austauschbeziehungen zugrunde, so sind drei rekursive Schleifen
von zentraler Bedeutung: Erstens beziehen sich die Akteure in alltäglichen, lebenspraktischen Kommunikationszusammenhängen auf interpretative Schemata – etwa in der jeweiligen Kultur selbstverständlich
akzeptierte Leitbilder und Metaphern, die sie einer Signifikationsstruktur
entlehnen und die es ihnen ermöglichen – für sich selbst wie für andere
– sinnvoll zu entscheiden und zu handeln. Diese Schemata bezeichnet
Giddens (90, S. 29) als „the modes of typification incorporated within
actors' stocks of knowledge, applied reflexively in the sustaining of communication". Mit ihrer Hilfe differenzieren und typologisieren die Akteure
den Inhalt ihrer Kommunikationen und vollziehen einen (regelgeleiteten)
Sinngebungsprozess. Signifikationsstrukturen beeinflussen somit dasjenige, was sich in den Interaktionen der Akteure als sinnvoll etablieren
kann. Hierdurch sind die Akteure in der Lage, Begründungen abzuge-
ben, Handlungen, Entscheidungen und Entwicklungen zu rechtfertigen
– allgemein formuliert: sinnorientiert Interpretationen von Wahrnehmungen, Prozessen und Ereignissen anzufertigen. Diese Schemata müssen
den Akteuren aber nicht im Einzelnen bewusst zugänglich sein, sondern
sie stehen ihnen als – auch unbewusste – (Teil-) Menge ihres individuellen Wissensvorrats zur Verfügung. Eine aktive Bezugnahme auf die
kulturspezifisch ausgeprägten Signifikationsstrukturen weist einen Akteur einerseits als kompetent aus und (re-) produziert andererseits zugleich diese Signifikationsstruktur. Interpretative Schemata enthalten
Annahmen und Auffassungen über, sowie Einstellungen zu speziellen
Eigenschaften und Besonderheiten der sozialen Praxis – auch derjenigen von Organisationen. Die Realität der Akteure wird durch sie vor-
strukturiert. Aufgrund ihrer ordnenden, sinnstiftenden und motivieren-
den Funktion sind interpretative Schemata unverzichtbare Voraussetzung zur Schaffung von Orientierungssicherheit da sie Richtungen
kennzeichnen und Pfade andeuten.[46] Hierbei stehen die interpretativen
Schemata immer in einer rekursiven Beziehung zum jeweils Interpretierten (334, S. 223).[47] Und durch diesen rekursiven (Reproduktions-) Pro-

---

[46] Vgl. hierzu die an der Strukturationstheorie orientierte Analyse der (Re-) Produktion von Leitbildern als einer Teilmenge der interpretativen Schemata bei Ortmann et al. (227, S. 62ff.).

[47] Ein solches Schema leitet einerseits die Erkundung von Objekten an und hilft
bei der Auswahl spezieller (Untersuchungs-) Aspekte des betrachteten Objekts.
Diese – stets selektive – Auswahl modifiziert wiederum rekursiv das verfügbare

zess ist – z.B. durch seine Störung, Variation oder Irritation – zugleich die Entwicklung und Veränderung der interpretativen Schemata wie eine mittelbare Variation der Signifikationsstruktur grundsätzlich möglich. Eine zweite Rekursionsbeziehung besteht im Bereich der Machtbeziehungen. Um eigene Interessen durchsetzen, individuelle Ziele erreichen oder auch um andere in ihrem Tun fördern oder (be-) hindern zu können, müssen die Akteure in ihren Beziehungen machtvoll (einflussreich) handeln können. Über dieses eigeninteressierte Handeln hinaus, wird dem Konzept der Macht aber im Kontext der Strukturationstheorie eine basale Bedeutung für jedes (soziale) Handeln zugeschrieben. Denn „[p]ower is the capacity to achieve outcomes; [...] Power is not, as such, an obstacle to freedom or emancipation but is their very medium – although it would be foolish, of course, to ignore its constraining properties" (90, S. 257). Als Folge dieser weiten Bestimmung von Macht ergibt sich eine besondere Beziehung zwischen *Handeln* und *Macht*: „Handeln schließt die Anwendung von ‚Mitteln' ein, um durch die direkte Intervention des Handelnden in den Gang der Ereignisse bestimmte Ergebnisse zu erzielen [...]; Macht stellt die Fähigkeit des Handelnden dar, auf Ressourcen zurückzugreifen, um solche ‚Mittel' zu schaffen. In diesem Sinn bezieht sich Macht auf die gestaltenden Fähigkeiten menschlichen Handelns" (91, S. 134). Üben Akteure Macht aus, so beziehen sie sich hierbei auf *Fazilitäten*, das heißt zu konkreten Macht*mitteln* kombinierte Ressourcen, die sie einer bestehenden Herrschaftsordnung entlehnen und die über eben diese Bezugnahme reproduziert wird. Was den Akteuren in ihren Interaktionsprozessen jeweils als Machtressource zur Verfügung steht und speziell *von ihnen* mehr oder weniger machtvoll genutzt werden kann, ist abhängig von erstens dem individuell unterschiedlichen Vermögen potentiell vorhandene Ressourcen zu erkennen und auf diese aktiv zugreifen zu können, zweitens der Fähigkeit, diese auch adäquat anwenden und/oder speichern zu können sowie drittens von den (Re-) Aktionsmöglichkeiten der jeweiligen Interaktionspartner. Grundsätzlich differenziert Giddens zwischen *allokativen und autoritativen Ressourcen* (90, S. 33). Während sich allokative Ressourcen auf die Fähigkeit beziehen, über materielle Objekte und Güter verfügen zu können, ermöglichen autoritative Ressourcen die Einflussnahme auf andere Personen. Durch den Einsatz dieser Ressourcen in Kombination mit entsprechenden Regeln versuchen die Akteure Macht auszuüben und gelingt es ihnen (gelegentlich), die Interaktionen und deren Ergebnisse in ihrem Interesse und zu ihren Gunsten zu entwickeln und fortzuschreiben. Drittens folgen auch normative Rechtgerfertigungsprozesse –

Schemata, welches bei einer weiteren (Welt-) Erkundung neue, andere Aspekte zu entdecken hilft (usw. usf.).

etwa von Entscheidungen und Handlungen – dieser rekursiven Form. Was jeweils als richtig oder falsch, gewünscht oder unerwünscht, legitim oder illegitim, angemessen oder überzogen angesehen wird beruht auf sanktionsbewehrten Normen, die aus einer Legitimationsstruktur abgeleitet werden. Durch eine positive oder negative Sanktionierung ausgewählter Praktiken etablieren die Akteure in ihrem tagtäglichen Umgang miteinander bestimmte, ihnen selbstverständliche Normen und stabilisieren, reproduzieren oder variieren durch diesen praktischen Anwendungsprozess die Legitimationsstruktur.

Von den (Meta-) Regeln der Signifikation und Legitimation – als verallgemeinerbare Verfahren auf die sich die Akteure im Rahmen ihrer fortlaufenden Strukturationsprozesse rekursiv beziehen – sind konkretpraktische Verfahren der Regelauslegung (Interpretation) zu unterscheiden. So sind etwa schriftlich fixierte Vereinbarungen – etwa in Gesetzestexten, (Beratungs-) Verträgen oder Organisationshandbüchern – in strukturationstheoretischer Terminologie keine Regeln, sondern „codified interpretations of rules" (90, S. 21), das heißt mehr oder weniger verbindlich vorgeschriebene und sanktionierte Arten der Auslegung allgemeinerer Regeln der Signifikation und Legitimation. Diese Interpretationen sind immer auch (mikro-) politisch motiviert, erfolgen oftmals in strategischer Absicht und sind in Folge „Gegenstand andauernder ‚Interpretationsprobleme', so dass ihre Anwendung *umkämpft* und Gegenstand von *Auseinandersetzungen* ist; sie stehen in einem Prozess kontinuierlicher Veränderung im Laufe der Produktion und Reproduktion des gesellschaftlichen Lebens. Deshalb ist es wichtig, die Organisation der Ressourcen zu untersuchen, aus denen, auf der Ebene von Interaktion, die Handelnden ihre Sanktionen nehmen" (91, S. 151). Neben einer eher mitlaufenden, unbewussten Veränderung der *Auslegungspraktiken* bestehender (Meta-) Regeln im Zeitverlauf umfassen bewusst initiierte (Regel-) Veränderungen den Versuch, diese aktiv und reflektiert zu variieren, bestehende Regulationen (neu) zu regulieren: „Regulation der Regulation" oder „rekursive Regulation" wie Ortmann/Sydow/Windeler (228, S. 327) das genannt haben. „[E]s ließe sich zeigen, dass diese Art der Einflussnahme [...] unter Einsatz kommunikativer, normativer, politischer und ökonomischer Mittel vonstatten geht und dass sie auf alle genannten Dimensionen des Sozialen zielt: auf die Veränderung von Interpretationen und interpretativen Schemata, auf Einfluss auf Legitimitätsvorstellungen und Normen und auf Beeinflussung der politischen und ökonomischen Bedingungen" (228, S. 327).

Dieses Beispiel verdeutlicht anschaulich die bloß analytische Unterscheidung einer Signifikations-, Dominations- und Legitimationsebene (90, S. 33; 88, S. 106f.). In der sozialen Praxis sind diese Dimensionen immer auf vielschichtige Art und Weise miteinander verwoben und bedingen sich gegenseitig. So sind beispielsweise für die Etablierung spezieller Signifikationsstrukturen und kongruenter interpretativer Schemata machtvolle Konstitutionsprozesse erforderlich, die die Akteure unter Nutzung von Fazilitäten durchsetzen und die *unter dem Diktat* akzeptierter Normensysteme abgewickelt werden müssen. Und ebenso gilt für ein machtvolles Eingreifen in den Fluss der sozialen Praxis, dass sich die zum Einsatz kommenden (Macht-) Mittel im Rahmen einer bestehenden legitimen Ordnung und einer (selbst-) verständlichen Form des Sinnverstehens bewegen müssen. Wiederkehrend wird diesem Strukturkonzept vorgeworfen es berücksichtige „[t]oo little structure" (229, S. 68) und sei demgemäss zu stark handlungsorientiert. Andere Kritiker werfen dem Giddens'schen (Agency-) Ansatz grundsätzlich eine Mikrofundierung makroskopischer Prozesse vor (216, S. 26). Exemplarisch sei an dieser Stelle die Kritik von Thompson (308, S. 62ff.) erwähnt der beklagt, dass „[t]his conception results [...] in an undesirable dilution of the concept of social structure, since 'structural properties' are apparently defined by each and every 'rule' which actors employ; and there would be no grounds intrinsic to this conception for regarding some 'rules' as more fundamental than others. Moreover, this conception leaves no room for a *structural* analysis of the conditions and limits within which a particular clusters of rules and resources are possible." Thompson und ähnlich argumentierende Kritiker – im besonderen Archer (4) – übersehen aber im Rahmen ihrer Kritik die zentrale Stellung des *Macht*begriffs in der Theorie der Strukturation sowie die Bedeutung von Macht für die – nicht nur einengenden – Zwänge, unter denen Akteure stets agieren. Giddens bindet sein Machtkonzept untrennbar an das Handeln der Akteure und kommt diesem in Folge eine zentrale Rolle nicht nur bei der (Re-) Produktion von Strukturen zu. Dieser Zusammenhang wird im folgenden Abschnitt – wenn es um den Prozess der Strukturation geht – noch genauer erläutert.[48]

Strukturation, Reproduktion und Veränderung

Mit dem Konzept der Strukturation versucht Giddens (91, S. 146) „die Konstruktion des gesellschaftlichen Lebens als Produktion durch aktive Subjekte zu begreifen." Der hiermit verknüpfte Re-Produktionsprozess sozialer Praktiken ist zum einen gekennzeichnet durch das absichtsvolle, reflexive Handeln der Akteure – durch „[t]he structuring of social relations across time and space, in virtue of the duality of structure" (90,

---

[48] Zu einer ausführlichen, kritischen Debatte der Strukturationstheorie siehe 34, 46 und 147.

S. 376).[49] Betrachtet man diesen Prozess genauer, so „muss man den Versuch unternehmen, die Bedingungen zu bestimmen, die die Kontinuität und Auflösung von Strukturen oder Strukturtypen beherrschen. Anders gesagt: *Den Prozess der Reproduktion zu untersuchen bedeutet, die Verbindungen zwischen ‚Strukturierung' und Struktur zu bestimmen"* (91, S. 146f.). Diese Reproduktion von Handlungsweisen und Interaktionsformen erfolgt durch den aktiven und interessierten Bezug der Akteure auf Verfahren der Erzeugung von Strukturen – zur Erinnerung: Sets von Regeln und Ressourcen – und gelingt immer dann, wenn kompetente (*knowledgeable*) Akteure in der Lage sind, die situative und rekursive Verknüpfung von Regeln und Ressourcen in ihrer Handlungspraxis *auch reflexiv* zu gewährleisten. Die hier gemachte Einschränkung *auch* deutet an, dass die Strukturation kollektiver Handlungsfelder keineswegs nur und ausschließlich durch intentionales Handeln der beteiligten Personen erfolgt. Eher ist das Gegenteil der Fall und sind Strukturen oftmals das nicht absichtsvoll herbeigeführte Ergebnis des – wodurch auch immer – motivierten oder nur gewohnheitsgemäß und routinisiert ausgeführten Handelns. Von Bedeutung sind daher diejenigen Bedingungen, die *Kontinuität* wie auch *Varianz* der Strukturen und damit Reproduktion und Veränderung sozialer Systeme überhaupt erst ermöglichen: „Analysing the structuration of social systems means studying the modes in which such systems, grounded in the knowledgeable activities of situated actors who draw upon rules and resources in the diversity of action contexts, are produced and reproduced in interaction" (90, S. 25).[50] Untersucht werden kann die Reproduktion also nur dann, wenn man den konkreten sozialen Prozess der Konstitution von Beziehungen und Interaktionen genauer unter die strukturationstheoretische Lupe nimmt (91, S. 148).

Als Ergebnis dieser Überlegungen soll festgehalten werden, dass die (virtuelle) Existenz von Strukturen zwar *außerhalb* der Zeit beschrieben werden, aber ihr Funktionieren und ihre (Re-) Produktion immer nur *innerhalb* einengender, raum-zeitlicher Grenzen stattfinden kann (91, S. 146). Strukturen als Sets von Regeln und Ressourcen binden – wenn sie erst einmal in den sozialen Praktiken der Akteure realisiert, aktuali-

---

[49] Diesen intentionalen, rationalen Aspekt der Strukturation betont auch Baumann (16, S. 42) wenn er feststellt: „But the nub of the matter – the very reason why one should bother with coining concepts like 'structuration' – is, for Giddens, the need to 'recover the subject' as a 'reasoning, acting being'."

[50] Der an dieser Stelle deutlich werdende Zusammenhang zwischen sozialen Beziehungen („social relations") und sozialen Systemen („social systems") liegt im Giddens'schen Systembegriff begründet. Systeme sind „[re]produced relations between actors or collectivities, organized as regular social practices" (90, S. 25).

siert und konkretisiert sind – Zeit-(und)-Raum.[51] Eingeschrieben in diese Praktiken beeinflussen Strukturen, *was wann wo wie* gemacht werden kann. Gleichzeitig sorgen sie für die (zeit-räumliche) Ausdehnung dieser Praktiken. Will man diesen Aspekt der sozialen Praktiken genauer betrachten, so gilt es „to try to see how the practices followed in a given range of contexts are embedded in wider reaches of time and space – in brief, we have to attempt to discover their relations to institutionalized practices" (91, S. 298). Das *Ausgreifen* oder *Eindringen* der sozialen Praktiken in Raum und Zeit – genauer: „the ‚stretching' of social systems across time-space on the basis of mechanisms of social and system integration" (90, S. 181 u. S. 377) – wird möglich durch spezielle Verfahren der Ausdehnung in Zeit und Raum, welche „link the activities and relationships in question to features of overall societies or to intersocietal systems" (90, S. 298). Im Besonderen ermöglichen moderne Formen der Organisation eine raum-zeitliche Ausdehnung sozialer Praktiken denn diese „are able to connect the local and the global in ways which would have been unthinkable in more traditional societies and in so doing routinely affect the lives of many millions people" (93, S. 20).

Im Folgenden möchte ich mich zunächst auf die reflexiv agierenden Akteure konzentrieren und der Frage nachgehen, *warum* und *wie* sie dasjenige tun können was sie tun. Es geht um Fragen nach Motivationen, Intentionen und (Handlungs-) Routinen sowie danach, wie es ihnen – mehr oder weniger bewusst und reflektiert – gelingt, die zuvor angesprochenen, rekursiven Verknüpfungs- und Konstitutionsleistungen durch ihr praktisches Tun zu erbringen? Welche Fähig- und Fertigkeiten müssen bei ihnen vorausgesetzt bzw. unterstellt werden, damit sie diese wiederkehrende Bezugnahme und (Re-) Produktion erfolgreich leisten können? Um eine Beantwortung dieser Fragen zumindest andeuten zu können, wird im Folgenden das von Giddens vorgeschlagene Akteursmodell genauer betrachtet.

---

[51] Giddens (90, S. 17) spricht in diesem Zusammenhang davon, dass Strukturen lediglich als „instantiations in such practices" existieren und versteht den Begriff *instantiation* im Sinne der Repräsentation und Konkretisierung einer (theoretischen) Abstraktion an einem (konkreten) Beispiel.

5.2 Das Modell personaler Akteure: Aktiv und reflektiert

Die – im Kontext der Dualität von Struktur sowie eines Strukturationsprozesses implizit vorausgesetzten – gestalterischen Fähig- und Fertigkeiten der Akteure sowie die kreativ-schöpferischen Kräfte menschlichen Handelns sind das zentrale Element des *Praxis*begriffs der Strukturationstheorie. Der Handlungsbegriff ist „direkt mit dem Begriff der *Praxis* verbunden, und wenn ich von festgelegten Handlungen spreche, meine ich menschliche *Praktiken* als eine fortlaufende Reihe ,praktischer Tätigkeiten'" (91, S. 90). Im „stratification model of the agent" konkretisiert Giddens (90, S. 5) diesen Handlungsbegriff mit Blick auf das, der Strukturationstheorie zugrundeliegende Leitbild personaler Akteure (vgl. Abbildung 5.3).

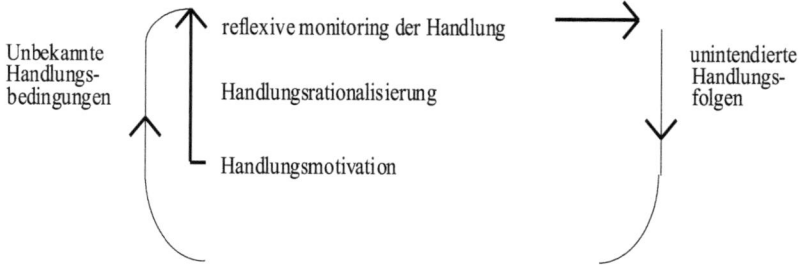

Abbildung 5.3: Stratification model of the agent

Das Handeln personaler Akteure wird begriffen als ein kontinuierlicher (Handlungs-) Fluss – als *durée* – und nicht als eine beliebig segmentierund (aus-) differenzierbare Aufreihung einzelner Handlungsakte. Immer ist „[p]urposive action [...] not composed of an aggregate of separate intentions, reasons and motives: Thus it is useful to speak of reflexivity as grounded in the continuous monitoring of action which human beings display and expect others to display. [...] What I call a *stratification model* of the acting self involves treating the reflexive monitoring, rationalization and motivation of action as embedded sets of processes" (90, S. 3). Diese alltägliche, durch die Akteure zumeist routinisiert vorgenommene *reflexive Verhaltenssteuerung* und die *Beobachtung* der eigenen wie auch der Handlungen anderer meint konkret, dass „actors not only monitor continuously the flow of their activities and expect others to do the same for their own; they also routinely monitor aspects, social and physical, of the contexts in which they move" (90, S. 5). Handlungen und Handlungskontexte werden – im Sinne des englischen Begriffs ,to monitor': überwachen, kontrollieren – aber nicht nur (passiv) beobachtet, sondern die Akteure versuchen zugleich diese Kontexte aktiv zu beeinflussen, das heißt Steuerungs- und Kontrollkapazitäten zu erwerben. Die dies ermöglichende *Handlungsrationalisierung* ist für Giddens (90, S. 3) „a process rather than a state and as inherently involved in the competence of agents". Diese verfügen in der Regel über ein „'theoretical understanding' of the grounds of their activity" (90, S. 5). Speziell in ihren alltäglichen Interaktionen beziehen sich die gegenseitigen Erwartungen der Akteure darauf, dass sie ihr jeweiliges Tun und Unterlassen den Mitakteuren mit guten, nachvollziehbaren Begründungen erklären können. Diese Erklärungen erfolgen rückblickend bzw. rückbezüglich auf (ihr) eigenes, vergangenes Tun und setzen daher ein gewisses Maß an kritischer, distanzierter (Selbst-) Beobachtungsfähigkeit bei den handelnden Akteuren voraus – so etwa hinsichtlich der eigenen Handlungsmotivation und/oder dem Verlauf von zurückliegenden Interaktionssequenzen. Neben dieser basalen Fähigkeit „to monitor their activities and those of others in the regularity of day-to-day conduct" müssen sie ebenfalls – auf einer zweiten Ebene – in der Lage sein, „to monitor that monitoring in discursive consciousness" (90, S. 29). Nicht alle Beweggründe sind den Akteuren hierbei unmittelbar *diskursiv* zugänglich. Um dies zu verdeutlichen unterscheidet Giddens (90, S. 7) zwischen diskursivem und praktischem Bewusstsein sowie dem Unbewussten („unconscious motives/cognition"): „Between discursive and practical consciousness there is no bar; there are only the differences between what can be said and what is characteristically simply done. However, there are barriers, centred principally upon repression, between discursive consciousness and the unconscious." (90, S. 7).[52]

Mit dieser zusätzlichen Differenzierung werden auch die in Abbildung 5.3 skizzierten Beziehungen zwischen unbekannten bzw. unerkannt bleibenden Handlungsbedingungen und (un-) intendierten Handlungsfolgen verständlich. Weder die eigenen, zum Teil unbewussten Motive noch die im praktischen Bewusstsein verborgenen Aspekte und schon gar nicht alle kontextbedingten Einflüsse auf Handlungsentscheidung und -ablauf sind den Akteuren umfassend bekannt bzw. rational zugänglich. Eine Folge dieser Ausgangsvoraussetzungen sind nicht intendierte Handlungsfolgen, die wiederum als nicht erkannte Handlungsbedingungen Einfluss auf weitere Aktivitäten haben (können) – und auf diese Weise die Strukturen (mehr oder weniger unbewußt) (re-) produzieren helfen. Handeln bedeutet im Kontext der Strukturationstheorie immer auch – dies soll aufgrund seiner fundamentalen Bedeutung noch-

---

[52] Mit dieser Unterscheidung will Giddens nicht mehr und nicht weniger als eine Ablösung des Freud'schen Persönlichkeitsmodells von Ich, Über-Ich und Es erreichen, da dieses das, für die Strukturationstheorie fundamental bedeutsame praktische Bewusstsein nicht begrifflich berücksichtigt.

mals betont werden – *machtvolles Handeln*. Macht – verstanden als basale, transformatorische Fähigkeit – ist „die Fähigkeit des Handelnden, in Ereignisse einzugreifen, um ihren Gang zu verändern; als solche ist sie das ‚können', das zwischen den Interaktionen und Bedürfnissen und der tatsächlichen Verwirklichung der angestrebten Ereignisse vermittelt. ‚Macht' im engeren relationalen Sinn ist ein Merkmal von Interaktion und kann definiert werden als die Fähigkeit, Ereignisse zu erzielen, wobei die Verwirklichung dieser Ereignisse vom Handeln *anderer* abhängt" (91, S. 135). In diesem Sinne ist jede Interaktionsbeziehung immer zugleich eine Machtbeziehung (90, S. 144 u. S. 148) und der Gebrauch von Macht „characterises not specific types of conduct but all action, and power is not itself a resource. Resources are the media through which power is exercised, as a routine element of the instantiation of conduct in social reproduction" (90, S. 15f.). Mehr oder weniger kompetente Akteure können auf mehr oder weniger relevante, d.h. das Handeln anderer Akteure beeinflussende, Sets von Regeln und Ressourcen zugreifen, diese aktivieren und aus dieser Vorgehensweise Einfluss gewinnen und gegebenenfalls zusätzliche (Macht-) Ressourcen generieren.[53] Derartige Machtbeziehungen und die sich daraus ergebenden Kontrollpotentiale sind aber keineswegs durch Einseitigkeit gekennzeichnet, sondern durch ein *dialektisches Verhältnis* charakterisiert, welches als drittes Grundkonzept in die Strukturationstheorie eingeschrieben ist: die Dialektik der Kontrolle.

---

[53] Ebenso wie Giddens betonen Crozier und Friedberg (50, S. 39) in ihrer Studie „Macht und Organisation – Die Zwänge kollektiven Handelns", dass Macht kein Attribut, kein Besitzstand einzelner Akteure ist, sondern als fundamentaler Mechanismus der Stabilisierung und – so muss man vor dem Hintergrund der zuvor dargestellten Giddens'schen Überlegungen hinzufügen – grundsätzlichen Ermöglichung menschlichen Handelns auch die Basis aller sozialen Beziehungen ist. Sie (50, S. 39) heben den beziehungsmäßigen Charakter von Macht hervor, denn Einwirken auf andere „heisst, in Beziehung zu ihnen treten; und erst in dieser Beziehung kann sich die Macht einer Person A über eine Person B entfalten." Macht über andere gewinnen die sozialen Akteure in einer Beziehung aus der Kontrolle relevanter Ungewissheitszonen, das heißt die von ihnen kontrollierten Bereiche müssen sowohl relevant sein für das identifizierte Problem als auch hinsichtlich der Interessen der involvierten Akteure (50, S. 43). In anderer Lesart bedeutet dies: Die Kontrolle relevanter Unsicherheitszonen ist nur unter Rückgriff auf spezielle (Macht-) *Ressourcen* möglich, die die Ressourcenverfügbarkeit anderer Akteure begrenzt. Mit Blick auf Organisationen identifizieren Crozier/Friedberg vier relevante Ungewissheitszonen: 1. die Verfügbarkeit über spezifisches Fachwissen als Folge funktionaler Spezialisierung; 2. die Beziehungen zwischen einer Organisation und ihrer Umwelt; 3. die Kontrolle von Informationen und/oder Kommunikationskanälen; 4. das Vorhandensein allgemeiner organisatorischer Regeln.

5.3 Die Dialektik der Kontrolle. Zur wechselseitigen Abhängigkeit der Akteure

Das dritte Fundament der Strukturationstheorie – die *dialectic of control* – betrifft den basalen Charakter von Macht- und Kontrollbeziehungen zwischen interagierenden Akteuren. Niemals ist Macht oder sind Kontrollpotentiale nur einseitig vorhanden, sondern verfügen alle beteiligten Akteure einer (Austausch-) Beziehung über Machtressourcen. In Folge ist auch die jeweils etablierte soziale Praxis kein Ergebnis eines einseitigen, eindimensionalen und ausschließlich rationalen Schöpfungsaktes, sondern eines gemeinsamen, ko-operativen Konstitutionsprozesses. Eine aktive und reflexive Einflussnahme auf die sozialen Praktiken – auf Entfaltung wie Perpetuierung der routinisierten sozialen Praxis – ist somit auch unter Bedingungen stark asymmetrischer Machtverteilung möglich, dieser stets aktivierbare Einfluss geradezu eine ihrer Voraussetzungen. „We should not conceive of the structures of domination built into social institutions as in some way grinding out 'docile bodies' who behave like the automata suggested by objectivist social science. Power within social systems which enjoy some continuity over time and space presumes regularized relations of autonomy and dependence between actors or collectivities in contexts of social interaction. But all forms of dependence offer some resources whereby those who are subordinate can influence the activities of their superiors. This is what I call the *dialectic of control* in social systems" (90, S. 16). Auch die machtunterworfenen, nur auf den ersten Blick ohnmächtigen Akteure kontrollieren Macht-Ressourcen, die sie eigeninteressiert einsetzen, mehr oder weniger intentional in den Gestaltungsprozess sozialer Praxis einbringen können: „No matter how great the scope or intensity of control superordinates possess, since their power presumes the active compliance of others, those others can bring to bear strategies of their own" (90, S. 11).[54] Ein derartiges Machtkonzept besitzt eine Vielzahl bedeut-

---

[54] Wiederum findet man zu diesem Aspekt bei Crozier/Friedberg nahezu identische Sichtweisen und Formulierungen. Macht ist für sie (50, S. 41) eine zwar gegenseitige aber unausgewogene Beziehung, *„ein Kräfteverhältnis, aus dem der eine mehr herausholen kann als der andere, bei dem aber gleichfalls der eine dem anderen nie völlig ausgeliefert ist"*. Sollen derart bilaterale Kräfteverhältnisse bzw. die sie begründenden Machtbeziehungen untersucht werden, so sind (zumindest) zwei Fragenkomplexe interessant: „Erstens, über welche Mittel verfügt jeder Gegenspieler, das heißt welche *Trümpfe* erlauben es ihm, in einer bestimmten Situation seinen Freiraum auszudehnen? Zweitens, welche Kriterien definieren die *Relevanz* dieser Ressourcen und ihre *mehr oder weniger leichte Mobilisierbarkeit*, das heißt, um welchen *Einsatz* geht es in dieser Beziehung und in welche strukturellen Zwänge ist sie eingebettet?" (50, S. 44). Im Mittelpunkt der ersten Frage stehen offenkundig die

samer und folgenreicher Auswirkungen auf das kollektive Handeln der Akteure und damit auch für die, im folgenden Kapitel 6 genauer zu betrachtenden, Interaktionsprozesse zwischen Beratern und Klienten. Zusammengefasst stellen sich diese Konsequenzen wie folgt dar:

1. Um handeln zu können brauchen die Akteure Macht. Sie müssen aus den ihnen zugänglichen und verfügbaren (nutzbaren) Ressourcen und Regeln (Macht-) Mittel (re-) konstruieren.
2. Hierbei verfügen die Akteure über Handlungsfrei- und -spielräume und können immer auch anders handeln als von ihnen erwartet wird.
3. Auch Organisationen oder organisationale Akteure haben nur mehr oder weniger Einfluss auf kooperativ erzielte, (inter-) organisationale Handlungsergebnisse.
4. Die *dialectic of control* unterwirft alle Handlungen der Akteure dem basalen Spannungsverhältnis von Autonomie *und* Abhängigkeit (90, S. 16; 88, S. 149).
5. Macht ist eine nicht-transitive Beziehung (50, S. 40) und kann nicht problemlos und wechselseitig zwischen mehreren Akteuren ausgetauscht oder weitergegeben werden.

Fähig- und Fertigkeiten kompetenter Akteure bestimmte Trümpfe – etwa individuelle, ökonomische oder soziale *Asse* – aus dem Ärmel zu ziehen, das heißt in Giddens'scher Terminologie bestimmte Sets von Regeln und Ressourcen zusammenstellen und nutzen zu können. Sie kommen – auch bei Crozier/Friedberg – als aktive Akteure daher, die über unterschiedliche Frei- und Spielräume verfügen und auf Ressourcen zugreifen, die ihnen niemals objektiv und eindeutig (vor-) gegeben sind. Zugleich aber – und darauf zielt die zweite Frage – ist ihr individuelles Handeln, das Agieren mit einer persönlichen Note nicht beliebig, sondern immer eingebettet in ein weiteres (strukturiertes) soziales Feld und wird beschränkt – und zugleich ermöglicht! – durch strukturelle Zwänge (50, S. 44).

5.4 Strukturationstheorie als (Inter-) Organisationstheorie

Eine erste Annäherung der Organisationstheorie an basale Überlegungen der Strukturationstheorie geht auf einen Beitrag von Ranson, Hinings und Greenwood (243) zurück, die sich mit Strukturationsprozessen von Organisationsstrukturen beschäftigt haben. Inzwischen hat die Organisationsforschung die Phase der ersten Kontaktaufnahme mit und einführender Bezugnahme auf strukturationstheoretische(n) Überlegungen hinter sich gelassen. Dieser theoretische Entwurf wird inzwischen auf zahlreiche Problem- und Fragestellungen organisationaler wie interorganisationaler Theoriebildung und empirischer Forschung angewandt. Das hierbei abgedeckte Spektrum reicht von Beziehungen zwischen Organisation und Psyche über organisationale Regeln, Organisationskultur, organisationale Trägheit und organisationales Lernen, strategisches Management und Mikropolitik bis zu Themen interorganisationaler Netzwerke und Branchenentwicklungen.

Organisationen werden in strukturationstheoretischer Perspektive als soziale Systeme kollektiven Handelns begriffen, „die entweder infolge bewusster sozialer Innovation entstanden sind oder deren Form durch solche Bemühungen in hohem Maße beeinflusst wurde" (95, S. 179; 88, S. 221).[55] An anderer Stelle formuliert Giddens (93, S. 303) nur wenig konkreter, dass eine Organisation „has a high degree of reflexive coordination of the conditions of system reproduction. A distinctive feature of organizations, in other words, is the regularized use of information, not just as a means of surveillance, but as a way of ordering social relations across time and space." Mit diesen allgemeinen Bestimmungen betont Giddens zunächst den intentionalen, bewussten und reflexiven Charakter des Organisierens sowie des Entstehungsprozesses von Organisationen. Die Bedeutung von nicht intendierten, eher emergenten und selbstorganisierenden Prozessen tritt hierbei zunächst in den Hintergrund. Im Vordergrund stehen bewusst geplante und realisierte organisationale Praktiken – etwa das regelgeleitete Prozessieren von Informationen – sowie typisierte Formen kollektiven Handelns, die Organisation und Organisieren als Ergebnis einer sozialen Konstruktion begreifbar machen. Vor diesem Hintergrund sprechen Ortmann/Sydow/Windeler (228, S. 322) von Organisation als reflexiver Strukturation

---

[55] Ein soziales System ist für Giddens (90, S. 377) „[t]he patterning of social relations across time-space, understood as reproduced practices. Social systems should be regarded as widely variable in term of the degree of 'systemnes' they display and rarely have the sort of internal unity which may be found in physical and biological systems".

und betonen zurecht, dass wir es dort, wo der Blitz der Reflexion ein-schlägt bzw. „wo Reflexion Licht auf Strukturen und Strukturation wirft und in die Praxis des Strukturierens wie in deren Resultate eingeht, [...] mit Organisation zu tun [haben]. *In Organisationen ist Reflexivität insti-tutionalisiert*, nämlich die Reflexion auf die Strukturation kollektiven Han-delns". Allerdings werden hierdurch die nicht intendierten Folgen refle-xiver Organisations- und Strukturationsbemühungen sowie die sich da-raus ergebenden Selbstorganisationsphänomene, die (un-) heimlichen Eingang in die organisierende Tätigkeit und die organisationalen Prakti-ken finden nicht bedeutungslos. Organisationen sind in ihrer Ganzheit und ihrem So-Sein niemals ausschließlich absichtsvoll (herbei-) organi-siertes Resultat reflexiver Strukturation, sondern – dies heben auch Ort-mann/Sydow/Windeler (228, S. 322) hervor – immer zugleich Ergebnis emergenter, nicht intendierter Nebenfolgen der (inter-) organisationalen Praktiken der Akteure.[56]

In der institutionell ausdifferenzierten Sphäre der Ökonomie im All-gemeinen und in dem sozialen System Organisation im Besonderen be-einflussen bestimmte, hier jeweils relevante interpretative Schemata, Machtmittel (Fazilitäten) und Normen die sozialen und (inter-) organisa-tionalen Praktiken der Akteure. Und im „Falle der kapitalistischen Unter-nehmung dominieren gar Praktiken *profitabler* Reproduktion" (228, S. 325). Diese Besonderheiten werden von Giddens selbst nicht detailliert herausgearbeitet, sondern er betont lediglich die Bedeutung der Repro-duktion allokativer Ressourcen – das heißt der transformierenden Fä-higkeiten der Akteure, welche „generating command over objects, goods or material phenomena" (90, S. 33) – für den Bereich des Öko-nomischen. Zugleich warnt Giddens (90, S. 34) vor einer Reduktion der

---

[56] In diesem Kontext können die Überlegungen, die Giddens mit Blick auf Ge-sellschaftssysteme formuliert hat als orientierende Heuristik hilfreich sein. Ebenso wie Gesellschaften sind auch Organisationen besondere soziale Systeme „which 'stand out' in bas-relief from a background of a range of other systemic relationships in which they are embedded. They stand out because definite structural principles serve to produce a specifiable overall 'clustering of institutions' across time and space" (90, S. 164). Mit dieser Anknüpfung an gesellschaftstheoretische Überlegun-gen wird ein umfassender Institutionenbegriff vorausgesetzt der impliziert, dass sich auch organisationsintern besondere ‚Institutionen' entdecken lassen. Diese Vorstel-lung ist mit dem Giddens'schen Institutionenbegriff kompatibel. Denn Institutionen – so formuliert Giddens (88, S. 96) „may be regarded as 'standardised modes of behaviour' which play a basic part in the time-space constitution of social systems. The standardisation of behaviour in time-space [...] involves its chronic reconstitu-tion in contingent contexts of day-to-day social activity." Und an anderer Stelle ergänzt er (90, S. 17) lapidar: „Those practices which have the greatest time-space extension within such totalities can be referred to as *institutions*."

ökonomischen Thematik und Problematik auf Aspekte der (Güter-) Knappheit: „The 'economic' cannot properly defined, in a generic way at least, as concerning struggles for scarce resources. [...] It is not scarcity of resources as such, far less struggles or sectional divisions centred upon distribution, that is the main feature of the 'economic'. Rather, the sphere of the 'economic' is given by the inherently constitutive role of allocative resources in the structuration of societal totalities."

Eine strukturationstheoretische Analyse der (sozial-) ökonomischen Beziehungen *zwischen* Organisationen verspricht – so haben Sydow et al. (306, S. 22) das formuliert – „zum einen eine gleichberechtigte und aufeinander bezogene Berücksichtigung von *Handlung und Struktur*, die sowohl den Vorwurf eines übertriebenen Voluntarismus als auch eines überzogenen Determinismus ungerechtfertigt erscheinen lässt [...]; zum anderen eine gleichberechtigte und aufeinander bezogene Berücksichtigung kognitiver, normativer und machtbezogener Dimensionen (inter-) organisationaler Wirklichkeit bei der Analyse ökonomischer Prozesse und Resultate."[57]

Aufbauend auf dieser strukturationstheoretischen Grundlegung sowie auf den bereits in Kapitel 4 identifizierten Anforderungen an eine theoretische Untersuchung extern angeleiteter Reorganisationsprozesse wird im folgenden der Prozess der Organisationsberatung – konkreter: die hier relevanten sozialen Problem- und Problemlösungskonstruktionen, die zentralen Spannungsverhältnisse sowie die Metafunktionen des Beratungsprozesses – im Zentrum der Betrachtung stehen. Die Konstitution und Reproduktion einer Interorganisationsbeziehung zwischen Berater- und Klientenorganisation stellt – wie wir bereits gesehen haben – die Akteure vor die Herausforderung, spezielle Aufgaben und Probleme mehr oder weniger gemeinsam wahrzunehmen, verbindlich zu regeln und zu bearbeiten. Dies bedeutet, dass neben den konkreten Tätigkeiten, die ein externer Berater für das ratsuchende Unternehmen und das Management übernehmen soll – im Besonderen inhaltlich-fachliche oder prozessgestaltende, eher moderierende Beratungsleistungen – auf einer zweiten Meta-Ebene zentrale Funktionen bei der Ausgestaltung eines Beratungsprozesses berücksichtigt werden müssen. Im Einzelnen geht es hierbei – dies sei nochmals erwähnt – um den Umgang mit bzw. das Management von Prozessen der *Selektion* geeigneter Interaktionspartner, das heißt der zur ratsuchenden

---

[57] Zudem – so setzen die Autoren (306, S. 22) ihre Überlegungen fort – kann „eine strukturationstheoretische Analyse von Unternehmungsnetzwerken mit der für die bisherige Netzwerkforschung charakteristischen ‚decontextualization of networks' (155, S. 979) aufräumen und erlauben, die Formation von Netzwerken als einen von Interessen durchtränkten, politischen Prozess zu untersuchen."

Organisation passenden Beratungsunternehmens aber auch des gewünschten Klienten sowie um die *Regulation* der Berater-Klienten-Beziehung – und in diesem Zusammenhang u.a. um Auftragsklärung und die Ausgestaltung des Unternehmensberatungsvertrages. Darüber hinaus muss die *Allokation*, das heißt die Verteilung von Aufgaben, Zuständig- und Verantwortlichkeiten aber auch die Aufteilung der, für die Durchführung des Beratungsprozesses erforderlichen und bereitstehenden Ressourcen zwischen Berater und Klient wiederkehrend geklärt werden. Ebenso sind in diesem Zusammenhang die konkreten Formen der Kooperation – etwa die Zusammensetzung des Beratungsteams und die mehr oder weniger gemeinsame Vorgehensweise im Beratungsprozess – abzustimmen. Abschließend wird eine – auch, aber nicht nur an ökonomischen Kriterien orientierte – *Evaluation* der Beratungsergebnisse wie auch eine rückblickende Bewertung der Funktionen Selektion, Regulation, Allokation und Evaluation – das heißt eine Bewertung der eingesetzten Bewertungsverfahren – relevant.[58]

Zwar weisen diese Grundprobleme, Spannungsverhältnisse und Meta-Funktionen darauf hin, *was* bei der Ausgestaltung der interorganisationalen Zusammenarbeit zwischen Berater und Klient zumindest zu beachten (und zu tun) ist. Aber *wie* und von *wem* es getan wird, das heißt die inter-organisationalen Praktiken der Wahrnehmung und Ausübung dieser Funktionen sowie die sich hieraus entwickelnden, realen Formen der Dienstleistungsproduktion *(Re-) Organisationsberatung* – die von institutionellen Rahmenbedingungen und Constraints politischer, ökonomischer und organisationaler Art beeinflusst werden – bleiben noch unbestimmt. Ein Management dieser Grundfunktionen muss sich aber für das Was (ist zu tun?) *und* das Wie (wird es getan?), das heißt für die (inter-) organisationalen Praktiken – beispielsweise der Problemkonstruktion und -lösung sowie für die konkreten Maßnahmen des (Spannungs-) Managements und der Funktionswahrnehmung – interessieren. Aus einer strukturationstheoretischen Perspektive bedeutet dies, dass bei beratungsrelevanten Prozessen der Selektion, Regulation, Allokation und Evaluation Aspekte der Sinnstiftung und Bedeutungszuweisung (unter Bezugnahme auf interpretative Schemata), der Legitimation (über normative Sanktionsmechanismen) sowie der Domination (via allokativer und autoritativer Ressourcen) implizit oder explizit von den Akteuren zu berücksichtigen sind. Ein Management dieser

---

[58] Ein Management dieser Grundfunktionen macht es erforderlich, dass in die (Re-) Produktion der (Geschäfts-) Beziehungen – sowohl von den Klienten als auch den Beratern – Zeit und Geld investiert werden muss (61; 238). Das heißt, die Regulation der Berater-Klienten-Beziehung verursacht Kosten der Etablierung und Aufrechterhaltung spezieller interorganisationaler Arrangements.

Aspekte ist immer zugleich Herausforderung wie Bedrohung für einen gelingenden, die Akteure zufriedenstellenden Beratungsprozess. Damit die sich hieraus ergebenden und von den Beteiligten erwarteten Chancen und Möglichkeiten nicht dem stets mitlaufenden Risiko – etwa einem Missmanagement des Prozesses – geopfert werden müssen, ist eine gemeinsame Berücksichtigung und ein reflexiver Umgang mit diesen Funktionen sowie den prozessrelevanten Problemen und Spannungsverhältnissen vor, während und im Anschluss eines Beratungsprozess dauerhaft relevant.

Dies soll nicht – darauf möchte ich an dieser Stelle hinweisen – als eine (Auf-) Forderung nach umfassender Planungs-, Beratungs- und Prozessrationalität verstanden werden. Eine alles berücksichtigende Prozessreflexion sowie eine umfassend angelegte reflektiert-rationale Ausgestaltung der Vorgehensweise oder – so würden Ortmann/Sydow/Windeler (228) formulieren – die „reflexive Strukturation" sowohl der *Interorganisations*beziehung zwischen Berater und Klient als auch der *Reorganisation* des Klientensystems ist – auf der Grundlage strukturationstheoretischer Überlegungen – niemals möglich. Auch über die (Un-) Logik und (Irr-) Rationalität der Entscheidungs-, Handlungs- und Strukturationsprozesse im Verlauf einer Reorganisation wird hierbei nichts präjudiziert. Ob diese – entsprechend einem präskriptiven Beratungsmodell – (zweck-) rational verlaufen oder andere, unbewusst wirkende und unintendierte Einflussfaktoren auf den Prozess einen maßgeblicheren Einfluss gewinnen können, wird zukünftig im Rahmen der externen Beobachtung praktischer Strukturationsprozesse im Verlauf von Beratungsprozessen wissenschaftlich zu untersuchen sein. Ebenso suggerieren die aus analytischen Zwecken unterschiedenen basalen Funktionen eine Chronologie und Logik des Beratungsprozesses, die ebenfalls so nicht als selbstverständlich unterstellt werden kann. Daher soll betont werden, dass diese Nennung nicht mit einem praktisch relevanten Phasenmodell der Beratung gleichgesetzt werden kann, da die hier identifizierten Funktionen keineswegs unabhängig voneinander sind und in der genannten Reihenfolge abgearbeitet werden müssen. Vielmehr sind sie rekursiv miteinander verknüpft und aufeinander bezogen, sodass die praktische Form der Wahrnehmung etwa der Beraterselektion immer spezielle Auswirkungen auf die Ausgestaltung der anderen Funktionen, beispielsweise die der Regulation und der Allokation hat. Zudem ist es möglich, oftmals sogar die Regel, dass ein externer Berater bereits beauftragt wird, bevor ein konkretes Organisations- oder Managementproblem identifiziert und genauer spezifiziert werden konnte. Der externe Berater soll dann zunächst diese Problemidentifikation leisten (263, S. 8) oder andere (Alibi-) Leistungen erbringen. Und ebenso verhält es sich mit den Verknüpfungen der weiteren Grundfunktionen untereinander.

Diese strukturationstheoretischen Grundüberlegungen werden im Kapitel 6 hinsichtlich einer Betrachtung ausgewählter Aspekte und Schwerpunkte des organisationalen Beratungsprozesses fruchtbar gemacht. Hierbei liegt der Schwerpunkt der Argumentation zunächst auf dem Problem mit den Problemen (6.1) sowie der sozialen Konstruktion der *Problemlösung Reorganisation* (6.2). An dieser Stelle werden auch die, von den Akteuren bei der Ausgestaltung des Reorganisationsprozesses (explizit oder implizit) zu berücksichtigenden und zu bewältigenden Spannungsverhältnisse – im Einzelnen von Bewahren und Verändern, Autonomie und Abhängigkeit, Nähe und Distanz sowie von Vertrauen und Kontrolle – genauer vorgestellt und erörtert. Im abschließenden Abschnitt (6.3) werden die Metafunktionen des Managements eines interorganisationalen Beratungsprozesses (Selektion, Regulation, Allokation und Evaluation) diskutiert.

6 Der Prozess der Organisationsberatung – eine strukturationstheoretische Skizze

6.1 Das Problem mit den Problemen: Zur sozialen Konstruktion der Reorganisationsproblematik

> „Erst wirbeln wir den Staub auf und behaupten dann,
> dass wir nichts sehen können."
> (George Berkeley)

Im Rahmen der Thematisierung von Problemen bzw. dem Problematischem in oder von Organisationen wird oftmals davon ausgegangen, dass es hierbei um eine eher unproblematische – in der Regel aber unproblematisierte – Aufdeckung, Identifizierung, Analyse und Lösung von mehr oder weniger offensichtlichen Unternehmens-, Management-, Führungs- und/oder (Re-) Organisations*problemen* geht. Eine umfassend angelegte und theoretische Beschäftigung mit Prozessen der externen Organisationsberatung hat aber im Besonderen den Ursachen, Anlässen und Gründen für den Beratungsbedarf nachzugehen und daher auch den Prozess der Problemgenese in Organisationen genauer in den Blick zu nehmen.

Ebenso wie in der Psychotherapie ist es für den Erfolg einer problemzentrierten Beratung von Organisationen bedeutsam, dass dort begonnen wird, wo der Klient – ob Person oder Organisation – steht (287, S. 382) bzw. die Stelle identifiziert wird, wo dieser gestolpert ist. Bevor es zu einem Beratungsauftrag und einem Interaktionsprozess zwischen Berater (-system) und Klient (-ensystem) kommt, sind in der, der Beratung vorausgehenden Phase zum einen intraorganisationale Entwicklungen und Prozesse von Bedeutung, die später das – wie dann auch immer im Einzelnen begründete – Interesse an externer Beratung auslösen (können). Zum anderen kann es – in Abgrenzung zu einer organisationsinternen Problembestimmung – vorkommen, dass der Klient die Hilfe eines externen Beraters nachfragt, obwohl er (noch) kein spezifisches Problem erkennen kann oder nur über ein unbestimmtes und vages, ihm diskursiv nicht zugängliches Problembewusstsein verfügt. Die Beantwortung der Frage nach dem eigentlichen Problem ist dann das (vorläufige) Problem des Klienten und die Problemidentifikation die primäre Aufgabe, die von Berater und Klient bewältigt werden muss. Ausgangspunkt für einen Beratungsauftrag ist somit nicht zwingend und selbstverständlich eine detaillierte, in der Organisation bereits verbreitete und akzeptierte Problemsicht, ein schon zu Beratungsbeginn konkretisiertes (Re-) Organisationsproblem, sondern oftmals eine mehrdeutige, unsichere, interpretierbare und umstrittene Ausgangssituation, die weitere Eingrenzungsarbeit erforderlich sowie interessierte Einflussnahmen möglich macht. Erst der Auftrag an einen externen Berater sowie dessen wiederholtes, gelegentlich enervierendes Aufzeigen störender (von ihm als störend beschriebener) Aspekte, Schwierigkeiten und Diskrepanzen sowie die partielle Aufklärung unklarer Verhältnisse durch den Berater bewirkt möglicherweise und keinesfalls zwingend die Erarbeitung und zeitliche Stabilisierung einer gemeinsamen Problemsicht (269, S. 3). Cyert/Simon/Trow (55, S. 242) haben zu diesem (selbst problematischen) Prozess der Problementstehung schon Mitte der 1960er Jahren eine kritische Randbemerkung gemacht und sich in diesem Punkt bereits damals als sehr viel reflektierter erwiesen als viele ihrer nachfolgenden (Fach-) Kollegen: „Often, in the real world, the problem itself is not a 'given', but, instead, searching for significant problems to which organizational attention should be turned becomes an important organizational task." Leider haben die Autoren dem Prozess der Wahrnehmung und Ausgestaltung dieser organisatorischen Aufgabe in ihren zahlreichen empirischen und theoretischen Arbeiten kein weiteres Interesse gewidmet. Schein (263, S. 4) hat mit Blick auf den Beratungsprozess ähnliches festgestellt, aber bei ihm – wie bei vielen anderen mit der Beratungsthematik befassten Autoren – fehlt eine konkrete Ausformulierung und (sozial-) theoretische Absicherung dieses Gedankens. Daher heißt es auch bei ihm hierzu nur lapidar: „An important part of the consultation process is to help the manager or the organization define what the problem is, and only then, decide what further kind of help is needed."

Es wird deutlich, dass die beratungsbedürftigen (Reorganisations-) Probleme von, in und zwischen Organisationen nicht – wie aber in der Beratungsliteratur oftmals unterstellt wird – als in ihrer Entstehung unproblematisch vorausgesetzt werden und als naiver Ausgangspunkt für weitere Untersuchungen gewählt werden können. Probleme fallen nicht in beliebiger Form vom Himmel oder zufällig in einen organisationsinternen Mülleimer. Daher gilt es, ihre Genese, ihren historischen Entstehungs- und spezifischen Entwicklungsprozess zu hinterfragen.[59] Denn wer warum seine Aufmerksamkeit diesem, aber nicht jenem zuwendet, wer sich hieran, aber nicht daran orientiert, wer manches hinterfragt, anderes fraglos akzeptiert und wer darüber hinaus in der Lage ist *seine*

---

[59] Bereits 1963 sprachen Cyert und March (53, S. 35ff.) in diesem Zusammenhang von der Bedeutung eines „attention focus mechanism", der in Entscheidungsprozessen die Aufmerksamkeit der Akteure auf bestimmte Aspekte der (Entscheidungs-) Situation lenkt und immer nur besondere Aspekte der komplexen Situation(en), nur spezielle Probleme in den Brennpunkt der (individuellen) Betrachtungen bzw. in den Vordergrund des (eigenen) Interesses rückt.

Probleme – und die darin stets eingeschriebenen eigenen Interessen, Sichtweisen, normativen Orientierungen, Ziele und Forderungen – organisations- oder zumindest abteilungs- bzw. gruppenweit zum Thema zu machen und wer schließlich kein Gehör für seine Anliegen findet, bedarf ebenso einer eigenständigen Untersuchung wie die Frage, welcher Art von (Un-) Logik die hiermit verbundene „Allokation der Beachtung" (270, S. 156) auf bestimmte – hier als problematisch etikettierte – Aspekte von Organisationen und Re-Organisationsprozessen folgt.[60] Im Folgenden wird diese Problematik der Problemgenese und –konstruktion aus einer strukturationstheoretischen Perspektive diskutiert und der Frage nachgegangen, wie in einer Organisation ein Reorganisationsproblem entstehen kann.

Die Genese von (Re-) Organisationsproblemen

Grundsätzlich – so formuliert es Wohlgemuth (354, S. 48f.), der hier stellvertretend für viele ähnlich argumentierende Autoren zu Wort kommen soll – gibt es im „Leben' von Organisationen [...] Phasen, bei denen der Problemdruck (‚Leidensdruck') einiges höher ist als in Normalzeiten. Dies bedeutet: Zu viele Aufgaben harren einer Lösung, die Schwierigkeiten kumulieren sich und können mit den bisherigen Problemlösungsverfahren meistens nicht genügend reduziert werden, wobei der Problemdruck im konkreten Fall sich verschieden manifestieren kann (z.B. sinkende Produktivität, Absentismus, hohe Fluktuation, ineffiziente Verwaltung u.a.m.)". Statt von – auf den Unternehmen und Unternehmern lastendem – unspezifischen Problemdruck spricht Wirtz (351, S. 18) von Wettbewerbsdruck, der sich in Wachstums-und Kosten-, Import-, Zeit-, Rationalisierungs- sowie Abgabendruck konkretisieren kann, und der mehr oder weniger automatisch und selbstverständlich entsprechende Problemwahrnehmungen, Problemlösungsinitiativen und erforderliche Anpassungsprozesse in den betroffenen Organisationen auslösen wird. Denn dass „wirtschaftlicher Wettbewerb, so er nur genügend intensiv ist, ‚Druck' erzeugt und dass dieser ‚Wettbewerbsdruck' Unternehmer ‚antreibt', rasch und rationell Probleme aufzugreifen und zu lösen, die sie sonst, wenn überhaupt, langsamer, später und weniger effizient bearbeiten würden, entspricht einer volkstümlichen, aber nicht nur von Laien uneingeschränkt verbreiteten Annahme" (351, S. 5). Wettbewerb und Konkurrenz – so klingt es hier an – beleben einerseits das Geschäft, können es aber andererseits auch gründlich verderben. Der Markt-

---

[60] Oder anders gefragt: Welche – externen Rat erforderlich machenden – Probleme werden in Organisationen (warum und von wem) gesehen, gemacht, ge- und befördert, protegiert und welche (warum) ignoriert, verleugnet, unterdrückt oder tabuisiert?

mechanismus erzeugt – im Sinne evolutionstheoretischer Vorstellungen – (Selektions-) Druck, dem sich die Unternehmen – je nach Evolutionsverständnis mehr oder weniger passiv – anpassen und beugen müssen.[61] Auf der Basis dieser Ausgangsüberlegungen stellt sich zum einen die Frage, warum und wie (intensiver) Wettbewerb zu konkreten Problemen, Problemlösungsinitiativen und in deren Folge (manchmal auch) zu Innovationen und mehr organisationaler Effizienz führen kann. Zum anderen ist zu fragen, warum ein derart *bedrücktes* Management gelegentlich wie das Kaninchen vor der Schlange rat- und tatenlos auf die sich nahende Katastrophe wartet, warum es eine Lösungsstrategie wählt, die das Problem nicht beseitigt, sondern verschlimmert oder warum und wie es sich entsprechend der wahrgenommenen bedrohlichen Situation – etwa im Rahmen mikropolitischer Prozesse – abzusichern und -zuseilen sucht?[62]

Was nun aber diesen zunächst oftmals eher unspezifischen Problem- und Wettbewerbsdruck auslöst oder wer konkret Druck ausübt, auf wen dieser – in der Regel machtvoll ausgeübte – Druck wirkt, wie er spezifiziert und konkretisiert wird, und wie dieser schließlich in der Organisation weitergegeben werden kann, das heißt wer oder was als Transmissions- oder Vervielfältigungsmechanismus dient, bleibt hier unbestimmt. Dass aber ein relevantes Problem mit den Organisationsproblemen besteht und ratsuchende Manager (auch) externe Hilfe bei der konkreten Formulierung drängender Fragen und Probleme benötigen (323, S. 42), wird nicht zuletzt an der Bemerkung des Geschäftsführers eines mittelständischen Industrieunternehmens deutlich, der offen bekennt: „Sehr häufig fällt es den [...] Unternehmen schwer, die erforderliche Beratungsaufgabe rechtzeitig zu erkennen und den zu ihrer

---

[61] Man denke in diesem Zusammenhang an die, auf von Hayek (119; 120) zurückgehende, Idee des Marktwettbewerbs als (selektives) Entdeckungs- und Problemlösungsverfahren.

[62] Wirtz (351, S. 5) versucht – in Abgrenzung zu evolutionstheoretischen Argumentationen – ein Modell zu formulieren, welches den „Wettbewerbsdruck in schlüssiger Weise anschaulich werden lässt" und die leistungsmotivationalen Aspekte von Wettbewerbssituationen berücksichtigt. Er orientiert sich hierbei grundlegend an der psychologischen Theorie der Leistungsmotivation. Über den Zusammenhang zwischen Wettbewerbsdruck – als wettbewerbsbedingte, subjektive Belastung – und Problemlösungsinitiative – als kognitiv-rationale Leistung des Managements – formuliert er (351, S. 19) als zentrale aber problematische Hypothese, die im Rahmen einer empirischen Untersuchung operationalisiert und (aus-) getestet wird: „Je größer die von ökonomischen Problemen ausgehende Belastung der Unternehmer ausfällt, desto häufiger sind Initiativen dieser Personen zu beobachten, Unternehmensprobleme zu lösen."

Lösung kompetenten Berater zu finden" (165, S. 64). Die hier zugegebene fehlende Sensibilität, Kurzsichtigkeit oder gar Blindheit des Managements gegenüber bestimmten unternehmensspezifischen Problemlagen, die ja erst in dem Moment existent werden, wenn sie von den Akteuren gesehen, als relevant betrachtet, mit Aufmerksamkeit belegt und zum Thema gemacht – Luhmann würde wohl sagen *kommuniziert* – werden kann dazu führen, dass die externen Problemlösungsprofis gar nicht oder zu spät gesucht und beauftragt sowie die Probleme dann nicht mehr zufriedenstellend gelöst werden können. Und dies wiederum kann negative Auswirkungen auf die Bewertung der Beratung sowie die Einschätzung des Beraters haben und wird oftmals als ursächlich für das Scheitern zahlreicher Beratungsprojekte angesehen. Zudem ist bei einer Analyse der Problemgenese zu berücksichtigen, dass sich das Management „durch Probleme ein und derselben Kategorie und sogar durch nahezu gleichartige Aufgaben bzw. Schwierigkeitsgrade (soweit diese messbar sind) [...] völlig unterschiedlich belastet fühlt" (351, S. 24). Nahezu resignierend hat Hollai (129, S. 27) das Problem mit den Problemen skizziert und diesen mit Blick auf die Beraterselektion mit folgender Bemerkung eine gewisse Beliebigkeit attestiert: „Es ist offensichtlich unmöglich zu sagen, welche Probleme im einzelnen die Unternehmensführung zur Engagierung eines Beraters bewegen werden." Die hieran deutlich werdende Ambivalenz und Kontingenz des Problematischen wie in Folge auch der Problemgenese in Organisationen sind Lyles/Mitroff in einer der wenigen empirischen Untersuchungen zum Thema Organizational Problem Formulation nachgegangen. Mit Blick auf die hierzu vorliegende Literatur haben sie festgestellt (193, S. 102), dass „[a]lthough there has been no empirical research dealing specifically with problem formulation, studies on individual problem solvers suggest that problem formulation is a function of personality or cognitive style [...], the problem environment or problem space [...], and past experience". Als ein Ergebnis ihrer Umfrage bei Managern der mittleren und oberen Führungsebene haben die Autoren eine Klassifikation von praxisrelevanten Organisationsproblemen erstellt. Sie unterscheiden hierbei zwischen dem Ort der Problementstehung und ausgewählten Problemeigenschaften. Die aus den Interviewergebnissen entwickelte Problemtypologie ist in Abbildung 6.1 (193, S. 108) dargestellt.

Problemeigen-schaften	Ort der Problement-stehung:	
	organisations-intern	organisations-extern
Ambiguität des Prob-lems: (1) gut definiertes und strukturiertes Problem	Zusammenbruch der Produktion (N=0)	rechtliche Regulatio-nen; Vertragsverhandlun-gen; neue Technologien (N=3)
(2) schlecht definier-tes und strukturiertes Problem	Managementstil; Or-ganisationsstruktur und/oder -kultur; Stra-tegische Planung (N=20)	Konjunktur bzw. „Eco-nomy"; soziale Ge-wohnheiten und Ein-stellungen; Beziehun-gen zu Regierungs-stellen (N=10)
Problemindikator: (1) informell	Intuition; informelle Kommunikation (N=26)	Kommunikation mit Freunden, Kollegen und Kunden (N=3)
(2) formell	Verkaufsberichte; Fi-nanzen; Beschwerden von Kunden (N=3)	Zeitungsartikel und Berichte der Medien; „Government legisla-tion" (N=1)

Abbildung 6.1: Problemtypen der Managementpraxis
(N = Anzahl der Nennungen durch die befragten Manager)

Die Typologie verdeutlicht, dass die von Lyles und Mitroff befragten „up-per level"-Manager überwiegend (ca. 90 Prozent) mit der Lösung schlecht strukturierter Probleme befasst sind und sie diese Probleme zu etwa zwei-drittel als organisationsintern veranlasst sehen. Im Besonde-ren ist bei derart unbestimmten und offenen Problemlagen der „process of problem formulation [...] clearly critical" (193, S. 109) und zwischen den Akteuren in der Regel umstritten und umkämpft. Ein vorläufiges Problembewusstsein des Managements – so vermuten die Autoren – entsteht in der Regel durch die Beachtung und Identifikation informeller (schwacher) Signale. Denn die ersten Problemindikatoren ergeben sich

– nach Stellungnahmen der befragten Manager – überwiegend aufgrund informeller Gespräche und eigener, erfahrungsgesättigter Intuition. Formelle Berichte und Vorlagen spielen demgegenüber eine eher untergeordnete Rolle.[63] Eine weitere, auf erkenntnistheoretischer Grundlage aufbauende Problemtypologie hat Landry entwickelt. Mit seinem Beitrag will er (172, S. 315) hinsichtlich der Problemgenese in Organisationen „add clarification by offering conceptual milestones and identifying areas of ambiguity". Von einem Organisationsproblem spricht Landry (172, S. 316) immer dann, wenn vier Rahmenbedingungen (landmarks) erfüllt sind:

1. Das Auftauchen eines vergangenen, gegenwärtigen oder zukünfig erwarteten Ereignisses, welches von einer Person oder Gruppe negativ bewertet oder eingeschätzt wird (Krisenhaftigkeit des Problems).
2. Wenn eine erste, vorläufige Einschätzung der Möglichkeiten der Einflussnahme auf das Problem vorliegt (Beeinflussbarkeit des Problems).
3. Wenn Interesse besteht, Aktivitäten zur Problemlösung zu ergreifen und Ressourcen für die Problemlösung zur Verfügung zu stellen.
4. Wenn prinzipielle Unsicherheit über die passende problemlösende Aktivität und deren erfolgreiche Umsetzung in der Organisation besteht (Ambiguität der Problemlösung).

Im Rahmen seiner Untersuchung nimmt er Bezug auf drei erkenntnistheoretische Strömungen: Objektivismus, Subjektivismus sowie Konstruktivismus. Zudem unterscheidet er vier relevante Problemvariablen: Ursprung des Problems (1), Art des Problems (2), Problemgenese (3) und Problemstruktur (4), deren Herkunft und Begründung bei ihm allerdings unklar bleiben. Hieraus ergibt sich die folgende – für weiterführende empirische Forschungsarbeiten nutzbare – Problem-Typologie (172, S. 320):

---

[63] Zu ähnlichen Ergebnissen kommt auch Mintzberg (211, S. 38ff.) wenn er feststellt, dass Manager informelle Informationsquellen intensiver für ihre Tätigkeiten nutzen als etwa das formelle Berichtswesen.

Problem-aspekte	Zugrundeliegende Erkenntnistheorie		
	Objektivismus	Subjektivismus	Konstruktivismus
(1) Ausgangspunkt bzw. Ursprung des Problems	objektabhängig	subjektabhängig	sowohl objekt- als auch subjektabhängig
(2) Art des Problems, Status	objektiver und unbefriedigender Zustand in der Realität	unbequemer, störender Zustand des Geistes bzw. der Seele	erkannte Notwendigkeit der Anpassung
(3) Problemgenese	Problem wird in der Realität ‚entdeckt'	Problem wird intuitiv ‚erfühlt' oder ‚erfahren'	Problem wird aktiv aufgeworfen (kommuniziert) und sozial konstruiert
(4) Problemstruktur	folgt den Strukturen der Realität	folgt den Strukturen des Geistes	Konstruktion der Repräsentation eines Objekts mit dem Ziel der Intervention

Abbildung 6.2: Problembeschreibung und
erkenntnistheoretische Ansätze

Vor dem Hintergrund einer objektivistischen Sichtweise haben (Organisations-) Probleme „an autonomous existence that does not depend on any subject's knowledge, although someone must be aware of their existence if they are to be called problems. Ontologically then, problems have a realist status" (172, S. 321). Derartige (Re-) Organisationsprobleme *existieren* außerhalb von Raum und Zeit und sind unabhängig von den Akteuren, ihren sozialen Praktiken und dem sozialen Kontext. Sie werden ausschließlich durch objektive Fakten bestimmt und sind durch das Sammeln quantitativer Daten definierbar. Die hiermit verbundene Trivialisierung der Problementstehung wird der sozialen Realität in Organisationen aber nicht gerecht. Diese kann nicht nur als simple Aufsummierung harter Fakten, die beispielsweise aus der Kosten- und Leistungsrechnung bzw. dem Controlling abgeleitet werden, begriffen werden, sondern „sie ergibt sich erst aus eigenständig-selektiven Prozessen des Ignorierens, Vergessens, selektiven Wahrnehmens und Überschätzens. Das, wovon ‚man' ausgeht ist so einerseits eine Raffung und Verkürzung, andererseits eine fingierende, lückenfüllende Ergänzung einer zugrunde liegenden Realität und kann nur in dieser Form produktiv als operative Voraussetzung weiteren Verhaltens verwendet werden" (185, S. 354). Die von Luhmann hier angedeutete Rekursivität des Erlebens, Handelns und Entscheidens – und folglich auch der Problemgenese – trifft sich mit der Giddens'schen Idee der (Re-) Produktion des Sozialen durch wiederkehrende soziale Praktiken auf die im Folgenden ausführlich zurückzukommen sein wird.

Die subjektivistische Perspektive bindet demgegenüber die Genese von Problemen und ihr So-Sein untrennbar an selbstbestimmte und autonome Subjekte. Probleme resultieren demgemäss „from a subjects's attempts at structuring incoming perceptions and making them fit with both previously accumulated perception and with personal, moral, rational, or aesthetic values. [...] Even though incoming perceptions from an external world participate in the framing of the problem, what is important is the way they are interpreted and structured by the subject" (172, S. 325). Diese voluntaristische Sichtweise überbewertet allerdings den autonomen Status menschlicher Subjekte. Ganz so losgelöst von aller weltlicher und sozialer Praxis sowie den vorherrschenden Machtbeziehungen – wie hier stillschweigend unterstellt wird – sind diese in der Regel nicht (vgl. hierzu nochmals Kapitel 5 zu den Grundlagen der Strukturationstheorie sowie der dialectic of control).

Der konstruktivistische Ansatz – den Landry mit Bezug auf Piagets genetische Epistemologie entwickelt – hebt schließlich hervor, dass „the concept of problem is very much action- and adaptation-oriented. [...] The dynamic interaction process between the object and the subject [...] is of primary importance here. [...] The genesis of a problem appears when a subject both acknowledges that an act of adaptation has failed, and recognizes the interest of inquiry as to the reasons of this failure, in order to remedy the situation" (172, S. 328f.).

Diese erkenntnistheoretisch begründete Heterogenität der drei Sichtweisen des Problematischen ist (zunächst) unabhängig von den konkreten (Problem-) Bedingungen in Organisationen. Das Soziale spielt – als ein bestimmender Faktor der Problemgenese – weder im Rahmen der objektiven noch der subjektiven Perspektive eine maßgebliche Rolle. Entweder bestimmt die objektive (Um-) Welt oder die subjektive Binnenperspektive der Akteure das Problem und bleibt kein Raum für soziale Aushandlungs- und/oder Konstruktionsprozesse. Lediglich die konstruktivistische Perspektive könnte das Intersubjektive, das Soziale, das Rekursive der Problementstehung einfangen. Aber Landry beschränkt seine Ausführungen auf eine Betrachtung der Beziehung zwischen Objekt und Subjekt und vernachlässigt den zumindest ebenso bedeutsamen Dialog zwischen Subjekt und Subjekt bei Prozessen der Problementstehung – gerade auch in Organisationen. Seine Typologie verweist an zentraler Stelle auf die Bedeutung unterschiedlicher (erkenntnistheoretischer) Sichtweisen – hier: objektivistisch, subjektivistisch oder konstruktivistisch – für die Betrachtung und Einordnung von Problemen, die – in strukturationstheoretischer Begrifflichkeit – in der sozialen Praxis der Akteure eine konstitutive Rolle spielen und als Regeln der Signifikation und Bedeutungszuweisung den – von den Beratern als gelegentlichen Problemverkäufern bewusst vorangetriebenen – Entstehungsprozess von guten, beratungsintensiven und (von ihnen) handhabbaren Problemen wesentlich mitbeeinflussen können.

Problemgenese und Signifikation

Steht man – wie gelegentlich Manager und Berater – bei Prozessen der Bestimmung unklarer sowie schlecht strukturierbarer (Re-) Organisationsprobleme suchend im Nebel, lässt sich nur unter erschwerten und zumeist umstrittenen Bedingungen das *tatsächliche* Problem genauer bestimmen, das *richtige*, problemlösende Vorgehen planen und lassen sich zudem *erforderliche* und *effiziente* Maßnahmen zur Problemlösung nicht eindeutig begründen.[64] Eine derart unspezifische und verschwommene Problemsicht legt die Hypothese nahe, dass Wahrnehmung, Identifizierung, Thematisierung und Bewertung von problematischen Phänomenen nicht nur in und von Organisationen als sozialer Konstruktionsprozess begriffen werden müssen, in dessen Verlauf individuelle wie

---

[64] Hinter diesem Nebel kann im Verborgenen ein Problem existieren, es kann aber auch nichts dahinter sein – beide Alternativen sind denkbar. Gibson (87, S. 55) erläutert dieses nebulöse Bild so: „Stellen wir uns einmal einen Beobachter vor, dessen Auge sich an einem bestimmten Punkt in einem ganz mit Nebel angefüllten Medium befindet. Die Rezeptoren seiner Retina würden gereizt werden und infolgedessen auch Impulse in den Fasern des Sehnervs auftreten. Doch würde sich das Licht, das durch die Pupille tritt, in den verschiedenen Raumrichtungen überhaupt nicht unterscheiden; es wäre nicht fokussierbar und es könnte auch keine Abbildung auf der Netzhaut entworfen werden. [...] Der Beobachter, dem das Auge gehört, fände nichts, das er *fixieren* könnte, das Auge würde ziellos umherschweifen." Genau um dieses Fixieren und das damit verbundene Festhalten, Auf-Dauerstellen, Einklammern, Einrahmen, Unterscheiden und Hervorheben geht es bei Prozessen der Aufmerksamkeitsfokussierung. Bestimmte Dinge, Ereignisse und Phänomene müssen von den Akteuren aktiv und mitunter reflexiv beachtet, eingeklammert, eingerahmt, unterschieden, hervorgehoben und festgehalten werden, damit sie der weiteren *Behandlung* und *Thematisierung* zugänglich werden. Explizite oder implizite Theorien, die beispielsweise bestimmte Aspekte des Sozialen einklammern, andere hingegen unberücksichtigt lassen können hier – da nebel- und komplexitätsreduzierend – eine basale Hilfestellung bieten. Entsprechend könnte eine im Nebel umherirrende Person sich auf ihr Gehör verlassen (Nebelhorn) oder andere Hilfsinstrumente (etwa Infrarotsichtgeräte) verwenden die den Nebel durchdringen und ihr dadurch helfen, ihre temporäre (Betriebs-) Blindheit zu überwinden und durch neue Sichtweisen und Unterscheidungsoperationen neue Konturen zu entdecken – oder zu erfinden!

organisatorische Probleme nur selten spontan und überraschend aus der unbekannten, bedrohlichen Tiefe der Organisation oder der Organisationsumwelt auftauchen (221; 227; 131, S. 10f.). Vielmehr gewinnen diese erst allmählich durch wiederkehrende Wahrnehmungs- und Interaktionsprozesse in der sozialen Praxis bzw. durch die sozialen Praktiken der Akteure an (Tiefen-) Schärfe und Prägnanz, werden nur langsam für die Problem-Betroffenen deutlicher und bedeutsam(er). In der Regel genügt die bloß einmalige Wahrnehmung eines störenden Ereignisses nicht, um ein dauerhaftes Problembewusstsein bei den Akteuren zu schaffen: „Das Ereignis muss i.d.r. mehrmals auftreten oder zumindest als typisch empfunden werden" (66, S. 174).[65] [66]

Zum einen passiert und entwickelt sich problematisches hinter dem Rücken der Akteure. Diese sind zwar – über praktisches Handeln und soziale Praktiken – an der Problemgenese irgendwie beteiligt, aber sie blicken den Abläufen nicht immer unmittelbar ins Gesicht. Etwas, das derart „auffällt, das fraglich wird, das uns auffordert, wird zunächst am besten beschrieben mit *impersonalen* Verben: ,*es denkt* sollte man sagen, so wie man sagt: *es blitz'* (Lichtenberg). Also durchaus auch Fraglichkeit ohne Frager, Anspruch ohne Ansprechenden, Herausforderung ohne Herausforderer – ähnlich wie Kant von ,Zweckmäßigkeit ohne Zweck' spricht" (327, S. 47). Die Rede von Fraglichkeit, Aufmerksamkeit, Herausforderung, Relevanz oder Bedeutsamkeit verweist immer schon „auf die Sphäre von Bedeutung, Deutung und Zeichen, wo sich etwas bemerkbar macht" (327, S. 56) – und damit auf praktisch relevante Signifikationsprozesse. Der zweite aktivere Aspekt der Problementdeckung und -entstehung betont die etablierten Sichtweisen und interpretativen Schemata der Akteure. Diese spielen bei der Problementstehung und Problemdefinition eine zentrale Rolle und beinhalten immer eine (organisationstypische) *Symbolik und Metaphorik des Problematischen* und damit – implizit – auch eine des Nicht-Problematischen

---

[65] Mit Blick auf die Auslösung von (Re-) Organisationsprozessen vergleiche Kirsch et al. (150, S. 224).

[66] Die Bedeutung *schwacher Signale* („weak signals") für Wahrnehmung und Antizipation von inter- oder intraorganisationalen Problemlagen sowie für die Institutionalisierung entsprechender Frühwarn- oder Früherkennungssysteme soll an dieser Stelle nicht vertiefend diskutiert werden. Zumeist geht es hierbei um quantitative Frühindikatoren wie etwa finanz-, produktions-, absatz- und personalwirtschaftliche Kennzahlen (organisationsintern) oder ökonomische (konjunkturelle), technologische, soziale und politische Indikatoren (organisationsextern) über deren personen- und organisationsspezifische Wahrnehmung, Interpretation und machtabhängige Problematisierung aber kaum qualitatives ausgesagt wird (290, S. 606f. sowie die dort angegebene Literatur).

und Selbstverständlichen. Bestimmte Ereignisse müssen von speziellen Problemsymbolen und -metaphern umgeben und begleitet werden, damit sie den Akteuren auffallen und bewusst werden können. Diese (Alarm-) Zeichen können in Organisationen formal festgeschrieben, alltagspraktisch entstanden und/oder informal weitergegeben werden sowie aus organisationsexternen Bereichen – beispielsweise durch Berater – in die Organisation hineingetragen werden.

Es sei an dieser Stelle vor der Verführungskraft dieser, oftmals naiv zugrunde gelegten, interpretativen Schemata und der hier eingewobenen Symbolik und Metaphorik im Zusammenhang mit Prozessen der Problemgenese gewarnt: „Die Linearisierung der Symbole" – wie Waldenfels (327, S. 26) mit Bezug auf Sprache feststellt – „die deren Verfügbarkeit steigert, bedeutet zugleich eine Verarmung an Ausdrucksmitteln", die bei trivialisierten symbolischen (Ausdrucks-) Formen und sprachbedingten Ver-Formungen beobachtet werden kann. Wie linearisiert die vorherrschende Sprache, die eingeschliffenen Kommunikationsformen sowie die sonstige Symbolik in Organisationen jeweils sind, ist eine theoretisch nur schwer zu beantwortende Frage obwohl sich die Vermutung aufdrängt liegt, dass der formalisierende – in seinen Auswirkungen zurechtstutzende und (gewollt) trivialisierende – Zugriff auf die jeweils gültigen organisationskulturellen Symbole und Leitbilder sowie die sich daraus ergebenden Interpretationen der Akteure in hoch formalisierten Wirtschaftsorganisationen konsequenter erfolgt als in anderen organisierten Bereichen und institutionellen Sphären der Gesellschaft. Welche – auch formal vorgeschriebenen – Symbole in der unmittelbaren Umgebung problematischer Ereignisse und Phänomene zu finden sind (bzw. zu finden sein sollen), diese begleiten oder anzeigen, darüber lässt sich dennoch einiges sagen.

Symbole, Metaphern und Deutungsschemata des Problematischen in Organisationen
Entwickelt sich in Organisationen Problematisches oder wird die etablierte Organisationsform selbst in Frage gestellt, so geht dies zumeist einher mit Unverständlichem, Ungewohntem, Fremdartigem, Bedrohlichem und – aus der Perspektive einer je spezifischen Rationalität – Irrationalem sowie mit innovativen (oder auch nur ungewohnt neuen) Entwicklungstendenzen im Umfeld einer Organisation. Eingefahrene und bewährte (Organisations-) Routinen werden vor dem Hintergrund anderer Möglichkeiten problematisch, das Bestehende erfährt in neuen Zusammenhängen ggf. eine veränderte Bewertung. Im Kontext von Organisation und (Re-) Organisieren bzw. aus der Perspektive eines (Re-) Organisators erscheint im Besonderen das Unordentliche und Ungeordnete, das Unregelmäßige – als nicht der Regel gemäße aber doch nicht

regelwidrige – und Unorganisierte als bedrohlich und problematisch. Die erst genannte Unterscheidung geht auf Waldenfels (327, S. 20) zurück, der differenziert „zwischen einem *Unordentlichen* im Sinne des Regelwidrigen, das unter die binären Qualifikationsraster einer Ordnung fällt, und einem Regellosen, diesseits solcher Ordnungen, das wir unterscheidungshalber *Ungeordnetes* nennen."[67] Werden in diesem Sinne organisationale, zu (re-) organisierende Bereiche als zeitweilig *unordentlich* etikettiert geht es zumeist um die Sanktionierung der Verstöße gegen etablierte Regeln bzw. gegen eine grundsätzlich bewährte Ordnung – und in diesem Zusammenhang um machtvolle Maßnahmen zur Wiederherstellung ihrer gelingenden Reproduktion im Sinne eines status quo. Oder es werden bisher geltende organisationale Ordnungen vor dem Hintergrund neuer Organisationsanforderungen oder –moden als unzeitgemäß und ineffizient in Frage gestellt und/oder uminterpretiert. Dann genügt es nicht mehr, die alten Ordnungsformen zu verbessern oder ihren Geltungsbereich auszuweiten, sondern es müssen neue Organisationsformen eingeführt werden. Ungeordnetes – als das Regellose jenseits organisationaler Ordnungen – wird gegebenenfalls dann zum Thema, wenn die chaotisch-überkomplexe Umwelt (wodurch auch immer) die interne Ordnung aufzulösen droht oder externe Bereiche – beispielsweise bisher marktförmig (de-) regulierte Beziehungen zu anderen Organisationen – einem organisierenden Zugriff unterworfen werden sollen, der zwischen Nicht-mehr und Noch-nicht oszilliert. Im Besonderen über diese zwielichtige Schwelle des Übergangs kann – und soll! – fremdartiges, irritierendes wie auch problematisches „durch alle Poren eindringen, beflügelnd oder lähmend, und beides wohnt oft eng beieinander" (327, S. 31). Auch anderes – nicht nur ungeordnetes und regelwidriges – kann in Organisationen problematisch werden, das heißt von den Akteuren als problematisch etikettiert werden. Den befragungswürdigen und immer wieder zu hinterfragenden Aspekten einer Organisation sind (theoretisch) keine Grenzen gesetzt und prinzipiell kann alles zu jeder Zeit problematisiert werden. Aber nicht alles *darf* – und schon gar nicht von jedem – in Organisationen jederzeit in Frage gestellt werden. Vieles soll und muss dauerhaft so bleiben wie es ist, und nur manchmal – zu bestimmten Zeiten und in bestimmten Phasen der organisationalen Entwicklung – ist das offene, extern unterstützte Zweifeln und Problematisieren erlaubt oder gar ausdrücklich gewünscht (vgl. hierzu Abschnitt 6.2.1 über Verändern und Bewahren). Einerseits wird

---

[67] Ordnung begreift Waldenfels (327, S. 49ff.) als „Selektion und Exklusion" und damit als eine Leistung der Reduktion von Komplexität, die zugleich einschränkt bzw. ausschließt und dadurch gleichzeitig Ordnung (Orientierung) erst möglich macht.

die dauerhafte Reproduktion etablierter und routinisierter Sichtweisen, Interpretationen und Handlungsmuster in Organisationen machtvoll eingefordert und sanktioniert. Andererseits wird die permanente oder gelegentliche *kritische Wachsamkeit* der Akteure hinsichtlich der bestehenden Organisationsform erwartet. Eine Wachsamkeit, „die an der eigenen Wachheit rüttelt, sofern diese Erfahrungen zudeckt" (327, S. 31). Diese – etwa im Rahmen eines Beratungsprozesses zu erwerbende – problemorientierte Wachsamkeit ist eine reflexive, die über Prozesse extern angeleiteter rückbezüglicher und rückbesinnlicher Beobachtung und Befragung Verschüttetes freilegen, bisher unhinterfragt Vollzogenes fraglich und die Ineffizienz eingefahrener Routinen deutlich machen kann sowie Neues zu erlernen und auch umzusetzen hilft.

Problemgenese und Domination
Grundsätzlich gilt für kontingente und ambivalente Situationen sowie schlecht strukturierte Probleme in Organisationen – wie Becker/Küpper/Ortmann (18, S. 94) betont haben – das Folgende: „Ziele, Erfolgskriterien, Mittel, Strategien, Problemdefinitionen, Wahrnehmung und Deutung von Alternativen, Situation, Umwelt und Gelegenheiten – nichts ist uns einfach ‚gegeben', alles umstritten, alles Gegenstand politischer Auseinandersetzungen. Die Entscheidungssituation wird zu einem wirren Knäuel [...], an dem alle Beteiligten nun noch in alle möglichen Richtungen ziehen und zerren (und dabei hauen und stechen)." Den zentralen Bestimmungsfaktor der Problemgenese in Organisationen identifizieren Ortmann et al. (227, S. 373f.) – ebenfalls mit Blick auf machttheoretische und mikropolitische Aspekte organisationalen Handelns – entsprechend: „Was zum organisationsintern anerkannten Problem avanciert und was nicht, darüber wird [...] allerdings entschieden, und zwar aus mikropolitischen Interessenlagen heraus und unter Einsatz von Machtmitteln."[68] Die Problemgenese und die damit verbundene Betonung der Relevanz von aktuell als problematisch eingeschätzten Phänomenen erfolgt somit durch Bezugnahme der Akteure auf ihnen verfügbare allokative und autoritative Ressourcen, die in der Regel ungleich zwischen ihnen verteilt sind. Welche Ressourcen bei praktischen Konstruktionsprozessen jeweils zum Einsatz kommen und welche wann und von wem aktualisiert werden (können), ist eine nur empirisch zu beantwortende Frage. Dennoch aber lässt sich über derartige Prozesse interessierter Ressourcenverwendung grundsätzliches aussagen.

---

[68] Auch Henry Mintzberg (212, S. 227) betont mit Blick auf (Macht-) Prozesse in Organisationen folgendes: „Employing political means of influence, employees who feel strongly enough about nonprevailing viewpoints can make themselves heard."

Auf einer *individuellen Ebene* kann die Frage nach der Wahrnehmung und Identifizierung des Problematischen – in Anlehnung an Arbeiten von George Herbert Mead (202, S. 253) – zunächst dahingehend beantwortet werden, dass Personen zumeist diejenigen Aspekte *aktiv* mit Aufmerksamkeit belegen und dasjenige als interessant und verfolgenswert empfinden, was ihnen eine Entfaltung ihrer Handlungsmöglichkeiten – man kann mit Crozier/Friedberg (50) auch sagen: die Teilnahme an veränderten oder neuen, gewinnversprechenden Organisationsspielen – ermöglicht. Mead (203, S. 64) stellt hierzu fest: „Im Bereich der Aufmerksamkeit muss es einen Mechanismus geben, durch den wir die einzelnen Reize im Hinblick auf andere zu organisieren vermögen, damit bestimmte Reaktionen stattfinden können". *Aktive* Aufmerksamkeit und *bewusste, reflexive* Beachtung erfährt demgemäß dasjenige, was den Akteuren ermöglicht zu tun was sie tun wollen, sollen oder müssen (334, S. 50) – oder eben was sich ihnen im Vollzug (angeordneter oder gewünschter) Tätigkeiten in den Weg stellt.[69] Diese Form der Betrachtung öffnet zum einen den Blick auf ressourcenabhängige Aspekte der Problementstehung in Organisationen sowie der darauf folgenden Problemlösung, die sich durch eine von Weick (334, S. 50) gestellte Frage konkretisieren lassen: „Wie werden die Prozesse und Inhalte der Aufmerksamkeit beeinflusst durch die Bedingungen der in Aufgaben begründeten gegenseitigen Abhängigkeit, die man in den Einrichtungen findet, welche man üblicherweise als Organisationen bezeichnet?" Und – so kann man weiter fragen – wie beeinflussen wiederum diese (Aufmerksamkeits-) Prozesse die organisationsspezifischen (Abhängigkeits-) Bedingungen und Aufgaben, sodass hier ein wechselseitiges, rekursives Verhältnis zwischen Aufmerksamkeit, Interdependenz und Aufgaben (-erfüllung) entsteht? Zum anderen erscheint eine derartige Betrachtungsweise als zu rationalistisch und wird das Vorgehen der Akteure bei dem Prozess der Aufmerksamkeitsfokussierung als zu bewusst, zu vernunftgesteuert rekonstruiert und kommen unbewusste, (noch) nicht reflexiv zugängliche (Handlungs-) Bedingungen der Aufmerksamkeitssteuerung – die „unacknowledged conditions of action" (90, S. 5) – so nicht hinreichend in den Blick.

Die (soziale) Realität praktisch relevanter Problemlagen und –situationen wird aber von den Akteuren in rekursiven Schleifen konstituiert,

---

[69] Diese Aufmerksamkeitszuwendung hängt ihrerseits von dem Hinweis auf gewisse Aspekte und Merkmale im Reizbereich der Akteure ab (203, S. 136). Hinweise, die sich u.a. ergeben können durch verbale Andeutungen in Gesprächen und non-verbale Gesten, durch Fingerzeige und Tipps von anderen Akteuren, Vorschläge, Anspielungen, (Rand-) Bemerkungen, Warnungen, Symbole usw., die entsprechende Interpretationen der Akteure erst ermöglichen oder auslösen.

die im Rahmen dieser Prozesse implizit oder explizit Unterscheidungen wählen, Entscheidungen treffen, Kontexte bilden und Zusammenhänge beachten, (über-) sehen oder herstellen, Relevanz attestieren oder bestreiten, Ziele (Probleme) anderer Akteure akzeptieren oder boykottieren und bei all dem immer auch interessiert ihnen verfügbare (Macht-) Ressourcen einsetzen und ausbauen (227, S. 374). Was in der sozialen Praxis letztendlich als problematisch identifiziert wird und wie daraus ein – sozial-konstruiertes, intersubjektiv geteiltes und organisationsweit gültiges (zumindest vorläufig akzeptiertes) – Problem*bild* wird, hängt somit von den Bedürfnissen und Motiven, Präferenzordnungen und Zielen, Erwartungen und Attributionen, Annahmehintergründen und (Alltags-) Theorien, bewussten und unbewussten Mechanismen der Aufmerksamkeitslenkung sowie ebenso von den wahrgenommenen Chancen und Risiken, geltenden (normativen) Regeln, verfügbaren Ressourcen und – eng mit der Ressourcenverfügbarkeit verknüpft – den weiteren strukturellen Begrenzungen und Rahmenbedingungen (so etwa den bestehenden Gratifikationsstrukturen) ab, die die Akteure für eine *legitime* Problemdarstellung und -lösung sowie für eine organisationsweite Diffusion und Verbreitung ihrer in der Regel divergierenden Problemsichten mobilisieren können.[70] Entscheidend für den Prozess der Problemformulierung und der organisationsweiten Verbreitung des Problematischen ist daher – das betonen auch Lyles/Mitroff – die Bedeutung des *empirical* und so könnte man ergänzen: *political support* der vorgetragenen Ideen. Denn eine Person „presenting a view has to assemble 'hard facts', 'figures', 'financial impact', or 'data' to support that view, otherwise the presentation might not be acceptable" (193, S. 112f.). Steht ein Akteur hierbei – etwa aufgrund eigener Einschätzungen, nicht vorhandener Einflussmöglichkeiten bzw. personaler Netzwerke oder fehlender effizienzorientierter Unterfütterung seiner Sichtweise – auf verlorenem Posten, wird er gegebenenfalls (und nur vorläufig) schweigen und auf eine zukünftig kommende, bessere Gelegenheit warten, um dann doch wieder *sein* Problem mehr oder weniger organisationsadäquat, das heißt angelehnt an gängige Leitbilder, normative Orientierungen und (ihm) verfügbare Ressourcen zu lancieren. Denn – und dies wissen Organisationsmitglieder ebenso wie Berater – immer kann „unternehmensinternes Nachdenken über eine Veränderung wenn es vorzeitig bekannt wird, Reaktionen auslösen, die ein Weiterverfolgen des Gedankens unmöglich machen" (353, S. 58). Mit dieser Bemerkung

---

[70] Wie das *Bild des Problematischen* im Endeffekt aussehen wird hängt davon ab, wer daran wann – und eventuell mit wem gemeinsam – malen kann und darf, welches Motiv sich dabei im Blickfeld der (malenden) Akteure befindet und welche Farben, Malinstrumente und -techniken dabei zum Einsatz kommen.

betont Wohlfarth (353) – ohne dies explizit anzusprechen – zum einen die bereits erwähnte basale Rekursivität der Prozesse der Problemkonstruktion und verdeutlicht zum anderen die zentrale Bedeutung zeitlicher Aspekte bei der Lancierung von Problemsichten und Interventionen. Eine mögliche Strategie der Eröffnung und Platzierung einer Problemsicht – beispielsweise derjenigen eines externen Beraters – wäre es, sie zeitgleich in Verbindung mit einer interessanten, gegebenenfalls innovativen oder gar unmöglichen und paradoxen, dann aber immer auch riskanten, Idee zu offenbaren, die bei den Organisationsmitgliedern einerseits aufgrund ihrer Abweichung vom Gewohnten auf Gehör, andererseits auf Zustimmung *und* Ablehnung stoßen wird. Für diesen Prozess der Ideenplatzierung und/oder Problemgenese gilt, was Luhmann (190, S. 204f.) mit Bezug auf Strategien der (persönlichen) Risikoverminderung in Organisationen festgehalten hat: „Dazu gehört die strenge Beachtung von Zuständigkeiten und Unzuständigkeiten, die Schriftlichkeit ebenso wie das Vermeiden von Schriftlichkeit, die gezielte Offenlegung und Verdeckung des Entscheidungsganges im Hinblick auf Erleichterung und Erschwerung künftiger Rekonstruktion, und vor allem: das Beteiligen anderer zwecks Erzeugung von Mitwisserschaft und gegebenenfalls Mitschuld." Wer also gegen die etablierten Organisationsroutinen und –programme sowie die institutionalisierten interpretativen Schemata, Metaphern, Erwartungen und Normen problematisches, kritisches und/oder innovatives ins Feld führen will – so macht Luhmann (180, S. 42) an anderer Stelle deutlich – „hat das Schwergewicht einer vermuteten Selbstverständlichkeit gegen sich. Er muss vorläufig angenommene Erwartungen, auf die andere sich schon eingelassen haben, durchkreuzen, greift also in deren Selbstdarstellungen ein. Ihm obliegt die Last der Initiative, die Last der Verbalisierung und der Explikation. [...] Sein Handeln fällt auf und ist fast unvermeidlich mit Führungsansprüchen verbunden. Es wird ihm persönlich zugerechnet und kann ihn ruinieren, wenn es scheitert. Das Risiko ist hoch, oft entmutigend hoch." Und ergänzend stellt er (181, S. 337) fest: „Wer dagegen abweichen will oder auch nur Informationen bemerkt und weitergibt, die Zweifel am Wert des [etablierten, A.L.] Programms aufkommen lassen, stört andere in ihrer Sicherheit auf. Er muss die Last einer Initiative auf sich nehmen und läuft Gefahr, als Störenfried zurückgewiesen zu werden. Für einen so riskanten Vorstoß eignen sich nur sehr drastische Informationen. Kritische Informationen haben es [...] nicht leicht, sich bemerkbar zu machen. Wenn alle Antennen auf Programmausführung eingestellt sind, erscheinen sie zunächst als Störungen (wenn sie von außen kommen) oder als Fehler (wenn sie aus dem System selbst kommen)."

Gut wenn man dieses bedrohliche Risiko zumindest teilweise auf externe Berater abwälzen kann und diese bei umstrittenen und umkämpften Prozessen der Problemkonstruktion sowie bei der Suche nach und der Umsetzung von Problemlösungen auf der Bühne des organisationalen Geschehens in den Vordergrund und damit in den Blick des kritischen Publikums (vor-) schieben kann.[71] Trotz dieser grundlegenden, auch von empirischen Untersuchungen der Beratungstätigkeit immer wieder betonten Bedeutung der (Organisations-) Probleme wurde die hiermit verbundene Genese bisher nicht zu einem zentralen Schwerpunktthema empirischer oder theoretischer Forschungsarbeiten gemacht. Lediglich amerikanische Autoren wie Holtz (131, S. VII) und Greiner/Metzger (106, S. 261ff.) widmeten sich früh – wenn auch nur mit wenigen Anmerkungen – dem problematischen Problementstehungsprozess in ratsuchenden Organisationen. Ansonsten werden die, externen Rat erforderlich machenden Probleme sowie ihr Entstehungsprozess – wie bereits einführend betont – naiv und unhinterfragt als Ausgangspunkt vorausgesetzt. Kritisch stellen zu diesem arglosen Umgang mit der Problemgenese nicht nur in der Beratungsliteratur Greiner/Metzger (106, S. 261) daher fest, dass ein „great deal of probing, testing, and evaluating will be necessary before a clearer understanding of the problem emerges. Even then, the consultant will have to guard against human bias, either within oneself or from others, because problem analysis is essentially a subjective process."

Sorgfalt bei der *Problemdiagnose* ist auch deshalb von zentraler Bedeutung, weil sie immer „a prelude to effective solutions" (106, S. 30) bedeutet. Das falsche Problem richtig gelöst verbessert nicht zwangsläufig die (Effizienz und/oder Überlebensfähigkeit einer) Organisation. Mehr aus der Perspektive des ratsuchenden Unternehmens fasst Holtz (131, S. VII) diese Problematik zusammen. Für das Management geht es nach ihm an zentraler Stelle um:

---

[71] Die eigentliche Suche nach passenden Problemlösungen und die Entscheidung für die (vermeintlich) richtige Lösung folgt, so vermutet zumindest Schreyögg (270, S. 165), der sich hierbei auf Cyert und March (53) bezieht, zumeist „einfachen standardisierten Regeln etwa derart, dass die ‚Ursache' in der Nähe der ‚Wirkung' zu finden ist oder dass die neue Lösung sich in der Nachbarschaft des Bekannten findet. Die Suche ist durch zahlreiche Faktoren eingeschränkt: Erfahrung, Hauspraktiken, Organisationskultur" sowie mikropolitische Aspekte und das implizite und explizite Wissen der Akteure. Ob schließlich die ausgewählte Lösung als trag- und durchsetzbar gilt, ist auch abhängig von der ihr zugeordneten Legitimität – spezieller von der bestehenden Legitimationsstruktur, die bestimmte normative Zuweisungsprozesse erst möglich macht bzw. erlaubt. Hierbei relevante „[p]olitische Prozesse stellen daher auch darauf ab, Legitimität für bestimmte Ideen, Werte und Lösungen zu schaffen" (270, S. 184f.).

„1. Recognizing you have a problem that is beyond your normal scope

2. Analyzing your problem to decide just what kind of help (what kind of consultant) you need

3. Finding, choosing and using the consultant

Each of these general problems has concealed within it a number of other problems such as the few representative ones listed here:

1. Overcoming reluctance to admit to yourself that you need help in solving a problem
2. Evaluating the costs quoted by applicants
3. Evaluating applicants' credentials
4. Handling the myriad chores required to search out candidates for consulting assignments and to manage them after they have been hired".

Im Rahmen dieser Überlegungen vernachlässigt aber auch Holtz die Möglichkeit, dass externe Berater durchaus schon an der originären Problemidentifikation sowie der sozialen Konstruktion von (Organisati- ons-) Problemen aktiv teilnehmen können und oftmals aus legitimatori- schen Gründen sollen. In der Regel existieren im Klientensystem immer bestimmte – wenn auch oftmals implizite – Vorstellungen des Proble- matischen sowie Erwartungen an das Problemlösungspotential der ex- ternen Berater. Hat das ratsuchende Management bereits eine feste Vorstellung davon, *wo* das Problem liegt oder *wer* das Problem ist, so gilt es für den Berater diese Sichtweisen in Erfahrung zu bringen, mit der eigenen Problemsicht abzustimmen und zugleich den Erwartungen des Klienten zumindest teilweise zu entsprechen. Diese Erwartungen hat Marner (200, S. 37) – aufbauend auf einer empirischen Untersu- chung – wie folgt zusammengefasst. Erwartet werden demnach prakti- sche, konkret anwendbare und keine theoretischen Problemlösungen, die auf den speziellen Unternehmensbedarf ausgerichtet sind und unter Kenntnis der generellen Probleme der Branche auf die Rahmenbedin- gungen der ratsuchenden Unternehmung zugeschnitten werden.

Die zuvor diskutierte heterogene und umstrittene Sicht der aktuell relevanten Probleme in Organisationen sowie der kontingente Umgang mit diesen Problemlagen erfordert von Klienten und Beratern die Erar- beitung einer gemeinsamen Problemsicht – und damit immer auch eine aussagekräftige Auftragsklärung. Damit der Berater keine Antworten auf Fragen formuliert, die das Management so nicht gestellt hat oder nicht gestellt haben will und er andererseits falsch gestellte Fragen nicht blindlings übernimmt, ist eine „joint problem definition" (169, S. 23) und deren schriftliche Fixierung in einem Beratungsvertrag nahezu unerlässlich, bevor es zu einem weiterführenden, darauf aufbauenden Beratungsprozess kommt. Und diese „*gemeinsame* Problemsicht kann nur durch ein Vorgehen erreicht werden das Abwehr- und Selbstschutzmechanismen offen legt und der Reflexion zugänglich macht und durch eine Form der Problemdarstellung, die die Beteiligten ihr Gesicht wahren lässt" (215, S. 48f.).[72] Hierbei ist zu berücksichtigen, dass der Berater sein Geschäft ja gerade mit den Problemen anderer Akteure – ob Personen oder Organisationen – macht. Er ist zumeist auf eine, wie ambivalent auch immer bleibende Problemwahrnehmung durch die – erst dann auftraggebende – Organisation angewiesen. Aufgrund der von dem Berater symbolisierten (Beratungs-) Erfahrung, die dieser in anderen Organisationen und im Rahmen unterschiedlichster Problemlösungsprozesse (angeblich) erworben hat aber ebenso aufgrund seiner spezifischen Interessen ist er einerseits *Experte für Problematisches*, andererseits immer auch *Parasit der Unsicherheit*, der die in der Klientenorganisation bestehende Ungewissheit hinsichtlich der wirklich existenzbedrohenden Problembereiche und/oder möglicher Lösungswege geschickt für eigene Interessen zu nutzen weiß. Spätestens in diesem Kontext kommt der Autonomie (und Abhängigkeit) des Beraters eine entscheidende Rolle zu, da er einerseits von der Auftragsvergabe durch den ratsuchenden Klienten abhängig ist, andererseits das jeweils Problematische in Organisationen aktiv mit konstruieren (können) muss. Das für den Verlauf des Beratungsprozesses zentrale Spannungsverhältnis von Autonomie und Abhängigkeit – und eng damit verknüpft dasjenige von Nähe und Distanz – kann mit Baecker (7, S. 214) in dem paradoxen Zusammenhang von Verständnis und Unverständnis zwischen Berater- und Klientenorganisation (wieder-) entdeckt werden: „Erst die ‚Kommunikationssperren', die die Beratung gegenüber dem Unternehmen sowohl inszeniert, indem sie etwa mithilfe einer komplexen Theorie auf eine Sprache zurückgreift, die dem Unternehmen nicht zur Verfügung steht, wie überwindet, indem sie Übersetzungen anbietet, die ein Verständnis der Unverständlichen erschließen, machen Beratung überhaupt erst möglich." Auf dieses für Beratungsprozesse zentrale Spannungsverhältnis von Autonomie und Abhängigkeit wird in Abschnitt 6.2.2 zurückzukommen sein.

---

[72] Zusätzliche Anregungen für eine weiterführende Analyse der Problemgenese können aus empirischen Untersuchungen entnommen werden, die sich mit der Problematik von Entscheidungssituationen und -prozessen in Organisationen auseinandergesetzt haben. Denn schließlich erfordert die Bestimmung – die soziale Konstruktion! – eines Problems immer auch ein Bündel spezieller (interorganisationaler) Entscheidungen und bereits in dieser frühen Phase kann ein externer Berater zwecks Reduzierung des Entscheidungsrisikos Problembestimmung hinzugezogen werden.

Problemgenese und Legitimation

Eine Problemkonstruktion durch die Akteure muss schließlich die in einer Organisation bzw. in den beteiligten Organisationen geltenden Regeln der Legitimation, die hier etablierten Normen, Wertvorstellungen und Sanktionsmechanismen berücksichtigen. Sie muss diesen ent-, darf ihnen nicht vollständig widersprechen. Für den Prozess der Problemkonstruktion sind legitimierende Regeln maßgeblich, die von den Akteuren aktiv aufgegriffen und im Konstruktionsprozess des Problematischen reproduziert werden. Je abstrakter, unkonkreter und umkämpfter ein neu entstehendes Problem ist, desto dringlicher erscheint eine überzeugende legitimatorische Absicherung durch einen interessierten Rückgriff auf etablierte normative Regeln. Die Problemkonstruktion folgt Normen, die Orientierungsmöglichkeiten dafür anbieten was als problematisch, als nicht richtig oder als meldepflichtige Abweichung von bestehenden Routinen angesehen werden darf oder soll. Und sie bieten Hinweise, wie mit problematisch erscheinenden Aspekten umgegangen werden soll – beispielsweise ihre Kommunikation und Weiterleitung über ein Vorschlags- und Verbesserungswesen. Normen, die die Genese von organisationsspezifischen Problemlagen begleiten und unterstützen können sein: Offenheit und (Fehler-) Toleranz mit Blick auf Kritik und (außergewöhnliche) Verbesserungsvorschläge, Reziprozität im Sinne einer gegenseitigen Unterstützung bei individuell forcierten Prozessen der Problemkonstitution sowie Offenlegung von organisationsinternen Verfahren gegenüber externen Akteuren. Oftmals profitiert eine Problemgenese in Organisationen im Zusammenhang mit derartigen Legitimationserfordernissen von der impliziten oder expliziten Erwartung der Akteure, dass Organisationen diejenigen Herrschaftsformen sind, die die Legitimation interner Abläufe aus Rationalität und durch (formale) Verfahren – hier: den organisationstypischen Verfahren der Problementstehung – ableiten (180). Ein Hinweis von Tom Burns (39, S. 260) weist mit Blick auf die legitime, legitimierende Durchsetzung (mikro-) politischer Interessen einen – auch für die Etablierung spezifischer (Re-) Organisationsprobleme – praktikablen Weg der Argumentation: „In fact, the only recognized, indeed feasible, way of advancing political interests is to present them in terms of improved welfare or efficiency, as contributing to the corporation's capacity to meet its task and to prosper." Als Beispiel für eine, den eigenen Ansatz und die eigene (Problem-) Sicht legitimierende Redeweise kann das Vorgehen bestimmter Ansätze der Organisationsentwicklung herangezogen werden. Zahlreiche Vertreter der OE haben unermüdlich die gleichberechtigte Bedeutung von technischen *und* humanen, organisationalen *und* individuellen Zielen betont und sich hierdurch zeitweise auf allen Ebenen der Organisation Gehör und Akzeptanz verschaffen können.

Aber nicht nur Organisationsziele auch Organisationsprobleme sind politisch motiviert, in Folge widersprüchlich und ist ihre Genese oftmals nicht einfach zu erkennenden Anforderungen ausgesetzt. So sollen sie schnell identifiziert *und* sorgfältig recherchiert, konkret formuliert *und* abteilungsübergreifend akzeptiert, effizient *und* dauerhaft gelöst werden. Widersprüchlichkeiten, die im Konstruktionsprozess zu Inkonsistenzen – so Brunsson (33) – zwischen „talk, decision and action" führen können. Entsprechend entscheiden Organisationen immer mal wieder anders, problematisieren Anderes als sie halb-öffentlich zugestehen „und sie handeln anders als sie entscheiden (und erst recht als sie reden). [...] So können sie – redend und entscheidend – für Legitimation sorgen, während ihre Art der Produktion [und der Problemkonstruktion, A.L.], an talk und decision nur *lose gekoppelt*, also davon unbehelligt, um so reibungsloser vonstatten gehen wie bisher" (223, S. 112).

Welche Legitimitätsnachweise von den Akteuren im Prozess der Problemkonstruktion im Einzelnen eingebracht werden ist wiederum eine Frage der sozialen Praxis in Organisationen und nur durch empirische Forschungsarbeiten im Detail zu klären. Wie das Problem Reorganisation unter Rückgriff auf legitimatorische und signifikatorische Regeln sowie allokative und autoritative Ressourcen im konkreten Einzelfall entsteht muss daher zunächst noch offen bleiben. Genauer betrachtet werden können aber die grundsätzlichen Schritte und Vorgehensweisen bei Problemlösungs- und Reorganisationsprozessen sowie die Metafunktionen eines Beratungsprozesses. Um dem Leser und der Leserin die im Wiederholungsfalle entdramatisierende, mitunter langatmige Deklination der Aspekte der Dualität von Struktur (Signifikation, Domination, Legitimation) sowie weiterer zentraler Kategorien der Strukturationstheorie mit Bezug auf die folgenden Themenbereiche nicht zuzumuten, wird die weitere Betrachtung in Form kurzer Abhandlungen durchgeführt. Diese Skizzen thematisieren pointiert die zentralen Aspekte des jeweiligen Themas auf der Grundlage strukturationstheoretischer Reflexion und Interpretation sowie die sich daraus implizit ergebenden Empfehlungen für die Ausgestaltung der Interaktionen zwischen Berater und Klient sowie den Prozess der Organisationsberatung.

6.2 Die Konstruktion der Problemlösung: Reorganisation als extern unterstützte Strukturation

Nicht nur die Genese der Reorganisationsproblematik kann als Prozess der sozialen Konstruktion, der sich in und – wie im Fall der externen Organisationsberatung – zwischen Organisationen abspielt rekonstruiert werden, sondern auch die Reorganisation selbst präsentiert sich als sozialer Akt der Konstruktion, genauer: als extern unterstützter Prozess der Reflexion reflexiver Strukturation (228, S. 315ff.). (Re-) Organisation als reflexive Strukturation meint, dass der Prozess des Reorganisierens reflexiv betriebenen wird und eine mehr oder weniger gelingende Reproduktion (Bewahrung) und Variation (Veränderung) bestehender Organisationsstrukturen – Sets von Regeln und Ressourcen – zum Ziel hat. Zur Erinnerung: In strukturationstheoretischer Begrifflichkeit sind die Strukturen einer Organisation existent nur im Handeln der Akteure und überdauern lediglich als virtuelle Ordnung in ihren Erinnerungsspuren und Erwartungshaltungen. Strukturen sind das Ergebnis organisationaler Praktiken, die ihrerseits von den Strukturen zugleich ermöglicht wie restringiert werden. Praktiken, die – nicht nur in Organisationen – rekursiven Konstitutions- und Reproduktionsprozessen folgen und die als routinisiert praktizierte Formen des Handelns für Organisationen charakteristisch sind. Organisationale Praktiken lassen sich aufgrund ihrer Verankerung in den drei Dimensionen des Sozialen nicht eindimensional als zwangsläufige Folge formaler Organisationsstrukturen, als Resultat spezifischer Input-Output-Beziehungen, als Entsprechung der Organisation mit der Umwelt oder mit Hilfe der Kategorien von (autopoietischer) Kommunikation und Entscheidung hinreichend begreifen und beschreiben.

Wenn externe Berater in Reorganisationsprozessen kommunizieren, sanktionieren und (hierbei) Macht ausüben, stehen ihre, die Beratungsorganisation übergreifenden, interorganisationalen Praktiken immer unter dem Einfluss besonderer Spannungsverhältnisse, die im Rahmen einer Reorganisation – hier: der Reflexion reflexiver Strukturation – von den Akteuren zu beachten und zu managen sind. Im Einzelnen geht es um das zuvor bereits erwähnte, im Beratungsprozess zentrale Spannungsverhältnis von Verändern und Bewahren sowie um die hiermit verknüpften Spannungsverhältnisse von Autonomie und Abhängigkeit, Nähe und Distanz sowie Vertrauen und Kontrolle. Diese Spannungsverhältnisse werden in den folgenden Abschnitten ausführlich diskutiert und ihr Einfluss auf sowie Verhältnis zu Aktionen und Versuchen reflexiver Strukturation betrachtet.

6.2.1 Organisationale Praktiken im Umbruch: Verändern *und* Bewahren

Verändern *und* Bewahren sind Tätigkeiten, die für den Prozess der Organisationsberatung von zentraler Bedeutung sind. Weder soll in der Regel alles Organisierte ganz anders (gemacht) werden, noch alles so bleiben wie es ist. Selten steht in Reorganisationsprozessen alles auf dem Prüfstand, wird das Ganze radikal in Frage gestellt – ja kann und darf alles in Frage gestellt werden. Zumeist geht es um besondere, mehr oder weniger weitreichende (Re-) Organisationsprobleme, die – wie wir gesehen haben – in Prozessen sozialer Konstruktion zunächst praktisch konstituiert werden müssen. Selbst wenn Grundlegendes der Organisation – was immer das im konkreten Fall sein mag – verändert werden soll, bleibt anderes, ebenso basales erhalten. Ohnehin wird der externe Organisationsberater nicht ausschließlich – vielleicht nicht einmal überwiegend – als Promotor für weitreichende Innovations- und Veränderungsprozesse engagiert, sondern liegt manchem Beratungsauftrag – darauf wurde an anderer Stelle bereits eingegangen – eher das Interesse nach (begründeter) „Veränderungsvermeidung" (268, S. 345) zugrunde. Agiert ein Berater in dem Spannungsfeld von Verändern und Bewahren, so kommt seinen verändernden und/oder bewahrenden Interventionen – als eine spezielle Form des praktischen Beraterhandelns – besondere Bedeutung zu. Wie er sich einmischen, wobei er einschreiten, was er aufstören, wen er irritieren, was er (wie) sanktionieren und wann er wem welche Anregungen geben soll sind stets prekäre Fragen im Rahmen eines Beratungsprozesses. Beispielsweise muss sich der Berater überlegen, ob in der Regel folgenlos bleibendes verbales Anprangern – auch wenn es in Form sachlicher Kritik in schriftliche Gutachten eingebaut oder in professionellen Präsentationen zwischen den Zeilen offenbart wird – gegen die etablierten Routinen und eingefahrenen, rekursiv stabilisierten organisationalen Praktiken sinnvoll und hilfreich ist. Oder ob nicht eine intelligent und geduldig betriebene, sensible De(kon)struktion organisationaler Routinen sowie vorsichtige Versuche einer extern begleiteten reflexiven Strukturation auf den drei Dimensionen des Sozialen erfolgsversprechende(re) Wege der Initiierung organisationaler Veränderungsprozesse sind. Was aber genau meint *sensible De(kon)struktion*, was *reflexive Strukturation*? Und wie soll das im Einzelnen im Rahmen eines Beratungsprozesses vor sich gehen? Um diese Fragen beantworten zu können soll zunächst – im Rahmen eines Exkurses – ein Blick auf die grundlegenden Vorstellungen der Strukturationstheorie zu sozialen Wandlungs- und Veränderungsprozessen geworfen werden. In einem zweiten Schritt werden diese Überlegungen dann für den Prozess der Organisationsberatung und reflexiven Strukturation fruchtbar gemacht.

Wie wird sozialer Wandel möglich?

Im Kontext seiner theoretischen Bemühungen um die Vermittlung von Handlung und Struktur kritisiert Giddens u.a. die – seiner Meinung nach ebenfalls zu überwindende – Zweiteilung von Dynamik (Veränderung) und Statik (Stabilität) in funktionalistischen wie strukturalistischen Theorien, wenn Prozesse des sozialen Wandels thematisiert werden. Zum einen betont er, dass „[t]ime, space and repetition are closely intertwinded" (88, S. 204) und soziale Veränderungsprozesse immer „spatial as well as temporal movement" (88, S. 206) umfassen. Zum anderen hebt er die – auch zeitliche – Kontinuität der sozialen Reproduktion hervor und interessiert sich für die Frage, wie „continuity of form is achieved in the day-to-day conduct of social activity" (88, S. 216). In seinen Untersuchungen zu den Diskontinuitäten der Moderne (93) geht es Giddens vor allem um die Kontinuität sozialer Reproduktionsprozesse, auf deren Basis – auch sprunghafte, revolutionäre sowie disruptive – Veränderungsprozesse erst möglich werden, da die dauerhafte Existenz sozialer Systeme immer eine mehr oder weniger kontinuierliche Strukturation im Zeitverlauf voraussetzt (88, S. 217). Giddens ist bemüht, die – seiner Ansicht nach wenig fruchtbare – Dichotomie in ein Spannungsverhältnis, ein Spannungsverhältnis zwischen *Diskontinuität* (Verändern) und *Kontinuität* (Bewahren) zu überführen (93, S. 4ff). Will man die hiermit verbundene Problematik der (Dis-) Kontinuität sozialer Systeme verstehen so muss die – im Besonderen für Organisationsberater relevante – Frage beantwortet werden, „how the duality of structure operates in social life: of how *continuity of form* is achieved in the day-to-day conduct of social activity" (88, S. 216).

Die dieser Theorie immanenten Vorstellungen von sozialem sowie organisationalem Wandel sind eng verknüpft mit dem zuvor betrachteten Prozess der Strukturation: „the possibility of change is recognised as inherent in every circumstance of social reproduction" (88, S. 210). Wenn es darum geht, den Prozessen organisationalen Wandels, organisationaler Trägheit und dem sozialen Beharrungsvermögen von Institutionen auf die Spur zu kommen, gilt es zu verstehen, „how the practices in question themselves are reproduced" (88, S. 214). Mit anderen Worten: Es geht darum, wie es – nicht ausschließlich – reflexiv handelnden Akteuren *immer wieder* gelingen kann, soziale Praktiken routinisiert fortzuschreiben (Bewahrung) und zugleich andere, veränderte und neuartige (Teil-) Praktiken hervorzubringen. Mit Blick auf eine strukturationstheoretische Analyse sozialer Veränderungsprozesse stellt Giddens (88, S. 215f.) denn auch fest: „in interpreting the relations between social reproduction, stability and change in social systems, we have to connect two modes of analysis. First we have to show how, in the context of the rationalisation of action, definite practices are reproduced: how actors' penetration of the institutions which they reproduce in and through their practices, makes possible the very reproduction of these practices. This necessarily involves applying the theorem I have stressed in previous chapters: that all social actors know a great deal about what they are doing in processes of interaction; and yet at the same time there is a great deal which they do not know about the conditions and consequences of their activities, but which none the less influences their course. Second, we have to investigate the effects of the 'escape' of activity from the intentions of its initiators upon the reproduction of practices, through processes which relate the practices in question to other features of broader social systems of which they are part."

Ansatzpunkte für organisationale Veränderungsprozesse – und damit mögliche Nischen für Interventionsstrategien externer Berater – identifiziert Giddens zum einen bei den kognitiven Kapazitäten der Akteure und ihren Fähigkeiten zum *reflexive monitoring*. Hierbei stehen Personen im Mittelpunkt der Betrachtung (sowie der Intervention) und geht es im Beratungsprozess um eine Erweiterung ihres Reflexionspotentials bzw. um den Ausbau ihrer Fähig- und Fertigkeiten hinsichtlich reflexiver Strukturation. Und in diesem Zusammenhang geht es immer auch um individuelles wie organisationales Lernen. Für den externen, organisationsfremden Berater ist es hierbei von Vorteil, dass er im Rahmen seiner, auf Reorganisation und reflexive Strukturation zielenden Tätigkeiten oftmals von einer beunruhigenden, unruhestiftenden Aura umgeben ist, welche die persönlichen und organisationalen Identitäten herausfordert – und in Frage stellen kann. Die mehr oder weniger intensive Auseinandersetzung mit und das Reiben an dem *Fremdartigen des Beraters* – beispielsweise an seinen befremdlichen Sichtweisen – zwingt Organisation und Organisationsmitglieder explizit oder implizit zu Prozessen der Selbstbesinnung, -bestimmung und gelegentlich zu -veränderung. Die „paradoxe Funktion von ‚Fremden'" (114, S. 142) besteht hierbei darin, „dass sie Selbstidentifikationen gestatten." Und in Folge können externe Berater neue Reflexionserfahrungen und -potentiale in den ratsuchenden Organisationen in Gang setzen und durch An- und Aufregungen Wandlungspotentiale freisetzen, Wandlungsprozesse initiieren (helfen). Wie den Beratern dies im Einzelnen gelingen kann und welche allokativen und autoritativen Ressourcen hierfür erforderlich sein können, wird noch genauer zu diskutieren sein.

Zum anderen sind die nicht-intendierten Konsequenzen intentionalen Handelns der Akteure zu berücksichtigen, die ein externer Beobachter (Berater) aufdecken, bruchstückweise herausarbeiten und – durch entsprechende Eingriffe in organisationale Praktiken – den Akteuren widerspiegeln und zur Kenntnis bringen kann. In diesem Kontext sind zwei weitere Aspekte von grundsätzlicher Bedeutung: Erstens die Rekursivität des Sozialen und zweitens die Rolle der (Handlungs-) Routinen für die fortdauernde Reproduktion sozialer Praktiken. „That is to say, many of the most deeply sedimented elements of social conduct are cognitively (not necessarily consciously, in the sense of 'discursive availability') established, rather than founded on definite 'motives' prompting action [...]. Routine action is action which is strongly saturated by the 'taken for granted'" (88, S. 218). Eine reflexive und zugleich sensible Initiierung organisationaler Veränderungsprozesse muss – schließt man den stets mitlaufenden *inkrementalen* Wandel als nicht intendiertes Ergebnis organisationaler Reproduktionsprozesse an dieser Stelle aus der Betrachtung aus – vor allem an diesen (noch) nicht reflexiv zugänglichen Routinehandlungen, den selbstverständlich und unhinterfragt vollzogenen Praktiken sowie den bisher fraglos hingenommenen Regeln der Signifikation und Legitimation ansetzen. Denn Routinen „wären keine Routinen, wenn wir nicht wenigstens für längere Zeiträume darauf verzichteten, sie in Frage zu stellen" (96, S. 143). Und: „If routine is such an important feature in the continuity of social reproduction, we can approach an account of the sources and nature of social change [...] through attempting to indicate the conditions under which the routinised character of social interaction is sustained or dislocated" (88, S. 219).

Wie können nun dauerhaft etablierte, selbstverständlich akzeptierte, routinisiert abgewickelte soziale Praktiken bewusst hinterfragt, reflexiv verflüssigt und interessiert dekonstruiert oder von veränderungsinteressierten Innovatoren *unterlaufen* werden? Von besonderer Bedeutung für die Auslösung derartiger (Irritations-) Prozesse ist für Giddens (88, S. 124) zunächst das – von den Akteuren entweder nicht-intendiert ausgelöste oder reflexiv inszenierte – Auftauchen *kritischer Situationen*, die auch zum Ausgangspunkt einer (sozialen) Problemkonstruktion werden können: „By a critical situation I mean a set of circumstances which – for whatever reason – radically disrupts accustomed routines of daily life."[73] Diese allgemeine Bestimmung konkretisiert Giddens (88, S. 220f.) mit Bezug auf gesellschaftliche Veränderungsprozesse an folgenden Beispielen:

---

[73] Eine genauere Betrachtung (organisations-) kritischer Situationen „suggests an analysis of routinised social interaction which allows us to connect together two features of the theory of structuration: the conception of a stratification model of the agent on the one hand, and the emphasis upon actors' knowledge of the conditions of their action on the other" (88, S. 127f.).

1. Wandel durch Naturereignisse (Katastrophen) oder durch Konflikte und Auseinandersetzungen mit anderen sozialen Systemen. Mit Blick auf Organisationen kann man beispielsweise an machtvoll geführte Auseinandersetzungen um knappe Ressourcen oder um aktuelle Moden und Leitbilder des (Re-) Organisierens denken. Hierbei werden gegebenenfalls langfristig eingeübte *traditionale* Praktiken durch innovative Formen der Reproduktion ersetzt.[74]
2. Wandel durch divergierende Interpretationen bestehender Normen: Bisher gültige und überlieferte Glaubens- und Handlungssysteme in Organisationen werden mehr oder weniger radikal in Frage gestellt. Es werden neue Interpretations(frei)räume ermöglicht. Im Beratungsprozess werden die Akteure von den Beratern beispielsweise mit alternativen Interpretationen konfrontiert, mit provokativen und geschickt inszenierten Geschichten andere Sichtweisen ermöglicht. Akzeptierte Glaubenssätze der Organisation werden öffentlich bezweifelt, kulturell verankerte Normen (szenisch) in Frage gestellt.
3. Wandel durch unmittelbares (machtvolles) Bestreiten des Legitimationscharakters bestehender Routinen und Verfahren sowie durch das Anzweifeln etablierter Herrschaftsverhältnisse.

Der dritte Aspekt ist für Giddens die fundamentalste Quelle sozialer Veränderung und soll daher genauer betrachtet werden. Die hiermit notwendigerweise verknüpfte Ent-Routinisierung (*de-routinisation*) organisationaler Abläufe und Praktiken – im Besonderen hinsichtlich legitimatorischer Regeln – wird zu *dem* bewegenden Moment des Wandels. Der Begriff Ent-Routinisierung umfasst bei Giddens (88, S. 220) aber mehr als ausschließlich legitimatorische Aspekte. Er bezieht sich auf jede Form machtvoller Einflussnahme, „that acts to counter the grip of the taken-for-granted character of day-to-day interaction. [...] Any influences which corrode or place in question traditional practices carry with them the likelihood of accelerating change." Zwar verfügen reflexiv agierende Akteure immer über ein gewisses Maß an „*discursive penetration* of the social systems to whose constitution they contribute" (88, S. 5) aber zugleich bleiben ihnen zahlreiche Eigenschaften dieser Systeme selbstverständlich, bleiben dauerhaft frag- und problemlos sowie gelegentlich

---

[74] Aus einer (sozial-) ökonomischen Perspektive wäre in diesem Zusammenhang eine strukturationstheoretische Untersuchung des – sozial konstruierten – Konkurrenz- und Wettbewerbsdrucks hilfreich und die Frage interessant, warum und wie durch diesen zunächst unspezifischen *Druck* Veränderungsprozesse organisationaler Praktiken erfolgreich initiiert werden können.

auch unverständlich. Dies als Vorwurf zu formulieren oder lediglich für einen Appell an die permanente Lernbereitschaft der Akteure zu benutzen übersieht die handlungsnotwendige Schutzfunktion des Selbstverständlichen sowie von routinisiert ausgeführten sozialen (organisationalen) Praktiken.[75] Reduktion von Komplexität auch durch nicht-reflexiv gewordene Strukturationsprozesse in Organisationen, die Handeln zugleich ermöglichen *und* einschränken sowie das hiermit verbundene Nicht-(alles)-Wissen sind für den Giddens'schen Ansatz denk- und handlungsnotwendig. Folglich stehen (nicht nur) Organisationen und Organisationsmitglieder vor dem – von ihnen nicht erkannten und oftmals nicht ohne fremde Hilfe erkennbaren – Risiko, Opfer von selbst(re)produzierten und selbstorganisierten Ideologien, Mythologien und Routinen zu werden, die einige Akteure – dann doch wieder reflexiv! – als Machtressource für die Durchsetzung ihrer (Einzel-) Interessen nutzen können.

Von externen Beratern reflexiv initiierte Verfahren der Ent-Routinisierung in Organisationen können zunächst mit einer (elementaren) Verunsicherung der betroffenen Akteure verbunden sein: Berater als Parasiten der Unsicherheit! Und sie führen – allerdings nur wenn sie sensibel veranlasst und (sozial-) kompetent begleitet werden – zu einem selbstbewussten Bezweifeln und reflexiven Befragen von bisher bloß gewohnheits- und routinegemäß ausgeführten organisationalen Praktiken und erst in Folge zu ihrer (langsam beginnenden) Veränderung. Die Interventionen eines strukturationstheoretisch angeleiteten Beraters zielen im Allgemeinen auf eine reflexiv angeleitete Steigerung der Reflexivität der Akteure durch Aufstörung, Verunsicherung, Irritation, Provokation, Verfremdung und/oder paradoxe Intervention sowie auf – dadurch erst möglich werdende – individuelle und organisationale Lernprozesse. Über eine Veränderung ihrer Fähig- und Fertigkeiten – genauer: ihrer reflexiven Kompetenzen – werden den Akteuren neue Sichtweisen eröffnet, die, immer in Kombination mit der Nutzung etablierter sowie neuer allokativer wie autoritativer Ressourcen, langfristig zu anderen organisationalen Praktiken und mehr oder weniger zeitgleich zu einer modifizierten Organisation führen (können). Ressourcen sind in diesem Prozess sowohl für Berater als auch für Klienten von besonderer Bedeutung denn die mit ihnen verbundene Macht „is the capacity to achieve outcomes" (90, S. 257).

---

[75] Etablierten (Handlungs-) Routinen und Routinisierungsprozessen kommt eine sicherheitsstiftende Funktion im Rahmen der „ontological security" als „a sense of confidence and trust that the world is as it appears to be" (122, S. 8) zu, die durch entroutinisierende externe Interventionen immer auch ge- oder zerstört werden kann (oder gerade soll).

(Re-) Organisation als Reflexion reflexiver Strukturation

Der Prozess des Organisierens sowie organisationale Veränderung können – das wurde bereits deutlich – zum einen intendiert, das heißt von Beratern und/oder Klienten absichtsvoll und reflexiv eingeleitet werden, ohne dass damit automatisch eine Realisierung wie von den Akteuren beabsichtigt gewährleistet ist. Zum anderen können sie nicht intendiert sein oder stärker selbstorganisiert verlaufen. Im ersten Fall kann man von Reorganisation, im zweiten von Evolution sprechen: „Reorganisation ist die bewusste, reflexive Re-Strukturation des Handlungsfeldes ‚Organisation', die auf Veränderung ihrer Regeln und Ressourcen zielt und sich in allen Dimensionen des Sozialen abspielt: als Versuch, etablierte Signifikations-, Legitimations- und Herrschaftsstrukturen zu verändern. Das unterliegt wie alles organisationale Handeln der Rekursivität von Struktur" (228, S. 333). Reorganisation ist in Folge gekennzeichnet durch ein genau(er) zu spezifizierendes Maß an „Formalität – formale Verfasstheit und Regulation" (228, S. 318). Evolutionäre Veränderung kann Reorganisation begleiten, kann eingewoben in Prozesse reflexiver Strukturation vonstatten gehen: „Evolution verläuft aber auch über von vornherein ungeplanten Wandel und über Auslese. Evolution [...] impliziert nicht schon eine wie immer definierte Höherentwicklung" (228, S. 333). Wollen externe Berater Veränderungsprozesse in Organisationen in Gang setzen und Prozesse reflexiver Strukturation anstoßen und (mit-) gestalten so ergeben sich aus einer strukturationstheoretischen Perspektive im Besonderen vier Fragestellungen:

1. Welche (inter-) organisationalen Praktiken haben Einfluss auf die in der Organisation wahrgenommene Problemsituation? Welche Praktiken und Routinen sowie damit (rekursiv) verknüpfte Regeln und Ressourcen konstituieren und (re-) produzieren diese Probleme?

2. Wo soll, kann und darf der Hebel der Intervention angesetzt werden? Durch welche – externen und/oder internen – Ressourcen können organisationale Praktiken gezielt beeinflusst und verändert werden? Wie spielen die drei Dimensionen des Sozialen bei Prozessen organisationalen Wandels zusammen?

3. Wodurch sind die ausgelösten Veränderungsprozesse in ihrem Ablauf zudem beeinfluss- und steuerbar? Wann (und wodurch) wird die externe Intervention zu einem effizienten Selbstläufer, wann verursacht sie ineffiziente, nicht intendierte – aber vielleicht identifizierbare – Entwicklungen?

4. Welche veränderungsvermeidenden, stabilitätsfördernden und welche veränderungsinitiierenden, destabilisierenden und irritierenden Praktiken sind in der Organisation von Bedeutung?

Welche kann, welche darf ein externer Organisationsberater (wie) offenlegen und beeinflussen?

Grundsätzlich müssen die, einem strukturationstheoretisch orientierten Berater zur Verfügung stehenden Interventionsformen und Ressourcen mit Blick auf die – organisationsspezifisch ausgeprägten, in rekursiven Prozessen reproduzierten und stabilisierten – organisationalen Praktiken eingesetzt werden. Die externen Interventionen müssen intern anschlussfähig sein. Hinsichtlich der zuvor aufgeworfenen Fragen sind für externe Berater generell drei – den Dimensionen des Sozialen entsprechende – Interventionsformen relevant.

Dimensionen des Sozialen: Interventionse-benen der Be-ratung:	Signifikation	Domination	Legitimation
Reflexive Kommunikation: **Tranzendiere die Leitbilder der Organisation und (wi-der-) sprich**	Analyse und Veränderung interpretativer Schemata sowie deren Reproduktions-weise.	Wer kommuni-ziert übt Macht aus.	Wer kommuni-ziert bezieht sich auf Regeln der Legitima-tion.
Reflexive Ausübung von Macht: **Reflektiere die Bedeutung und Einsatz-möglichkeiten allokativer und autoritativer Ressourcen**	Die Ausübung von Macht folgt interpretativen Schemata bzw. Organisations-bildern.	Analyse und Veränderung der Formen der Ausübung von Macht durch Variation und Entwicklung des Einsatzes allo-kativer und au-toritativer Res-sourcen.	Machtausübung wird von legiti-mierenden Re-geln mitbe-stimmt und kon-kretisiert.
Reflexive Sanktionie-rung: **(Er-) Kenne die in der Organi-sation gelten-den Normen**	Wer sanktioniert nimmt Bezug auf interpreta-tive Schemata.	Wer sanktioniert bzw. sanktionie-ren kann übt Macht aus.	Analyse und Veränderung von Normen so-wie der positi-ven wie negati-ven Verfahren der Sanktionie-rung.

Abbildung 6.3: Strukturationstheoretisch informierte Interventionsformen externer Berater

Erstens kommunizieren Berater mit den Mitgliedern der ratsuchenden Organisation *und* beabsichtigen, durch (Mit-) Sprache eine Veränderung organisationsinterner Kommunikationsprozesse sowie der hier vorherrschenden Leitbilder und interpretativen Schemata auszulösen. Kommunikation *ist* demgemäß immer schon Intervention (vgl. hierzu nochmals den zentralen Stellenwert der kommunikativen Interventionsformen im Kontext der systemischen Beratung). Zweitens üben Berater bewusst Macht aus *und* zielen auf eine Veränderung der Ausübung von Macht in Organisationen, das heißt der – dort selbst machtvoll betriebenen – reflexiven Reproduktion autoritativer und allokativer Ressourcen. Drittens sanktionieren Berater bestimmte Prozesse, Verfahren und Aktionen während eines Beratungsprozesses *und* intendieren eine Veränderung der, in der Organisation geltenden und reproduzierten Normen.

Diese Überlegungen gilt es weiter zu präzisieren. Es muss geklärt werden, wie – das heißt mit welchen sprachlichen (Ausdrucks-) Mitteln und (Gesprächs-) Formen sowie allokativen und autoritativen Ressourcen – der Berater den Prozess der reflexiven Strukturation und hier im Besonderen die interpretativen Schemata, die Formen der Ausübung intra- wie interorganisationaler Macht sowie die, an Normen orientierten, Verfahren der Sanktionierung ziel- und problemorientiert beeinflussen kann. Hierbei gilt: „Die Formulierung und Etablierung von Regeln und die Bereitstellung von Ressourcen erfolgt reflektiert, das heißt: die Strukturation ist im Fall von Organisationen [und von Organisationsberatung, A.L.] [...] Resultat einer um Zweckmäßigkeit bemühten Reflexion" (228, S. 317). Die zuvor bereits angedeuteten Maßnahmen reflexiver Strukturation – Störung, Irritation, Verfremdung und Verunsicherung – als basale Interventionsmöglichkeiten eines externen Beraters auf den drei Dimensionen des Sozialen können u.a. durch folgende Vorgehensweisen ausgelöst bzw. hervorgerufen werden (95, S. 189; 88, S. 225ff.):

1. Durch das Ausnutzen des Spannungsverhältnisses von Autonomie und Abhängigkeit zwischen den interagierenden Akteuren (Bedeutung von Machtpotentialen und -spielen sowie den hier jeweils relevanten Ressourcen).

2. Durch die ungleiche, nicht aufeinander abgestimmte und ungleichzeitige Entwicklung verschiedener Aspekte und Bereiche eines sozialen Systems (Branchen, Sektoren, strategischen Geschäftseinheiten, Abteilungen, Personen etc.).

3. Durch kritische Phasen des Reproduktionsprozesses, in dessen Verlauf das bisherige Verhältnis und die etablierten Beziehungen zwischen zentralen Institutionen und/oder Akteuren verändert werden.

Welche *Modalitäten der Machtausübung* stehen Beratern und Klienten vor diesem Hintergrund für ihr Agieren in Reorganisationsprozessen zur Verfügung? Eine erste Auskunft gibt Abbildung 6.4, die Ansatzpunkte für eine Aufweichung, De(kon)struktion und – als mögliche Folge – intendierte Veränderung organisationaler Praktiken und Routinen erkennen lässt, an denen ein externer Berater ansetzen, mit der reflexiven Strukturation beginnen kann. Eine beabsichtigte bzw. planvoll betriebene Veränderung der Organisation kann aber immer nur dann in Gang kommen wenn die Akteure über praktisch wirksame – individuell oder im Team aktualisierbare – allokative und autoritative Ressourcen verfügen können.

Dimension	Regeln der Signifition		Regeln der Legitimation	Autoritative Ressourcen	Allokative Ressourcen	
	sinnlich-ästhetische Dimension	kognitive Dimension	Normative Dimension	Politische Dimension	Ökonomische Dimension	Technische Dimension
Ebene der Modalitäten	Muster der Wahrnehmung: schön/hässlich; beeindruckend/langweilig Formen von Handlungen und Handlungsgegenständen sowie Handlungsmitteln und Resultaten: Attraktivität; Architektur der Disziplin; Ästhetik der Macht	Deutungsschemata: Organisationsvokabular, Mythen, Symbole, Leitbilder Expertenwissen	rechtliche Normen organisatorische (formelle und informelle) Regeln insbesondere: Vorgabe von Handlungs- und Entscheidungsprämissen, Ausführungsprogramme	Autorität Administration/Organisation insbesondere: Arbeitsorganisation, bürokratischer Herrschafts- und Verwaltungsapparat Fähigkeiten und Fertigkeiten der Akteure	ökonomische Machtmittel (Geld und geldwerte Güter, Investitionen, Budgets)	Rohstoffe Produktionstechnik Informationstechnik
Ebene der Handlung	Sinnliche Wahrnehmung und Formgebung/Gestaltung	Kommunikation	Sanktion	autoritativ-administratives Handeln	wirtschaftliches Handeln	Technisierung

166

Potentiale der Beratung	Impression Management distanzierte/distanzierende Arroganz Gestaltung von Gebäuden, Tagungsräumen, Büros, Folien und Texten Outfit (Kleidung) von Personen	Fach- und Theoriesprache Leitbilder des Re-Organisierens Moden und Denkmuster der Management- und Beratungsliteratur Fremdheit/ fremder Blick Moderation und Diskussionsführung	Normen rationaler Unternehmensführung (lean, effizient, kundenfreundlich, digitalisiert, agil etc.) Normen solider Beratung und guter Beratungspraxis monetäre Bewertungsmaßstäbe	spezifisches (Beratungs-) Know-how Kernkompetenzen Herstellung von Wissen (Drohung mit dem) Abbruch der Beratung Reputation der Berater: Neutralität, Objektivität und Seriosität	Geld Produktionsmittel Produkte Know-how (z.B. Reorganisation, Prozesse, Digitalisierung, Produktion, Personawirtschaft, social capital)	Computer Software KI Technik Know-how (z.B. Moderationstechnik)

Abbildung 6.4: Modalitäten der Einflussnahme und Machtausübung der Beratung (227, S. 30)

Auf der Grundlage eines strukturationstheoretischen Ansatzes können andere Vorstellungen von Wandlungsprozessen in Organisationen als in Konzepten und Verfahren der Fremd- oder Mit-Organisation entwickelt werden. Neben den – von systemischen Beratern bevorzugten – Möglichkeiten der Kontextsteuerung und kommunikativen Intervention stehen hier diejenigen (Kern-) Kompetenzen externer Berater im Vordergrund, die durch Rückgriff auf und Einsatz von entsprechenden allokativen und autoritativen Ressourcen Anstöße zu reflexiven, de-routinisierenden Veränderungsprozessen auf den drei Dimensionen des Sozialen auslösen können. Konkret geht es hierbei um die, immer nur eingeschränkt mögliche, Einflussnahme auf organisationsspezifische interpretative Schemata, Modalitäten sowie Normen, die in organisationalen

Praktiken rekursiv und routinisiert reproduziert werden. Diese Sicht der Dinge nimmt – auch extern unterstützten – „Reorganisationsprozessen viel von jener wohlgeordneten Rationalität, die ihnen Lehrbücher zu attestieren pflegen und die sich nicht nur in unbeeinträchtigten Zweck-Mittel-Hierarchien und dementsprechend ‚rationalen' Schrittfolgen und Phasenschemata auszudrücken pflegt, sondern auch in der mehr oder minder ungebrochenen Vorstellung, auch die Resultate von Reorganisationsprozessen seien angemessen als Resultate intendierten Handelns zu begreifen. [...] Auch Darstellungen organisationalen Wandels müssen eine ganz andere Form besitzen und, kurz gesagt, mit Begriffen wie Episoden, Koinzidenzen, kritischen Schwellen des Wandels operieren, mit Kontingenz, Notwendigkeit *und* Zufall rechnen [...], die den Wandel in bestimmte Verläufe, Trajektorien, zwingen kann" (228, S. 334f.). In diesem Diskussionszusammenhang wird erneut aktuell und bedeutsam, was Ekkehard Kappler *Praxistheorie* genannt hat. Hier wie dort kommt es auf eine Betrachtung des Prozesses an, „in dem ein Berater den zu Beratenden in die Situation versetzt, etwas über die Einflussgrößen zu erfahren, die er, der zu Beratende immer schon – zum Großteil undurchschaut, vielleicht sogar verdrängt, aber dennoch handlungswirksam – im Kopf hat. Der Grundgedanke solcher Praxistheorie der Beratung ist einfach: Keiner entscheidet ins Blaue hinein, aber keiner ist auch in der Lage, genau anzugeben, was die Einflussgrößen sind, die ihn in der Situation so und nicht anders entscheiden lassen" (139, S. 258) und – so kann aus strukturationstheoretischer Perspektive ergänzt werden – wie die Folgen seiner Entscheidungen und Handlungen aussehen bzw. sich auswirken werden. Wenn in Prozessen externer Organisationsberatung und reflexiv betriebener Strukturation die in Organisationen aktualisierbaren autoritativen und allokativen Ressourcen sowie signifikatorischen und legitimatorischen „Einflüsse nun etwas bewusster gemacht werden können, dann kann in diesem ‚etwas bewusster machen' der Beratungsprozess gelingen" (139, S. 258) und der andauernde rekursive Prozess des (Re-) Organisierens in eine neue (Spiel-) Runde gehen. Ein neues (altes) Grundpostulat der hieraus resultierenden Vorgehensweise in Beratungsprozessen lautet: „Aus dem Kopf des Beratenen muss sich die Lösung entwickeln. Sie kann nicht hineingetrommelt werden" (139, S. 259).

Welche allokativen und autoritativen Ressourcen spielen nun bei einer derartigen Vorgehensweise eine besondere Rolle und wie können sie von den Akteuren reflexiv zur Geltung gebracht, intendiert in der organisationalen Praxis aktiviert werden? Um in diesem Punkt mehr Klarheit zu gewinnen, erfolgt – bevor das Spannungsverhältnisses von Bewahren und Verändern genauer betrachtet wid – ein kurzer Exkurs zu den Überlegungen des „resource-based view", der Anschlussmöglichkeiten (industrie-) ökonomischer Theoriebildung an den strukturations-theoretischen Ressourcenbegriff ermöglicht.

Exkurs: Der ressourcenbasierte Ansatz des Strategischen Managements

Der *resource-based view* bzw. der ressourcenbasierte Ansatz des Strategischen Managements richtet sein Hauptinteresse auf die individuellen Stärken und Schwächen eines Unternehmens. Sein analytischer Blick richtet sich nach innen und auf die Frage, wodurch sich ein Unternehmen von der Konkurrenz unterscheiden und absetzen kann. Aufgrund welcher Ressourcen und Ressourcenkombinationen gelingt es Unternehmen (strategische) Wettbewerbsvorteile zu erlangen und diese dauerhaft zu reproduzieren? Bereits 1959 hat Penrose folgende – in dem hier diskutierten Kontext wieder aktuelle – Behauptung aufgestellt: „The fact that most resources can provide a variety of different services is of great importance for the productive opportunity of a firm. It is the heterogeneity, and not its homogeneity, of the productive services available or potentially available from its resources that gives each firm its unique charakter" (231, S. 75f.). Der Erfolgsmaßstab, an welchem sich die (einzigartigen) Fähigkeiten einer Organisation, unternehmensspezifische Wettbewerbsvorteile und eine – im Vergleich zur Konkurrenz – bessere Performance bewerten lässt, ist gemäß den Vertretern des ressourcenbasierten Ansatzes der *Gewinn*. Realisiert werden (supranormale) Gewinne durch unterschiedliche, quantitativ wie qualitativ bessere Ausstattung der Organisation mit selbst(re)produzierten Ressourcen. Der hier zugrunde liegende Ressourcenbegriff – auf den es in unserem Diskussionszusammenhang ankommt – wird von Wernerfelt (339, S. 172) wie folgt skizziert: "By a resource is meant anything which could be thought of as a strength or weakness of a given firm. More formally, a firm's resources at a given time could be definded as those (tangible and intangible) assets which are semipermanently tied to the firm. Examples of resources are: brand names, in-house knowledge of technology, employment of skilled personnel, trade contracts, machinery, efficient procedures, capital etc."[76] Die von Wernerfelt begonnene Nennung von Ressourcen ließe sich – aufgrund der Unspezifiziertheit des zugrundegelegten Ressourcenbegriffs – umfassend erweitern. Eine derartige Liste wäre jedoch immer mit dem Makel behaftet, nichts

---

[76] Hierbei ist die Fachterminologie des ressourcenorientierten Ansatzes keineswegs einheitlich. „Irritationen können insbesondere daraus entstehen, dass neben dem Ressourcenbegriff noch Begriffe wie ‚Organizational Capabilities', ‚Core Competences' [...], ‚Strategic Assets' u.a.m. auftauchen, deren Beziehung zueinander ungeklärt ist" (159, S. 464).

darüber auszusagen, wie und von wem diese Ressourcen in der organisationalen Praxis im Allgemeinen und in Reorganisationsprozessen im Besonderen zum Einsatz gebracht, wie sie praktisch – das heißt in organisationalen Praktiken wirksam – werden können. Bevor wir uns mit dieser Frage näher beschäftigen, soll daher ein Blick auf die Bedingungen geworfen werden die erfüllt sein müssen, damit (strategische) Wettbewerbsvorteile von einer – und im Idealfall nur von einer – Organisation dauerhaft (re-) produziert werden können. Barney (12, S. 105ff.) – ein Hauptvertreter des ressourcenbasierten Ansatzes – identifiziert vier derartige Bedingungen:

1. Die Ressourcen müssen einen Wert für die Organisation besitzen. Sie müssen Einfluss auf Effizienz und Effektivität einer Organisation haben. In diesem Zusammenhang besteht ein Bewertungsproblem.
2. Die (wichtigsten) Ressourcen sollten knapp (selten), zumindest nicht im Überfluss vorhanden sein. Es besteht – bei Überfluss – ein Problem der künstlichen Verknappung.
3. Die Ressourcen dürfen nicht substituierbar, durch andere unproblematisch ersetzbar sein. Gegebenenfalls besteht ein Substitutionsproblem.
4. Die Ressourcen müssen durch eine Art Kopierschutz, d.h. den Aufbau und Erhalt spezifischer Imitationsbarrieren abgesichert werden. Es besteht ein (Ressourcen-) Schutzproblem.[77]

---

[77] Vgl. hierzu die Arbeit von Winter (350), der im Rahmen einer Befragung von F&E-Managern untersucht hat, was getan werden kann, um sich vor einer Imitation innovativer Erkenntnisse und organisationsrelevanter Ressourcen zu schützen. Knyphausen (159, S. 468f.; 158, S. 776f.) diskutiert vier Schutzmechanismen die bewirken, dass Ressourcen nicht oder nur zu hohen Kosten von anderen Organisationen imitiert werden können: (1) die Zeitlichkeit sozialer Systeme und die Historizität der Unternehmenskultur; (2) kausale Ambiguitäten, d.h. es ist nicht genau bekannt und bestimmbar, wie und wodurch die besonderen Fähigkeiten eines Unternehmens generiert werden; (3) hohe soziale Komplexität (z.B. gruppenspezifisch gebundenes Know-how), d.h. es gibt keine oder nur wenige Mittel und Wege für Dritte, den Wettbewerbsvorteil eines Unternehmens zu kopieren; (4) die Organisation verfügt über besondere Möglichkeiten, z.B. in der Vergangenheit getätigte Investitionen, um *asset specifity* aufzubauen und Ressourcen dauerhaft (an sich) zu binden. Petts (235, S. 552) nennt im Rahmen einer Diskussion des resource-based view und des Core Competence Concepts weitere, für die Einmaligkeit von Ressourcen bedeutsame Eigenschaften: (1) Unsichtbarkeit, (2) Dauerhaftigkeit (*durability*), (3) Angemessenheit (*appropriability*) sowie (4) Überlegenheit (*superiority*). Je stärker diese Eigenschaften einer Ressource ausgeprägt sind, desto wertvoller kann sie für ein Unternehmen und/oder für denjenigen sein, der über sie verfügen, sie praktisch anwenden kann.

Diese Bedingungen – im Besonderen diejenige der Imitierbarkeit – öffnen den ressourcenbasierten Ansatz für vielfältige Überlegungen der Organisations- aber auch der Strukturationstheorie. Diese Anschluss- und Ausbaufähigkeit des Ansatzes ist sich Barney (12, S. 116) bewusst, wenn er betont: „These resources include a broad range of organizational, social, and individual phenomena within firms that are subject of a great deal of research in organization theory and organizational behavior." Die Ressourcen einer Organisation sind nicht bloß materielle, materialisierte Güter oder explizit „auf Blaupausen vorhanden, sondern in die Tiefenstrukturen der organisatorischen Lebenswelt eingeschrieben" (159, S. 467; 158, S. 776). Der Ansatz macht folgerichtig – dies allerdings eher indirekt – „Gebrauch von der Theorie organisationalen Lernens, insbesondere von dem Konstrukt des impliziten organisatorischen Wissens, von der Theorie der Unternehmenskultur, vor allem ihrer Betonung historisch gewachsener Praktiken und Verfahrensweisen, und schließlich von Organisationstheorien, die auf die Entstehung und Bedeutung *emergenter* organisatorischer Prozesse und deren Bedeutung für die Funktionstüchtigkeit von Systemen verweisen (informale Organisation, spontane Kooperation usw.)" (272, S. 485). Entsprechend geht es nicht ausschließlich um die Anhäufung materieller Ressourcen (Kapital, Geld, Maschinen, Technik), sondern gerade um die Art und Weise sowie die Möglichkeiten ihrer konkreten Genese, Nutzung und Verwendung in wiederkehrenden organisationalen Praktiken. Es geht um „productive services available or potentially available from its resources" (231, S. 75f.). Organisationsspezifische Ressourcen entstehen, werden konkretisiert und reproduziert in und durch organisationale Praktiken und zugleich sind sie in diesen Praktiken rekursiv eingeschrieben, machen diese erst möglich. In strukturationstheoretischer Perspektive spielt bei dem Konstitutions- und Anwendungsprozess der Ressourcen vor allem praktisches – nicht nur diskursives und damit mehr oder weniger problemlos teil- und erlernbares – Wissen der Akteure eine zentrale Rolle. Nur im zweiten Fall können diese Ressourcen überhaupt imitiert und über zeitraubendes *Learning (by Doing)* auch von anderen Akteuren angeeignet werden.

6.2.2 Interventionen externer Berater auf den drei Dimensionen des Sozialen

Der Prozess der Organisationsberatung kommt, wie wir zuvor gesehen haben, in strukturationstheoretischer Perspektive als Reflexion reflexiver Strukturation, als reflexive Veränderung organisationaler Praktiken daher, die über Organisationsgrenzen hinweg vollzogen wird und stets mit dem Spannungsverhältnis von Verändern und Bewahren konfrontiert ist. Konkret: Im Beratungsprozess müssen Leitbilder und interpretative Schemata verändert *und* in Teilbereichen erhalten, Normen diskutiert, hierbei variiert *und* bewahrt sowie allokative und autoritative Ressourcen um-, aus- und abgebaut werden. Wie dies im Einzelnen vor sich gehen kann, ist Gegenstand der folgenden Überlegungen.

Organisationale Praktiken der Interpretation und Sanktionierung: Analysieren, verändern und bewahren
Regeln der Signifikation – als generalisierbare Verfahren der Auslegung und Deutung – und auf ihnen beruhende, in sie eingebettete organisationale Praktiken der Interpretation sind für Prozesse der Reorganisation insofern bedeutsam, als sie den handelnden Akteuren bei ihrem praktischen Tun Orientierungsmöglichkeiten und –sicherheiten geben, Sinnstiftung auf einer organisationsumfassenden (oder -übergreifenden) Ebene ermöglichen.

Regeln der Legitimation und hiermit rekursiv verknüpfte Praktiken der Legitimierung, Normierung und Sanktionierung spielen in Organisationen immer dann eine zentrale Rolle, wenn es um grundlegende Fragen der (normativen) Orientierung aber ebenso um Einsichten, Vermittlungs- und Rechtfertigungsprozesse geht. Ordnungsstiftende Leitbilder und interpretative Schemata sowie ein macht*bewusster* Einsatz allokativer und autoritativer Ressourcen müssen organisationsweit vermittelt, auf der Grundlage spezifischer Normen – die alle Mitglieder oder nur eine bestimmte Gruppe betreffen können – gerechtfertigt werden. Oftmals sind die praktisch befolgten Normen den Akteuren selbstverständlich, werden von ihnen fraglos vorausgesetzt, akzeptiert und reproduziert. Selbst eher unsichtbar – d.h. den Akteuren nicht (immer) diskursiv verfügbar – machen Normen anderes einsichtig. Praktiken, die einer (organisationalen) Ordnung legitime Geltung zuschreiben und so die etablierten Regeln der Legitimation reproduzieren – so informiert ein Blick auf die soziologischen Grundbegriffe von Max Weber (333, § 7) – können beruhen auf:

1. Tradition: „Geltung des immer Gewesenen".
2. Affektuellem (emotionalem) Glauben: „Geltung des neu Offenbarten oder des Vorbildlichen".

3. Wertrationalem Glauben: „Geltung des als absolut gültig Erschlossenen".
4. Positive Satzung, „an deren Legalität geglaubt wird". Diese Legalität kann den Akteuren als legitim gelten: „kraft Vereinbarung der Interessenten für diese; kraft Oktroyierung (auf Grund einer als *legitim* geltenden Herrschaft von Menschen über Menschen) und Fügsamkeit".

Sollen in Organisationen Normen verändert werden, so müssen sie – da in der Regel für die Akteure orientierungs- und handlungsanleitend – in einem ersten Schritt von den Beratern identifiziert, ggf. vom praktischen ins diskursive Bewusstsein überführt und damit diskutierbar gemacht werden. Wie zuvor erwähnt kann davon ausgegangen werden, „dass Normen als selbstverständliche, selten aber als bewusste Verhaltenssteuerungen angesehen werden und ihre Wirksamkeit meist erst nach dem Ereignis einsichtig wird, also wenn man nachdenkt" (312, S. 117). Vor diesem Hintergrund stellen sich für externe Berater Fragen nach der Analyse, den Geltungsbedingungen und der möglichen Veränderung von organisationalen Normen. Mit Blick auf die Erhebung macht Titscher (312, S. 116ff.) einen zweiphasigen Vorschlag, der zur Erstellung eines – von ihm so genannten – *Normogramms* führt.
1. Vorbereitungsphase: Als thematische Einstimmung beobachten Organisationsmitglieder gemeinsam mit externen Beratern ausgewählte Arbeits- und Interaktionsprozesse in und zwischen ratsuchenden Organisationen und identifizieren erwünschte (produktive) sowie unerwünschte (störende) organisationale Praktiken. In einer moderierten Diskussion wird anschließend versucht, eine erste Verständigung über die intra- wie interorganisational wirksamen und gelebten Normen zu erreichen. In dieser Phase wird die Sensibilität und Reflexivität der Akteure hinsichtlich des wechselseitigen Umgangs und der hierbei bedeutsamen Erwartungen entwickelt. Das Verhalten der Organisationsmitglieder ist von anderen Akteuren bewusst und themenzentriert – es geht um Normen! – zu beobachten. „Das Arrangement von Interaktionsepisoden, die von beobachtenden Gruppenmitgliedern nachträglich (durch Feedback und zur Art und Weise des wechselseitigen Umganges, also zum Prozess, nicht primär zum Inhalt der Diskussion) kommentiert werden, soll das Bewusstsein für die Wirksamkeit verhaltenssteuernder Regeln (auch jenseits des Falles einer Normverletzung) erhöhen" (312, S. 117).
2. Erhebungsphase: Hierbei erfolgt eine explizite Formulierung der und Einigung auf die in der Organisation (Gruppe) geltenden Normen. Grundlage dieser Einigung ist die Diskussion der zuvor erarbeiteten

Normen-Liste. Anschließend erfolgt eine Zuordnung der Organisationsmitglieder zu den identifizierten Normen.

Praxisnähe – das heißt Anschlussfähigkeit an etablierte organisationale Praktiken – beweist das Normogramm im Besonderen deshalb,
weil man nicht umhinkommt, „sich mit den im konkreten Einzelfall gegebenen inhaltlichen Bedeutungen der Gruppennormen herumzuschla-
gen" (312, S. 134). Trotz dieser Einsicht thematisiert Titscher eine sich
konsequenterweise anschließende dritte Phase, die eine Diskussion der
Geltungsbedingungen sowie von Maßnahmen zur Veränderung (und
Bewahrung) von Normen zum Inhalt haben könnte, nicht. Nachdem
aber die Normen einer Organisation von den Akteuren in einem, gemeinsam mit dem externen Berater vollzogenen Prozess identifiziert,
das Normogramm erstellt worden ist geht es im Rahmen einer sich anschließenden Reorganisation zumeist um weiterführende Fragen wie:

1. Welche Normen sollen, welche können (nicht) verändert werden?
2. Welche Änderungen der Regeln der Legitimation – als verallgemeinerbare Verfahren – sind hierzu erforderlich?
3. Wie können diese Veränderungen (von wem) durchgesetzt werden? Welche allokativen und autoritativen Ressourcen sind hierfür geeignet? Sind diese Ressourcen verfüg- oder beschaffbar?

Entweder kann ein Berater in diesen Phasen zurückhaltend-moderie-
rend vorgehen und bewusst keine neuen, organisationsextern (erfolgreich) praktizierten Normen einbringen, sondern die Ergebnisse der
Gruppenprozesse bzw. die Erstellung des eigenen Normogramms ab-
warten. Oder er kann die Organisationsmitglieder mit anderen Normen
sowie entsprechenden praktischen (Unternehmens-) Beispielen und
(paradigmatischen) Erzählungen konfrontieren. Im ersten Fall wird eine
Identifikation der in der Organisation praktisch reproduzierten Normen
organisationsintern geleistet und ihr Für und Wider unter der Moderation
eines Beraters diskutiert. Ob es zu einer Veränderung der Normen
kommt, hängt von dem Diskussionsergebnis und von den Ressourcen
ab, die die Akteure zur Veränderung ihrer organisationalen Praktiken
aktivieren wollen und können. Im zweiten Fall sorgt der Berater durch
paradigmatische Erzählungen und/oder geschickte Inszenierungen zunächst für Unruhe, Irritation und Anregung. Er provoziert die Organisationsmitglieder durch eine Konfrontation mit anderen, anderswo gültigen
Normen und löst darüber eine ggf. veränderungsstimulierende Debatte
sowie entsprechende Aktionen aus.

Externe Interventionen im Spannungsfeld von Autonomie und Abhängigkeit: Zum Einsatz allokativer und autoritativer Ressourcen

Im Prozess extern unterstützter, reflexiver Strukturation nimmt „Macht als Handlungsfähigkeit" (82, S. 255) den Charakter von „regularized relations of autonomy and dependence between actors or collectivities in contexts of social interaction" (90, S. 16) an. In der (Beratungs-) Praxis konkretisiert sich dieses Spannungsverhältnis an der mehr oder weniger autonomen Verfügbarkeit von allokativen und autoritativen Ressourcen und den damit verbundenen Reflexions-, Unterscheidungs-, Gestaltungs-, Strukturations- und Kontrollpotentialen der Akteure über – für andere relevante – Unsicherheitszonen sowie an der praktischen Ausgestaltung der „dialectic of control". Die Reproduktion der (Un-) Abhängigkeit der Akteure im Beratungsprozess erfolgt auf allen drei Dimensionen des Sozialen, das heißt unter aktiver und rekursiver Bezugnahme auf diese Dimensionen. Akteure können immer dann aktiv in (inter-) organisationale Ereignisse bzw. Praktiken eingreifen, wenn sie autonom auf Regeln der Signifikation Bezug nehmen können, allokative und/oder autoritative Ressourcen eigensinnig nutzen sowie selbstbestimmt legitimatorische Regeln sanktionierend anwenden, diese aber auch fortentwickeln und verändern können. Das praktisch realisierbare Ausmaß der (Un-) Abhängigkeit eines Akteurs kann grundsätzlich charakterisiert werden durch sein Vermögen, selbstgesetzt handeln, selbstbestimmt über allokative und autoritative Ressourcen sowie über Regeln und Verfahren ihrer Anwendung verfügen zu können.

Diese Verfügbarkeit bedeutet im Kontext von Beratungsprozessen zumindest zweierlei: Zum einen müssen prozessrelevante, problemkonstituierende wie problemlösende (veränderungswirksame) Ressourcen von den Akteuren als solche erkannt und reflexiv verfügbar gemacht werden. Zum anderen müssen die wahrgenommenen Ressourcen in Verbindung mit (inter-) organisationalen signifikatorischen und legitimatorischen Regeln sozial *aktivierbar* sein. Sie müssen den Akteuren (handlungs-) praktisch verfügbar sein und Eingang in bzw. Anschluss an organisationale Praktiken finden. Hierbei geht es nicht bloß um wirtschaftliche Unabhängigkeit sowie einen unmittelbaren Zugriff auf Ressourcen (wie beispielsweise das eigene Expertenwissen), sondern ebenso um eine mittelbare über andere Akteure und weitere Beziehungen vermittelte Ressourcenkontrolle. Diese ist immer dann von Bedeutung, wenn sich Berater auf Ressourcenpotentiale (z.B. Einfluss) anderer Interaktionspartner – wie ehemalige Klienten, andere Berater oder Beraterverbände – beziehen und diese in dem aktuell relevanten Reorganisationsprozess interessiert einbringen und nutzen können. Über diese – dem Zugriff der Akteure oftmals nur teil- oder zeitweise zur Verfügung stehenden – Ressourcen hinaus, sind relevante Sets von Regeln und Ressourcen in der Form institutioneller Rahmenbedingungen, etwa als formal-rechtliche Regelungen auf regionaler, nationaler oder transnationaler Ebene sowie als etablierte Geschäfts- und Beratungspraktiken mächtiger Akteure bedeutsam (306, S. 139). Die in der Beratungsliteratur zumeist betonte Autonomie und Unabhängigkeit des externen Beraters sowie ihr – nur vordergründig – umfassend selbstbestimmtes und -reguliertes Auftreten in der Interorganisationsbeziehung zu ihren Klienten ist – wie zahlreiche Stellungnahmen vermuten – nicht nur ein zentraler Erfolgsfaktor der Beratung, sondern *das* konstitutive Element der Neutralität und Objektivität der Beratung überhaupt – wenn diese von den Klienten in dieser Form überhaupt gewünscht werden. Im Kontext der Autonomiedebatte – und mit Blick auf den konkreten Nutzen der externen Berater für die ratsuchende Organisation – werden Tugenden wie Objektivität, Neutralität und Distanziertheit, als spezielle Formen ihrer Unabhängigkeit, wiederkehrend hervorgehoben oder präskriptiv eingefordert (140, S. 117; 1, S. 202). Berater sollen demnach eine „mentality of independence" bewahren, welche es ihnen ermöglicht „to step back from the proverbial trees to see the forest" (106, S. 29). Und ebenso gilt: „Grundlage der Arbeit des Beraters ist seine innere Unabhängigkeit. Je unabhängiger er ist – z.B. auch von dem Erwarten, nach Lösung der Aufgabe eine Referenz zu erhalten – desto freier und objektiver ist er in seinem Urteil" (1, S. 209). Diese – wie wir sehen werden – voreilig formulierten (An-) Forderungen an Distanz und Distanziertheit, Objektivität und Neutralität sowie Autonomie des externen Beraters werden in der Literatur nur selten durch kritische (Rand-) Bemerkungen relativiert. Mit viel Gespür für die Erfordernisse der Beratungspraxis stellt aber beispielsweise Marner (200, S. 36) fest: „Ein Unternehmensberater wird genau das tun – und zur Sicherung seiner Existenz auch tun müssen –, was er u.U. einem kriselnden Unternehmen raten würde: das Leistungsangebot den Marktverhältnissen [und damit den Wünschen und Erwartungen seiner Klienten, A.L.] anpassen." Und Tschierschky (321, S. 43) merkt mit Blick auf die Beteiligung externer Berater an Entscheidungsprozessen in Unternehmen kritisch an: „Es scheint [...] als sei die Unabhängigkeit eines Hochschullehrers eher geeignet, den Anforderungen gerecht zu werden, die Wirtschaftsprüfung und Wirtschaftsberatung stellen, als die der freiberuflich ‚Unabhängigen'." Die immer wieder betonte wirtschaftliche, persönliche und intellektuelle Autonomie eines externen Beraters ist aber nicht selbstverständlich – etwa lediglich aufgrund seines organisationsexternen Status – gegeben, sondern konstituiert sich erst in und durch die sozialen Interaktionspraktiken und ist kontingentes Ergebnis einer gelingenden (Re-) Produktion der Berater-Klienten Beziehung. Seine Autonomie – wie auch die (Un-) Abhängigkeit des Klienten – ist immer eine relative und stets mit fremdgesetzten An-

sprüchen, Anforderungen, Erwartungen und Kontrollpotentialen konfrontiert. In der Regel beruht die "external consultant's job security [...]
on producing profit for their consulting firms. Hence external consultants
are strongly influenced by clients, especially ones that provide a larger
revenue" (140, S. 116). In der Regel sind externe Berater „– gleich in
welcher Rolle – Helfer und Werkzeuge der Unternehmensleitung" (319,
S. 66f.) und damit immer auch von ihrem Auftraggeber abhängig.

Obwohl die interne Beratung von Organisationen nicht im Mittelpunkt der hier diskutierten Thematik steht, möchte ich an dieser Stelle
kurz auf diese besondere Beratungsform eingehen. Interne Berater stehen immer in einem speziellen Abhängigkeitsverhältnis zu ihren Klienten, und was in der Fachdiskussion als Nachteil dieser Beratungsform
gilt wird zumeist unkritisch als immanenter Vorteil externer Beratung interpretiert. So ist (nicht nur) bei interner Beratung die Berater-Klienten-
Beziehung durch besondere Abhängigkeiten geprägt. Diese lassen
„sich in eine finanzielle und eine institutionelle unterscheiden. Die **finanzielle Abhängigkeit** ist dadurch gekennzeichnet, dass der Berater nur
von der Unternehmung als alleinigem Geldgeber sein Gehalt erhält. Die
institutionelle Abhängigkeit bezieht sich auf das Eingebundensein
des Beraters in die Struktur und das formale und informale Beziehungs-
geflecht der Unternehmung. Beide Aspekte der Abhängigkeit können
die Objektivität und Neutralität des Beraters in Beratungsprojekten be-
einträchtigen" (151, S. 112). Darüber hinaus besteht bei interner wie externer Beratung eine Abhängigkeit von den jeweils vorhandenen, den
beteiligten und/oder betroffenen Akteuren zur Verfügung stehenden allokativen und autoritativen Ressourcen, auf die sie sich in ihrem Handeln rekursiv beziehen (können). So können sich die „Abhängigkeiten
eines Akteurs in der Sphäre der Ökonomie [...] darauf beziehen, dass
andere mächtige Akteure in der Lage sind, die für das Geschäft relevanten Sichtweisen und Begrifflichkeiten zu prägen, die wichtigen Regeln
der Sanktionierung, Normierung und Standardisierung sowie die damit
einhergehenden Rechte und Verpflichtungen der Akteure zu etablieren
und relevante Modi der Nutzung von Ressourcen festzuschreiben!"
(306, S. 51). Und immer geht es in diesem Zusammenhang auch um die
(ressourcenabhängige) Kontrolle von relevanten Unsicherheitszonen
anderer Akteure sowie um die mikropolitisch (vor-) angetriebene Beeinflussung von, in der Beziehung bedeutsamen Ressourcen. Für die Ausgestaltung des Spannungsverhältnisses von Autonomie und Abhängigkeit in der Berater-Klienten Beziehung sind aus der Perspektive des internen wie externen Beraters zumindest folgende Ressourcen relevant:

- seine Expertise in fachspezifischen (Inhalte), prozessualen
  (Abläufe, Verfahren) und/oder mikropolitisch brisanten The-
  menbereichen,

- seine (Vor-) Informationen über den ratsuchenden Klienten (Personen), die Klientenorganisation und/oder die Branche,
- seine wirtschaftliche Basis und finanzielle Unabhängigkeit – als erfolgreicher Berater, als Angestellter einer Beratungsunternehmung oder als Hochschullehrer,
- seine weitere, persönliche, soziale und emotionale Unabhängigkeit sowie
- sein Beziehungskapital zu anderen, beratungsprozessrelevanten Akteuren.[78]

Erstens ist die wirtschaftliche Abhängigkeit eines Beraters von (s)einem Klienten umso geringer, je weniger seine (begrenzten) Ressourcen durch *diese* Beziehung und ihre gelingende Reproduktion dauerhaft gebunden werden. Und zweitens gilt: Je mehr er „das für die Betreuung eines Kunden benötigte Wissen, die Sichtweisen seiner Klientel, ihre Normen, ihr Verständnis über Ressourcennutzung, ihre Problemlagen und die zur Betreuung vorzuhaltenden Mittel auch in der Betreuung anderer Kundenbeziehungen nutzen kann, desto weniger abhängig ist er von dieser einen Kundenbeziehung. Ähnlichkeiten, Homophilien im Kundenkreis steigern also über die reine Anzahl der Kundenbeziehungen hinaus die Möglichkeiten autonomer Ressourcennutzung" (306, S. 150). Vor diesem Hintergrund ist es offensichtlich, warum sich externe Berater – mit Blick auf Anschlussfähigkeit und Koordinationsaufwand – auf spezielle Kundengruppen, Organisations- und Unternehmensgrößen, Branchen und/oder Beratungsinhalte spezialisieren. Die Konzentration auf bestimmte Beratungsschwerpunkte rückt die Stabilität der Kundenbeziehung(en) und die Orientierung an regelmäßig wiederkehrenden Folgeprojekten in das Zentrum des Beraterinteresses und kann zudem aus Gründen der Beratungseffizienz erforderlich sein. Sie dient dem Berater als eine mehr oder weniger verlässliche (finanzielle) Basis in einem ansonsten unsicheren (Spezial-) Geschäft mit wissensintensiven Dienstleistungen.[79]

---

[78] Dieses Beziehungskapital von Akteuren gründet u.a. in gemeinsam geteilten Sicht- und Umgangsweisen, intimen Kenntnissen über Eigenschaften und Fähigkeiten der Klientenorganisation oder der Geschäftstätigkeit sowie in sonstigen ‚guten Beziehungen‘ zu anderen Akteuren (Mitarbeitern, Verbänden, Lobbyisten und Politikern).

[79] Eine weitere Reduktion dieser Abhängigkeiten des Beraters ist zumindest durch zwei Vorgehensweisen möglich: durch Individual- oder Kollektivstrategien. Individualstrategien können Imitations- oder Anpassungsstrategien sowie Strategien der Leistungsdifferenzierung sein. Kollektive Strategien zielen auf Formen der

Unabhängigkeit des externen Beraters bedeutet vor allem, dass er gegenüber der ratsuchenden Organisation bzw. dem ratsuchenden Management *seinen* Standpunkt mehr oder weniger energisch und konsequent vertreten kann (277, S. 36), er keine vorgefundenen Sichtweisen und/oder Normen blind übernehmen oder bestätigen muss und er über eigene Ressourcenpotentiale verfügt. Nur wenn derartige Autonomiespielräume vorhanden sind, kann es Beratern wiederkehrend gelingen, zu Organisationen wie Organisationsmitgliedern kritische Distanz zu wahren, eigene Perspektiven, Beobachtungs- und Unterscheidungsmöglichkeiten zu entwickeln und diese aktiv zu vermitteln bzw. mit-zu-teilen. Im Besonderen hinsichtlich qualitativer Aspekte inter-organisationaler Praktiken, die um die Ausgestaltung des Spannungsverhältnisses von Autonomie und Abhängigkeit kreisen, sind einerseits die Möglichkeiten zur Wahrung von Distanz und damit eigener Beobachtungs- und Beurteilungsmaßstäbe, andererseits die unreflektierte oder gar erzwungene Übernahme klientenspezifischer Sichtweisen und Erwartungen von Bedeutung. Das Spannungsverhältnis von Autonomie und Abhängigkeit soll daher im folgenden Abschnitt exemplarisch an der, sich in interorganisationalen Beratungsprozessen stets stellenden Annäherungs- und Abgrenzungsproblematik der Akteure verdeutlicht werden.

Einlassen oder Abgrenzen?
Von einer naiven – für die Thematisierung von Beratungs- und Reorganisationsprozessen wenig instruktiven – Sichtweise einer scharf bestimmbaren Grenze zwischen sozialen Systemen distanziert sich Giddens im Besonderen mit seinen zeitdiagnostischen Reflexionen zu den „Consequences of Modernity" (93). Seine Perspektive erläutert Giddens anhand eines Beispiels: "Modern societies (nation states), in some respects at any rate, have a clearly defined boundedness. But all such societies are also interwoven with ties and connections which crosscut the sociopolitical system of the state and the cultural order of the 'nation'. [...] But there is more than a simple expansion in the capability of social systems to span time and space. We must look in some depth at how modern institutions become 'situated' in time and space" (93, S. 14). Was Giddens hier mit Blick auf posttraditionale Gesellschaften ausführt gilt – wie er selbst anmerkt – in gleicher Weise für *moderne* Institutionen und Organisationen. Ebenso wie Staaten verfügen diese Gebilde über vordergründig leicht zu identifizierende, formal definierte Grenzen, besitzen aber zugleich die Fähigkeit – etwa durch den Aufbau transnationaler bzw. -organisationaler (Unternehmens- und/oder Beratungs-) Be-

---

horizontalen Vernetzung zwischen Beratern und in Folge auf Möglichkeiten einer flexiblen Spezialisierung in (strategischen) Beratungsnetzwerken.

ziehungen – diese Grenzen bewusst zu verletzen, im Besonderen über diese Grenzen hinweg zu agieren wie beeinflusst zu werden. Mit diesen Überlegungen wird von ihm auch das Spannungsverhältnis von Nähe und Distanz angesprochen. In diesem Kontext diskutiert Giddens Mechanismen der Einbettung (*embedding*), Entbettung (*disembedding*) und Rückbettung (*reembedding*) von sozialen Aktivitäten und Praktiken in Raum und Zeit. Bei Prozessen der *Einbettung* geht es um soziale Aktivitäten und Praktiken im Rahmen der „particularities of contexts of presence" (93, S. 20) und damit um die besonderen Integrationsleistungen von *face-to-face*-Interaktionen im Rahmen einer Ko-Präsenz der Akteure. *Entbettung* meint „the 'lifting out' of social relations from local contexts of interaction and their restructuring across indefinite spans of time-space" (93, S. 21). Mechanismen dieser entbettenden und entgrenzenden Distanzierung – Giddens denkt hier im Besonderen an symbolische Zeichen- (Geld) und Expertensysteme (Fachwissen) – bedürfen zugleich immer der Rückbettung und Einbindung in besondere (soziale) Interaktions- und Anwesenheitszusammenhänge. „My overall theses will be that all disembedding mechanisms interact with reembedded contexts of action, which may act either to support or to undermine them; and that faceless commitments are similarly linked in an ambiguous way with those demanding facework" (93, S. 80). Aus einer strukturationstheoretischen Perspektive interessieren somit vor allem die sozialen, (inter-) organisationalen Praktiken, mit denen die Akteure – Berater, Klienten und Organisationen – ihr spezielles (Beziehungs-) Verhältnis von Nähe und Distanz (re-) produzieren bzw. die Mechanismen, mit denen sie ihre Beziehungen ein-, ent- und rückbetten. Diese Praktiken gilt es genauer zu untersuchen, um hieraus beachtenswertes für ein reflexives Management des Spannungsverhältnisses von Nähe und Distanz im Besonderen – sowie desjenigen von Autonomie und Abhängigkeit im Allgemeinen – in Berater-Klienten Beziehungen herausarbeiten zu können.

Nähe und Distanz im Beratungsprozess
In der Fachliteratur zur Organisationsberatung wird – wie bereits angesprochen – zumeist die Distanz des externen Beraters von den alltäglichen Prozessen und Routinen der ratsuchenden Organisation betont sowie seine daraus resultierende Neutralität und Objektivität postuliert (118, S. 274; 204, S. 2; 1, S. 1f.; 269, S. 23). Wie viel Distanz und Unterschiedlichkeit für eine extern angeregte Veränderung organisationaler Praktiken sowie (inter-) organisationales Lernen förderlich sind, ab wann diese Distanz für Beratungsprozess und -ergebnis abträglich wird, wie viel Nähe zwischen den Akteuren zugleich notwendig ist und wie diese praktisch möglich wird, sind praxisrelevante Fragen, auf welche

180

die vorliegende Beratungsliteratur und -forschung keine zufriedenstellenden Antworten formuliert hat. Eine Ausnahme hierzu findet sich – bisher exklusiv – bei der systemischen Organisationsberatung.

Bereits im Rahmen der Selektionsentscheidung ist zwischen ratsuchenden und beratenden Organisationen ein gewisses Maß an Nähe, sind wechselseitige Annäherungsbemühungen erforderlich, wenn es zu einem Beratungsauftrag kommen soll.[80] Ursächlich für spontan empfundene Nähe können beispielsweise personengebundene – als autoritative Ressourcen zu charakterisierende – Eigenschaften wie Sympathie, die gleiche (Gesprächs-) Ebene von Geschäftsführer zu Geschäftsführer – man ‚spricht' die gleiche Sprache und ‚versteht' sich (blind) – oder auf der organisationalen Ebene ein relationaler Fit zwischen den beteiligten Organisationen sein. Eine derartige Passung zwischen den beteiligten Organisationen kann sich u.a. aufgrund einer vergleichbaren Unternehmensgröße – große Beratungsunternehmen beraten überwiegend große, multinational tätige Konzerne –, vergleichbaren Führungsgrundsätzen und -richtlinien sowie anschlussfähigen Formen der (Dienstleistungs-) Produktion und Ressourcenverwendung ergeben. Daher kommt in ersten (Vor-) Gesprächen und Annäherungsprozessen der Vertrauenswürdigkeit des Beraters – hinsichtlich seiner sozialen und fachlichen Kompetenzen sowie seiner persönlichen Integrität und Seriosität – aber auch der (internationalen) Reputation der Beratungsorganisation eine vorentscheidende Bedeutung für die Auftragserteilung und den weiteren Verlauf des Beratungsprozesses zu. Denn – dies betonen einmütig alle mit dem Thema befassten Autoren – „Vertrauen ist die Grundlage einer jeden fruchtbaren Beratung" (266, S. 242). Diese Einschätzung wird auch durch empirische Untersuchungen gestützt. So ist fehlendes Vertrauen abträglich „für den Informationsaustausch, die Wechselseitigkeit von Einflussnahmen und die Ausübung von Selbstkontrolle; es wird den Erfolg gemeinsamer Problemlösungsversuche verringern" (357, S. 64ff.). Zugleich ist in dieser Phase eines Beratungsprozesses aber nicht nur Nähe, sondern ebenso eine professionelle, persönlich- wie sachlich-kritische Distanziertheit des Beraters wichtig. Schon im Rahmen erster Vorgespräche ist Folgendes von Bedeutung: „In making a presentation, you must generally demonstrate your knowledge and ability, so you must frequently give a little away while

---

[80] Diese – sich auch spontan einstellende – (emotionale) Nähe zwischen den Akteuren gründet auf gemeinsam geteilten, selbstverständlich akzeptierten Sichtweisen, (kulturellen) Deutungsmustern und Normen, die vor dem Hintergrund vergleichbarer Sozialisation, Ausbildungswege und beruflicher Tätigkeit entstanden sein können und die von den Akteuren in der Regel implizit, wechselseitig und beziehungsfördernd vorausgesetzt werden.

being careful not to give too much away. [...] So we come to the problem of how much you can give away when you are actually giving a sample of what you ordinarily sell. The simple answer is, *Just enough to close the sale*, but the real question is, *How much is that*? An answer to that question is, *Just enough to demonstrate that you can provide the necessary help, but not enough to enable the prospect to do it without your help*" (130, S. 151ff.). Hierdurch stehen die Akteure vor einer zentralen Herausforderung, die sich in Reorganisationsprozessen immer wieder neu stellt und permanent austariert werden muss. Über erste Anknüpfungsmomente hinaus muss der externe Berater daher fortlaufend weitere Annäherungsbemühungen an Management, Organisationsmitglieder und organisationale Praktiken unternehmen sowie Ressourcen hierfür mobilisieren können, wenn er – etwa im Rahmen später durchzuführender Analysen – zuverlässige Informationen über (un-) problematische organisationsinterne Beziehungen, Verhältnisse, Abläufe, Routinen und Probleme erhalten will. Hierbei wird der externe Berater immer mit speziellen Erwartungen seiner Auftraggeber sowie der Mitarbeitenden konfrontiert, die ihn oftmals als Partner, Vertrauten und Intimus der ratsuchenden Führungskräfte sehen (wollen). Nicht zuletzt aufgrund dieser – oftmals unausgesprochenen – Erwartungshaltung steht der Berater vor der Versuchung, zeitlich begrenzte sowie wechselnde Allianzen mit der auftraggebenden, zentrale Ressourcen kontrollierenden Unternehmensführung oder einer anderen machtvollen Koalition einzugehen und dadurch seine Distanz teil- und zeitweise zu verlieren.

Aber nicht nur der Berater sucht – und benötigt! – für seine Tätigkeit die Nähe, das Vertrauen und die Ressourcen von ausgewählten Mitgliedern der ratsuchenden Organisation. Ebenso wird er – sobald er eine Organisation betritt bzw. für eine Organisation tätig wird – von den (beratungsbetroffenen) Organisationsmitgliedern mehr oder weniger misstrauisch beobachtet, begutachtet und eingeschätzt. Interessiert versuchen diese, ihn in ihren Anschauungs- und Interessenbereich hineinzuziehen, ihn in mikropolitische Spiele, deren Spielregeln er oft (noch) nicht kennt, zu verwickeln. Hierbei werden zumeist (Vor-) Urteile über ihn und/oder sein Beratungsunternehmen gefällt und wird „eine möglichst schnelle Festlegung nach der Interpretation seines Rollenverhaltens wenigstens versucht. Daraus folgt: Er erhält [...] einen sozialen Status, der ihn in das Phänomen einschließt, das Gegenstand seiner Untersuchung ist." (307, S. 254). Die hiermit verbundenen Sinnzuweisungen – die organisationsspezifischen Regeln der Signifikation folgen – können beispielsweise dazu führen, dass einerseits diejenigen Organisationsmitglieder, die Vorteile von dem Reorganisationsprozess erwarten, seine Nähe suchen und andererseits Akteure, die Nachteile befürchten, zu ihm auf Distanz gehen, um aus dieser (vermeintlich sicheren) Entfernung mikropolitisch gegen die reflexive Strukturation aktiv zu werden. Aber nicht nur einzelne Mitglieder der ratsuchenden Organisation bleiben auf Distanz zu dem Berater. Wie bereits erwähnt wird von Beratungsunternehmen und externen Beratern neben (vertraulicher) Nähe grundsätzlich professionelle Distanz von Sach- und Personalproblemen der ratsuchenden Organisation in Form von Autonomie, Objektivität, Rationalität, Sachlichkeit und Neutralität erwartet. Dies ist – nach weit verbreitetem Verständnis – die Grundlage dafür, dass sie ihre besonderen Aufgaben in Reorganisationsprozessen wahrnehmen, diese unvoreingenommen erfüllen können. Der Berater, so behauptet etwa Adler (1, S. 201), „bringt vor allem Distanz mit", und erst diese Distanz von dem ratsuchenden Unternehmen ermöglicht ihm das Sehen des hier bisher Übersehenen, das Aufdecken des bisher – mehr oder weniger – gewollt und interessiert Verdeckten, das Reflektieren des bisher Selbstverständlichen. Es ist diese *Rolle des Fremden*, welche dem Berater „ein rein problemorientiertes Engagement, die Bereitschaft zur Reproblematisierung vorgegebener Strukturen und schließlich die für innovative Problemlösungen notwendige inkongruente Perspektive bei der Analyse vorgegebener Sachverhalte [sichert]" (118, S. 275).[81] Distanz erscheint im Rahmen dieser Überlegungen unkritisch als *die* zentrale Bedingung des Beratungserfolges, denn nur hierdurch gelingt es externen Beratern

- „frei von Rücksichtnahmen auf Personen vorhandene Strukturen in Frage zu stellen" (248, S. 132);
- „Probleme einer Unternehmung objektiv und interessen-neutral zu beurteilen" (81, S. 29);
- „eine weitere Perspektive möglicher Ziele und eher eine ‚Brainstorming-Haltung' in Richtung erstrebenswerter Ergebnisse zu bewirken" (178, S. 100) sowie

---

[81] Von beratenden und beratenen Praktikern sowie zahlreichen Theoretikern wird oftmals naiv unterstellt, dass der organisationsexterne Berater immer autonom agieren kann. Seine Nicht-Zugehörigkeit zur ratsuchenden Organisation reicht ihnen für diese Unterstellung aus. Die hierbei anklingende Autonomie und Omnipotenz des externen Beraters erfordern aber eine kritische, ressourcenorientierte Analyse. Denn immer agieren Berater und Klienten – zumindest in strukturationstheoretischer Perspektive – in dem Spannungsfeld von Autonomie und Abhängigkeit und können die Akteure im Verlauf eines Beratungsprozesses immer nur mehr oder weniger unabhängig handeln (306, S. 50ff.). Es ist in Beratungsprozessen keinesfalls vorentschieden, wer hier wie (un-) abhängig agieren kann. Autonomie und Abhängigkeit sind Ergebnis (und Bedingung) der rekursiv organisierten (inter-) organisationalen Praktiken und bestimmen – über die jeweils verfügbaren allokativen und autoritativen Ressourcen – die Möglichkeiten von Beratern und Klienten, im Reorganisationsprozess *auf Distanz* oder *aufeinander zu* zu gehen.

- „bisher ungewohnte Verfahren und Methoden der Datensammlung vorzuschlagen und durchzuführen" (178, S. 102).

Zugleich werden in der Fachliteratur zahlreiche Probleme eines Beratungsprozesses genannt, die im Besonderen mit dieser Distanziert- und Fremdheit begründet werden. So hat es der externe Berater aufgrund seiner (zunächst vorhandenen) Unkenntnis von organisationalen Routinen und Praktiken, von (un-) problematischen Beziehungen und (un-) relevanten Personen – z.b. Fach-, Macht- und Beziehungspromotoren – sowie generell „wegen der Schwierigkeit, von draußen einen akzeptierbaren Einstieg zu erzielen [...] schwerer als das Organisationsmitglied, Initiativen zu ergreifen" (178, S. 97). Seine Fremdheit kann sich „bei der Einschätzung der Realisierungsmöglichkeiten bestimmter, geplanter Strukturänderungsmaßnahmen negativ bemerkbar machen. Die Betriebsfremdheit des Unternehmensberaters zeigt sich als ein relativer Informationsmangel" (118, S. 275). Immer ist ein Außenstehender mit dem Problem konfrontiert, „dass ihm der Zusammenhang und die Geschichte des jeweiligen Systems und seiner Führungsprobleme fehlen" (178, S. 98). Fehlendes Wissen über die ratsuchende Organisation bedeutet aber für den Berater, dass er nicht in der Lage ist, alle für ihn sowie für einen effizienten Reorganisationsprozess relevanten Unsicherheitsfaktoren und -zonen zu identifizieren oder gar zu kontrollieren. Diese Kontrolle liegt vielmehr immer auch in den Händen – gegebenenfalls gegen ihn oder die Reorganisation (vor-) eingenommener – Akteure, die diesen Wissensvorsprung und die damit vorhandenen Macht-Ressourcen interessiert ausnutzen und eigensinnig einsetzen können – und werden. Hinsichtlich dieser Distanzproblematik vertreten erfahrene Berater mitunter reflektiertere und vor allen Dingen strukturationstheoretisch relevantere Positionen als die zuvor erwähnten Forscher. So stellt etwa Greiner (105, S. 128) fest: „Nun gibt es für jedes Problem mehrere Lösungen, die sich manchmal nur wegen sehr subjektiver Kriterien unterscheiden (z.B. Risikobereitschaft [...]). Hat die antizipierte Lösung des Auftraggebers keine offensichtlich negativen Konsequenzen, so unterstützt der Unternehmensberater dessen Lösung mit sachlichen Argumenten, insbesondere durch saubere Ausarbeitung und Bewertung mehrerer Alternativen. Dies hat nichts mit Opportunismus zu tun, sondern stellt lediglich das verantwortungsbewusste Ausnutzen von Spannungsgefällen im Sinne der eigenen Ziele dar. Mit diesem Vorgehen ist sowohl Auftragnehmer als auch Auftraggeber gedient".

Diese erfahrungsgesättigte Einschätzung dürfte die Reorganisationspraxis sehr treffend beschreiben, da der Berater, der an Folgeaufträgen und Empfehlungen seines Klienten immer ein Interesse hat, aus guten Gründen genötigt ist, auf die seiner Meinung nach machtvoll(st)en Koalitionen sowie auf praktikable, umsetzungsfähige Problemlösungsvorschläge einzugehen. Neben dieser Bereitschaft, sich auf die Sichtweise des (zahlenden) Klienten und die Umsetzungspotentiale der selbst erarbeiteten Vorschläge im und durch das Klientensystem einzulassen (74, S. 265), muss sich der Berater zugleich darum bemühen – und kann dies nur aufgrund der Verfügbarkeit über eigene, distanzschaffende Ressourcen (z.b. explizite Beratungstheorien) erreichen – *nicht* ins Klientensystem hineinzufallen. Denn je näher seine Ansichten und Vorstellungen „bei den Konzepten des Beratenen liegen, desto größer ist das Akzept des Untersuchungsberichtes, desto überflüssiger ist aber wohl auch die Beratung. Je entfernter diese Konzepte sind, desto eher wird der Bericht ohne Folgen abgelegt, da er dem Kunden doch als zuwenig praxisbezogen oder zuwenig auf seine spezifischen Probleme einzugehen scheint, d.h. auf diejenigen Probleme, der er bereits vordiagnostiziert hat" (215, S. 47).[82]

In Folge steht der externe Berater immer vor der Frage, wie weit er sich auf die, in der Organisation vertretenen Ansichten, die aktuell verbreiteten Deutungsmuster und interpretativen Schemata, die (organisations-) intern geführten Routine-, Innovations- und Machtspiele, die gültigen Normen sowie vieles andere *einlassen* kann, soll oder muss, wenn er den Beratungsauftrag erhalten, diesen erfolgreich durchführen und weiterempfohlen werden will. Zugleich muss er reflexiv klären, wie viel Distanz er zu der Sache, den Personen, Praktiken, Problemen und Spielen in der Organisation – die immer schon in Gang sind, wenn er es mit ihr zu tun bekommt – zu halten hat, um seine Aufgaben wahrnehmen, die an ihn gestellten, vielfältigen und oftmals widersprüchlichen Erwartungen zumindest teilweise erfüllen zu können, die ihn mitunter selbst in eine widersprüchliche und bigotte Situation bringen können. Bei dieser Gratwanderung zwischen Nähe und Distanz kommt dem Altruismus des Beraters eine nicht zu vernachlässigende Rolle zu, einem Altruismus, „der das eigene Ich zwar nicht vergisst, aber zügelt, um den Mittelweg zwischen mehr oder weniger hilfloser, wirkungsloser Distanz auf der einen Seite und Verschmelzung auf der anderen Seite" (84, S. 36) zu ermöglichen. Und zugleich fordert dieses Spannungsverhältnis den bereits von Greiner (105) angedeuteten *Opportunismus* des externen Beraters heraus. Denn eine erfolgreiche Beratung – so formuliert es Holtz (130, S. 23) – ist auch davon abhängig „what it is that the client believes

---

[82] Auch in diesem Kontext gilt die folgende, von Polanyi (239, S. 25) in einem anderen Zusammenhang formulierte Überlegung: „Betrachten Sie die einzelnen Merkmale einer komplexen Entität aus zu großer Nähe, so erlischt ihre Bedeutung, und unsere Vorstellung von dieser Entität ist zerstört."

you are or wishes you to be. Or, to put it differently, what the client wishes to buy from you or believes you are selling. Until you have determined what the client really wishes to buy, you can't be sure of what you should sell. [...] That is not as cynical an observation as it may appear. I am not saying, that you must deceive your clients." Wie gehen nun aber Berater und Klienten mit dieser Problematik um? Wie und wodurch gelingt es ihnen, in einem Beratungsprozess Nähe aufzubauen und zugleich Distanz zu wahren? Welche Sets von Regeln und Ressourcen ermöglichen ihnen ent- und abgrenzende Aktivitäten? Ein erster Antwortversuch auf diese Fragen wird im Folgenden Abschnitt skizziert.

Distanzierte Nähe

Ein Operieren an den Grenz- und Schwellenbereichen zwischen ratsuchenden und beratenden Organisationen sowie ein reflexiver Umgang mit dem – für einen reflexiven Strukturationsprozess relevanten – Spannungsverhältnis von Nähe und Distanz muss die drei von Giddens unterschiedenen Dimensionen des Sozialen im Blick behalten, muss mit interpretativen, machtspezifischen und legitimatorischen Aspeken einer Berater-Klienten Beziehung und eines Reorganisationsprozesses rechnen und umgehen können. In Abbildung 6.5 sind die hierbei relevanten Aspekte exemplarisch zusammengestellt.

	Nähe/Annäherung	Distanz/Distanzierung
Signifikation (Regeln der Bedeutungszuweisung)	- reflexive Nutzung vorhandener gemeinsamer Sichtweisen und Leitbilder (z.B. externe Berater sind nicht betriebsblind; sie sehen anderes als Organisationsmitglieder) - Formulierung gemeinsam geteilter Vorstellungen einer Reorganisation bzw. reflexiven Strukturation (z.B. beide Partner sollen von dem Beratungsprozess möglichst gleichgewichtig profitieren)	- die Berater treten arrogant auf und sind Parasiten der Unsicherheit - die Klienten suchen nur Unterstützung in mikropolitischen Auseinandersetzungen und Alibileistungen - es bestehen divergierende Ansichten über den Ablauf und/oder die Kernelemente von Reorganisationsprozessen - der Berater kennt die (Leitbilder der) Organisation nicht und kann sie auch in angemessener Zeit nicht hinreichend kennenlernen
Domination (allokative und autoritative Ressourcen)	- Fähigkeiten eines Beraters zum Aufbau einer Vertrauensbeziehung - Fähigkeiten des Beraters zur Konkretisierung des Problems - überzeugende Erarbeitung erster Skizzen einer Problemlösung - Beziehungen des Beraters zu weiteren Wissensquellen - bewährtes (Management-) Wissen des Beraters im Bereich Führung und (Re-) Organisation - anschlussfähige Praktiken der Ressourcenverwendung bei Klienten und Beratern	- vorhandene Ressourcen und Verfahren der Ressourcennutzung sind nicht (problemlos) kompatibel - der Berater kann kein qualifiziertes (Beratungs-) Konzept und/oder keine spezifische Problemerfahrung deutlich machen - der Berater beteiligt sich nicht an der Umsetzung der gemeinsam erarbeiteten Maßnahmen
Legitimation (Regeln der Legitimation)	- es bestehen gemeinsam akzeptierte Normen hinsichtlich des Miteinanderumgehens sowie des Vorgehens bei der Problemlösung bzw. einer effizienten Reorganisation	- es bestehen divergente Einstellungen zu einer angemessenen Mitarbeiterbeteiligung sowie Differenzen darüber, was der Berater (für wen) tun darf, soll oder muss

Abbildung 6.5: Das Spannungsverhältnis von Nähe und Distanz mit Blick auf die drei Dimensionen des Sozialen

Distanzierungsmöglichkeiten des Beraters: Eigenwillige Sprachspiele,
abstrakt-theoretisches Wissen und arrogantes Auftreten

Bewusst wird von ratsuchenden Klienten oftmals ein *fremder* Blick, eine *andere* Sichtweise der Dinge – generell: die Distanz des Beraters von den Routinen des eigenen Handelns und von den in der Organisation etablierten Verfahrensweisen – eingekauft, um dadurch die eigene Betriebsblindheit und/oder festgefahrene, politisch vertrackte Auseinandersetzungen zu überwinden. Die Berater sehen – soweit ist den zuvor zitierten Äußerungen zuzustimmen – aufgrund anderer Erfahrungen, interpretativer Schemata und (theoriebasierter) Leitbilder die ratsuchende Organisation anders, sie sehen anderes. Oftmals genügt den Beratern diese – qua ihrer externen Positionierung gegebene – Distanziertheit a priori nicht. Sie demonstrieren und inszenieren aufgrund berufsstrategischer Überlegungen zusätzliche abgrenzende Distanz. Dies gelingt ihnen immer dann, wenn sie eine andere, etwa ökonomistische oder (sozial-) theoretisch gefärbte (Fach-) Sprache sprechen, Kontrollpotentiale über das, für den Problemlösungs- und Reorganisationsprozess zentrale Wissen bzw. die relevanten allokativen und autoritativen Ressourcen symbolisch vermitteln oder konsequent und provokativ andere normative Orientierungen befolgen können.

Sprachliche Distanz ergibt sich – wie Luhmann (191, S. 215) verdeutlicht – beispielsweise aufgrund theoriegeleiteter Orientierungen und Sichtweisen der Berater, die von ihnen explizit oder implizit zur Schau gestellt werden und die ihnen die Kontrolle über eine zentrale, in diesem Fall selbst erzeugte Unsicherheitszone in den Beziehungen zu den Klienten ermöglichen. „Die Komplexität des Theoriezusammenhangs, der den Beurteilungen und den Vorschlägen der Berater zugrunde liegt, ist nicht nur ein Hindernis auf dem Wege zum Erfolg. Sie sichert zugleich die bleibende Nichtidentität der Systeme. Das Akzeptieren anspruchsvoller Theoriegrundlagen bietet der Beratergruppe die Möglichkeit, ihre Eigensprache abzusondern und zu verhindern, dass sie in die Positionskämpfe und Fraktionsbildungen des Klientensystems hineingezogen wird. Unverständlichkeit kann in diesem Sinne als Schutz dienen. [...] Sie markieren und schützen die Einheit des Systems, das sie verwendet." Noch weiter auf die Spitze treibt Dirk Baecker (7, S. 214) die Analyse dieses Mechanismus kommunikativer Distanzierung. Seine Überlegungen münden in die These, dass Berater ihre Distanziertheit von den ratsuchenden Unternehmen zunächst aktiv und reflexiv konstruieren (müssen), um dann ihre Notwendigkeit und Kompetenz an der Überwindung dieser – zuvor künstlich geschaffenen – Distanz zu erweisen. „So sehr das Unternehmen in vielen Hinsichten auf seine Eigendynamik gegenüber der Beratung Wert legt, so sehr muss auch die Beratung auf ihre Eigendynamik gegenüber dem Unternehmen Wert legen. Nichts

188

gefährdet die Beratung mehr als die Möglichkeit, dass das beratene Unternehmen den Eindruck gewinnt, es habe durchschaut, was die Beratung ihm zu bieten hat. [...] Erst die ‚Kommunikationssperren', die die Beratung gegenüber dem Unternehmen sowohl inszeniert, indem sie etwa mithilfe einer komplexen Theorie auf eine Sprache zurückgreift, die dem Unternehmen nicht zur Verfügung steht, wie überwindet, indem sie Übersetzungen anbietet, die ein Verständnis des Unverständlichen erschließen, machen Beratung überhaupt möglich."[83]

Die Vielzahl der, in der Beratungs- und Managementpraxis immer wieder neu erzeugten Begriffsschöpfungen, Modethemen, Leitbilder und Trends wie beispielsweise Lean Management, Business Process Reengineering, Top-down und bottom-up, Outsourcing, Quasi-Internalisierung und -Externalisierung, Time-Compression Management, Cross-Impact-Analyse, Scrum, agile Organisation usw. usf. bestätigen diese Überlegungen. Derart (fachspezifische) Begrifflichkeiten stoßen zunächst ab, da sie den ratsuchenden Laien zunächst verwirren, verunsichern, ausschließen und ausgrenzen, machen aber zugleich auch neugierig auf Anderes und Innovatives. Erst später – nach erfolgter Auftragserteilung – wird von den Beratern dann über die mehr oder weniger gemeinsame Erarbeitung eines grundlegenden Verständnisses der konkreten (Reorganisations-) Probleme wieder Anschluss an das Klientensystem gesucht und werden die ggf. zuvor realisierten eigenen Autonomiegewinne in gewollte wechselseitige Abhängigkeiten überführt. Allerdings kann dieser Distanzierungsprozess von den Beratern nicht – wie es vielleicht an dieser Stelle den Anschein haben könnte – auf die Spitze getrieben werden. Übersteigt ihre künstlich geschaffene Distanz ein im Klientensystem jeweils erträgliches Maß, so droht eine Abkopplung des Klienten und in Folge ein Auftragsverlust.

Neben sprachlichen Mitteln kann der Berater auch durch demonstrativen Einsatz seiner Kernkompetenzen bzw. seiner besonderen allo-

---

[83] Der hier erfolgte Rückgriff auf systemtheoretische Kategorien sowie Aussagen zur systemischen Organisationsberatung ist keineswegs inkompatibel mit strukturationstheoretischen Überlegungen. Mit Blick auf die Dimension der Signifikation und hinsichtlich der kommunikativen Praxis der Akteure können diese Sozialtheorien – im Besonderen als Beratungstheorien – das ein oder andere voneinander lernen. Denn die Systemtheorie und die auf ihr gründende systemische Beratung betont – wie wir zuvor gesehen haben (vgl. nochmals Kapitel 3.3) – die Kommunikationsprozesse zwischen Berater- und Klientensystem sowie die kommunikativen Interventionformen des Beraters. Dieser will qua Kommunikation dem Klientensystem etwas *mit-teilen*, sodass dieses – gegebenenfalls angeregt, verstört oder irritiert durch eben diese Mitteilung, die es organisationsintern zu verstehen und als (organisations-) relevanten Unterschied (Information) zu erkennen gilt – Veränderungsprozesse initiiert und ausführt (210, S. 56ff.).

kativen und autoritativen Ressourcen Distanz aufbauen – als Form der Distanz des Wissenden (Experten) vom noch Unwissenden (Laien). Hierbei spielen zum einen die in der Vergangenheit erworbenen Erfahrungen, Fähigkeiten und (Er-) Kenntnisse des Beraters eine zentrale Rolle. Ausbildung, Berufsjahre, Position in der Hierarchie eines Beratungsunternehmens sowie Anzahl der durchgeführten und erfolgreich beendeten Beratungsprojekte sind hier relevant. Zum anderen wird versucht, über rein quantitative Eigenschaften des Beratungsunternehmens wie Umsatz, Anzahl der (promovierten) Mitarbeiter und aktuelle Wachstumsraten oder auch über die Höhe der Honorarforderungen sowie die bisher erworbene Reputation in Fachkreisen und -verbänden problemlösungsrelevante Expertise zu dokumentieren.

Darüber hinaus versuchen die Berater, sich durch den Einsatz weiterer Symbole mit dem Odem unbezweifelbarer Kompetenz zu umgeben. Wenn *wir* ins Unternehmen gerufen werden – so ist man oftmals bemüht zu signalisieren – erhält der Klient das Beste: *simply the best*. „Der ganze Habitus bringt zum Ausdruck: *Wir* wissen und sagen, wo es langgeht" (227, S. 32).[84] Grundlage ihres selbstsicheren Auftretens ist der – von ihnen demonstrativ zur Schau getragene – Anspruch absolute (nicht nur ökonomische) Wahrheiten zu verkaufen: „Man hat bestimmte Methoden und ist der Meinung, aus diesem Grunde allen auftretenden Problemen gerecht werden zu können" (62, S. 258). Viele Berater wie Klienten unterliegen daher gelegentlich einer „Kompetenzillusion" (62, S. 269). Zum einen können die Berater oftmals eigene Zweifel und aufkeimende Unsicherheiten – durch die gelingende Reproduktion unerschütterlichen Selbstvertrauens sowie elitären Korpsgeists – erfolgreich zum Schweigen bringen. Andererseits profitieren sie direkt von den offensichtlichen Unsicherheiten ihrer Klienten mit Blick auf relevante Reorganisationsprobleme, fehlende eigene Problemlösungskapazitäten und/oder nicht vorhandene organisationsinterne Fähigkeiten reflexiver Strukturation. Derart werden Berater – wie bereits erwähnt – zu Parasiten der von ihnen eigeninteressiert (mit-) erzeugten Unsicherheit. Im – nur einem externen Beobachter so erscheinenden, trügerischen – Bewusstsein umfassender Fähigkeiten und Expertise sowie vor dem Hintergrund ihrer, den Klienten symbolisierten Möglichkeiten des Zugriffs auf weitere Experten (Personen und/oder Beratungsorganisationen) können, sollen und müssen sich die Berater sicher fühlen. Derart konstruieren sie sich das Umfeld und die Bedingungen für *ihre* individuelle

---

[84] Ob und bei wem die derart signalisierte Kompetenz Eindruck schindet bzw. Gehör findet und ob das (Schau-) Spiel der Berater die Organisation in ihren Bann ziehen kann sind weitere Fragen, die im Rahmen empirischer Forschungsarbeiten zum Thema Organisationsberatung zukünftig zu untersuchen wären.

(Handlungs-) Sicherheit vor dem Hintergrund stets bestehender und verbleibender Kontingenzen der reflexiven Strukturation sowie den zahlreichen mikropolitischen Verstrickungen, in die sie im Verlauf einer Beratung geraten könnten und die sie in unbekanntes, von ihnen nicht kontrolliertes und damit verunsicherndes Terrain (ent-) führen könnten.

Nicht immer verfügen Berater bei ihren Distanzierungsbemühungen über das notwendige Fingerspitzengefühl sowie über das erforderliche – expertokratischer Distanziertheit und inhaltlicher wie persönlicher Entfremdung entgegenwirkende – rückbindende und -bettende soziale Kapital. Berater demonstrieren dann ein zu viel an (Selbst-) Sicherheit, (Besser-) Wissen und Distanziertheit von den – für sie scheinbar alltäglich und banal erscheinenden – Problemen des Klienten durch verletzende Arroganz und mangelnde Sensibilität für unternehmens-, abteilungs- und/oder personenspezifische Besonderheiten (171, S. 10). Diese – von Beratenen oft beklagte – Arroganz der Berater ist aber nicht nur persönlichen, individual-psychologischen Defiziten und fehlender sozialer Kompetenz geschuldet, sondern auch Ausdruck der – von ihnen erwarteten, in der Beratungsbeziehung angelegten und reflektiert inszenierten – Distanziertheit. Arroganz wirkt nicht nur abgrenzend und abschreckend, sondern ist zumeist nur aus der Distanz möglich und im Besonderen immer dann schwer überwindbar, wenn sie mit einem hohen Anteil an Ignoranz – auch einer Ignoranz der Ignoranz, die die Akteure vor den bedrohlichen Unwägbarkeiten ihrer eigenen Aktivitäten schützt – einhergeht. Denn diese verhindert eine vorsichtige, sensible und emphatische Annäherung an den/die Anderen und seine/ihre Belange. Nur als persönlicher Schutzmechanismus des Beraters und ohne eine, dem Klienten nachzuweisende sinnvolle – etwa fachlich-inhaltliche – Begründung wird dieser Weg der Distanzierung aber zu einem Problem im Reorganisationsprozess, welches in einen sich rekursiv verstärkenden Zirkel der Distanzierung, des Misstrauens und in Folge zu einem Abbruch der Berater-Klienten Beziehung führen kann. Nur wenn der Berater durch sein praktisches Tun, welches durchaus im Widerspruch zu seinem Habitus und den von ihm kommunizierten Inhalten stehen kann, glaubhaft nachweist, dass er alle – oder zumindest die zentralen – Ressourcen einer reflexiven Strukturation dennoch, das heißt trotz seiner offenkundigen Distanz und Fremdheit kundenorientiert zum Einsatz bringen kann und diese im Kundeninteresse kontrolliert, kann er seine (Macht-) Position in der Klientenbeziehung stabilisieren und gegebenenfalls ausbauen.

Schließlich soll sich der Berater – so wird immer wieder gefordert – von seinen Klienten durch andere Normen und normative Orientierungen abgrenzen. Beispielsweise soll er „sich an anderen Werten orientieren als der Ratsuchende. Wären beide identisch, so wäre seine Rolle überflüssig und seine Aufgabenstellung die reine Zeitverschwendung" (26, S. 64). Diese (Auf-) Forderung konfrontiert den Berater mit einem für den Reorganisationsprozess fruchtbaren Paradox: Distanz durch Annäherung. Denn wie soll der Berater, wenn nicht durch erste, vorsichtige Annäherungsversuche, die in der Organisation geltenden Normen und Werte erkennen und beurteilen – von denen er sich ja erst dann reflexiv und kreativ distanzieren kann? Daher ist eine – mehr oder weniger detaillierte – Kenntnis der, in der Klientenorganisation etablierten normativen Orientierungen für einen erfolgreichen Interventions- und Reorganisationsprozess stets bedeutsam. Unter anderem muss der Berater die folgenden normativen Aspekte verlässlich einschätzen können – und ist dazu in der Regel auf die Kooperation eingeweihter Organisationsmitglieder im Rahmen entsprechender Workshops angewiesen:

1. Was darf/sollte wem gegenüber (nicht) gesagt und angesprochen werden? Welche Tabu-Themen existieren (warum) in der Organisation? Sind die tabuisierten Themen für die anstehende reflexive Strukturation relevant? Müssen Sie daher enttabuisiert werden?

2. Welche (informellen) Normen der Führung sowie der Beeinflussung und Steuerung anderer Organisationsmitglieder (Mitarbeiter, Manager) sind in der Organisation etabliert und praktisch relevant?

3. Wem können, sollen oder müssen auf welche Art und Weise neue Informationen, Ideen und Arbeitsergebnisse vorgestellt und präsentiert werden? Wem dürfen diese Ergebnisse auf keinen Fall (zu früh) zu Gehör kommen?

Grundsätzlich wird an diesem Zusammenspiel von Nähe und Distanz deutlich, dass die auf den drei Ebenen des Sozialen stattfindenden Diistanzierungsbemühungen der Berater in Prozesse der Annäherung eingebettet, durch entgrenzende *facework commitments* sowie hiermit verbundene soziale Praktiken aufgefangen und entschärft werden (müssen). Die hierbei relevanten – in der Regel vertrauensbasierten – Annäherungsversuche sollen im folgenden Abschnitt diskutiert werden.

Annäherung durch Aufbau von Vertrauen in personale Akteure und abstraktes Expertenwissen
Für den Aufbau von Nähe sind – neben den bereits erwähnten Eigenschaften der Akteure wie Sympathie, gemeinsame Sichtweisen sowie ein relationaler organisationaler Fit – weitere Faktoren relevant. So kann eine hohe Interaktionsdichte bzw. -häufigkeit bei gleichzeitiger persönlicher Anwesenheit von Klient und Berater sowie das Vertraut-sein mit der ratsuchenden Organisation oder – aus Klientensicht – des Bera-

tungsunternehmens aufgrund früherer gemeinsamer (Beratungs-) Erfahrungen Interaktionsbarrieren abbauen. Grundsätzlich soll immer dann von Nähe zwischen den Akteuren gesprochen werden, wenn ein bestimmtes Maß an Anschlussfähigkeit zwischen den Akteuren im Bereich interpretativer Schemata, bei den etablierten Verfahren der Ressourcenverwendung sowie den implizit oder explizit akzeptierten, etwa im Beratungsprozess zu befolgenden normativen Orientierungen gegeben ist.

Begreift man Beratungsunternehmen mit Giddens (94, S. 40ff.) als Systeme „professioneller Sachkenntnis, die weite Bereiche der materiellen und gesellschaftlichen Umfelder, in denen wir heute leben, prägen", so verfügen sie als *wissensintensive Expertensysteme* über ein – wie wir gesehen haben – ihnen immanentes Distanzierungspotenzial, welches auch dazu dienen kann, „soziale Beziehungen von den unmittelbaren Gegebenheiten ihres Kontextes zu lösen". Ratsuchende Klienten verfügen in der Regel eben nicht über die – immer nur eingeschränkt generalisierungsfähigen – Erfahrungen, Kenntnisse und Fähigkeiten des Beraters, die dieser in raum-zeitlich anderen Zusammenhängen erworben hat. Dennoch können sie sich dieses Know-how – mit seiner Hilfe – vor Ort und ggf. zur richtigen Zeit organisationsadäquat zu nutze machen. Um sich aber auf die professionelle Sachkenntnis der Berater zum Thema *reflexive Strukturation* wiederkehrend verlassen zu können, ist das bereits mehrfach betonte Vertrauen – in Personen wie in abstrakte Experten-Systeme – hoch bedeutsam. Vertrauen begreift Giddens (94, S. 49) als das „Zutrauen zur Zuverlässigkeit einer Person oder eines Systems im Hinblick auf eine gegebene Menge von Ergebnissen oder Ereignissen, wobei dieses Zutrauen einen Glauben an die Redlichkeit oder Zuneigung einer anderen Person bzw. an die Richtigkeit abstrakter Prinzipien (technischen Wissens) zum Ausdruck bringt." Das Vertrauen in abstrakte Experten-Systeme – etwa Methoden beratungsspezifischer Wissensgenerierung (Analyse), Wissensanwendung (Intervention) und Wissensvermittlung (Lernen) – beruht im Einzelnen „weder auf vollständiger Aufklärung über diese Prozesse noch auf der Beherrschung des daraus hervorgehenden Wissens. Zum Teil ist das Vertrauen unweigerlich ein ‚Glaubensartikel'. [...] Der ‚Glaube' umfasst ein pragmatisches Element, das auf der Erfahrung beruht, dass solche Systeme im allgemeinen so funktionieren, wie man es von ihnen erwartet" (94, S. 42f.). Trotz dieser – aufgrund eigener Erfahrungen und reflexiver Überlegungen zulässigen und oftmals diskursiv begründbaren – Erwartungen erfordert Vertrauen in das, für den ratsuchenden Klienten abstrakt bleibende Wissenspotenzial des Beratungsunternehmens sowie in das Expertenwissen des Beraters eine Absicherung durch das konkrete(re) Vertrauen in die ratgebenden Personen. Hierbei spielen die bereits erwähnten Prozesse der Rückbettung (*reembedding*) durch persönliche Anwesenheitszusammenhänge eine zentrale Rolle. Hiermit charakterisiert Giddens diejenigen Vertrauensbeziehungen, die Akteure unter den Bedingungen der Kopräsenz aufbauen und im Idealfall rekursiv stabilisieren können. Personales Vertrauen entwickelt sich in der Regel durch *facework* simultan anwesender Akteure, die in und durch ihre sozialen Praktiken bestimmte Vertrauensformen etablieren und dauerhaft reproduzieren können. Dem stehen sogenannte *faceless commitments* gegenüber, die durch spezielle Erwartungsgarantien abgesichert werden und sich von dem Vertrauen in konkrete Personen ablösen (können), aber auf unterschiedliche Art und Weise an, von ihnen zu leistende *facework* rückgebunden werden müssen. Die komplizierten Grundlagen und (Re-) Produktionsprozesse von Vertrauen in Personen, Organisationen und abstrakte (Experten-) Systeme sowie die hier bedeutsamen rückbettenden Mechanismen werden im folgenden Abschnitt – wenn es um das Spannungsverhältnisses von Vertrauen und Kontrolle geht – nochmals genauer zur Sprache kommen. Dennoch wird bereits an dieser Stelle deutlich, dass im Rahmen von Beratungsprozessen die Verfahren der Distanzierung durch Bemühungen der Annäherung – speziell durch den Aufbau von Vertrauen bzw. Vertrauensbeziehungen zwischen den Akteuren – ergänzt und aufgefangen werden müssen.

Zusammenfassend kann festgehalten werden, dass Grenzziehung und Abgrenzung einerseits, Entgrenzung und Annäherung andererseits kontingente Ergebnisse der sozialen Praxis der Akteure sind und auf allen Dimensionen des Sozialen stattfinden. Nähe und Distanz sind keine festen Parameter einer Berater-Klienten Beziehung, sondern werden sozial konstruiert, werden in und durch die (inter-) organisationalen Praktiken (re-) produziert. Sie sind niemals eindeutig und endgültig fixiert bzw. fixierbar. Das Spannungsverhältnis von Nähe und Distanz kann im Rahmen eines Reorganisationsprozesses – wie auch in anderen Interorganisationsbeziehungen – niemals aufgelöst oder in ein dauerhaft stabiles Gleichgewicht überführt werden. Vielmehr bleibt es während eines Beratungsprozesses immer prekär und muss in und durch die reflexiv angelegten Praktiken der Akteure ausgehalten, ausgeglichen und aktiv gemanagt werden. Immer kann – so ist zu erwarten – zu unterschiedlichen Zeitpunkten und in verschiedenen Phasen eines Beratungsprozesses ein variierendes Ausmaß an (distanzierter) Nähe oder (vertrauensvoller) Distanz für eine, die Akteure zufriedenstellende Entwicklung des Reorganisationsprozesses erforderlich und sinnvoll sein. Wie nahe sich die Akteure im Verlauf eines Beratungsprozesses jeweils wann kommen (dürfen) und wie fern sie (zugleich) voneinander bleiben (müssen), kann im Einzelfall – wenn man entsprechende qualitative (Entfernungs-) Kriterien formuliert hat – nur auf der Grundlage empirischer Untersuchungen deutlicher werden. Immer aber hat ein strukturationstheoretisch inspiriertes (Grenz-) Management des Beraters Aspekte der Signifikation, Legitimation und Domination – und hier im Besonderen die praxis- und prozessrelevanten allokativen und autoritativen Ressourcen – mitzuführen.

Zum Spannungsverhältnis von Vertrauen und Kontrolle

Neben dem Spannungsverhältnis von Autonomie und Abhängigkeit und eng verknüpft mit demjenigen von Nähe und Distanz besteht ein weiteres, für die reflexive Veränderung organisationaler Praktiken relevantes Spannungsverhältnis zwischen Vertrauen und Kontrolle. Umgangssprachlich bezeichnen diese Begriffe im engeren Sinne etwas sich wechselseitig Ausschließendes: ‚Vertrauen ist gut, Kontrolle ist besser' stellt eine geläufige Redewendung zu diesem Verhältnis fest. Entweder wird in eine(r) (Beratungs-) Beziehung vertraut *oder* es wird kontrolliert, wird vertrauensvoll *oder* kontrollorientiert miteinander umgegangen, wie u.a. Lutz Zündorf (359) in einem Beitrag zur soziologischen Theorie des Managements feststellt. Andererseits – so argumentieren Gondek et al. (102) – schließen sich Vertrauen und Kontrolle im weiteren Sinne keineswegs aus. Vertrauen wird von ihnen vielmehr als Konzept zur organisatorischen Umsetzung einer als notwendig erkannten Kontrolle und einer effizienten Abwicklung des Arbeitsprozesses eingeführt. Auch von anderen Autoren wird Vertrauen als eine besondere Form der Kontrolle thematisiert, die als effizienter Kontrollmechanismus neben Preise (Markt) und Autorität (Hierarchie) treten kann (31, S. 98). Grundsätzlich ist mit Vertrauen und Kontrolle ein Spannungsverhältnis angesprochen, welches sich aus dem Faktum der *„doppelten Kontingenz"* (187) ergibt.[85] Die Kontingenzerfahrung, das heißt die Erfahrung, dass alles auch ganz anders eintreten kann, als von den Akteuren erwartet wird, betont – neben den Vertretern der Systemtheorie – auch Giddens (93, S. 34) wenn er feststellt, dass „trust always carries the connotation of reliability in the face of contingent outcomes whether these concern the action of individuals or the operation of systems". Kompetente Akteure sind – entsprechend dem Maß ihrer (Un-) Abhängigkeit – immer, wenn auch begrenzt, in der Lage, selbstbestimmt und eigensinnig zu handeln, so dass sie das vermeintlich bei den Interaktionspartnern vorhandene Wissen über ihre Erwartungen, Reaktions- und Handlungsmöglich-

---

[85] Alles „auf andere Menschen bezogene Erleben und Handeln [...] [ist] darin doppelt kontingent, dass es nicht nur von mir, sondern auch vom anderen Menschen abhängt, den ich als alter ego, dass heißt als ebenso frei und ebenso launisch wie mich selbst begreifen muss. Meine an einen anderen adressierten Erwartungen erfüllen sich nur, wenn ich und er die Voraussetzungen dafür schaffen" (181, S. 62f.).

keiten immer auch enttäuschen können. In der Regel geht es hierbei nicht um ein umfassendes, grenzenloses Vertrauen in das Vorgehen und die Fähigkeiten eines Beraters oder die Kooperationsbereitschaft des Klienten. Vielmehr wird – und das ist im Besonderen für Interorganisationsbeziehungen bedeutsam – immer nur hinsichtlich *bestimmter* Ereignisse oder Ergebnisse vertraut, die ratgebende oder ratempfangende Akteure in der Lage sind zu bewirken.

Vertrauen stellt – dies demonstrieren u.a. spieltheoretische Analysen (355, S. 142ff.) – eine notwendige Bedingung kooperativen Handelns in Interorganisationsbeziehungen dar und ist grundlegend für organisationsextern initiierte, organisationsintern umzusetzende Prozesse reflexiver Strukturation. Damit Vertrauen entstehen, bestehendes Vertrauen reproduziert werden kann, müssen bestimmte Bedingungen und Voraussetzungen erfüllt sein, die es den Akteuren ermöglichen, vertrauensvoll zu handeln und Vertrauensbeziehungen rekursiv zu stabilisieren (179). Strukturationstheoretisch betrachtet ist Vertrauen somit ein notwendiges Element des *reflexive monitoring* der Akteure. Sofern Vertrauen nicht als unintendierte Folge intendierten Handelns im Beratungsprozess entsteht, muss ein Akteur, der am Aufbau einer Vertrauensbeziehung zu anderen interessiert ist, erstens abschätzen können, was der Andere als eine vertrauensvolle Handlung erkennen und akzeptieren würde. Zweitens muss er selbst unter Bezugnahme auf allokative und autoritative Ressourcen in der Lage sein, derart vertrauensvoll zu handeln. Hierbei können materielle, finanzielle oder ideelle Vor-Leistungen des Beraters – etwa eine (kostenlose) Vorstudie, erste Hinweise auf ein Problem oder eine Problemlösung sowie die Überlassung von Know-how oder – auf Seiten des Klienten – die Offenlegung vertraulicher (Unternehmungs-) Daten als Ressource eine wichtige Rolle spielen. Drittens muss der Vertrauende einschätzen können, wie wichtig und bedeutungsvoll der Aufbau einer solchen Beziehung für den anderen ist, und ob dieser überhaupt an einer derartigen möglicherweise auch gegenseitige Abhängigkeiten erzeugenden Beziehung längerfristig Interesse hat. Besteht dieses wechselseitige Interesse nicht, muss (zunächst) *einseitig vertraut* werden. Darüber hinaus muss derjenige, dem vertraut wird, die vertrauensvolle Handlung als eine solche erkennen, diese annehmen und entsprechend – d.h. erwartungsgemäß – darauf reagieren können. Er muss das gegebene Vertrauen – wenn er denn will – bestätigen können. Und viertens ist es von besonderer Bedeutung, wie vertrauensvoll-kooperatives Handeln für die beteiligten Akteure zu einer – für beide! – vorteilhaften Strategie werden, zur rekursiven Stabilisierung von Kooperation führen kann (225, S. 291ff.).

Oftmals ist die Entscheidung zu Vertrauen, der erste Vertrauensakt ebenso wie die rekursive Reproduktion einer Vertrauensbeziehung oder die Erwiderung bestehenden Vertrauens nur zum Teil – falls überhaupt – das Ergebnis einer reflexiven Vertrauens-*Kalkulation* der Akteure. Die Vertrauensentscheidung fußt – folgt man dem *stratification model of the agent* – ebenso auf dem praktischen, das heißt diskursiv nicht zugänglichen Bewusstsein sowie auf unbewussten Erfahrungen in der frühen Kindheit (z.B. bei der Entstehung von Ur-Vertrauen oder Ur-Misstrauen). Und nicht zuletzt resultiert Vertrauen aus den immer besonderen, zum Teil unerkannt bleibenden Bedingungen des aktuellen und vergangenen Handlungskontextes.

Bestehendes Vertrauen zwischen Berater und Klient stellt einen besonderen Beziehungsmodus und ist als solcher selbst eine *autoritative Ressource*, die die kompetent handelnden Akteure unter Bezugnahme auf eine Dominationsstruktur im Umgang miteinander und auch mit Dritten nutzen können. Etablierte Vertrauensbeziehungen sind dann Bestandteil eines Interaktionsprozesses und bieten insofern auch die Möglichkeit einer (besseren) Kontrolle sozialer Beziehungen und Praktiken. Bestehendes Vertrauen verbessert beispielsweise die Kommunikations- und Austauschprozesse zwischen Klient und Berater (169, S. 14ff.) und ermöglicht somit die Herstellung von Erwartungs- und Handlungssicherheit im Reorganisationsprozess. Allerdings muss dieses Vertrauen im Prozessverlauf von den Akteuren immer wieder erneut bestätigt und reproduziert werden. Hierbei stabilisiert eine vertrauensvolle Praxis nicht nur rekursiv die bestehende Dominationsstruktur, sondern zugleich die Vertrauensbeziehung und damit die Ressource Vertrauen. Durch dieses wechselseitige Vertrauen konstituieren die Akteure eine sich selbst verstärkende Vertrauensspirale, einen „self-hightening cycle of trust" (98, S. 137). Diese Ressource besitzt somit die besondere Eigenschaft, dass sie sich im Prozess ihrer Nutzung nicht verbraucht, sondern verstärkt. In diesem Sinne wird in der Ökonomie Vertrauen auch als soziales Kapital thematisiert. Darüber hinaus beruht die Konstitution von Vertrauensbeziehungen sowie die Entscheidung darüber, ob einem Berater (oder einem Klienten) vertraut werden kann, auf einer Reihe von Hypothesen über die menschliche Natur und menschliches Verhalten oder gründet sich – bei Systemvertrauen – auch auf Technik(leit)bilder. Hiermit ist die Relation von Vertrauen und interpretativen Schemata angesprochen, die die Entstehung von Vertrauen befördern aber auch behindern können. Das Vertrauen in Personen sowie in soziale Beziehungen wird, außer von (Menschen-) Bildern über Eigenschaften, Bedürfnisse, Motive, Erwartungen, Einstellungen und Interessen, auch von Vorstellungen über gute Kooperation und effiziente Zusammenarbeit im Beratungsprozess sowie andere Organisations(leit)bilder beeinflusst, die als sinnstiftende Schemata den Vertrauensbildungsprozess anleiten. Das Vertrauen in abstrakte Systeme hingegen wird beeinflusst von Metaphern über deren (sichere) Funktionsweise und Zuverlässigkeit aber auch von Vorstellungen über die Gefährlichkeit eines technischen Systems. Wenn Vertrauen und vertrauensvolles Handeln im Beratungsprozess sinnvoll sein soll dann müssen die Akteure durch interpretative Schemata Bezug nehmen können auf eine Signifikationsstruktur, die ihnen entsprechende Zuweisungsprozesse ermöglicht. Die konkreten interpretativen Schemata, Bilder und Metaphern, auf die sich Berater und Klienten im Rahmen der reflexiven Strukturation im Einzelnen beziehen und welche (bewussten oder unbewussten) Interpretationsmuster ihre Kommunikationsprozesse anleiten, wenn es um Vertrauen oder Misstrauen, vertrauenswürdig oder vertrauensunwürdig sowie um vertraut-sein-mit oder Fremdartigkeit geht, werden durch die Strukturmerkmale des sozialen Systems – im Besonderen durch diejenigen der Interorganisationsbeziehung zwischen Berater- und Klientenorganisation – mitbestimmt.

Ebenso wie einmal etabliertes Vertrauen als autoritative Ressource betrachtet werden kann, kann bestehendes Vertrauen eine Regel der Bedeutungszuweisung und Sinnkonstitution sein, auf die sich Akteure mittels interpretativer Schemata in ihren Interaktionen beziehen. In diesem Zusammenhang wirkt dann Vertrauen als ein sinnstiftendes Moment eigener Qualität, mit dessen Hilfe die Akteure bestimmten sozialen Beziehungen oder Systemen Vertrauen zuweisen. Die psychologische Literatur spricht in diesem Zusammenhang personalisierend von Vertrauen als einer Persönlichkeitsdisposition (301) und unterscheidet zwischen mehr oder weniger vertrauensvollen Einstellungen der Akteure gegenüber anderen und anderem. Dennoch lässt sich die Reproduktion von Vertrauen in strukturationstheoretischer Sicht nicht darauf reduzieren, dass vertrauensvolle Akteure die Welt überwiegend vertrauensvoll interpretieren.

Betrachtet man schließlich die sozialen Praktiken auf deren Grundlage Vertrauen reproduziert wird unter normativen Aspekten, dann kommen besondere Regeln der Legitimation ins Blickfeld. Konkret geht es hier um diejenigen Regeln die beeinflussen,

- was als Vertrauensvorschuss angesehen wird oder angesehen werden darf,
- wie eine Vertrauensbestätigung auszusehen bzw. auszufallen hat,
- welches Verhalten von dem Partner als vertrauensvoll akzeptiert wird (und welches nicht),
- wann es zu einem Vertrauensbruch oder gar zu Misstrauenszirkeln kommt und

- was als positiver oder negativer Beitrag zu einer Vertrauensbeziehung anzusehen ist.[86]

Die Normen, die bei Aufbau, Stabilisierung und Reproduktion von persönlicher Vertrauenswürdigkeit und vertrauensbasierten (Interorganisations-) Beziehungen eine wichtige Rolle spielen können sein:
- Offenheit: kein Zurückhalten von, für den Interaktionspartner wichtigen, Informationen,
- Ehrlichkeit und Aufrichtigkeit: kein bewusstes Verfälschen von Informationen, kein Hintergehen des Partners,
- Toleranz: auch der Partner kann mit seiner Meinung oder Einschätzung richtig liegen sowie
- Reziprozität der Beziehung.

Die im Einzelfall jeweils geltenden, von den Akteuren als gültig beschriebenen Normen und normativen Orientierungen müssen in ihrer sozialen Praxis gesucht, aus den konkreten (inter-) organisationalen Praktiken herausgearbeitet werden. Grundsätzlich kann der vertrauensvolle Umgang miteinander und die darauf basierenden Austauschbeziehungen zu einer *eigenen normativen Regel* werden. Diese Norm würde dann bestimmen, wie in dieser Beziehung miteinander umgegangen wird: nämlich vertrauensvoll. Dies umfasst auch die negative Sanktionierung bestimmter – hiervon abweichender – Verhaltensweisen. Und diese Sanktionierung kann auch einen Abbruch der jeweiligen Beratungsbeziehung umfassen, falls diese (Vertrauens-) Norm im Beratungsprozess verletzt wird.

Neben dem Aufbau von Vertrauensbeziehungen zu Personen und/oder Organisationen spielt in Beratungsbeziehungen die Übertragbarkeit von Vertrauen auf Dritte eine wichtige Rolle. Individuelle wie kollektive Akteure – Personen und Systeme – können als „Vertrauensintermediäre" (48) fungieren. Diese treten gegenüber dem einen Akteur als Treuhänder und gegenüber dem anderen als Treugeber auf und können damit unter Umständen drohenden Opportunismus (in anderen Beziehungen) kontrollieren helfen oder eine (noch) vertrauensvolle(re) – und damit gegebenenfalls auch effizientere – Beziehung bewirken als sie

---

[86] Darüber hinaus lässt sich aus einer bestehenden Legitimationsstruktur ableiten, wer – zum Beispiel in Interorganisationsbeziehungen – welche Rechte und Pflichten hat und wie er diesen nachkommen kann, soll oder muss sowie mit welchen negativen Sanktionen er zu rechnen hat, falls er diesen Pflichten und Erwartungen nicht nachkommt. Die Gültigkeit dieser Legitimationsstrukturen gründet langfristig in ihrer, immer wieder neu gelingenden, (Re-) Produktion durch die, sich auf diese normativen Regeln beziehenden Akteure.

zwischen diesen Akteuren unmittelbar zustande kommen könnte.[87] Während es beim Vertrauen in Personen (Berater, Klienten) um deren Verlässlichkeit und moralische Aufrichtigkeit geht, beruht das Vertrauen in (Experten-) Systeme „upon faith in the correctness of principles of which one is ignorant" (93, S. 33). Die erwartete Verlässlichkeit dieser Prinzipien, die sich auf abstrakte Verfahren komplexer Systeme – z.B. Organisationen – beziehen, gilt es im Folgenden mit Bezug auf die Frage, wann und warum ihnen vertraut werden kann, genauer zu untersuchen.

Wird personales Vertrauen vor allem durch sozial kompetente „facework commitments" (93, S. 33) via „facework" von zeitgleich anwesenden Akteuren reproduziert, so ist Systemvertrauen im Gegensatz hierzu zunächst durch „faceless commitments" gekennzeichnet. Es wird durch – auf bestimmte Regeln rekurrierende – Erwartungsgarantien erbracht und löst sich von dem Vertrauen in konkrete Personen – muss aber auf unterschiedliche Art und Weise an, von Beratern und Klienten zu leistende „facework" rückgebunden werden. Beispielsweise übertragen die ratsuchenden Klienten ihr Vertrauen nicht rückhaltlos oder gar naiv und blind auf eine, ihnen fremde Beratungsorganisation. Vielmehr spielt bei diesem Übertragungsprozess (auf Organisationen) und dem notwendigen Rückbindungsprozess (an Personen) die, sich jeweils gegenseitig von den Akteuren zugeschriebene Interpretation in Bezug auf ein Verständnis der relevanten Problembereiche und Funktionsweisen der Systeme eine große Rolle. An sogenannten „access points" versuchen sie, ihr Vertrauen in das andere System wieder an Personen, hier: anwesende Berater anzukoppeln. Giddens beschreibt die hier bestehenden Zusammenhänge wie folgt: „At access points the facework commitments which tie lay actors into trust relations ordinarily involve displays of manifest trustworthiness and integrity, coupled with an attitude of 'business as usual' or unflappability. Although everyone is aware that the real repository of trust is in the abstract system, rather than the individuals who in specific contexts 'represent' it, access points carry a reminder that it is flesh-and-blood people (who are potentially fallible) who are its operators. It is understood by all parties that reassurance is called for, and reassurance of a double sort: in the reliability of the specific individuals involved and in the (necessarily arcane) knowledge or skills to which the lay individual has no effective access" (93, S. 85). Dieses Vertrauen bezieht sich im Rahmen von Beratungsprozessen in der

---

[87] Auch das Gegenteil ist natürlich möglich (48, S. 232ff.). Zucker (358, S. 75ff.) spricht in ihrer historischen Analyse der Institutionalisierung von Vertrauen sogar bestimmten Personen und Organisationen die Fähigkeit zu, Vertrauen zu produzieren und zu vermarkten.

Regel auf die normale, routinisierte und erwartungsgemäße Abwicklung der Reorganisation oder betrifft die Funktionsweise und Verlässlichkeit der zur Unterstützung des Strukturationsprozesses etablierten (inter-) personalen und (inter-) organisationalen Beziehungen.

Kontrolle hingegen bezieht sich – so argumentieren beispielsweise Crozier/Friedberg (50) – darauf, dass relevante Ungewissheitszonen der Akteure existieren und wird immer dann erforderlich, wenn Akteure opportunistisch, eigensinnig und (für andere) unerwünscht Handeln können. Die betriebswirtschaftliche Literatur thematisiert Kontrolle zumeist als Überwachung der Abweichungen zwischen Ist- und Soll- bzw. Planungsgrößen. Neben dem trivialen Vergleich zwischen ex-ante vorgegebenen Zielgrößen und der, zu einem bestimmten Zeitpunkt realisierten, Zielerreichung spielt die Abweichungsanalyse und gegebenenfalls die Einleitung von Korrekturmaßnahmen hierbei eine wichtige Rolle (260, S. 191ff.). Diese Kontrollmaßnahmen beziehen sich nicht nur auf technische Prozesse und die Einhaltung formaler Organisationsprinzipien (Systemkontrolle), sondern betreffen auch direkt die Überwachung von Akteuren in ratsuchenden oder ratgebenden Unternehmen, ermöglichen mit anderen Worten eine personale sowie eine Prozess-Kontrolle. In jedem Fall gilt, dass, wer kontrollieren will, Macht – begriffen als Handlungsfähigkeit – braucht. Und umgekehrt gilt: Wer kontrolliert, übt Macht aus. Die Möglichkeiten der Kontrolle bzw. der Überwachung, Steuerung und Manipulation von Akteuren sowie sozialen und technischen Prozessen sind untrennbar an die Verfügbarkeit von (Macht-) Ressourcen geknüpft. Im Sinne der *dialectic of control* ist aber Kontrolle bzw. sind Machtbeziehungen niemals nur einseitig, sondern immer gegenseitig angelegt. Daher besteht grundsätzlich eine Begrenztheit aller Kontrollversuche und -strategien. Immer besitzen die Kontrollierten in einer Beziehung ihrerseits Kontrolle über und Einfluss auf bestimmte Personen, Informationen, Prozesse, Ergebnisse, Outputs und Ziele.

Auch *Vertrauen und Kontrolle* stehen daher in einem Spannungsverhältnis. Dies deutet schon Georg Simmel (284, S. 263) an, wenn er feststellt: „Der völlig Wissende braucht nicht zu vertrauen, der völlig Nichtwissende kann vernünftigerweise nicht einmal vertrauen."[88] Da niemals alle Eventualitäten umfassend bedacht, berücksichtigt, (reflexiv) gesteuert und kontrolliert werden können, spielt in sozialen Beziehungen stets auch Vertrauen eine Rolle. Darüber hinaus macht gerade die *Abwesenheit* von allumfassenden Kontrollpotentialen die *Anwesenheit* von Vertrauen erforderlich, denn alles, was in dem Kontrollbereich

---

[88] Auch Giddens (93, S. 33) widmet diesem Zusammenhang eine klärende Bemerkung: „[T]he prime condition of requirements for trust is not lack of power but lack of full information."

anderer Akteure liegt, stellt für den davon betroffenen Akteur eine relevante Unsicherheitszone dar. Wird vertraut, so stellt Vertrauen allerdings keine hinreichende Bedingung für eine effektive Kontrolle über das Verhalten anderer dar (253). Besteht kein – wie rudimentär auch immer ausgeprägtes – Vertrauen oder besteht gar Misstrauen, dann werden umfassende(re) Kontrollstrategien erforderlich, die – ab einem bestimmten (Kontroll-) Aufwand – die Sinnhaftigkeit der Berater-Klienten Beziehung nicht zuletzt ökonomisch infrage stellen. Wo Kontrollmöglichkeiten an ihre Grenzen stoßen – und das tun sie in sozialen Beziehungen vor dem hier diskutierten Hintergrund fast immer – taucht Vertrauen, wenn es um einen sinnvollen Fortbestand der Beziehung bzw. eine möglichst effiziente Fortsetzung reflexiver Strukturation geht, als eine immer notwendige Bedingung der Reproduktion sozialer (Interorganisations-) Beziehungen auf. Und gleiches gilt für das Vertrauen in Systeme. Auch hier sind umfassende Kontrollmöglichkeiten in der Regel nicht gegeben, so dass Vertrauen in die „correctness of principles of which one is ignorant" (93, S. 33f.) erforderlich wird. Der von Giddens herausgestellte Prozess des *reflexive monitoring* macht zudem deutlich, dass Vertrauen in seinem Entstehungszusammenhang nicht bloß blind vergeben werden muss. Vielmehr kann von den Akteuren in einem andauernden Prozess überprüft werden, warum eigentlich vertraut wird, ob die Grundlagen des (eigenen) Vertrauens (noch) vorhanden sind und ob das eigene Vertrauen eine Bestätigung erfahren hat oder nicht. Denn, dies betont einmal mehr Niklas Luhmann (182, S. 28): „Wer vertraut, muss nämlich seine eigene Risikobereitschaft unter Kontrolle halten. Er muss, und sei es nur zur Selbstvergewisserung, sich klar machen, dass er nicht bedingungslos vertraut, sondern in Grenzen und nach Maßgabe bestimmter, vernünftiger Erwartungen. Er muss sich in seinem Vertrauen zügeln und kontrollieren. Das ist Teil der Motivstruktur, die das Vertrauen ermöglicht, und geschieht dadurch, dass er sich sein Objekt mit Hilfe von Symbolen der Vertrauenswürdigkeit nahe bringt." Ebenso wie Giddens spricht Luhmann hier davon, dass sich die (Vertrauens-) Kontrolle auf eine Beobachtung derjenigen Indizien beschränkt, die als Hinweise eines Vertrauensbruchs oder als bestätigende Zeichen von Vertrauenswürdigkeit bewertet werden können. Ob Vertrauen sich rekursiv verstärkt oder in Misstrauen umschlägt, bleibt eine empirisch stets aktuelle Frage. Zielt die Kontrolle anderer Akteure auf deren Handlungsmöglichkeiten, so zielt Kontrolle in dem zuvor betrachteten Zusammenhang auf die (individuellen) Grundlagen und Voraussetzungen des gegebenen Vertrauens, die durch den Vertrauenden reflexiv überwacht und kontrolliert werden müssen. Sehendes, das heißt bewusst gegebenes – in Unterscheidung zu blindem – Vertrauen erfordert also immer auch individuelle Kontroll- und Überwachungspotentiale, die es dem dann *kompetent Vertrauenden* ermöglichen, die Reaktionen auf sein gegebenes Vertrauen reflexiv zu beobachten und ihn gegebenenfalls veranlassen, den Vertrauensakt zu wiederholen, das Vertrauen zu bestärken, zu entziehen oder misstrauisch zu reagieren. Gleichzeitig schränkt einmal gegebenes Vertrauen auch die Handlungsmöglichkeiten derjenigen Akteure ein, denen vertraut wird. Zumindest wenn man von einem gemeinsam geteilten, kulturspezifischen Legitimations- und Signifikationshintergrund ausgeht (48, S. 137). Hierdurch wird nämlich in der Regel ein moralischer Druck auf denjenigen aufgebaut, dem vertraut wird. Denn wenn (vereinbarungsgemäß) ein kooperatives Vorgehen Grundlage der Berater-Klienten Beziehung ist, das heißt, wenn die Absicht zur (vertrauensvollen) Zusammenarbeit im Interesse beider Akteure liegt, dann kann nicht mehr beliebig gehandelt werden und sind die (Reaktions-) Möglichkeiten der Akteure beschränkt.[89]

Dieser moralische Druck und die ihn stützenden Normen werden umso verhaltensrelevanter für einen Akteur, je stärker die Einhaltung bzw. Verletzung dieser Norm durch den Vertrauenden sanktioniert werden kann. Muss derjenige, dem vertraut wird, bei einer Enttäuschung des ihm gegebenen Vertrauens mit unerwünschten (negativen) Sanktionen rechnen – der Berater etwa mit einem sich verbreitenden Negativimage – so wird er eher geneigt sein, das Vertrauen zu erwidern oder sich zumindest wohlwollend gegenüber dem vertrauenden Klienten zu verhalten. Andererseits verlieren diejenigen, denen vertraut wird, nicht nur Kontrollpotentiale und damit Handlungsmöglichkeiten durch den Aufbau von moralischem und sanktionsbewehrtem Druck, sondern gewinnen ebenso neue hinzu. Diese neuen Möglichkeiten beruhen auf dem Risiko, welches der Vertrauende mit dem Vertrauensakt stets eingeht. Wird sein Vertrauen nicht bestätigt, das heißt, verhält sich der Interaktionspartner nicht wohlwollend gegenüber dem Vertrauenden, so sind für diesen damit in der Regel negative Konsequenzen verbunden – etwa der Verlust von relevanten Unternehmensinformationen an oder die Abwerbung von Mitarbeitern durch den Berater. Durch eine Kontrolle dieser, für den Vertrauenden relevanten, Unsicherheitszone gewinnt derjenige, dem vertraut wird wiederum Einflussmöglichkeiten auf den Vertrauenden.

Auch Vertrauen und Kontrolle konstituieren sich in den und durch die (inter-) organisationalen Praktiken der Akteure unter Bezug auf eine

---

[89] Natürlich wirkt dieser moralische Druck nur ergänzend zu anderen Formen und Mechanismen einer gegenseitigen Verhaltensverpflichtung. Ein- oder wechselseitige Abhängigkeiten, weitere gemeinsam geteilte Normen sowie emotionale Gebundenheit können ebenso als unterstützende Beihilfen für Vertrauensbeziehungen betrachtet werden.

Signifikations-, Dominations- und Legitimationsstruktur. Vertrauen, vertrauensvolle Beziehungen und Kontrolle sind damit zugleich Medium und Ergebnis der Praktiken der Akteure im Verlauf eines Beratungsprozesses. Was in Interorganisationsbeziehungen als vertrauensbildende Maßnahme und was als vertrauensfördernd oder –behindernd betrachtet und akzeptiert wird, ist dabei Resultat des Handelns der Akteure vor dem Hintergrund der Dualität von Struktur. Die Etablierung von vertrauensvollen oder kontrollorientierten Beziehungen zwischen Akteuren sowie die Übertragung von Vertrauen auf Dritte kann dabei nur gelingen, wenn in der sozialen Praxis eine reflexive Stabilisierung von gemeinsam geteilten interpretativen Schemata, verbindlich akzeptierten Normen sowie tolerierter Machtausübung und Ressourcenverwendung möglich ist. Zwar sind die vertrauenden Akteure zumeist in der Lage, gute Gründe für ihre Entscheidung *zu vertrauen* anzugeben, aber ein nicht diskursiv zugänglicher (Begründungs-) Rest bleibt zumeist in ihrem praktischen Bewusstsein oder im Unterbewussten verborgen. Vertrauen erweist sich somit als ein besonderes Beziehungsverhältnis, welches dadurch charakterisiert ist, dass die vertrauensvoll miteinander umgehenden Akteure in ihren Beziehungen in der Lage sind, bestimmte Aspekte (etwa alternative Handlungsmöglichkeiten und Risiken) auszuklammern bzw. diese *nicht* stets neu zu problematisieren und in Frage zu stellen. Derart verschafft Vertrauen den Akteuren neue (Handlungs-) Freiräume. Zugleich gründet es auf – schafft aber auch – Möglichkeiten der Kontrolle zu gegebenenfalls niedrigeren Kontrollkosten.

Bei der Gestaltung und dem Management der Interorganisationsbeziehungen zwischen Beratern und Klienten sowie im (Re-) Strukturationsprozess ist also nach Vertrauen *und* Kontrolle zu fragen sowie ihr gemeinsames Auftreten und wechselseitiges Konstitutionsverhältnis zu beachten. Im Einzelnen geht es darum, wie Vertrauen und Kontrolle sich in ihrem Entstehungszusammenhang wechselseitig beeinflussen, wie Vertrauen (andere) Kontrollen ersetzen kann oder wie durch (zu viel) Kontrolle Vertrauen zerstört wird oder gar nicht erst aufgebaut werden kann. Zudem geht es um die Frage, wie Akteure durch die hier gegebenenfalls etablierten vertrauensvollen Beziehungen Vertrauen zu weiteren Akteuren aufbauen können oder wie das in diesen Beziehungen etablierte Vertrauen generell die Beziehungen zu anderen Akteuren inner- und außerhalb der Berater-Klienten Beziehung beeinflusst und sich dabei auch auf den Einsatz, die Qualität und die Kosten der potenziell verfügbaren Kontrollmöglichkeiten auswirkt. Im folgenden Abschnitt sollen diese bisher eher generellen Überlegungen mit Blick auf Beratungsprozesse konkretisiert, die praxisrelevanten Vertrauens- und Kontrollmöglichkeiten der Akteure genauer dargestellt werden.

Vertrauen und Kontrolle in der Berater-Klienten Beziehung
Einerseits ist – dies wurde bereits bei der Diskussion des Spannungsverhältnisses von Nähe und Distanz deutlich – immer ein persönliches
Vertrauensverhältnis zwischen Berater und Klient für die gelingende reflexive Strukturation erforderlich. Ihr Erfolg liegt „largely in how much
confidence you can inspire in others [...]. The client's confidence in you
is as important to your success as the patient's confidence is to the med-
ical practitioner" (130, S. 151). Und ergänzend betont Kelley (140, S.
117), dass Berater „argue that lack of confidentiality runs counter to the
spirit of a consulting relationship: Moreover, they insist that to work ef-
fectively with their clients and to overcome the image of the corporate
spy, they must ensure confidentiality." Die von den Autoren hervorgeho-
bene Bedeutung von Vertrauen und Vertrauenswürdigkeit für den Erfolg
einer Reorganisation bzw. die im Vordergrund der Argumentation stehenden Vertrauensbeziehungen in Personen, gilt es zu ergänzen um
das Vertrauen in die Zuverlässigkeit und Glaubwürdigkeit des Bera-
tungs- aber auch des Klientunternehmens. Vertrauen in soziale Systeme gilt – aus der Perspektive des Klienten – beispielsweise dem Namen, der Reputation und dem langjährigen Markterfolg eines Beratungsunternehmens, der Qualität der, bei anderen Unternehmen er-
brachten, Beratungsdienstleistungen bzw. dem, in dem Beratungsunternehmen vorhandenen und verfügbaren Expertenwissen. Und auch der
Berater muss in die Ernsthaftigkeit des Beratungsprojektes und auf die
– zumindest bei ausgewählten Organisationsmitgliedern vorhandene
Reorganisationsbereitschaft – ein Stück weit vertrauen. Dies ist deshalb
von Bedeutung, da – speziell bei umfangreichen und längerfristigen Projekten mit wechselnden Akteuren in unterschiedlichen Projektteams –
dem institutionellen Vertrauen eine wichtige, beziehungs- und prozess-
stabilisierende Funktion zukommt.

Zugleich stellt sich für Klienten wie Berater das Problem der (Er-
folgs-) Kontrolle im Rahmen einer reflexiven Strukturation. Grundsätzlich geht es hierbei um Versuche personaler, prozessualer wie ergeb-
nisorientierter Überprüfung. Das heißt, es geht zum einen um eine Kontrolle der – zuvor vereinbarten und festgeschriebenen und/oder implizit
erwarteten – Ziele, Vorgehensweisen, Maßnahmen, Interventions- und
Beeinflussungsmethoden, zum anderen um eine Kontrolle der, zur Abwicklung der Beratung relevanten Informationen bzw. Ressourcen.
Denn wer während des Beratungsprozesses zu welchem Zeitpunkt über
welche Informationen verfügt und wer sie wann von wem und mit welcher Absicht mitgeteilt bekommt, ist für die Beratungsdurchführung
ebenso relevant wie für die weitere – mehr oder weniger vertrauensvolle
– Reproduktion der Beziehung. Einerseits fehlt dem Berater eine unmittelbare Kontrolle über die – ihm nicht oder nur teilweise offenbarten –

Erwartungen des Klienten in seine Person und seine Beratungspraktiken. Ebenso sind ihm (zunächst) die, in der ratsuchenden Organisation sowie bei den beteiligten Projektteilnehmern vorhandenen, allokativen und autoritativen Ressourcen unbekannt. Andererseits kann der Klient – sollte er nicht stets in Begleitung des Beraters verbleiben – dessen tatsächliches Vorgehen, z.b. die während der Diagnose wem gestellten Fragen und die daraus gegebenenfalls resultierenden Informationsvorsprünge des Beraters nicht direkt kontrollieren.

Wie bereits betont wurde ist ein zentraler Gegenstand der Organisationsberatung die (Entscheidungs- und Handlungs-) Unsicherheit des ratsuchenden Klienten. Darüber hinaus bleibt die Erfolgswirksamkeit der Organisationsberatung für den Klienten – aber oftmals auch für den Berater – ungewiss und unsicher. Aufgrund dieser, mit der Beratung verknüpften doppelten Unsicherheit weist die Beratungsdienstleistung in besonderem Maße Vertrauensqualitäten auf. Mit Bezug auf Crosby und Stevens (49) kann man Beratungsleistungen im Allgemeinen, Beratungsdienste im Kontext einer reflexiven Strukturation im Besonderen daher als Vertrauensdienstleistungen („credence services") bezeichnen, deren effektive Erstellung ein aktives, vertrauensförderndes Beziehungsmanagement erforderlich macht. Darüber hinaus ist das Beratungsgeschäft durch Wissensintensität (293) gekennzeichnet und dadurch charakterisiert, dass die hier stattfindenden Dienstleistungs- und Leistungserstellungsprozesse zumeist solche der Informations- und Wissensverarbeitung sowie -vermittlung sind. Diese Prozesse beziehen sich u.a. auf die Erhebung, Analyse, Transformation, Speicherung, Übertragung und Interpretation oftmals sensibler, organisationsinterner Informationen, die es glaubwürdig, verlässlich, vollständig, vertraulich und (mikro-) politisch sensibel mitzuteilen gilt.[90]

Abschließend soll nochmals hervorgehoben werden, dass das ‚Vertrauen zu' oder das ‚Vertraut-sein-mit' ein besonderer Beziehungsmodus ist, mit dem Akteure wem oder was auch immer begegnen (262, S. 12). Wer (oder was) jeweils als vertraut empfunden wird und wem (oder was) im Einzelfall Vertrauen entgegengebracht wird ist von der eigenen Identität und Sozialisation, den erworbenen bzw. erlernten Deutungsmustern und Interpretationsschemata, den verfügbaren allokativen und autoritativen Ressourcen, den geltenden Normen sowie dem weiteren (Handlungs-) Kontext, d.h. den sozialen Beziehungen und Praktiken der Akteure nicht ablösbar. Das ‚Vertraut-sein-mit' ist ein raum-zeitlich gebundenes Phänomen (262, S. 12) sozialer Praktiken und als ein (Bezie-

---

[90] Mit Bezug auf Vertrauens- und Kontrollaspekte in Versicherungsnetzwerken bzw. in den Beziehungen zwischen Kunden, unabhängigen Vermittlern und Versicherungen vgl. Sydow et al. (306, S. 180ff.).

hungs-) Verhältnis charakterisierbar, welches sich in und durch eine *Begegnungssituation*, die stets in einen weiteren sozialen Kontext eingebettet ist, erst entwickeln muss.[91] Vertrauen wird derart zu einem Mechanismus, mit dessen Hilfe die Akteure ihre Beziehungen strukturieren, regulieren und reproduzieren können. Vertrauen verschafft ihnen (begrenzte) Sicherheiten, eröffnet zugleich Möglichkeiten der Kontrolle wie Freiheiten zu eigensinnigem Handeln. Und es besteht bei vertrauensvollen Beziehungen eine besondere Art gegenseitigen Einverständnishandelns.

---

[91] Hierbei ist es im Rahmen einer genaueren Analyse unverzichtbar zu verstehen, „aus welchen Grenzsetzungen heraus eine kulturelle, nationale, soziale oder personale Identität ihre spezifische ‚Eigenheit' (und damit ihre spezifischen ‚Vertrautheiten', A.L.) ableitet und gegen Andersartiges kontrastiert" (262, S. 13).

6.3 Metafunktionen des Beratungsprozesses

Die bereits erwähnten Metafunktionen des Managements interorganisationaler Beziehungen – Selektion, Regulation, Allokation und Evaluation – sollen zum Abschluss des 6. Kapitels mit Blick auf den Prozess der Organisationsberatung konkretisiert werden. Einen einführenden Überblick hierzu gibt Abbildung 6.6.

Metafunktion	
Selektion	1. Vergleich und Bewertung alternativer Beratungsangebote (Stärken-/ Schwächenanalyse) 2. Bedeutung von (spontaner) Nähe und Distanz sowie von Vertrautheit und Fremdheit zwischen den Akteuren
Regulation	1. Vertragliche Regelungen und deren (machtvolle) Ausgestaltung (Auftragsklärung, Unternehmensberatungsvertrag) 2. Projektmanagement, Einrichtung von Teams und Arbeitsgruppen 3. Bestimmung der Kernbereiche der gemeinsamen Aktivitäten bzw. der Schwerpunkte der Zusammenarbeit (Was ist das Ziel? Wo liegen die Problembereiche der Reorganisation bzw. reflexiven Strukturation?) 4. Vereinbarung und Etablierung spezieller Kontrollmechanismen für Klient und Berater
Allokation	1. Verteilung von Aufgaben, Wissen, Zuständigkeiten, Verantwortlichkeiten und Budgets, das heißt von autoritativen und allokativen Ressourcen
Evaluation	1. Bewertung der Vorgehensweise des Beraters bzw. Zurechnung des Beratungserfolges oder -misserfolges 2. Ist die Reorganisation bzw. die reflexive Strukturation gelungen? Für wen war sie ein (Miss-) Erfolg? (Erfolgskriterien; Kosten-Nutzen-Analyse; Soll-Ist-Vergleich)

Abbildung 6.6: Metafunktionen eines interorganisationalen Beratungsprozesses

Selektion: Praktiken der Berater- und Klientenauswahl

Dass ratsuchende und beratende Organisationen oftmals nur schwer zueinander finden, liegt nicht ausschließlich an der Intransparenz des Beratungsmarktes, sondern ebenso an dem wenig konkreten Charakter der zu erbringenden, immateriellen Beratungsdienstleistung.[92] „Ich beneide niemanden, der einen Berater auswählen muss", gesteht denn auch der ehemalige deutsche Top-Management-Berater Roland Berger (23, S. 62). Bereits die Kriterien der Beraterselektion unterliegen einem machtabhängigen Umgang und karikieren oftmals die in der Literatur vorgeschlagenen, analytisch-rationalen, im Endeffekt dann aber strategisch und mikropolitisch zum Einsatz gebrachten Entscheidungsmodelle. Es fehlt eine, über die bloße Aufzählung der mehr oder weniger relevanten und von den Beratungsbeteiligten zu berücksichtigenden (Auswahl-) Kriterien hinausgehende, Thematisierung derjenigen Verfahren und Prozesse, die zum glaubhaften Nachweis vorhandener Beratungskompetenz, zur verlässlichen gegenseitigen Einschätzung der Akteure sowie zum Aufbau einer – zunächst noch nicht bestehenden – vertrauensvollen Beziehung zwischen Berater und Klient herangezogen werden können. Grundsätzlich stellt sich aber schon in dieser frühen Phase die Frage nach den sozialen Praktiken der Produktion von (Ein-) Verständnis, Anschlussfähigkeit und Homophilie zwischen Berater und Klient wie auch zwischen Berater- und Klientenorganisation. Denn eine, beide Kooperationspartner langfristig zufriedenstellende, Selektionsentscheidung sowie der Erfolg eines Beratungsprozesses beruhen immer auf einer erst zukünftig gelingenden, die Effizienz einer reflexiven Strukturation gewährleistenden Ressourcenübertragung und -nutzung. Ob aber die Praktiken der Verwendung allokativer und autoritativer Ressourcen – und die damit verknüpften Sichtweisen und normativen Orientierungen der Akteure – kompatibel und anschlussfähig sind, ist im Vorfeld eines Beratungsprozesses eher unbestimmt und selbst wiederum problematisch. Für den Beratungserfolg ist es einerseits von zentraler Bedeutung, „dass die Know-how-Unterschiede zwischen Berater und Klient nicht zu groß sind, da im anderen Fall eine Basis für eine gemeinschaftliche Problemlösung fehlt. Sollte der Berater erkennen, dass seine Fähigkeiten vom potentiellen Klienten falsch eingeschätzt werden, so ist es in seinem langfristigen Interesse, auf den Auftrag zu verzichten" (113, S. 41). Und umgekehrt gilt auch für den Klienten, dass

---

92 Der Selektionsprozess ist – das sei an dieser Stelle nochmals angemerkt – immer ein beidseitiger. Dies gilt auch dann, wenn zwischen den beteiligten Akteuren, hier: Beratern und Klienten, (Macht-) Asymmetrien und ungleichgewichtige, wechselseitige Abhängigkeiten bestehen (vgl. hierzu nochmals Abschnitt 6.2 zum Spannungsverhältnis von Autonomie und Abhängigkeit).

– wenn er etwa feststellt, dass der Berater die in ihn gesetzten Erwartungen nicht erfüllen und die (gemeinsam) identifizierten Probleme nicht lösen kann – er die Fortsetzung der Beratung beizeiten zur Disposition stellt. Andererseits zeichnet sich der Berater gegenüber dem ratsuchenden Klienten durch seine besondere Expertise, sein anderes Wissen und innovatives Know-how im Bereich reflexiver Strukturation aus. Zugespitzt stellt Block (28, S. 4) fest: „If we didn´t have some expertise, then people wouldn´t ask for our advice". Bereits im Rahmen der Selektionsentscheidung taucht somit das Problem der praktischen Ausgestaltung des zuvor betrachteten Spannungsverhältnisses von Nähe und Distanz zwischen Berater und Klient sowie des gegenseitigen Einlassens auf und Abgrenzens von Sichtweisen, normativen Orientierungen sowie Arten und Weisen der Ressourcenverwendung des jeweils anderen Akteurs auf. Sydow/Windeler (303, S. 5) sprechen mit Blick auf die Selektion geeigneter Interaktionspartner zu Recht von der Bedeutung von Gemeinsamkeiten *und* Unterschieden zwischen den kooperierenden Akteuren. Ebenso sind die Akteure bereits zu Beginnn ihrer Beziehung mit dem Spannungsverhältnis von Vertrauen und Kontrolle konfrontiert. Sie müssen, um ihre Selektionsentscheidung gegebenenfalls vor sich selbst wie vor anderen Unternehmens- und/oder Prozessbeteiligten rechtfertigen zu können, Kontrollpotentiale – etwa ein zuverlässiges Wissen über die Beratungsorganisation, die Fähigkeiten der Berater sowie das geplante Vorgehen der Berater im Beratungsprozess – aufbauen, die ihre Entscheidung vernünftig und gerechtfertigt, auf keinen Fall willkürlich erscheinen lassen. Zum anderen fehlen ihnen aber zu diesem Zeitpunkt oftmals die, für eine derartige Beurteilung und Kontrolle, erforderlichen Informationen und müssen sie den Beratern – ob Organisation oder Person – vorschüssig institutionen- oder eigenschaftsbasiertes Vertrauen entgegenbringen.[93]

---

[93] Die Unterscheidung zwischen eigenschafts-, prozess- und institutionenbasiertem Vertrauen geht auf Zucker (358) zurück. *Eigenschaftsbasiertes Vertrauen* gründet auf generalisierbaren Eigenschaften von Personen wie Alter, Geschlecht oder die Zugehörigkeit zu einer bestimmten kulturellen oder ethnischen Gruppe. *Prozessbasiertes Vertrauen* stützt sich auf konkrete – in der Regel positive – Erfahrungen der Akteure mit sozialen und/oder ökonomischen Austauschprozessen. *Institutionenbasiertes Vertrauen* schließlich transzendiert die zuvor genannten Vertrauensgrundlagen und konstituiert sich unter Bezugnahme auf formale Bildungs- und Berufsabschlüsse, Zeugnisse, Zertifikate, Lizenzen sowie Vereins- oder Verbandsmitgliedschaften.

Inkrementalistische Selektionspraktiken

Eine Vorstellung von dem praktischen Verlauf eines Selektionsprozesses, der keine detaillierten Planungsphasen umfasst und in der Regel nicht ausschließlich entscheidungsrational verläuft bietet der inkrementalistische Ansatz. In Anlehnung an Lindblom (177) kann man von Praktiken des „muddling through" sprechen. Staehle (290, S. 496) merkt hierzu an: „Bei dieser Vorgehensweise sind nicht übergeordnete Ziele Beurteilungsmaßstab, sondern Planungs- und Entscheidungsverhalten gleichen einem Durchwursteln, und Bewertungsprozesse sind politische Verhandlungsprozesse." Dem eigentlichen Entscheidungsakt vorausgehende Planungssequenzen, konkrete Ziel- und Problembestimmungen, (zweck-) rationale Analysen der Alternativen und ihrer Konsequenzen sind hierbei weniger bedeutsam. Der oder die Entscheider orientieren sich an sukzessiv beschränkten Vergleichen, die an bisher erfolgreich praktizierte (Auswahl-) Routinen und andere vertraute Praktiken anknüpfen. So – und nicht wie in rationalen Entscheidungs- bzw. Selektionsmodellen unterstellt – sieht die (Entscheidungs-) Praxis auch in (Wirtschafts-) Organisationen oftmals aus. Zumeist lassen sich immer „nur begrenzte, partielle Ziele ins Auge fassen und in kleinen Schritten ansteuern" (227, S. 65). Zu dieser Vorgehensweise der kleinen, oftmals ungerichteten und auch rückwärtsgewandten Schritte soll im Folgenden ein lehrreiches, für die Beraterauswahl sicherlich nicht untypisches, präskriptiven Entscheidungsmodellen aber fundamental widersprechendes Beispiel für den realen, realistischeren Ablauf eines Selektionsprozesses gegeben werden, wie es von Cyert/Dill/March (54, S. 120ff.) berichtet wird:

„Die Verantwortlichen nahmen den Bericht von [der Unternehmensberatung, A.L.] Alpha wohlwollend auf und stimmten generell darin überein, an Alpha festzuhalten, bis die Frage entstünde, ob die Prüfung anderer Alternativen sinnvoll sei. Offensichtlich war das der entscheidende Punkt im Prozess, aber es ist unklar, was den Vorschlag zusätzlicher Suchbemühungen aufbrachte. Der Vorschlag wurde ziemlich schnell angenommen und eine von Angestellten bereits vorbereitete Liste mit etwa einem Dutzend möglicher Berater wurde vorgelegt. Der Controller entschied, dass nur eine zusätzliche Unternehmung um ein Angebot gebeten werden sollte. Diese Unternehmung sollte Beta sein. Beta war bekannter, älter und größer als Alpha, obwohl sie nicht so eindeutig auf elektronische Datenverarbeitung spezialisiert war.

Nachdem Beta einen Bericht vorgelegt hatte, musste zwischen den beiden Unternehmen entschieden werden. Im Auftrag des Controllers schrieb ein Mitarbeiter ein Memorandum, in dem die Kriterien aufgelistet waren, die der Entscheidung zugrunde gelegt werden sollten, und das auch die beiden Unternehmen anhand eines jeden Kriteriums beurteilte.

Der Mitarbeiter, der das Memorandum schrieb, glaubte, dass die beiden Unternehmungen im Hinblick auf Personal, Kosten der Dienstleistungen und geschätzten Zeitbedarf gleich seien oder durch Verhandlungen aneinander angeglichen werden könnten. Bei den anderen Kriterien dagegen – Vertragsinhalt, Verfügbarkeit, Verwendungsbereich und geographische Lage – sah er Beta im Vorteil. Er wurde in seiner Meinung von einem Akademiker unterstützt, der früher die Unternehmung beraten hatte. Eine Analyse des Memorandums zeigt aber offensichtlich, dass der einzige Vorteil, der Beta objektiv zugeschrieben werden kann, die geographische Lage ist.

Dennoch lagen die Kosten so dicht beieinander und *waren die Verhältnisse so schwer zu durchschauen*, dass die relativen Kosten nur schwer zu beurteilen waren.

Diese Tatsache wurde von den beteiligten Mitarbeitern erkannt, die vorschlugen, dass die Entscheidung auf der Basis von mehreren Entscheidungsgrundlagen gefällt werden sollte (z.B. geographische Nähe, mögliche zukünftige Verwendung). Wie schon oben festgestellt wurde, schienen die aufgeführten Kriterien zugunsten von Beta zu sprechen. Diese Präferenz der Mitarbeiter war fast schon seit dem Augenblick, als die Entscheidung, die Suche auf Beta auszudehnen, getroffen wurde, ersichtlich. *Es gibt Hinweise darauf, dass sie die Anweisung, ihre Suche auf Beta und nur auf Beta auszudehnen, als Präferenz ihrer Vorgesetzten für Beta interpretierten.* Der Controller und sein Stellvertreter hatten andererseits das Gefühl, dass ihre endgültige Entscheidung auf den unparteilichen Empfehlungen ihrer Mitarbeiter beruhte. Sie erkannten nicht, dass möglicherweise ein derartiges Ergebnis von der Entscheidung, Alpha nicht vor weiterer Prüfung zu akzeptieren, impliziert wurde [und sich so als nicht intendierte Folgen ihres intentionalen Handelns darstellt, A.L.]. Die Unternehmung entschied sich für Beta.

Wie gingen Kosten- und Ertragserwartungen in die Entscheidung, den Auftrag an Beta zu vergeben, ein? Erstens führten die Suchmethoden zu einer flüchtigen Prüfung von etwa einem Dutzend Unternehmungen, die in Frage kamen, und zu einer intensiven Prüfung von zwei Unternehmungen. Zweitens war eine vergleichende Beurteilung der beiden Unternehmungen, die zur Auswahl standen schwierig. Erwartete Kosten und erwartete Erträge wurden in einer Anzahl von Dimensionen gemessen (z.B. Honorar, Qualität des Personals, Verfügbarkeit), die nicht leicht auf einen einzigen Index zu reduzieren waren. Drittens scheint es angesichts der *Bewertungsprobleme* eine beachtliche Wechselwirkung zwischen Erwartungen und Wünschen einerseits und zwischen Wünschen und empfundenen Wünschen andererseits gegeben zu haben. [Es gab, A.L.] hier den Versuch einer – im vernünftigen Rahmen – allumfassenden Suche nach möglichen Beratern. Wenn die ursprüngliche

Suche einen Berater ergeben hätte, der auffallend geeigneter als die anderen war, wäre diese Tatsache wahrscheinlich erkannt worden. Da es keine augenfälligen Alternativen gab, überrascht die Entdeckung nicht, dass nicht viele detailliert beurteilt wurden und dass die Faktoren, die die Auswahl der Unternehmungen, die betrachtet werden sollten, beeinflussten, weitgehend festlegten, welche Unternehmung gewählt werden würde. Alpha wurde vor allem in Betracht gezogen, weil sie einem Mitarbeiter zu der Zeit besonders ins Auge fiel, als die Organisation ein detailliertes Angebot benötigte. Beta fiel dem Controller auf, weil sie in Wirtschaftskreisen gut bekannt war und offensichtlich bereits bei anderen Gelegenheiten als möglicher Berater in Erwägung gezogen worden war.

Die Unsicherheit der Erwartungen, die sich aus der Schwierigkeit ergab Alpha und Beta objektive Ränge zuzuweisen, mündete in einen Entscheidungsprozess, der offensichtlich teilweise von nicht erwartungsabhängigen Faktoren bestimmt wurde. Das Schluss-Memorandum der Mitarbeiter über die Entscheidung empfahl klar Beta. Diese Empfehlung wurde vom Controller akzeptiert. Wie er es ausdrückte: ‚Ich bat die Jungs, Für und Wider festzustellen. Die Entscheidung war Beta. Es war ganz und gar ihre Entscheidung'."

Die hier deutlich werdende Vorgehensweise bei einem Such- und Selektionsprozess folgt keineswegs der „ehrwürdigen Ordnung der Entscheidungslogik" (227, S. 373), sondern erinnert an ein mehr oder weniger (un-) geduldiges Suchen, versuchendes Umherschweifen, Vorpreschen und Zurückweichen eines – überwiegend auf praktischem, nicht diskursivem Wissen aufbauenden – (Entscheidungs-) Pragmatismus. Dieses – auch für den Gesamtverlauf einer reflexiven Strukturation bedeutsame – Vorgehen hat einen Namen: *Bricolage* – und meint den spielerischen, nicht ausschließlich rational-analytischen Umgang mit lebens- und organisationsgeschichtlich zusammengetragenen (Entscheidungs- und Handlungs-) Möglichkeiten sowie den sich daraus ergebenden Gelegenheiten.[94] Berater wie Manager sehen sich hierbei „einem

---

[94] Der Begriff der *bricolage* bezieht sich ursprünglich auf eine nicht erkennbar vorgezeichnete – nicht geplante und nicht vollständig rationalisier- und vorhersagbare – Bewegung. Im Unterschied zu einen ‚vernünftig' vorgehenden Ingenieur macht ein Bastler „seine Arbeiten nicht davon abhängig, ob ihm die Rohstoffe oder Werkzeuge erreichbar sind, die je nach Projekt geplant und beschafft werden müssten: die Welt seiner Mittel ist begrenzt, und die Regel seines Spiels besteht immer darin, jederzeit mit dem, was ihm zur Hand ist, auszukommen, d.h. mit einer stets begrenzten Auswahl an Werkzeugen und Materialien, die überdies noch heterogen sind, weil ihre Zusammensetzung in keinem Zusammenhang zu dem augenblicklichen Projekt steht, wie überhaupt zu keinem besonderen Projekt, sondern das zufäl-

durchaus begrenzten Universum von Mitteln – Managementkonzepten, Problemlösungsideen, Entscheidungsalternativen – gegenüber und [können] darin auch nur mit begrenztem Aufwand herumsuchen" (227, S. 392). Einerseits steht die Suche nach einem externen Berater in der Regel unter Zeit- und Kostendruck – die Reorganisation scheint dringend notwendig zu sein. Zeit ist bekanntlich Geld und eine erfolgversprechende Selektion kann und darf nicht ewig dauern. Andererseits werden diese Auswahlentscheidungen niemals losgelöst von dem sozialen Kontext und der mikropolitischen Großwetterlage in der ratsuchenden Organisation getroffen. Die handelnden und entscheidenden Akteure sind immer sozial eingebunden und -gebettet und das bedeutet konkret: „Andere basteln mit und haben vielleicht ganz andere Konstruktionen im Sinn" (227, S. 395).

Die Selektionsentscheidung stellt sich somit – zumindest auf den zweiten Blick – als sehr viel komplizierter, das heißt sinn-, macht- und wertdurchtränkter dar, als in der (Beratungs-) Literatur unter- und darstellt wird. Eine strukturationstheoretische Analyse fragt speziell nach den hierbei relevanten, in ratsuchenden wie ratgebenden Organisationen etablierten Selektionspraktiken bzw. nach den, in und durch diese Praktiken – via die Dualität von Struktur – (re-) produzierten und dabei modifizierten Regeln der Signifikation und Legitimation sowie den zum Einsatz kommenden allokativen und autoritativen Ressourcen. Diese Perspektive hebt hervor, dass die Selektionsentscheidungen, die zum Aufbau einer (Inter-) Organisationsbeziehung zwischen Berater- und Klientenorganisation führen (können) von aktiven, mehr oder weniger reflektiert und machtvoll agierenden Akteuren getroffen werden. Hierbei verfügen weder Klienten noch Berater über umfassende Kenntnisse der Grundlagen ihrer Entscheidungen oder den durch diese verursachten (Folge-) Wirkungen. Sie beziehen sich in ihrem praktischen Tun immer auf spezielle, organisationstypische strukturelle Merkmale bzw. Sets von Regeln und Ressourcen und bleiben zudem abhängig von einer raum-zeitlichen Einbindung in ihre sozialen Systeme kollektiven Handelns.

---

lige Ergebnis aller sich bietenden Gelegenheiten ist, den Vorrat zu erneuern oder zu bereichern oder ihn mit den Überbleibseln von früheren Konstruktionen oder Destruktionen zu versorgen. Die Mittel des Bastlers sind also nicht im Hinblick auf ein Projekt bestimmbar [...]; sie lassen sich nur durch ihren Werkzeugcharakter bestimmen – anders ausgedrückt und um in der Sprache des Bastlers zu bleiben: weil die Elemente nach dem Prinzip ‚das kann man immer noch brauchen' gesammelt und aufgehoben werden" (175, S. 30).

Die Perspektive der Klienten

Die Auswahl einer zum ratsuchenden Unternehmen, Management und/oder zur bestehenden Reorganisationsproblematik passenden Beratungsdienstleistung ist im Kontext interorganisationaler Beziehungen zunächst auf die Selektion einer ratgebenden Organisation gerichtet. Darüber hinaus spielen in den Auswahlprozessen aber ebenso Kontakte zu Personen (Beratern, befreundeten Managern, Verbandsvertretern etc.) sowie der Bekanntheitsgrad spezieller Beratungskonzepte, -ansätze und -methoden (Systemische Beratung, Organisationsentwicklung, Gemeinkostenwertanalyse, Lean-Production, Business-Reengeneering, Agilität u.v.a.m.) eine bedeutende Rolle. Aus einer strukturationstheoretischen Perspektive ergeben sich im Rahmen der hier stattfindenden Selektionsprozesse – und den damit verbundenen Versuchen einer ersten Annäherung – Orientierungsmöglichkeiten an folgenden interpretativen Schemata:

1. An der in Beratungsorganisationen etablierten Sprache bzw. an vergleichbaren organisationsspezifischen und -übergreifenden Begriffssystemen sowie Sprachspielen.

2. An anschlussfähigen Vorstellungen von sinnvollen Formen der Dienstleistungsproduktion und effizient durchzuführenden Veränderungsmaßnahmen in Organisationen.

3. An gemeinsam geteilten Leitbildern der Organisation, des Re-Organisierens und des (inter-) organisationalen (Ver-) Lernens.

4. An übereinstimmenden Vorstellungen von ökonomischem Erfolg bzw. von betriebswirtschaftlichen Erfolgs- und Effizienzkriterien.

5. An vergleichbaren Vorstellungen einer *guten* Beratung und *vertrauensvollen* Zusammenarbeit sowie einer *funktionsfähigen* Interorganisationsbeziehung zwischen einer Beratungs- und einer Klientenorganisation.

Diese und weitere interpretative Schemata dienen – im Rahmen erster Annäherungs- und Verständigungsprozesse – einer mehr oder weniger gelingenden (reflexiven) Interpretation und Rationalisierung eigener Handlungsweisen wie auch der Handlungsweisen anderer. Hierdurch wird nicht ausgeschlossen, dass die Auswahl eines Beraters gelegentlich beiläufig erfolgt. Denn nicht immer sorgt konkreter Problemdruck in Organisationen für die Beauftragung eines externen Beraters, sondern wirken spezielle Gelegenheiten – wie z.B. eine neue Mode zum Thema Reorganisation, verfügbare finanzielle Mittel, sich ergebende persönliche Kontakte zu externen Beratern auf Messen, Kongressen und Seminaren, Empfehlungen von Partnerunternehmen, persönliche Initiativen der (Problem-) Initiatoren sowie die generelle Frage, was man aus sich, seiner (Macht-) Position und/oder der Organisation zukünftig machen kann – beratungsinitiierend. Daher können – in Anlehnung an das Paradigma der „organisierten Anarchie" (47) sowie an Überlegungen von Starbuck (292, S. 3ff.) – Organisationsmitglieder ebenso ex ante bestimmte Aktivitäten entfalten – wie die Kontaktaufnahme und Beauftragung eines externen Beraters – und erst ex post nach Problemen suchen, deren sozial konstruierte Existenz dann im Nachhinein diese Aktionen rechtfertigt und der eigenen Profilierung dient.[95] Die erst später identifizierten Probleme sind dann „das Ergebnis von Bemühungen, ergriffene Aktivitäten rational erscheinen zu lassen" (270, S. 205).[96]

Neben der Bedeutung gemeinsamer interpretativer Schemata ergeben sich im Rahmen von Selektionsentscheidungen zudem Fragen nach den allokativen und autoritativen Ressourcen über die eine Beratungsorganisation verfügt. Hier ist beispielsweise zu denken an Erfahrungen in der gleichen Branche und/oder mit ähnlichen Problemstellungen, an die Anzahl der Mitarbeiter, die Verfügbarkeit über weitere (dritte) Kooperationspartner, das vorhandene Know-how sowie daran, mit welchem (Übertragungs-) Aufwand diese beraterspezifischen Ressourcen und seine Routinen der Ressourcennutzung für den Prozess der reflexiven Strukturation in der eigenen Organisation fruchtbar gemacht werden können. Und ebenso geht es um eine Be(tr)achtung derenigen internen Ressourcen, die die ratsuchende Organisation selbst zum Zweck der Beraterauswahl ab- und bereitstellen kann – etwa Human-Ressourcen für die Durchführung des Suchprozesses und die aktive Beteiligung von Personen, die über (gute) Kontakte zu Beratern und/oder Beratungsverbänden verfügen. Schließlich sind hierbei organisationale Normen und hiermit verknüpfte Sanktionsmechanismen, beispielsweise im Rahmen von Selektionsprozessen einzuhaltende Anweisungen, Vor-

---

[95] Da (Re-) Organisationsprobleme an den verschiedensten Stellen in Organisationen *auftauchen* sowie in unterschiedlichster Art und Weise *emergieren* können ist es nicht verwunderlich, wenn das Beratungsangebot aufgrund von Differenzierungsbemühungen der Berater einerseits stark spezialisiert und ausdifferenziert ist, andererseits aber zunehmend die Forderung nach einer – wichtiger werdenden – ganzheitlichen und integrierenden Sicht- und Umgangsweise mit (der Entstehung von) Unternehmensproblemen auftaucht.

[96] Vgl. in diesem Zusammenhang auch die – oftmals übersehene aber beispielsweise von der Theorie der „organisierten Anarchie" (47; 270, S. 202; 18, S. 92) erwähnte – Beziehung zwischen Problem (-entstehung) und Problemlösung sowie den von Paul Watzlawick (330, S. 234) thematisierten Teufelskreis von Problem-Lösung und lösungs-bedingtem Problem: Wenn die Lösung – d.h. hier der externe Berater – das Problem bzw. die Ursache für Unruhe und Misstrauen im Unternehmen ist oder im Beratungsverlauf wird.

schriften, Regeln und Vorgehensweisen der ratsuchenden Organisation zu berücksichtigen.

Im Rahmen einer sich anbahnenden Interorganisationsbeziehung sind die Strukturmerkmale, auf die sich die Akteure im Rahmen ihrer Interaktionen zunächst rekursiv beziehen, aber noch in eigenen, internen Organisationsroutinen sowie in dem sozio-kulturellen – regionalen, branchen- und industriespezifischen – Kontext lokalisiert. „The inter-organisational structure which is built up in the course of a network's formation results from social interaction of organisational members drawing upon already existing structure" (302, S. 195). Die Handlungspraktiken der Akteure sind noch eigene *intra*organisationale Praktiken, haben aber den organisationalen (Bezugs-) Rahmen bereits ein Stück weit überschritten. Eine etablierte Interorganisationsbeziehung, das heißt eine, zwischen den beteiligten Organisationen zu verortende und damit andere Form kollektiver Verbindlichkeit die mehr oder weniger eigenständige und unterscheidbare strukturelle Merkmale hervorbringt und die die nachfolgenden Interaktionen als *inter*organisationale Praktiken kennzeichnet, existiert noch nicht. Die Akteure befinden sich hierbei an der von Waldenfels (327) thematisierten Grauzone, die in das Zwielicht des Nicht-mehr und Noch-nicht getaucht ist. Erst eine wiederholte Kontaktaufnahme, wiederkehrende Kommunikationen und Interaktionen, Gespräche und Verhandlungen, erfolgreich überstandene Auseinandersetzungen sowie weiterführende vertrauensbildende Maßnahmen zwischen den Akteuren, die auf den zunächst noch brüchig und schwankend angelegten Kontakten aufbauen, diese fortschreiben und verfestigen können, etablieren eine (neue) Interorganisationsbeziehung. Es entsteht ein – auch von der systemischen Beratung als relevant erachtetes – Beratungs- oder Zwischensystem mit eigenen strukturellen Merkmalen und interorganisationalen Praktiken, welches weitergehende Regulations- und Allokationsbemühungen erforderlich sowie die Reorganisation und reflexive Strukturation der ratsuchenden Organisation erst möglich macht.

Die Perspektive der Berater
Aus der Beraterperspektive stellt sich der Selektionsprozess als Zielgruppen- und Akquisitionsproblem dar. Für den Berater geht es hierbei um Anwerbung, Gewinnung und Bindung neuer Kundengruppen sowie um die wiederkehrende Erteilung eines Beratungsauftrages. Diese „aktive Suche nach neuen, interessanten Kontakten ist die Voraussetzung dafür, dass er seine Praxis kontinuierlich ausbauen und sein Leistungsprogramm ständig weiterentwickeln kann" (1, S. 207). Die hiermit verbundenen aktiven Akquisitionsmaßnahmen werden durch zahlreiche Berater allerdings erheblich relativiert wenn sie betonen, dass ihre

Methoden und Praktiken der Akquisition eher denen einer Privatbank gleichen (325, S. 62) und keine aggressiven und unseriösen Werbekampagnen – wie beispielsweise Telefonmarketing und/oder Mailingaktionen – durchgeführt werden. Auch Trebesch (318, S. 57) stellt mit Blick auf die Organisationsentwicklung fest: „Mit Werbung läuft bei der OE nichts, mit Vertrauen sehr viel." Die Berater setzen, wenn es um den Auf- und Ausbau von Kundenbeziehungen geht, hauptsächlich auf das vertrauensbasierte Empfehlungsgeschäft durch zufriedene Altkunden (19, S. 331f.) und deren (Netzwerk-) Beziehungen zu anderen ratbedürftigen Unternehmen, Unternehmern und Unternehmerinnen.

Ebenso wie für die Klienten hat die *richtige* Selektionsentscheidung auch für Berater eine vorentscheidende Bedeutung für den Prozessverlauf. Denn „[w]hen consultants talk about their disasters, their conclusion is usually that the project was faulty in the initial contracting meeting" (28, S. 5). Hieran wird deutlich, dass auch die Berater mehr oder weniger konkrete Vorstellungen haben – etwa Leitbilder davon, wie ihr Wunschklient oder eine gut und problemlos zu beratende Organisation daher kommen sollte – und immer spezielle Erwartungen in die Verhandlungen mit der Klientenorganisation einbringen. Auch für ein Beratungsunternehmen stellen sich daher im Rahmen der Auswahlentscheidung eine Vielzahl klärungsbedürftiger Fragen:

1. Sind wir der richtige Partner für das ratsuchende Unternehmen? Ist unser Beratungskonzept und -ansatz mit den Erwartungen in der Klientenorganisation vereinbar? Akzeptiert der Klient unsere Vorgehensweise und unsere Methoden im Kontext reflexiver Strukturation?

2. Erwartet der Auftraggeber lediglich Legitimationsleistungen und sollen bereits getroffene Entscheidungen nachträglich gerechtfertigt werden? Wollen bzw. müssen wir derartige Alibifunktionen übernehmen?

3. Können wir das Beratungsprojekt mit den uns zur Verfügung stehenden allokativen und autoritativen Ressourcen (Know-how, Mitarbeiter, Zeitrahmen, Budget etc.) erfolgreich und zur Zufriedenheit des Klienten durchführen? Wann und womit wäre der Klient zufrieden? Brauchen wir ggf. weitere Partner?

4. Welchen Beitrag muss das Klientensystem bzw. müssen die Beschäftigten der Organisation für eine erfolgreiche reflexive Strukturation erbringen? Welche Personen sollen in welchem Umfang beteiligt werden?

5. Wie soll die erforderliche Zusammenarbeit im Einzelnen gestaltet und anhand welcher Kriterien bewertet werden?

6. Sind von diesem Klienten Folgeaufträge zu erwarten? Kann er uns, wird er uns weiterempfehlen? Welche Voraussetzungen müssen für eine Empfehlung erfüllt sein?

Auch die Berater sind daher bemüht, die ratsuchende Organisation hinsichtlich signifikatorischer, machtspezifischer und legitimatorischer Aspekte einzuschätzen und hieraus Kooperationschancen sowie Erfolgswahrscheinlichkeiten der Reorganisation zu beurteilen. Leider fehlt in den aktuell vorliegenden empirischen Untersuchungen eine genauere Betrachtung der Akquisitions- und Selektionspraktiken der Berater, der hierbei relevanten (Auswahl-) Kriterien sowie der weiteren, diesen Prozess beeinflussenden Faktoren. Implizit vermittelt die vorliegende Literatur die Vorstellung, als ob die Berater nahezu jeden Klienten akzeptieren (müssten) und nur geringe Autonomiespielräume bei ihrer Auswahlentscheidung besitzen. Daher gilt aus Sicht der Berater immernoch dasjenige, was Greiner/Metzger festgestellt haben: „Much is made of clients choosing the right consultant, but little is said about the consultant's responsibility in this decision. For the sake of landing a contract, should the consultant present himself or herself as a jack of all trades? [...] So consultants bear a heavy responsibility for seeking an appropriate match between what they have to offer and what the client needs" (106, S. 26f.).

Regulation: Praktiken der Abstimmung, Auftragsklärung, Vereinbarung, Koordination und Kontrolle

Die Regulation der Aktivitäten im Beratungsprozess umfasst – neben der Ausgestaltung eines formalen, zivilrechtlichen Unternehmensberatungsvertrages – weitere, mehr oder weniger formal und verbindlich geregelte sowie gelegentlich sanktionsbewehrte Vereinbarungen über die (gemeinsame) Vorgehensweise im Beratungsprozess. „Zwischen den rechtlich selbständigen, aber über die Aktivitäten gleichzeitig voneinander abhängigen Akteure sind Regeln der Zusammenarbeit zu vereinbaren, Gremien der Steuerung, der Überwachung und der Konfliktaustragung ins Leben zu rufen, die Aktivitäten in Zeit und Raum und mit Dritten zu koordinieren" (304, S. 150).

Weitere Themenfelder, die eine Regulation des Beratungsprozesses erforderlich machen, sind die Klärung der Zuständigkeiten und Kommunikationswege, die Festlegung von Handlungsge- und -verboten, die Benennung von Schlichtungsstellen bzw. die Etablierung von Schlichtungsverfahren sowie die Vereinbarung von Regeln über eine problem- und prozessspezifische sowie praktikable Verteilung (Allokation) der – die reflexive Strukturation erst möglich machenden – allokativen und autoritativen Ressourcen zwischen Klient und Berater. Diese Regulationsbemühungen betreffen oftmals sensible und (mikro-) politisch brisante intra- wie interorganisationale Aspekte. So beispielsweise

1. die Bestimmung der Beratungsziele bzw. der aktuell relevanten (Re-) Organisationsprobleme,
2. die Abstimmung der – aufgrund der vereinbarten interorganisationalen Arbeitsteilung notwendig werdenden – Integrationsmechanismen wie beispielsweise Verfahren der gemeinsamen Entscheidungsfindung und Entscheidungsdurchsetzung,
3. die Organisation des (gegenseitigen) Austauschs von Ressourcen (Dienstleistungen, Informationen und Personen) sowie generell
4. die Bestimmung der Managementmethoden und (Interventions-) Instrumente zum reflexiven Umgang mit den Spannungsverhältnissen von Verändern und Bewahren, Autonomie und Abhängigkeit, Nähe und Distanz sowie Vertrauen und Kontrolle.

Neben den Formen der konkreten, inhaltlichen Zusammenarbeit ist das Verhältnis des externen Beraters zu den – nicht unmittelbar an der reflexiven Strukturation beteiligten aber mittelbar von ihr betroffenen – Personen, Stellen und Abteilungen zu klären und sind gegebenenfalls Mitsprache- und Beteiligungsverfahren zu regeln, damit es nicht schon frühzeitig zu Gerüchten, Misstrauen, Abwehrhaltungen und Gegenstrategien einiger Organisationsmitglieder kommt und machtvolle Widerstandspotentiale gegen den Beginn und/oder erfolgreichen Fortgang der reflexiven Strukturation aufgebaut werden. Schließlich geht es im Rahmen dieser Regulationsprozesse immer auch um „the setting up and reproduction of appropriate rules of signification and legitimation. For instance, organizations have [...] to accept each partner's more or less legitimate power over the establishment, maintenance and dissolution of particular interorganizational relations. Usually only a fraction of these cognitive and normative regulations will be formalized by means of a legal contract" (300, S. 2369). Es geht mit anderen Worten um eine gelingende *Abstimmung und Vereinbarung* legitimer Denk-, Sicht- und Kommunikationsweisen, *inter*organisationaler normativer Standards, die Be- und – sofern zu diesem Zeitpunkt schon möglich – Festschreibung des (Reorganisations-) Problems und gemeinsam gangbarer Lösungswege sowie die Identifizierung und Festlegung der, zu ihrer Lösung erforderlichen Mittel. Dies bedeutet, dass die reorganisationsrelevanten Ressourcen – soweit mikropolitisch praktikabel – zu identifizieren, festzulegen und ihr *geregelter Einsatz* bzw. ihre *ordnungsgemäße Nutzung* zu organisieren sind. Zum einen sind die sich hieraus ergebenden Regulationen das Ergebnis mikropolitischer Auseinandersetzungen und machtgetränkter Aushandlungsprozesse. Zum anderen dienen sie den weiteren Aktivitäten der Akteure als – nur begrenzt invariante – orientierungs- und sicherheitsstiftende Rahmenbedingungen. Wie alle Strukturmerkmale sozialer Handlungssysteme – die die Akteure durch ihr praktisches Tun konstituieren und auf die sie sich in ihrem nachfolgenden Handeln rekursiv beziehen – sind diese Regulationen für den Fortgang des Prozesses reflexiver Strukturation restringierend und ermöglichend zugleich.

Allokation: Verteilung prozessrelevanter Ressourcen
Neben der Regulation – und eng mit dieser Managementfunktion verknüpft – kommt der Verteilung allokativer und autoritativer Ressourcen sowie der darauf beruhenden Kontrolle über (re-) strukturationsrelevante Unsicherheitszonen zentrale Bedeutung zu. Im Mittelpunkt steht hierbei die Frage: Wer kontrolliert womit was und wen im Prozess der reflexiven Strukturation?

Die Verteilung von Zuständigkeiten (Wer hat welche Rechte und Pflichten? Wer ist in welcher Phase der Reorganisation wofür zuständig und verantwortlich?) sowie eine entsprechende Zu- und Aufteilung allokativer und autoritativer Ressourcen (Wer erhält für welche Tätigkeiten wie viel von welchen Ressourcen und damit die Kontrollpotentiale über Menschen und/oder Objekte?) auf die beteiligten Akteure sind Tätigkeiten, die sich im Verlauf eines Beratungsprozesses immer wieder neu und anders stellen und die über das, in den Beratungsverträgen zuvor formal Festgeschriebene hinausgehen. Diese Aufgabe umfasst vor allem Entscheidungen "upon the nature and extent of resource control, including determining the type of interdependence being created among the organizations" (300, S. 2369). Konkret geht es hierbei um die Verteilung von – nicht immer einfach und schnell zu identifizierenden – allokativen und autoritativen Ressourcen. Im Einzelnen können beispielsweise folgende Ressourcen im Beratungsprozess von den Akteuren aktivierbar sein: Finanzmittel und Budgets, Ausrüstung, Maschinen, Computer und Informationstechnik (auch künstliche Intelligenz), Büro- und Tagungsräume sowie weitere Ressourcen wie Patente, die Verfügbarkeit von und über Rohstoffe, Preissetzungsmacht, Markenloyalität, Kreditwürdigkeit, Unternehmensimage, (Interorganisations-) Beziehungen zu wichtigen Verbänden und öffentlichen Institutionen, Human Potenzial wie schließlich dauerhaft zur Verfügung stehende Facharbeiter, Manager, Ingenieure, Wissenschaftler und Berater, Experten in der Produktion, im Verkauf, im Finanzwesen, im Management, in Forschung und Entwicklung sowie Schlüsselpositionen einnehmende Macht- und Beziehungspromotoren. Die sich konkret ergebende Aufteilung von Zuständigkeiten, Aktivitäten und (Ressourcen-) Verfügbarkeiten auf die Akteure erfolgt unter Berücksichtigung der in den Organisationen etablierten – und gegebenenfalls zuvor (vertraglich) festgelegten – Praktiken der Ressourcennutzung. Hierbei kommt es im Besonderen darauf an, „den Grad der strukturellen Kopplung der Organisationen bzw. die gegenseitigen Nutzungsmöglichkeiten beispielsweise von Human-Ressourcen festzulegen und praktisch durchzusetzen" (303, S. 6). Die Kontrolle über die – für Prozess und Ergebnis der reflexiven Strukturation – relevanten Unsicherheitszonen und die sich daraus ergebende (Un-) Abhängigkeit der Berater- wie der Klientenorganisation zeigt sich im Besonderen an der jeweils vorhandenen (Entscheidungs-) Freiheit der Akteure im Allokationsprozess bzw. der autonomen Verfügbarkeit und eigensinnigen Nutzung spezifischer Ressourcen im Rahmen der stattfindenden Reorganisation. Hierbei stellt sich zudem die Frage, ob und inwieweit die erforderlichen und/oder vorhandenen autoritativen und allokativen Ressourcen zwischen den beteiligten Akteuren aufgeteilt werden können, (erfolgswirksame) Leistungen von Beratern oder Klienten unproblematisch ausgetauscht bzw. untereinander substituiert werden können, oder ob diese Ressourcen nicht stets an das besondere Vermögen einzelner Personen *und* das Vorhandensein spezieller struktureller Merkmale der sozialen Systeme – die eben zu bestimmtenZeitpunkten nur von bestimmten Akteuren aktualisiert werden können – gebunden und daher nicht verlustfrei segmentier- und übertragbar sind. Und ebenso ist bereits im Kontext des Allokationsprozesses die abschließende Verteilung und Zuschreibung des Beratungs(miss)erfolges für die Akteure relevant und wird daher von ihnen frühzeitig versucht, über eine entsprechende Ressourcenverteilung mehr oder weniger eindeutige Zuständigkeiten und damit die (Ergebnis-) Verantwortung festzuschreiben. Immer stehen die externen Berater bei der Ressourcenallokation vor dem Problem, dass ihnen formal abgesicherte Autorität fehlt, um ihre Vorschläge, Anforderungen und Bedürfnisse unmittelbar durchsetzen zu können. Sie haben zumeist keinen direkten, formal abgesicherten Zugriff auf organisations*interne* allokative und autoritative Ressourcen: „Unlike executives, consultants do not have the direct command of a company's resources and employees" (106, S. 28).

Auf die hier skizzierte Problematik der (Ressourcen-) Allokation im Prozess der reflexiven Strukturation wurde im Rahmen der Diskussion des Spannungsverhältnisses von Autonomie und Abhängigkeit bereits ausführlich eingegangen (vgl. nochmals Abschnitt 6.2). An dieser Stelle soll die Betrachtung dieser Managementfunktion daher nicht weiter vertieft, sondern abschließend die vierte Funktion – die der Evaluation des Beratungsprozesses – genauer betrachtet werden.

Evaluation: Erfolge mit unscharfen Konturen

Auch Evaluationsprozesse folgen – wie bereits angedeutet – stärker dem Muster politischer Verhandlungsprozesse als Verfahren „erkünstelter Objektivität" (287, S. 548) unter Rückgriff auf scheinrationale Bewertungsmethoden. Die (mikro-) politische Aushandlung und Bestimmung von (Miss-) Erfolgskriterien sowie die selbst machtabhängige Vorgehensweise in Bewertungsprozessen legen die Schlussfolgerung nahe, dass auch und gerade für derartige Prozesse gilt: umkämpftes Terrain![97] Abgesteckt wird dieses (Kampf-) Gebiet von den, in der Auftragsbeschreibung (Pflichtenheft) oder dem Unternehmensberatungsvertrag (Auftragsklärung) festgehaltenen Vorgaben hinsichtlich Gegenstand und Vorgehensweise der Beratung – die im Nachhinein als Maßstab für die Bewertung der Arbeitsergebnisse des Beraters dienen (können) (320, S. 65).

Da die praktische Evaluation der Beratungsergebnisse durch Klient und Berater – wenn sie überhaupt stattfindet – stets unter Rückgriff auf bestimmte (Bewertungs-) Kriterien und (Wert-) Maßstäbe erfolgen muss, lohnt an dieser Stelle ein genauerer Blick auf diejenigen Kriterien, die in der (Beratungs-) Literatur hinsichtlich einer Beurteilung der Leistungsaspekte von Organisationen herangezogen und diskutiert werden. In der Regel sind dies Effektivität und Effizienz, so dass externe Beratungsdienstleistungen, im Besonderen Leistungen reflexiver Strukturation, hinsichtlich ihres Beitrages zur Verbesserung dieser organisationsrelevanten Eigenschaften einer Bewertung unterzogen werden (125, S. 147f.). Während sich die Effektivität auf den Grad der Zielerreichung – von Organisationen, Reorganisationsprozessen oder reflexiver Strukturation – bezieht, d.h. auf den Unterschied zwischen anvisierten und den tatsächlich erreichten Zielen, bezeichnet Effizienz die Beziehung zwischen den eingesetzten Mitteln (Input) und den realisierten (Teil-) Zielen (Output) der Beratung. Grundsätzlich steht eine Bestimmung von Effek-

---

[97] Hieran wird deutlich, dass das Bewertungsproblem auf die zuvor identifizierten Grundfunktionen des Beratungsprozesses – speziell auf Regulation sowie Allokation – ein- und rückwirkt und diese nicht unabhängig von Bewertungsfragen abgehandelt werden können. Und dies, obwohl sie ja zeitlich vor der Bewertung stattfinden. Konsequenterweise fordern denn auch Hafner/Reineke/Dresselhaus (113, S. 54): „Damit zum Abschluss des Projektes überhaupt eine sinnvolle Erfolgskontrolle möglich ist, müssen sich der Berater und sein Klient schon zu Beginn über die anzulegenden Kriterien einig sein. Diese sind eventuell sogar im Vertrag festzuhalten und können nur in gegenseitigem Einvernehmen im Laufe des Beratungsprozesses geändert werden." Ob eine Veränderung der Kriterien und Maßstäbe der Bewertung tatsächlich nur in gegenseitigem Einverständnis erfolgen kann oder diese von einem machtvollen Akteur nicht auch ex post und einseitig in Frage gestellt werden können bleibt an dieser Stelle allerdings offen.

tivität und Effizienz vor dem Problem einer exakten, quantifizierenden und operationalisierbaren Zielidentifikation und -definition sowie dem Problem einer Bestimmung der genauen Zielwirksamkeit einzelner oder nur in Kombination wirksamer Mittel.[98] Da aufgrund der Charakteristik der Dienstleistung (Organisations-) Beratung eine quantifizierende – etwa durch eine reine Kostenbetrachtung zu erbringende – Beurteilung zumeist unmöglich, zumindest aber eher willkürlich ist, objektive Kennzahlen bzw. Kennzahlensysteme dementsprechend nicht zur Verfügung stehen, wird die Frage bedeutsam, auf welche anderen Ansätze zur Messung und Bestimmung der Beratungseffizienz Berater und Klienten zurückgreifen können? Mit Blick auf die Effizienz von (Re-) Organisationsprozessen werden beispielsweise der System-Ansatz sowie der interaktionsorientierte bzw. interaktionstheoretische Ansatz (Organisationsteilnehmer- und Interessen-Ansatz) diskutiert (290, S. 418ff.; 125, S. 147ff.).

Der *System-Ansatz* erweitert die Perspektive des einfachen Effektivitäts- bzw. Ziel-Ansatzes und bezieht in die Beurteilung zudem die Fähigkeit von Organisationen (überlebens-) relevante Ressourcen zu erwerben (input) bzw. erfolgreich mit ihrer Umwelt zu interagieren (System-Umwelt-Beziehungen) sowie die Fähigkeit interne Systemstabilität zu reproduzieren mit ein (290, S. 419ff.). In diesem Kontext ist zudem der „system resource approach" von Yuchtman und Seashore (356) erwähnenswert, der sich vor allem mit den System-Umwelt-Beziehungen einer Organisation auseinandersetzt. Staehle (290, S. 420) stellt – deren Überlegungen zusammenfassend – fest: „Die Autoren definieren Effizienz auf der Grundlage der Verhandlungsposition einer Organisation. Diese zeigt sich in der Fähigkeit der Organisation, ihre relevante Umwelt (Konkurrenten, Lieferanten, Kunden etc.) bei der Beschaffung knapper und lebensnotwendiger Ressourcen zu dominieren [...], d.h. die Bedingungen/Konditionen der Transaktionen zu bestimmen. Effizienz bezieht

---

[98] Dieses Vorgehen entspricht dem Effizienzbegriff im Ziel-Ansatz organisatorischer Effizienz (290, S. 418f.; 125, S. 148f.; 337, S. 605). Hier werden explizit formulierte und operationalisierte Organisations- bzw. Beratungsziele vorausgesetzt und es soll die Zielwirksamkeit der eingesetzten Mittel und Instrumente beurteilt werden. Neben der zuvor bereits erwähnten Problematik nennt Hoffmann (125, S. 149) als weitere Nachteile des Effizienzansatzes:

„- Organisationen verfolgen in der Regel nicht nur ein Ziel, sondern ein ganzes Zielbündel

- die von Organisationen angestrebten Ziele bzw. Zielerreichungsgrade lassen sich häufig nur schwer identifizieren, erfassen und messen

- Zielinhalte und Zielprioritäten können sich im Zeitablauf verändern

- der Zielansatz ist nicht in der Lage, die Umweltbeziehungen des betrachteten Systems einzubeziehen."

sich dann auf die Stärke/Schwäche der Verhandlungsposition, die ein System gegenüber seiner Umwelt bzw. einem Umweltsegment erreicht." Und obwohl der System-Ansatz eine differenzierte und machtabhängige Beurteilung und Messung der Effizienz grundsätzlich ermöglicht, fehlt eine explizite Berücksichtigung der sozialen Einbettung der zur Geltung kommenden Beurteilungsverfahren bzw. wird die Relevanz sozialer und (inter-) organisationaler (Konstruktions-) Praktiken für derartige Bewertungsprozesse nicht erkannt und diskutiert.

Demgegenüber betont der *interaktionsorientierte Ansatz* an zentraler Stelle soziale Phänomene und lenkt den Blick auf Austausch- und Aushandlungsprozesse sowie auf die soziale Bewertungspraxis in Interaktionsbeziehungen. Schon im Rahmen der Regulations- und Allokationsprozesse beziehen sich – wie wir gesehen haben – Klient und Berater auf spezielle Bewertungskriterien sowie Vorstellungen darüber, was eine effiziente Zielerreichung der Reorganisation für sie jeweils bedeutet. Die hier festzulegenden Beratungsziele sind mehr oder weniger identisch mit den Zielen bestimmter Personen oder Personengruppen, die (später) auch die Beurteilung der Beratung durchführen werden und zumeist ein besonderes Interesse an der Verwirklichung der bzw. *ihrer* (Beratungs-) Ziele haben. Diese Akteure sind für den Berater besonders relevant und bedürfen besonderer Beobachtung und Beachtung im Rahmen der Zusammenarbeit. Ihnen gilt es, so kann man pointiert formulieren, in besonderer Art und Weise ‚den Hof‘ zu machen.

Was Pfeffer/Salancik (236) mit Blick auf (organisations-) externe Ressourcen und die, zentrale Unsicherheitszonen kontrollierenden Interessengruppen festgestellt haben – nämlich die Erfüllung der, von diesen Akteuren formulierten Ansprüche und Erwartungen, um als effizient beurteilt zu werden – gilt ebenso für den externen Berater hinsichtlich seines Verhältnisses zu den machtvollen, relevante Unsicherheitszonen kontrollierenden Akteuren (in) der Organisation. „Ausgangspunkt zur Spezifikation von Effizienzkriterien sind Interessengruppen, die als entscheidende und als positiv oder negativ sanktionierende Handlungsträger die Macht besitzen, auf den Fortbestand der Organisation einzuwirken" (290, S. 422) oder über Qualität und Wertigkeit des Beratungsprozesses sowie (s)einer Fortsetzung und/oder Wiederholung zu entscheiden. Demgemäss kann man vermuten, dass eine Beratung nur „solange als effizient definiert [wird], wie sie, warum auch immer, von den Interessengruppen akzeptiert wird" (290, S. 422). Die hierbei bedeutsam werdenden Effizienzkriterien sind aber nicht mehr unmittelbar aus der – mehr oder weniger optimalen – Zielerreichung und/oder der Zweckrationalität des Reorganisations- bzw. Strukturationsprozesses selbst ableitbar. Sie sind das Ergebnis von immer mitlaufenden und machtvoll geführten Verhandlungen zwischen Klient und Berater und bedürfen gesonderter Beachtung und Betrachtung im Prozessverlauf. Speziell die Vertreter des interaktionsorientierten Effizienzansatzes (290; 104; 291) untersuchen diese Aushandlungsprozesse zwischen beteiligten Akteuren und betonen, dass die Festlegung der Effizienzkriterien nicht monologisch sondern dialogisch erfolgt und als Ergebnis eines mikropolitischen, auf allen drei Dimensionen des Sozialen geführten Interaktionsprozesses betrachtet werden muss (290, S. 422). Es ist daher davon auszugehen, „dass im Zuge von Verhandlungsprozessen Anspruchs- und Zielerreichungsniveaus abhängig von der jeweiligen Machtposition ausgehandelt werden können" (290, S. 423).

Die zuvor betrachteten Funktionen einer unternehmensübergreifenden Berater-Klienten-Beziehung stellen sich nicht exklusiv in Beratungs- und Reorganisationsprozessen, sondern sind im Rahmen interorganisationaler Zusammenarbeit oder dauerhafter Kooperation zwischen Unternehmen immer von Relevanz. Berater und Klienten sind aber nicht nur Betroffene dieser Managementaufgaben. Insbesondere Berater können diese Funktionen als neues Tätigkeitsfeld entdecken und die zu beobachtende Zunahme dauerhafter interorganisationaler oder netzwerkförmiger Beziehungen zwischen Unternehmen mit professioneller Expertise begleiten und befördern. Die Managementaufgaben der Selektion, Regulation, Allokation und Evaluation bieten sich in einem ersten Schritt als Gegenstand einer Kooperations- und Netzwerkberatung an und können – bevor es zu einem weiterführenden „Transorganizational Development" (51) kommt – als neue Kompetenzbereiche der Organisationsberatung etabliert werden. Und dies gilt im Hinblick auf zumindest zwei Zielgruppen: Zum einen hinsichtlich spezifischer Vernetzungsaktivitäten, die die Berater eigeninteressiert vorantreiben, um in internationalen und globalisierten Märkten umfassend kompetent und unter Rückgriff auf zusätzliche – in unterschiedlichen Beratungsorganisationen lokalisierte – Ressourcen und die sich daraus ergebenden Kernkompetenzen agieren zu können. Zum anderen mit dem Ziel, beabsichtigte oder sich in ersten Umrissen abzeichnende Vernetzungsprozesse zwischen Unternehmen moderieren sowie Unternehmensnetzwerke umfassend beraten zu können.

7 (Inter-) Organisationsberatung von Unternehmungsnetzwerken

In den bisherigen Kapiteln wurde der Schwerpunkt der Betrachtung auf die Interaktionen zwischen Klienten und Beratern gelegt und der Beratungsprozess als besondere Interorganisationsbeziehung aus der Perspektive der Strukturationstheorie thematisiert. Derartige Interorganisationsbeziehungen können – und werden aktuell zunehmend – zum einen zwischen Beratern und Beratungsunternehmen geknüpft. Zum anderen können sie selbst Gegenstand von Beratung – im Besonderen im Fall von Unternehmungsnetzwerken – werden. Das abschließende siebte Kapitel widmet sich daher in einem kurzen Ausblick den verschiedenen, praktisch bedeutsamen Kooperationsformen und Netzwerktypen (7.1), den Netzwerken zwischen Beratungsunternehmen (7.2) sowie schließlich der Beratung von Unternehmensnetzwerken (7.3).

7.1 Interorganisationale Kooperationsformen und Netzwerktypen

In der anhaltenden Diskussion zu interorganisationalen Kooperationsformen sowie organisationsübergreifender Vernetzung von Unternehmen wird wiederkehrend auf die Identifikation von Kooperationstypen und die (Ein-) Ordnung von Netzwerken eingegangen. Entsprechend vielfältig sind die bisher vorliegenden Möglichkeiten der Typisierung interorganisationaler Netzwerke. Einen Überblick über Differenzierungskriterien und Netzwerktypen gibt folgende Zusammenstellung von Sydow (301, S. 24):

Netzwerktypen	Erläuterung der Dimension
industrielle Netzwerke – Dienstleistungsnetzwerke	Sektorenzugehörigkeit der meisten Netzwerkunternehmungen
Unternehmungsnetzwerke – Netzwerke von Non Profit-Organisationen	business networks – non business networks
konzerninterne – konzernübergreifende Netzwerke	Konzernzugehörigkeit der meisten Netzwerkunternehmungen
strategische – regionale Netzwerke	Art der Führung und weitere Merkmale (strategic networks – small firm networks)
vertikale – horizontale Netzwerke	Stellung der Unternehmungen in der Wertschöpfungskette
legale – illegale Netzwerke	Verstoß gegen bestehende Gesetze oder Verordnungen (z.B. Kartelle)
freiwillige – vorgeschriebene Netzwerke	gesetzlich vorgeschriebene Zusammenarbeit der Unternehmungen
stabile – dynamische Netzwerke	Stabilität der Mitgliedschaft bzw. der Netzwerkbeziehungen
hierarchische – heterarchische Netzwerke	Steuerungsform nach Medium
intern – extern gesteuerte Netzwerke	Steuerungsform nach Ort (z.B. durch Drittparteien bzw. Netzwerkmanagementorganisationen)
zentrierte – dezentrierte Netzwerke	Grad der Polyzentrizität
bürokratische – clan-artige Netzwerke	Form der Integration der Netzwerkunternehmungen
Austauschnetzwerke – Beteiligungsnetzwerke	Grund der Netzwerkmitgliedschaft
soziale – ökonomische Netzwerke	dominanter Grund der Netzwerkmitgliedschaft
formale – informale Netzwerke	Formalität bzw. Sichtbarmachung des Netzwerkes
offene – geschlossene Netzwerke	Möglichkeit des Ein- bzw. Austritts aus dem Netzwerk
geplante – emergente Netzwerke	Art der Entstehung, Grad der Intentionalität
käufergesteuerte – produzentengesteuerte Netzwerke	Ort der strategischen Führung
Beschaffungs-, Produktions-, Informations-, F&E-, Marketing-, Recycling-[sowie Beratungs-] Netzwerke u.ä.	Betriebliche Funktionen, die im Netzwerk kooperativ erfüllt werden

Abbildung 7.1: Kooperationsformen und
Netzwerktypen

Nicht alle der hier erwähnten Unterscheidungskriterien sind im Kontext der Kooperation und Vernetzung von Beratungsunternehmen relevant. Mit Blick auf die zeitlich begrenzte, projektförmige aber oftmals wiederkehrende Durchführung der Beratungs- und Reorganisationsprozesse sind hierbei in der Regel Eigenschaften wie stabil und dynamisch sowie hierarchisch und heterarchisch von zentraler Bedeutung. Diese Unterscheidungskriterien markieren „eine Vierfelder-Matrix, in der sich alle [...] wichtigen Netzwerktypen verorten lassen: strategische Netzwerke, regionale Netzwerke, Projektnetzwerke und sogar die virtuelle Unternehmung" (301, S. 24f.).

	stabil	dynamisch
hierarchisch	strategische Netzwerke	Projektnetzwerke Unternehmung virtuelle
heterarchisch	regionale Netzwerke	

Abbildung 7.2: Praxisrelevante Netzwerktypen
mit Blick auf den Prozess der Organisationsberatung

Diese vier Netzwerktypen sollen kurz erläutert werden. Hauptmerkmal eines *strategischen Netzwerkes* ist die markt- und ressourcenorientierte (strategische) Führung durch eine oder mehrere fokale (Groß-) Unternehmen. Die im Zentrum der Zusammenarbeit stehenden Unternehmen sind richtungsweisend für die Entwicklung des Netzwerkes und maßgeblich an der Ausgestaltung der – nicht nur ökonomischen – Beziehungen zu externen (Markt-) Partnern beteiligt. Jarillo (135, S. 32) charakterisiert zutreffend „strategic networks as long-term, purposeful arrangements among distinct but related for-profit organizations that allow those firms in them to gain or sustain competitive advantage vis-a-vis their competitors outside the network". Die von Jarillo angesprochenen Wettbewerbsvorteile der Netzwerkpartner können sich u.a. auf Innovations- und Zeit-, Qualitäts- sowie Ressourcen-, Preis- und Kostenvorteile durch die unternehmungsübergreifende Zusammenarbeit beziehen.

Regionale Netzwerke zeichnen sich demgegenüber stärker durch die räumliche Nähe der beteiligten – zumeist kleinen und mittleren – Unternehmen aus. Die oftmals fehlende strategische Führerschaft durch eine einzelne (Groß-) Unternehmung impliziert eine eher dezentrale und emergente Netzwerkentwicklung, die aufgrund der Polyzentriertheit dieser Netzwerkform in unterschiedlichsten Unternehmen ihren Ausgangspunkt, in anderen ihre Fortsetzung finden kann.

Projektnetzwerke sind zeitlich begrenzte Formen der Zusammenarbeit und entsprechend durch wechselnde Kooperations- und Projektpartner gekennzeichnet, ohne dass die hierbei entstehenden Beziehungen nach Projektabschluss vollständig aufgegeben werden (müssen).

229

Die Beziehungen bleiben in der Regel latent vorhanden und sind jederzeit wieder aktivierbar. Derartige Projektnetzwerke „werden überwiegend von einer fokalen Unternehmung [...] geführt. Allerdings sind auch heterarchisch strukturierte Projektnetzwerke vorstellbar" (301, S. 26).

Die *virtuelle Unternehmung* ist schließlich eine Organisationsform ökonomischer Aktivitäten, bei der der Einsatz interorganisationaler Informations- und digitaler Assistenzsysteme eine größere Rolle spielt als bei den zuvor betrachteten Typen. Im Extremfall existiert dieses Unternehmen für den Kunden „nur ihrer Wirkung nach" (301, S. 26) und konstituiert sich als dynamisch-temporäres Netzwerk funktional spezialisierter Unternehmen auf Grundlage innovativer interorganisationaler Informations- und KI-systeme – und ist damit eine Sonderform des Projektnetzwerkes.

Welche konkreten Formen die Zusammenarbeit zwischen Beratern bzw. Beratungsunternehmen vor diesem Hintergrund annehmen kann wird im Abschnitt 7.2 skizziert. In Abschnitt 7.3 geht es dann abschließend um ein Schlaglicht auf die externe (Entwicklungs- und Reorganisations-) Beratung von Netzwerkunternehmen und/oder Unternehmensnetzwerken.

7.2   Berater als Netzwerkakteure in eigener Sache

Die externe Beratung von Organisationen durch Organisationen stellt sich – wie wir gesehen haben – als interorganisationaler Prozess mit besonderen (sozial konstruierten) Problemen, Praktiken, Spannungsverhältnissen und Managementfunktionen dar. Aber nicht nur zwischen Beratungs- und Klientunternehmen bestehen während eines Beratungsprozesses organisationsübergreifende Beziehungen, sondern Organisationsberater etablieren zunehmend horizontale (Netzwerk-) Beziehungen zu anderen Beratern und Beratungsunternehmen. In den Beiträgen der Managementliteratur ist mit Blick auf die erstgenannten Netzwerkbeziehungen personalisierend die Rede von „verschworenen Seilschaften" (9, S. 45) oder den „Old Boys Networks" (265, S. 85) zwischen Beratern und Klienten. Bei großen, (multi-) national tätigen Beratungsunternehmen scheint dieses Netz dicht geknüpft zu sein. Viele Ex-Berater besetzen in (Groß-) Unternehmen Top-Management Positionen und vergeben von dieser Stelle lukrative Aufträge an ihre ehemaligen Arbeitgeber. Diejenigen Berater – so stellt Scherer (265, S. 85) fest – „die den Sprung ins operative Geschäft eines Unternehmens gemacht haben, gehören zu den besten Kunden der Berater." Beispielsweise sind im Fall von McKinsey tausende ehemalige Berater außerhalb der Beratungsfirma in einflussreichen Positionen aktiv und haben u.a. – regelmäßig beratungsbedürftige – Konzerne wie IBM, Bull (Atos), American Express, AkzoNobel oder die Schweizer Rückversicherung (Swiss

230

Re) gemanagt (9, S. 45). Gekrönt werden diese persönlichen, latent vorhandenen Kontakte durch die Etablierung handverlesener Zirkel: Der ehemalige Deutschland-Chef von McKinsey organisierte beispielsweise sogenannte Global Conferences – ein Forum für auserwählte Konzernchefs von Daimler-Benz, Apple oder Sony, und er pflegte zudem „seine Similauner-Seilschaft, genannt nach dem 3.600 Meter hohen Similaun in den Ötztaler Alpen. Mit einem Dutzend deutscher Topmanager [...] geht Henzler regelmäßig auf Klettertour" (9, S. 45f.). Die Organisation, Einflussnahme und Kontrolle dieser personalen Netzwerke wird auch, aber nicht nur durch soziales Beziehungs-Kapital zwischen den Akteuren ermöglicht und ist eine zentrale Ressource – u.a. zur Projekt-Akquisition – der Berater. Dies wird zudem daran deutlich, dass die Betreuung – und der daraus resultierende persönliche Kontakt zu bzw. der hiermit verbundene Einfluss auf die Vorstände der Top-Klienten – zwischen den Partnern und Direktoren großer Beratungsunternehmen umkämpft ist und für interne Unruhe und Konflikte zwischen den Akteuren führen kann (9, S. 45).

Werden Berater hingegen als Netzwerkinitiatoren und -organisatoren in eigener Sache tätig und knüpfen sie Beziehungen zu anderen Beratungsunternehmen, so experimentieren sie vor allem mit einer „kooperativen Organisation von Expertise" (306, S. 345). Die sich hier etablierenden Kooperationspraktiken sind oftmals eine spontane Reaktion der Berater auf aktuelle Kontakte und Beziehungen zu Berufskollegen, neue Kundenanforderungen sowie Marktentwicklungen, Umbrüche und weitere Differenzierungsstrategien im Beratungsgeschäft. Neue Anforderungen wie die – von den ratsuchenden Klienten zunehmend erwartete – Ausweitung des Know-hows und der verfügbaren Expertise, etwa mit Blick auf Reorganisation und reflexive Strukturation oder aktuell der Digitalisierung bzw. eines organisationskonformen Einsatzes von KI, gehen einher mit der Notwendigkeit einer umfassenden Verfügbarkeit und Kontrolle über beratungsprozessrelevante und (re-) organisationsspezifische Ressourcen, die von kleinen und mittleren Beratungsunternehmen nicht, nur unvollständig und/oder oftmals nicht kurzfristig den Klienten zur Verfügung gestellt werden können. Als Folge dieser Entwicklung können diese Beratungsunternehmen die von ihnen eingeforderte Expertise nicht selbständig erbringen, die hierzu erforderlichen Ressourcen nicht individuell bereitstellen oder diese – aufgrund sprunghafter Entwicklungen – dauerhaft auf aktuellem Niveau halten. Ein vielversprechender Weg, der u.a. zu einer Lösung hiermit verbundener Wissens-, Lern- und Ressourcenprobleme führen kann, liegt in der horizontalen Kooperation zwischen kleinen und mittleren Beratungsunternehmen, liegt in der Etablierung (über-) regionaler, wissensintensiver Beratungsnetzwerke zur gemeinsamen Organisation von Expertise. Diese

Aktivitäten eröffnen die Möglichkeit, enge und längerfristige Kooperationen zur gemeinsamen Akquisition und Abwicklung von Beratungsprojekten zu etablieren und den wechselseitigen Zugriff auf spezialisiertes Know-how zu eröffnen. Im Ergebnis bedeutet dies: „Flexible Berater knüpfen Netze" (161, S. 163). Grundsätzlich deuten divergente Qualifikationsbestrebungen und anhaltende Differenzierungsstrategien in der Beratungsbranche darauf hin, „dass ein erfolgreiches Einbringen von Beratungsdienstleistungen in Hinkunft ganz bestimmte Kooperationsstrukturen innerhalb der Beratungsunternehmungen bzw. zwischen solchen notwendig macht. [...] Es werden Teams erforderlich, in denen Experten mit einem ganz unterschiedlichen Qualifikationsprofil, unter Vermeidung festgefügter Asymmetrien, miteinander kooperieren müssen" (347, S. 50).[99] Und ebenso erfordern die zunehmenden Internationalisierungstendenzen der Klienten derartige „Zusammenschlüsse von Beraterfirmen, strategisch gut placierte Übernahmeaktivitäten, die Gründung von ausländischen Niederlassungen, transnationale bzw. transkulturelle Zusammenarbeitsbündnisse und ähnliche Lösungen" (347, S. 56). Hinzu kommt eine – im Besonderen bei Großunternehmen und international tätigen Konzernen zu beobachtende und neue Kooperations- sowie Organisationsformen erforderlich machende – Konzentration auf Kernkompetenzen durch Quasi-Externalisierung und -Internalisierung (auch) von Beratungsdienstleistungen. So werden einerseits bisher organisationsintern erstellte (Beratungs-) Leistungen und das hierbei erworbene Know-how am Markt angeboten, andererseits renommierte Beratungsunternehmen (quasi-) internalisiert oder es wird eine (Minderheits-) Beteiligung an Beratungsunternehmen eingegangen.

Die Option in einem regionalen Beratungsnetzwerk zu kooperieren sowie Motivation und Zweck dieser Vernetzungsprozesse können in zumindest zwei Bereichen verortet werden: Zum einen in der zuvor bereits erwähnten kooperativen Organisation von Expertise, zum anderen im reflexiven sowie flexibel spezialisierten Umgang mit der zunehmenden organisationsinternen wie -externen Komplexität der globalisierten (Geschäfts-) Welt und den weltweit vernetzten Lieferketten. Die *kooperative Organisation von Expertise und Know-how* zum Themenbereich Reorganisation und reflexive Strukturation erfordert dann vor allem eine – zwischen den Beratungsunternehmen zu organisierende – „Abstimmung von Sichtweisen, normativen Grundorientierungen und Vorstel-

---

[99] Vor diesem Hintergrund identifizierte Wimmer schon früh (347, S. 49f.) vier Qualifikationsschwerpunkte der Beratungsbranche: fachliche (funktionale) Spezialisierung (1), branchenspezifische Tätigkeiten (2), Spezialisierung auf generelle Beratungsdienstleistungen (3) sowie Ausrichtung auf die Gestaltung des Beratungsprozesses bzw. des Interaktionsprozesses zwischen Berater und Klient (4).

lungen über adäquate Mittelverwendungen für die Aktivitäten und Beziehungen im Netzwerk" und ist in der Regel „zwischen annähernd gleich mächtigen, bisher in weitgehend selbstgesteuerten Praktiken beheimateten Netzwerkteilnehmern sehr zeitraubend" (306, S. 385). Vorteilhaft für diesen Prozess ist, dass die von den Akteuren angestrebte Produktion von beratungs- und reorganisationsrelevantem Wissen in hohem Maße vernetzungsfähig und das Spektrum der Beiträge zu einer Kooperation groß ist. Dieses „reicht von Empfehlungen neuer Literatur über den informellen Austausch noch unerprobter Ideen bis hin zu einem risikoarmen Offenlegen eigenen Unwissens. Für Neues und Unausgegorenes bieten Netze einen guten Unterboden" (30, S. 26).

Die zusätzliche Komplexität mit der Beratungsorganisationen im Rahmen eines Netzwerkmanagements in eigener Sache (reflexiv) umgehen müssen erstreckt sich hierbei auf zumindest drei Bereiche: Erstens auf die Komplexität des eigenen Unternehmens, zweitens auf die Komplexität der anderen, am Netzwerk beteiligten Beratungsunternehmen und drittens auf die (Eigen-) Komplexität der (neu) entstehenden Interorganisationsbeziehungen bzw. des Netzwerkes. Diese (Einzel-) Komplexitäten können durch kooperative Netzwerkbeziehungen zugleich erhöht wie reduziert werden. Daher können Vernetzungsprozesse (auch) zwischen Beratungsorganisationen nicht a priori mit einer Reduktion von Komplexität gleichgesetzt werden. Die folgende Übersicht in Anlehnung an Königswieser (161, S. 181) gibt hierzu eine erste und Orientierung.

Komplexitätserhöhung durch Netzwerke	Komplexitätsreduktion durch Netzwerke
Netzwerke sind nur beschränkt durch Beziehungsarbeit steuerbar. Erfolgreiche Beziehungsarbeit ist arbeitsintensiv und muss Bedürfnisse und Handlungen der Netzwerkpartner identifizieren, antizipieren sowie teilweise erfüllen.	Aufgrund der dezentralen (regionalen) Selbststeuerung der Netzwerkpartner kann jederzeit auf Ressourcen zurückgegriffen werden, die die eigene Flexibilität erhöhen.
Aufgrund der Kombinationsmöglichkeiten und der Reichweite von Ressourcen erschwert sich das Auswahlverfahren.	Dem Beratungsauftrag kann durch individuell zugeschnittene Leistungskomponenten gut entsprochen werden.
Netzwerkpartner müssen projektspezifisch immer wieder neu eingebunden werden (Verhandlungsaufwand).	Netzwerke ermöglichen eine optimale Auslastung der Kapazitäten und eine Reduktion des Fixkostenanteils.
Unterschiedliche Wirklichkeitsauffassungen verlangen von den Netzwerkpartnern die Fähigkeit, mit Widersprüchen umgehen zu können.	Eine gemeinsame Grundhaltung unter den Netzwerkpartnern erhöht das Vertrauen und reduziert so Unsicherheit.

Abbildung 7.3: Komplexitätsmanagement
in und durch Beratungsnetzwerke

Die konkreten Formen interorganisationaler Kooperation, die Berater mit Vertretern des eigenen Berufsstandes – einzelnen Beratern und Beratungsunternehmen – eingehen sind vielfältig und nehmen seit Jahren zu. Neben den, oftmals von Beraterverbänden initiierten (Regional-) Veranstaltungen, Foren und Kontaktbörsen zur fachlichen Qualifikation der Berater und zum gelegentlichen (in-) formellen Austausch – so beispielsweise die Veranstaltungen des Bundesverbandes Deutscher Unternehmensberater (BDU) oder der KMU-Berater – etablieren sich unterschiedliche, mehr oder weniger dauerhafte und kooperative Interorganisations- und Netzwerkbeziehungen zwischen Beratungsunternehmen. Die hierbei praktizierten Formen der Zusammenarbeit zwischen Beratern und/ oder Beratungsunternehmen sind – wie die folgenden Beispiele verdeutlichen – vielfältig.

1. Virtueller Expertenpool

In der Region um Frankfurt hatte sich bereits Mitte der 1980er Jahre ein *virtuelles* Beratungsunternehmen etabliert, dessen Ziel die individuelle Problemlösung aus einem Expertenpool bzw. die kunden- und fallspezifische Bereit- und Zusammenstellung von spezialisierten Expertenteams war. Möglich wurde dies durch ein Pooling von unterschiedlichsten Beratungsdienstleistungen und breit gefächertem Expertenwissen in einem Konsortium, dem mehr als 850 kleine und mittlere Beratungsunternehmen sowie mehr als 1.000 Einzelberater angehörten (154, S. 20). Das hier gebündelte Know-how umfasste u.a. das Fachwissen sowie die spezifischen Erfahrungen von Diplom-Ingenieuren, Wirtschaftswissenschaftlern, Philosophen, Soziologen, Pfarrern sowie ehemaligen, im Ruhestand befindlichen Vorstandsmitgliedern großer deutscher Konzerne und wurde kundenindividuell auf Abruf aktiviert bzw. problemspezifisch zusammengestellt. Die Mitgliedschaft in dem Beraterpool war zunächst lediglich an einen formalen Antrag und die Vorlage üblicher Bewerbungsunterlagen geknüpft. Erst wenn ein Mitglied in einem Beratungsprojekt eingesetzt werden sollte und sein spezifisches Know-how gefragt war, waren Referenzen vorzulegen mit denen nachgewiesen werden konnte, dass vergleichbare Projekte bereits erfolgreich durchgeführt worden waren (154, S. 21).

2. Beratungsnetzwerke: Organisationen Systemisch Beraten (OSB) – Beratergruppe Neuwaldegg – C/O/N/E/C/T/A – Horwart Consulting

Ebenso kooperieren Berater und Beratungsunternehmen auf direkte(re) Art und Weise und ohne ein (strategisch) akquirierendes, koordinierendes und organisierendes – als Back-Office tätiges – Zentrum. Bei dieser Form der Zusammenarbeit handelt es sich um den Versuch, einen gegenseitigen Erfahrungsaustausch (Erfa-Gruppen), interorganisationales Lernen und/oder den Zukauf von spezialisiertem Fachwissen sowie zusätzlichen Kapazitäten zu organisieren (161).

Die *OSB* (www.osb-i.com/de) ist ein im europäischen Raum tätiges Beraternetzwerk, das sich aus einem lokalen – in der Region um Wien angesiedelten – Netzwerk mit einem fokalen Unternehmen und mehreren Netzwerken *vor Ort*, welche in unmittelbarer Nähe zu den jeweiligen Absatzmärkten (zunächst in Deutschland) agieren, zusammensetzt. Die OSB ist damit mehr ein (internationales) Meta-Netzwerk von regional tätigen (Beratungs-) Netzwerken als ein typisches Unternehmensnetzwerk. Ziel der Zusammenarbeit ist das Experten-Pooling – die kooperative Organisation von Expertise – sowie die gegenseitige Unterstützung bei der Know-how-Entwicklung und dem Wissenstransfer.

Die *Wiener Beratergruppe Neuwaldegg* (www.neuwaldegg.at) hat im Rahmen ihrer Vernetzungsaktivitäten ein Wissenschafts-, ein Kooperationspartner-, ein Kunden- sowie ein Journalistennetzwerk initiiert und etabliert. Ziel des Wissenschaftsnetzwerks ist vor allem der konzeptionelle und inhaltliche Austausch mit Vertretern von Universitäten und Forschungseinrichtungen. Die Plattform für die Aktivitäten (u.a. Workshops, Themencenter, Vorträge, Publikationen) bildet die Forschungsgruppe Neuwaldegg. Das Kooperationspartnernetzwerk – als eigentlicher Kern der Beratergruppe Neuwaldegg – konstituiert sich aus ca. 20 unabhängigen Beraterinnen und Beratern, die bei der Abwicklung konkreter Projekte zusammenarbeiten. Die Kooperationspartner verfügen über die erforderlichen Ressourcen zur Erbringung kundenindividueller Beratungsleistungen (z. B. spezielles Expertenwissen) und ermöglichen es zudem, Kapazitätsengpässe der Partner kurzfristig zu überwinden. Das Kundennetzwerk bzw. der Kontakt zu alten und potenziellen neuen Kunden wird durch spezielle Veranstaltungs- und Informationsangebote sichergestellt, auf denen neue praxisrelevante Erkenntnisse der sozialwissenschaftlichen Forschung vorgestellt werden, über aktuelle Beratungserfahrungen und –angebote der Beratergruppe berichtet wird und bei denen die Berater ihren Klienten vorhandenes Beziehungskapital zu weiteren Experten, Beratern und/oder Unternehmen zur Verfügung stellen. Das öffentlichkeitswirksame Journalistennetzwerk schließlich besteht aus übernational tätigen Journalisten und hat die Funktion „via Veröffentlichungen von Artikeln in Magazinen und Zeitungen [...], die von neuen Ansätzen und Trends in der Arbeit der Beratergruppe berichten, einen großen Kundenkreis zu erreichen. [...] Die Reziprozität besteht darin, dass Journalisten andererseits auf eine Kontaktstelle zurückgreifen können, die [...] Informationen über Neuheiten auf dem Beratungsmarkt liefert" (161, S. 173).

Die *C/O/N/E/C/T/A – Wiener Schule der Organisationsberatung* (www.conecta.com) wurde – wie auch die OSB – als ein Netzwerk aus einem Beratungsfirmen- und einem Informationsnetzwerk gegründet. Das Beratungsfirmennetzwerk zielte auf eine enge und langfristige Unternehmenskooperation zur gemeinsamen Abwicklung von Beratungsprojekten. Im Mittelpunkt steht der „Zukauf von speziellem Know-how (60 Prozent) und zusätzlicher Kapazität (in 40 Prozent der Kooperationsfälle)" (161, S. 175). Das Informationsnetzwerk ist eine weniger verbindliche Erweiterung des Firmennetzwerks und erfüllt die Funktion einer Erfahrungsgruppe. Die teilnehmenden Unternehmen treffen sich „halbjährlich im Rotationssystem jeweils bei einer anderen Firma, um gemeinsam neueste Entwicklungen und Beobachtungen auf dem Beratungsmarkt auszutauschen und zu diskutieren" (161, S. 175).

Aktuell fehlen zu diesen Beratungsnetzwerken detaillierte, theoriegeleitete sowie quantitativ und qualitativ orientierte Forschungsarbeiten, die es ermöglichen würden, einen genaueren – etwa strukturations- und/

oder systemtheoretischen – Blick auf die Prozesse der Initiierung, Konstitution und (Re-) Produktion sowie auf die Arbeitsweise(n), Kommunikations- und Kooperationsprozesse, Beratungsformen und Evaluationsprobleme derartiger Beratungsnetzwerke zu werfen. Die abschließenden, strukturationstheoretisch basierten Überlegungen deuten einen möglichen Orientierungsrahmen an, welcher derartige Untersuchungen zukünftig anleiten könnte.

7.3 Ausgewählte Aspekte der externen Beratung von Netzwerkunternehmen und Unternehmensnetzwerken

Ist die ratsuchende Organisation eingebunden in ein Unternehmensnetzwerk oder sucht ein derartiges Netzwerk externe Unterstützungsleistungen bei Prozessen der – die einzelne(n) Organisation(en) übergreifenden – (Re-) Organisation, zielt die Beratung in der Regel auf *Transorganizational Development*. Diese Form der Netzwerkentwicklung ist „concerned with creating and improving the effectiveness of transorganizational systems: groups comprised of organizations that have joined together for a common purpose" (51, S. 367). Beratung von Unternehmensnetzwerken zielt vor allem auf die Koordination und Organisation der Aktivitäten, Beziehungen und arbeitsteiligen Prozesse *zwischen* den beteiligten Unternehmen. Hierbei gilt es, zwischen „den rechtlich selbständigen, aber über die Aktivitäten gleichzeitig voneinander abhängigen Akteure [...] Regeln der Zusammenarbeit zu vereinbaren, Gremien der Steuerung, der Überwachung und der Konfliktsteuerung ins Leben zu rufen, die Aktivitäten in Zeit und Raum und mit Dritten zu koordinieren (Regulation). Zudem sind Aufgaben sowie die zur Aufgabenerfüllung erforderlichen Ressourcen auf die Organisationen im Netzwerk zu verteilen (Allokation). Des Weiteren sind die Leistungen der zum Netzwerk gehörenden Organisationen sowie die von ihnen entwickelten interorganisationalen Beziehungen zu bewerten (Evaluation). Und – oft zu allererst – sind die Organisationen auszuwählen, mit denen im Netzwerk zusammengearbeitet werden soll (Selektion)" (304, S. 150).

Die hier nochmals genannten, zuvor bereits in anderem Zusammenhang ausführlich diskutierten vier Funktionen des Netzwerkmanagements können zum einen unmittelbarer Gegenstand einer beratenden Tätigkeit bzw. des Transorganizational Development sein. Hierbei geht es dann um die beratende Unterstützung bei Fragen und Problemstellungen zu Kriterien der Selektion von Netzwerkpartnern, bei der formalen aber auch informalen Regulation der gemeinsamen Aktivitäten und Projekte – beispielsweise der Auswahl der geeigneten Rechtsform und der Ausgestaltung einer Kooperationsvereinbarung, bei der Identifikation und Allokation der, in den Netzwerkunternehmen jeweils vorhandenen Ressourcen sowie bei der Evaluation der gemeinsam durchgeführten Maßnahmen und Projekte. Zum anderen ist es bei der Produktion von Dienstleistungen im Allgemeinen sowie von Beratungsleistungen im Besonderen zwingend erforderlich, den oder die Klienten in die Projekte und den (Beratungs-) Prozess zu integrieren, seine/ihre engagierte MitArbeit sicherzustellen. Diese bereits zuvor erwähnte Problematik besteht – so beschreibt es Maleri (195, S. 157) – in erster Linie darin, dass für deren Produktion „vom Abnehmer der Dienstleistung zu gebende Informationen erforderlich" sind und entsprechend Kommunikation zwischen den Partnern stattfinden muss. Und in zweiter Linie bedeutet dies, dass an der Wahrnehmung, Ausgestaltung und Umsetzung der zuvor genannten sowie ggf. weiterer Management- und/oder Beratungsaufgaben in der Regel eine Vielzahl von Akteuren beteiligt sind, die – und das ist das Besondere an dieser Konstellation – dauerhaft in heterogenen institutionellen Unternehmenszusammenhängen eingebunden sind. Das heißt, dass die beteiligten Partner aus unterschiedlichen Beratungsunternehmen (dem Beratungsnetzwerk) sowie aus verschiedenen Klientunternehmen (dem ratsuchenden Unternehmensnetzwerk) entstammen können und den Beratungsprozess im Rahmen eines gemeinsamen Projektes abwickeln.[100] Für das an dieser Stelle interessierende Thema *Netzwerkberatung* lassen sich vor diesem Hintergrund zumindest drei – mehr oder weniger latente und dauerhafte – Beziehungsbzw. Netzwerkkonstellationen identifizieren, die im Verlauf eines derartigen Beratungsprozesses zu berücksichtigen sind:

---

[100] Soweit der Klient „*Informationen* für die Dienstleistungsproduktion beisteuern muss, beeinflussen deren Vollständigkeit und Qualität oft erheblich die Ergiebigkeit des Produktionsprozesses. Für einen Rechts- oder Wirtschaftsberater ist von großer Bedeutung, ob ein Laie in längeren Ausführungen den der Beratung zugrundeliegenden Sachverhalt nur annäherungsweise zu umschreiben in der Lage ist, oder ob ein sachkundiger Klient eine geraffte Darstellung aller wesentlichen Gegebenheiten vorlegen kann" (195, S. 157). Mit dieser Informationsproblematik beschreibt Maleri allerdings nur die Spitze eines Eisberges. Der ratsuchende Klient muss nicht nur Informationen beisteuern, sondern ist zumeist in weiterführende Kommunikationszusammenhänge eingebunden und muss Informationen aufnehmen sowie diese ggf. an die Organisation und/oder das Klientennetzwerk weitergeben. Er hat eigene Interessen zu wahren, die Interessen anderer wahrzunehmen und zu berücksichtigen, er muss aktiv (Mikro-) Politik betreiben und dies wiederum in der eigenen Organisation, dem Netzwerk sowie dem eigentlichen Beratungsprojekt.

1. Die interorganisationalen Beziehungen im Beratungsnetzwerk bzw. in dem, die Beratung durchführenden, Projektnetzwerk der Berater.
2. Die interorganisationalen Beziehungen im ratsuchenden Unternehmensnetzwerk (Klientennetzwerk), die u.a. Gegenstand der Beratung sein können.
3. Die vielfältig möglichen, ggf. nur bilateralen Beziehungen zwischen den Akteuren des Beratungs- und Klientennetzwerks.

Aufgrund dieser Ausgangskonstellation stehen die Akteure, die unterschiedliche Organisations- und/oder Netzwerkinteressen vertreten, die differente, persönlich-individuelle Zielsetzungen einbringen und für die zudem andere Praktiken (erfolgs-) relevant sind, vor der anspruchsvollen Aufgabe, im Rahmen des Beratungsprozesses anschlussfähige, gemeinsam akzeptierte Praktiken der Projektarbeit bzw. des Projektmanagements zu entwickeln.

Vor allem die erstgenannten Beziehungen sowie die gegebenenfalls in zurückliegenden (Beratungs-) Projekten gemeinsam gemachten positiven aber auch negativen Erfahrungen bilden – aus Sicht der Berater – die gemeinsame Grundlage einer wiederkehrenden und wiederholt gelingenden, dann auch für den Klienten bzw. das Klientennetzwerk fruchtbaren, Zusammenarbeit der Berater in einem *Projektnetzwerk*. Hierunter soll im Folgenden – in Anlehnung an die Bestimmung von Sydow/Windeler (305, S. 217) – eine Organisationsform ökonomischer Aktivitäten verstanden werden, die zwischen „rechtlich selbständigen, wirtschaftlich mehr oder weniger abhängigen Unternehmungen zur Abwicklung zeitlich befristeter Aufgaben" etabliert wird. Darüber hinaus kommt in dem Begriff des Projektnetzwerks zum Ausdruck, dass „mehrere Unternehmungen einerseits zur Abwicklung einer zeitlich begrenzten Aktivität kooperieren, andererseits die (entstehenden) Geschäftsbeziehungen in der Regel aber über das einzelne Projekt hinausreichen, also nicht selten bereits vor Projektbeginn existieren und in gewisser Weise nach Projektabschluss insoweit latent vorhanden bleiben, als dass bei einem neuen Projekt [– etwa einer Anschluss- oder Folgeberatung –, A.L.] an diese wieder angeknüpft wird bzw. werden kann" (305, S. 220). Projektnetzwerke ermöglichen den Beratern wiederkehrend einen effizienten Zugriff auf gemeinsam erarbeitete interorganisationale bzw. netzwerkspezifische Strukturen – Sets von Regeln und Ressourcen – der Projektabwicklung sowie eine Bewältigung der projekttypischen Anforderung, „in kürzester Zeit ein arbeitsfähiges Sozialsystem zu entwickeln" (305, S. 221). Zwar sind die, im Rahmen eines Projektnetzwerks zu erfüllenden Aufgaben zumeist zeitlich befristet, nicht aber die Beziehungen zwischen den Projektpartnern. Diese bleiben auch nach Projektende (latent) vorhanden, sind wiederkehrend für weitere Projektnetzwerke aktivierbar. Die Abbildung 7.4 verdeutlicht die, für einen derartigen Beratungs- und Entwicklungsprozess relevanten Netzwerke (Beratungsnetzwerk, Klientennetzwerk, Projektnetzwerk).

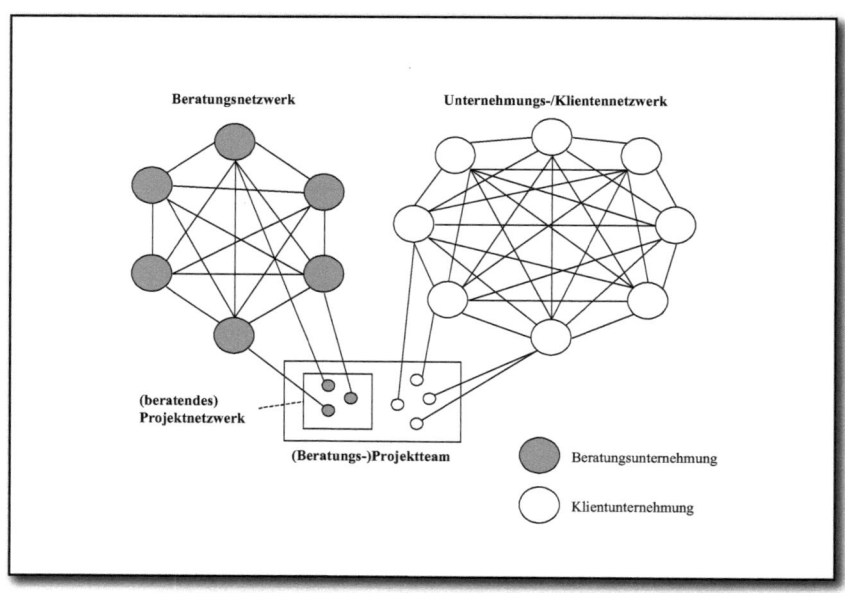

Abbildung 7.4: Beratungsnetzwerk – Unternehmungs-/
Klientennetzwerk – Projektnetzwerk

Zum Abschluss: Reflexives Management von Projektnetzwerken

Im Rahmen der Konstitution eines, die Durchführung einer Netzwerkberatung bzw. des Transorganizational Development leistenden Projektnetzwerks sind die zuvor betrachteten Managementfunktionen relevant und müssen vor Aufnahme der eigentlichen Projekttätigkeit kompetent wahrgenommen werden. Und genau darin liegt ein Beratungsdilemma von (Netzwerk-) Beratungen in und durch Projektnetzwerke. Ein Dilemma, welches sich im Besonderen in der – reflexiven? – (Selbst-) Selektion der Berater für das jeweilige Projektnetzwerk konkretisiert. Darüber hinaus sind die Akteure in unterschiedlichen – nicht nur organisationskulturellen – Kontexten aktiv, beziehen sich auf unterschiedliche interpretative wie normative (Handlungs-) Grundlagen und Voraussetzungen und agieren die Berater auf der Basis unterschiedlicher – etwa unternehmensindividuell oder ansatz- bzw. methodenspezifisch ausgeprägter – Praktiken. Hier findet man eigene, mehr oder weniger intensiv ausgeprägte Sprachspiele, „Spezialsprachen, Relevanzkriterien, Exklusionen und Eigen-Sinnigkeiten" (345, S. 94), die auf den ersten Blick Gemeinsamkeiten im Beratungsprozess als unwahrscheinlich, dauerhafte Kooperationschancen als gering erscheinen lassen. Vor diesem Hintergrund ist das Management beratender Projektnetzwerke im Besonderen herausgefordert „die Koordination unterschiedlicher Organisationsinteressen, –strukturen und –kulturen; die Entwicklung von Identifikation, Commitment und Vertrauen in einer nur kurzen Zeit; die organisationsübergreifende Verständigung auf Qualitätskriterien und die Einhaltung von Zeitvorgaben bei oft unklarer Definition der Projektziele" (305, S. 225) zu gewährleisten. Wie deutlich wurde, stehen in strukturationstheoretischer Perspektive die – dem jeweiligen sozialen System zugerechneten – Praktiken, hier die zu (inter-) organisationalen bzw. netzwerkspezifischen Praktiken verdichteten Sicht- und Legitimationsweisen sowie die ressourcenbasierten Handlungsmöglichkeiten der Akteure im Zentrum des Interesses. Eine gelingende reflexive Koordination von Projektnetzwerken sowie eine, im Rahmen dieser Netzwerke durchgeführte Netzwerk-Beratung setzt daher vor allem eine Entwicklung (Entwurf) und (Aus-) Gestaltung unternehmensübergreifender Sets von Regeln und Ressourcen (Projekt- und/oder Netzwerkstrukturen) sowie der rekursiv mit diesen verknüpften Praktiken voraus. Vorrangige Aufgabe eines Managements von Projektnetzwerken muss es vor diesem Hintergrund – neben den jeweils zu erreichenden inhaltlichen Beratungszielen – sein, Koordinationsmechanismen bzw. –praktiken – auch aber nicht nur ökonomischer Aktivitäten – zu etablieren, die es den Akteuren ermöglichen, einer Reziprozitätsnorm zu folgen und „nicht nur egoistisch auf ihren Vorteil bedacht [zu] handeln, sondern langfristige und umfassende wechselseitige Verbindungen ein[zu]gehen, die ein Verrechnen der Einzelhandlungen nach unmittelbaren Kosten und Nutzen überflüssig machen" (345, S. 91). Abbildung 7.5 ermöglicht eine vorläufige Orientierung hinsichtlich einer strukturationstheoretisch informierten und reflexiven Koordination von – nicht nur ratgebenden – Projektnetzwerken.

Interorganisationale bzw. netzwerkweite Koordination und Abstimmung von:	Planungspraktiken (Vorbereitung)	Umsetzungspraktiken (Durchführung)	Steuerungspraktiken (Steuerung und Kontrolle)
Sichtweisen (Leitbilder)	Einsicht in die Notwendigkeit und das Erfordernis von gemeinsamen Planungsaktivitäten; Entwicklung gemeinsamer Vorstellungen eines organisationsübergreifenden Planungsprozesses	Leitbild(er) eines guten und netzwerkdienlichen sowie die Beratungsziele kundenorientiert umsetzenden (reflexiven) Projektmanagements	Leitbilder organisationsintern und/oder –übergreifend bewährter Prozesse der Steuerung sowie Praktiken der Einflussnahme auf Personen und Abläufe (Interventionen)
Legitimationsweisen (Normen)	Richtlinien und Vorschriften zum konkreten Ablauf von abgestimmten Planungsprozessen	Normative Regeln der (operativen) Durchführung erforderlicher Projektaktivitäten	Erlaubte und/ oder akzeptierte Regeln der Projekt-/Prozesssteuerung und Kontrolle
Handlungsmöglichkeiten (allokative und autoritative Ressourcen)	Planungskapazitäten (Personal und Zeit) sowie Planungs-Know-how (z.B. Planungstechniken)	Anweisungsbefugnisse und Unterstellungsverhältnisse; Kontrolle relevanter Unsicherheitszonen	Ressourcen (Kompetenzen, Fähigkeiten und Fertigkeiten) im Bereich der Personalführung und Prozessabwicklung/-gestaltung

Abbildung 7.5: Orientierungshilfe für eine strukturationstheoretisch informierte und reflexive Koordination von Projektnetzwerken

Konkrete Aufgaben mit entsprechenden Koordinations-, Entscheidungs- und Umsetzungsanforderungen in die diese eher generellen Orientierungen eines Managements von Projektnetzwerken einfließen können sind beispielsweise

- die übergreifende Koordination des Projektnetzwerks sowie des Beratungsprojektes,
- die Etablierung und Zusammensetzung des Projektteams (Teilnehmerselektion),
- die Koordination des Leistungsprozesses (Ressourcenidentifikation und –einsatz; Kapazitäts- und Zeitplanung etc.),
- Evaluation des Projektfortschrittes sowie der (gemeinsamen und individuellen) Leistungsfähigkeit,
- die abgestimmte Entwicklung und Qualifizierung der Projektpartner sowie die Organisation eines gemeinsamen Lernprozesses (Know-how-Koordination; vom-Besten-lernen),
- die Vertriebskoordination (Marketing),
- die Koordination gemeinsamer F&E-Aktivitäten sowie
- die Abstimmung der (über-) betrieblichen Funktionen.

Eine weiter ausdifferenzierte Ausarbeitung hierauf aufbauender strukturationstheoretisch infizierter Koordinationsinstrumente dieses Managements muss zukünftig an anderer Stelle und von weiteren Autoren geleistet werden. Hier wäre dann beispielsweise zwischen persönlichen (Weisung, Selbstabstimmung) sowie eher unpersönlichen Koordinationsinstrumenten (Pläne, Programme) zu unterscheiden und diese – unter Berücksichtigung der Arten und Weisen ihrer Verwendung – den zuvor identifizierten Praktiken mit entsprechender Orientierung an den drei Dimensionen des Sozialen zuzuordnen. Zudem könnte im Rahmen weiterführender Untersuchungen ein genauerer Blick auf das Vorgehen, den Verlauf und die Erfolgskriterien einer (Netzwerk-) Beratung durch Projektnetzwerke geworfen werden. Eine Hilfestellung bei dieser noch ausstehenden Aufgabe eröffnen u.a. die von Sydow/Windeler (305, S. 227) im Rahmen ihrer Forschungsaktivitäten identifizierten Anforderungen an ein praktisches Management von Projektnetzwerken. Dieses erfordert vor allem

„- die systematische, wiederkehrende Einbindung ‚guter' Geschäftspartner in neue Projekte bzw. Projektnetzwerke
- die Entwicklung eines Projektportfolios, d.h. eines Projektmix, das einer Stabilisierung von Geschäftsbeziehungen dienlich ist
- die bewusste Zusammenarbeit mit freien Mitarbeitern und Unternehmern, um sich das Spektrum der Möglichkeiten unterschiedlicher Vertragsbeziehungen im Netzwerk offenzuhalten

- die Reflexion auf die im Netzwerk vorhandenen Ressourcen, z.B. auf das dort versammelte Wissen
- die systematische Ergänzung des Netzwerks mit entsprechenden Ressourcen durch Kooperation mit neuen Partnern, wobei diese Kooperation nicht nur durch das aktuelle Projekt motiviert ist
- die redundante Vorhaltung kritischer Ressourcen im Netzwerk [...]
- die Festlegung grundlegender Regeln der Netzwerkkooperation
- die Entwicklung von Abnahmeprozeduren [...]".

Literatur

1. Adler, K.-U. (1973): Der Unternehmer und sein Berater. In: Handbuch für Manager. Loseblattsammlung. Herne, S. 201-219.
2. Adorno, T.W. (1976): Minima Moralia. Reflexionen aus dem beschädigten Leben. Frankfurt/Main.
3. Alba, R.D. (1982): Taking stock of network analysis: A decade's results. In: Bacharach, S.B. (Hrsg.): Research in the sociology of organizations. Vol. 1. JAI. Greenwich, Conn., S. 39-74.
4. Archer, M. (1990): Human agency and Social Structure: A Critique of Giddens. In: Clark, J./Modgil, C./Modgil, S. (Hrsg.): Anthony Giddens: Consensus and controversy. London, S. 73-84.
5. Argyris, C. (1975): Untersuchung der Beratungsbeziehung. In: Bennis, W.G. et al. (Hrsg.): Änderung des Sozialverhaltens. Stuttgart, S. 341-374.
6. Ashby, W.R. (1974): Einführung in die Kybernetik. Frankfurt/Main.

7. Baecker, D. (1993): Die Form des Unternehmens. Frankfurt/Main.
8. Baecker, D. (1994): Postheroisches Management: Ein Vademecum. Berlin.
9. Balzer, A./Wilhelm, W. (1995): Die Firma. In: Manager-Magazin 25 (4), S. 43-57.
10. Bandler, R./Grinder, J. (1984): Metasprache und Psychotherapie. Die Struktur der Magie I. 2. Auflage. Paderborn.
11. Bardmann, T. M. (1994): Wenn aus Arbeit Abfall wird. Aufbau und Abbau organisatorischer Realitäten. Frankfurt/Main.
12. Barney, J. (1991): Firm Resources and Sustained Competitive Advantage. In: Journal of management studies 27 (17), S. 99-120.
13. Bartling, U. (1985): Die Unternehmensberatung als externe Stabsstelle des Managements. Frankfurt/Main.
14. Bateson, G. (1990): Ökologie des Geistes. 3. Auflage. Frankfurt/Main.
15. Baumann, M.L. (1964): Die Stellung des Wirtschaftsberaters in Deutschland. In: Der Wirtschaftsberater. Informationen des Verbandes der wirtschaftsberatenden Berufe e.V. o. Jg. (2), S. 17-22.
16. Baumann, Z. (1989): Hermeneutics and modern social theory. In: Held, D./ Thompson, J.B. (Hrsg.): Social theory of modern

societies: Anthony Giddens and his critics. Cambridge, S. 34-55.

17. Becher, H. (1973): Referenzen reichen nicht aus. In: Manager-Magazin 3 (7), S. 59.

18. Becker, A./Küpper, W./Ortmann, G. (1988): Revisionen der Rationalität. In: Küpper, W./Ortmann, G. (Hrsg.): Mikropolitik, Rationalität Macht und Spiele in Organisationen. Opladen, S. 89-113.

19. Becker, U./Schade, C. (1995): Betriebsformen der Unternehmensberatung. Eine Erklärung auf der Basis der Netzwerktheorie und der neuen Institutionenlehre. In: ZfbF 47 (4), S. 327-354.

20. Behrens, B. (1995): Methoden-Streitgespräch: Mal kurz, mal lang. In. WirtschaftsWoche 49 (34), S. 66-71.

21. Berekoven, L (1983): Der Dienstleistungsmarkt in der Bundesrepublik Deutschland. Band 1. Theoretische Fundierung und empirische Analyse. Göttingen.

22. Berger, J. (1995): Warum arbeiten die Arbeiter? Neomarxistische und neodurkheimianische Erklärungen. In: Zeitschrift für Soziologie 24 (6), S. 407-421.

23. Berger, R. (1975): Hier zitiert nach Raithel, H. (1975): Mut zur Selbstverleugnung. In: Manager-Magazin 5 (12), S. 60-64.

24. Berger, R. (1989): Consulting aus der Sicht eines Multispezialisten. In: Meffert, H./Wagner, H./Backhaus, K. (Hrsg.): Unternehmensberatung – Was bringt Consulting? Dokumentation des Workshops vom 24. November 1988. Dokumentationspapier Nr. 51 der Wissenschaftlichen Gesellschaft für Marketing und Unternehmensführung e.V. Münster, S. 35-46.

25. Berger, R./Keller, E. v. (1986): Berater in der Wirtschaft von heute. In: Sonderbeilage der Frankfurter Allgemeinen Zeitung Nr. 131, Samstag 10.06.1986, S. B1 und B12.

26. Bickel, W. (1981): Über die Ethik in der Unternehmensberatung. In: Zeitschrift für Organisation, 50 (2), S. 62-65.

27. Blake, R.R./Mouton, J.S. (1976): Consultation. Reading, Mass.

28. Block, P. (1981): Flawless consulting. San Diego.

29. Böhme, G. (1994): Weltweisheit, Lebensform, Wissenschaft: eine Einführung in die Philosophie. Frankfurt/Main.

30. Boos, F./Jarmai, H. (1994): Kernkompetenzen – gesucht und gefunden. In: Harvard Business Manager 16 (4), S. 19-26.

31. Bradach, J.L./Eccles, R.G. (1989): Price, authority, and trust: from ideal types to plural forms. In: Annual Review of Sociology 118 (15), S. 97-118.

32. Bredt, O. (1961): Unternehmensberatung im europäischen Maßstab. Stuttgart.
33. Brunsson, N. (1989): The organization of hypocrisy. Talk, decisions and actions in organizations. Chicester.
34. Bryant, C.G.A./Jary, D. (Hrsg.) (1997): Anthony Giddens: Critical Assessments, Vol. 4.
35. Bullinger, D. (1984): Die Unternehmung im Beratergeflecht. In: Die Unternehmung 38 (2), S. 163-168.
36. Bundesverband Deutscher Unternehmensberater (1989): Pressemitteilung. Bonn.
37. Bundesverband Deutscher Unternehmensberater (1995/96): Beraterverzeichnis. Bonn.
38. Bundesverband Deutscher Unternehmensberater (1998): Hier zitiert nach: Unternehmer-Magazin 46 (10). Special: Unternehmensberatung, S. 46-65.
39. Burns, T.R. (1961): Micropolitics: Mechanisms in institutional change. In: Administrative Science Quarterly 6 (3), S. 257-281.
40. Burns, T./Stalker, G.M. (1961): The management of innovation. London.

41. Carqueville, P. (1991): Rollentheoretische Analyse der Berater/Klienten-Beziehung. In: Hofmann, M. (Hrsg.): Theorie und Praxis der Unternehmensberatung. Heidelberg, S. 247-280.
42. Casson, M. (1987): The firm and the Market. Studies on multinational enterprise and the scope of the firm. Oxford.
43. Chin, R./Benne, K.D. (1975): Strategien zur Veränderung sozialer Systeme. In: Bennis, W.G./Benne, K.D./Chin, R. (Hrsg.): Änderung des Sozialverhaltens. Stuttgart, S. 43-78.
44. Chmelik, G./Kappler, E. (1976): Betriebswirtschaftliche Organisation. In: Heinen, E. (Hrsg.): Industriebetriebslehre. Wiesbaden. S. 157-208.
45. Clark, A.W. (1976): The Client-Practitioner Relationship as an Intersystem Engagement. In: Clark, A.W. (Hrsg.): Experimenting with organizational life: The action research approach. New York, S. 119-133.
46. Clark, J./Modgil, C./Modgil, S. (Hrsg.) (1990): Anthony Giddens. Consensus and controversy. London.
47. Cohen, M.D./March, J.G./Olsen, J.P. (1972): A garbage can model of organizational choice. In: Administrative Science Quarterly 17 (3), S. 1-25.
48. Coleman, J.S. (1991): Grundlagen der Sozialtheorie. Band 1: Handlungen und Handlungssysteme. München.

49. Crosby, L.A./Stevens, N. (1987): Effects of relationship marketing on satisfaction, retention, and prices in the life insurance industry. In: Journal of Marketing Research 24 (4), S. 404-411.
50. Crozier, M./Friedberg, E. (1979): Macht und Organisation. Die Zwänge kollektiven Handeln. Königstein/Ts.
51. Cummings, T.G. (1984): Transorganizational development. In: Staw, B.M./Cummings, L.L. (Hrsg.): Research in organizational behavior. Greenwich, Conn., S. 367-422.
52. Cyert, R.M./Dill, W.R./March, J.G. (1958): The role of expectations in business decision-making. In: Administrative Science Quarterly 3 (2), S. 307-340.
53. Cyert, R.M./March, J.G. (1963): A behavioral theory of the firm. Englewood Cliffs, N.J. 2. Auflage.
54. Cyert, R.M./Dill, W.R./March, J.G. (1977): Die Rolle der Erwartungen bei unternehmerischen Entscheidungen. In: Witte, E./Thimm, A.L. (Hrsg.): Entscheidungstheorie. Wiesbaden, S. 109-126.
55. Cyert, R.M./Simon, H.A./Trow, D.B. (1966): Observation of a business decision. In: The Journal of Business Decision 29, S. 237-248.

56. Dahl, E. (1967): Die Unternehmensberatung. Eine Untersuchung ausgewählter Aspekte beratender Tätigkeiten in der Bundesrepublik Deutschland. Meisenheim am Glan.
57. Damary, R. (1975): Hier zitiert nach Raithel, H. (1975): Mut zur Selbstverleugnung. In: Manager-Magazin 5 (12), S. 60-64.
58. Davey, N.G. (1971): The external consultants's role in organizational change. East Lansing.
59. Deissler, K.G. (1986): Rekursive Informationsschöpfung. Zirkuläres Fragen als Erzeugung von Information. Marburg.
60. Dierkes, M./Raske, B. (1994): Wie Organisationen lernen. In: WZB-Mitteilungen 65. Berlin, S. 8-10.
61. Diller, H./Kusterer, M. (1988): Beziehungsmanagement: Theoretische Grundlagen und explorative Befunde. In: Marketing: Zeitschrift für Forschung und Praxis 10 (3), S. 211-220.
62. Dörner, D. (1989): Die Logik des Misslingens. Strategisches Denken in komplexen Situationen. Reinbek bei Hamburg.
63. Dommann, D. (1987): Erfolgreich beraten – ein Leitfaden für das Beratungsgespräch. Frankfurt/Main.
64. Doppler, K. (1991): Management der Veränderung – Entwicklungen und Veränderungen erfolgreich steuern und gestalten. In: Organisationsentwicklung 10 (1), S. 18-30.

65. Dyllick, T. (1982): Gesellschaftliche Instabilität und Unternehmensführung. Bern.

66. Ehrensperger, H. (1985): Organisationsgestaltung als politischer Prozess. Spardorf.

67. Elfgen, R. (1988): Organisationsberatung in mittelständischen Unternehmungen. Köln.

68. Elfgen, R. (1991): Systemische und kognitionstheoretische Perspektiven der Unternehmensberatung. In: Hofmann, M. (Hrsg.): Theorie und Praxis der Unternehmensberatung. Heidelberg, S. 281-308.

69. Elfgen, R. (1992): Die Herausforderung einer ganzheitlichen Unternehmensberatung – dargestellt am Beispiel der Sicherheits-Management-Beratung. In: Maas, P./Schüller, A./Strasmann, J. (Hrsg.): Beratung von Organisationen. Zukunftsperspektiven praktischer und theoretischer Konzepte. Stuttgart, S. 165-180.

70. Elfgen, R./Klaile, B. (1987): Unternehmensberatung. Nachfrage, Angebot, Zusammenarbeit. Stuttgart.

71. Ellis, A. (1989): Training der Gefühle. München.

72. Engel, K.H. (1969): Mit Beratern arbeiten, ja – aber wie? Baden-Baden.

73. Ernst, B./Kieser, A. (2002): In search of explanations for the consulting explosion. In: Engwall, L./Sahlin-Andersson, K. (Eds.) (2002): The Expansion of Management Knowledge: Carriers, Flows, and Sources. Stanford.

74. Exner, A./Königswieser, R./Titscher, S. (1987): Unternehmensberatung – systemisch. In: Die Betriebswirtschaft 47 (3), S. 265-284.

75. Farrelly, F./Brandsma, J.M. (1986): Provokative Therapie. Heidelberg/ Berlin.

76. Fayol, H. (1929): Allgemeine und industrielle Verwaltung. München.

77. Felsch, A. (1996): Personalentwicklung und organisationales Lernen. Hamburg.

78. Flohr, B./Niederfeichtner, F. (1982): Zum gegenwärtigen Stand der Personalentwicklungsliteratur: Inhalte, Probleme und Erweiterungen. In: Zeitschrift für betriebswirtschaftliche Forschung, Sonderheft 14.

79. French, W./Bell, C. (1994): Organisationsentwicklung. 4. Auflage. Stuttgart.

80. Frey, P. (1987): Innerbetriebliche Wissenspotentiale und deren Nutzungsmöglichkeiten. In: Hofmann, M./Sertl, W. (Hrsg.): Management Consulting. Stuttgart, S. 179-237.
81. Fridrich, A. (1985): Marketing- und Managementberatung in mittelständischen Industrieunternehmen. Berlin.
82. Friedberg, E. (1995): Ordnung und Macht: Dynamiken organisierten Handeln. Frankfurt/New York.
83. Fritz, W./Effenberger, J. (1998): Strategische Unternehmensberatung. Verlauf und Erfolg von Projekten der Strategieberatung. In: DBW 58 (1), S. 103-118.
84. Frommann, A. (1990): Was geschieht eigentlich in Beratungen? Beratung zwischen Kunst und Methode. In: Brunner, E.J./Schönig, W. (Hrsg.): Theorie und Praxis von Beratung. Pädagogische und psychologische Konzepte. Freiburg, S. 28-40.
85. Fuchs, P. (1993): Niklas Luhmann – beobachtet. Eine Einführung in die Systemtheorie. Opladen.

86. Gabele, E./Hirsch, J. (1986): Zur Qualität betriebswirtschaftlicher Beratungsleistungen für kleine Unternehmen. In: Die Betriebswirtschaft 46 (4), S. 486-500.
87. Gibson, J.J. (1982): Wahrnehmung und Umwelt. Der ökologische Ansatz in der visuellen Wahrnehmung. München.
88. Giddens, A. (1979): Central Problems in Social Theory. London.
89. Giddens, A. (1982): Profiles and critics in social theory, London.
90. Giddens, A. (1984a): The Constitution of Society. Cambridge.
91. Giddens, A. (1984b): Interpretative Soziologie. Eine kritische Einführung. Frankfurt/Main.
92. Giddens, A. (1985): The nation-state and violence. Cambridge.
93. Giddens, A. (1990): Consequences Of Modernity. Oxford.
94. Giddens, A. (1995a): Konsequenzen der Moderne. Frankfurt/Main.
95. Giddens, A. (1995b): Strukturation und sozialer Wandel. In: Müller, H.-P./Schmid, M. (Hrsg.): Sozialer Wandel. Modellbildung und theoretische Ansätze. Frankfurt/Main., S. 151-191.
96. Giddens, A. (1996): Leben in einer posttraditionalen Gesellschaft. In: Beck, U./Giddens, A./Lash, S. (1996): Reflexive Modernisierung. Eine Kontroverse. Frankfurt/Main, S. 113-194
97. Giegler, N. (1994): Vom Consulting zum Self-Consulting. Ein situativer Ansatz. Bayreuth.
98. Golembiewski, R.T./McConkie, M. (1975): The centrality of interpersonal trust. In: Cooper, C.L. (Hrsg.): Theories of group processes. London, S. 131-185.

99. Gomez, P. (1985): Systemorientiertes Problemlösen im Management. Von der Organisationsmethodik zur Systemmethodik. In: Probst, G.J.B./Siegwardt, H. (Hrsg.): Integriertes Management. Bausteine des systemorientierten Managements. Bern, S. 235-260.

100. Gomez, P./Probst, G.J.B. (1987): Vernetztes Denken im Management – Eine Methodik des ganzheitlichen Problemlösens. In: Die Orientierung o. Jg. (89). Schweizerische Volksbank. Bern.

101. Gomez, P./Probst, G.J.B. (1991): Thinking in Networks to Avoid Pitfalls of Managerial Thinking. In: Maruyama, M. (Hrsg.): Context and Complexity. New York, S. 91-108.

102. Gondek, H.-D./Heisig, U./Littek, W. (1992): Vertrauen als Organisationsprinzip. In: Littek, W./Heisig, U./Gondek, H.-D. (Hrsg.): Organisation von Dienstleistungsarbeit. Berlin, S. 33-55.

103. Gordon, T. (1979): Managerkonferenz: Effektives Führungstraining. Hamburg.

104. Grabatin, G. (1981): Effizienz von Organisationen. Berlin/New York.

105. Greiner, T. (1989): Unternehmensberatung und Managementstrategien am Beispiel der Einführung von Produktionsplanungs- und –steuerungssystemen. In: Ortmann, G./Windeler, A. (Hrsg.): Umkämpftes Terrain. Opladen, S. 121-128.

106. Greiner, L.E./Metzger, R.O. (1983): Consulting to management. Englewood Cliffs, NJ.

107. Grün, O. (1984): Die Gestaltung des Berater-Einsatzes durch den Mandanten. In: Zeitschrift Führung und Organisation 53 (1), S. 13-20.

108. Gutenberg, E. (1983): Grundlagen der Betriebwirtschaftslehre. Erster Band: Die Produktion, 24. Auflage. Berlin, Heidelberg, New York.

109. Gzuk, R. (1975): Messung der Effizienz von Entscheidungen. Ein Beitrag zu einer Methodologie der Erfolgsfeststellung betriebswirtschaftlicher Entscheidungen. Tübingen.

110. Habermas, J. (1981): Theorie des kommunikativen Handelns. Band 2. Zur Kritik der funktionalistischen Vernunft. Frankfurt/Main.

111. Hacker, V. (1976): Personalentwicklung und betriebliche Bildungsplanung.

112. Hafner, K./Reineke, R.-D. (1992): Beratung und Führung von Organisationen. In: Wagner, H./Reineke, R.-D. (Hrsg.): Beratung von Organisationen. Wiesbaden, S. 29-77.

113. Hafner, K./Reineke, R.-D./Dresselhaus, D. (1988): Unternehmensführung und Unternehmensberatung – Bestandsaufnahme und Entwicklungsperspektiven. In: Meffert, H./Wagner, H./Backhaus, K. (Hrsg.): Arbeitspapier Nr. 44 der Wissenschaftlichen Gesellschaft für Marketing und Unternehmensführung e.V. Münster, S. 1-82.

114. Hahn, A. (1994): Die soziale Konstruktion des Fremden. In: Sprondel, W.M. (Hrsg.): Die Objektivität der Ordnungen und ihre kommunikative Konstruktion. Frankfurt/Main, S. 140-163.

115. Håkansson, H. (1996): Organization networks. In: Warner, M. (Hrsg.): International encyclopedia of business and management, Vol. 4. London, S. 3857-3865.

116. Hanft, A. (1995): Personalentwicklung zwischen Weiterbildung und „organisationalem Lernen". München.

117. Hargens, J./Grau, U. (1992): Konstruktivistisch orientierte Supervision – Nutzen und Nützen selbstbezüglicher Reflexionen. In: Pallasch, W. (Hrsg.): Beratung – Training – Supervision. München, S. 232-240.

118. Haritz, J. (1974): Der Unternehmensberater als Innovator. In: Zeitschrift für Organisation 43 (5), S. 273-275.

119. Hayek, F.A. von (1976): Individualismus und wirtschaftliche Ordnung. 2. Auflage. Salzburg.

120. Hayek, F.A. von (1980): Recht, Gesetzgebung und Freiheit. Band I: Regeln und Ordnung. Landsberg.

121. Heigl, A. (1971): Zum Entscheidungsproblem: fremde oder eigene Unternehmensberatung. In: Zeitschrift Interne Revision 6 (1), S. 1-13.

122. Held, D./Thompson, J.B. (Hrsg.) (1989): Social theory of modern societies: Anthony Giddens and his critics. Cambridge.

123. Hill, W. (1990): Der Stellenwert der Unternehmensberatung für die Unternehmensführung. In: DBW 50 (2), S. 171-180.

124. Hill, W./Fehlbaum, R./Ulrich, P. (1981): Organisationslehre, 2 Bände. Stuttgart.

125. Hoffmann, W.H. (1991): Faktoren erfolgreicher Unternehmensberatung. Wiesbaden.

126. Hofmann, M. (1987): Psychologische Aspekte des Management-Beratungsprozesses. In: Hofmann, M./Sertl, W. (Hrsg.): Management-Consulting. Ausgewählte Probleme und Entwicklungstendenzen der Unternehmensberatung. Stuttgart, S. 239-261.

127. Hofmann, M. (1991a): Tiefenpsychologische Aspekte der Berater/Klienten-Beziehung. In: Hofmann, M. (Hrsg.): Theorie und Praxis der Unternehmensberatung. Heidelberg, S. 217-246.
128. Hofmann, M. (Hrsg.) (1991b): Theorie und Praxis der Unternehmensberatung. Bestandsaufnahme und Entwicklungsperspektiven. Heidelberg.
129. Hollai, S.G. (1961): Betriebswirtschaftliche Probleme der Unternehmungsberatung. Winterthur.
130. Holtz, H. (1983): How to succeed as an independent consultant. New York.
131. Holtz, H. (1989): Choosing and using a consultant. New York.
132. Houssaye, L. de la (1975): Das Organisations-Entwicklungsmodell des NPI. In: Glasl, F./Houssaye. L. de la (Hrsg.): Organisationsentwicklung. Bern, S. 15-28.

133. Ibielski, D./Küster, N./Sebode, G. (verschiedene Jahrgänge): Handbuch der Unternehmensberatung. Ergänzbares Informationswerk für Unternehmen und Organisationen der Wirtschaft, für Berater und Beraterverbände. Loseblatt Ausgabe. Berlin.

134. Jakobs, H.-J. (1989): Beraten und verkauft. In: Management Wissen 17 (11), S. 55-70.
135. Jarillo, J.C. (1988): On strategic networks. In: Strategic Management Journal 9 (1), S. 31-41.
136. Jary, D. (1991): 'Society as time-traveller': Giddens on historical change, historical materialism and the nation state in world society. In: Bryant, C.G.A./Jary, D. (Hrsg.): Giddens theory of structuration: A critical appreciation. London, S. 116-159.
137. Jensen, M.C./Meckling, W. (1976): Theory of the firm: managerial behavior, agency costs and ownership structure. In: Journal of Financial Economics 3, S. 305-360.

138. Kaas, K.-P./Schade, C. (1993): Bindungsstärke in Kooperations- und Geschäftsbeziehungen am Beispiel der Dienstleistung Unternehmensberatung. In: Thelen, E.M./Mairamhof, G.B. (Hrsg.): Dienstleistungsmarketing – Eine Bestandsaufnahme. Frankfurt/ Main, S. 73-99.
139. Kappler, E. (1984): Der gut beratene Berater. In: Hinterhuber, H.H./Laske, St. (Hrsg.): Zukunftsorientierte Unternehmenspolitik. Konzeptionen, Erfahrungen und Reflexionen zur Personal- und Organisationsentwicklung. Freiburg, S. 247-260.
140. Kelley, R.E. (1979): Should you have an internal consultant? In: Harvard Business Review 57 (6), S. 110-120.

141. Kienbaum, G./Meissner, D. (1979): Zur Problematik des Effizienznachweises von Beratung. Ansätze im Beratungsprozess. In: BFuP 31 (2), S. 109-116.
142. Kieser, A. (1993): Human Relations-Bewegung und Organisationspsychologie. In: Kieser, A. (Hrsg.): Organisationstheorien. Stuttgart, S. 95-126.
143. Kieser, A. (1994): Fremdorganisation, Selbstorganisation und evolutionäres Management. In: ZfbF 46 (3), S. 199-228.
144. Kieser, A. (1996): Moden & Mythen des Organisierens. In: Die Betriebswirtschaft 56 (1), S. 21-39.
145. Kieser, A. (1998a): Unternehmensberater – Händler in Problemen, Praktiken und Sinn. In: Glaser, H./Schröder, E.F./Werder, A.v. (Hrsg.): Organisation im Wandel der Märkte. Erich Frese zum 60. Geburtstag. Wiesbaden, S. 191-225.
146. Kieser, A. (1998b): Immer mehr Geld für Unternehmensberatung – und wofür? In: Organisationsentwicklung 17 (2), S. 62-69.
147. Kießling, B. (1988): Kritik der Giddens´schen Sozialtheorie. Ein Beitrag zur theoretisch-methodischen Grundlegung der Sozialwissenschaften. Frankfurt/Main.
148. Kirsch, W. (1992): Kommunikatives Handeln, Autopoiese, Rationalität. Sondierungen zu einer evolutionären Führungslehre. München.
149. Kirsch, W./Knyphausen. D. zu (1991): Unternehmungen als „autopoietische" Systeme? In: Staehle, W.H./Sydow, J. (Hrsg.): Managementforschung 1. Berlin/ New York, S. 75-101.
150. Kirsch, W. et al. (1978): Empirische Explorationen zu Reorganisationsprozessen. München.
151. Klanke, B. (1992): Interne Beratung. In: Wagner, H./Reineke, R.-D. (Hrsg.): Beratung von Organisationen. Philosophien – Konzepte – Entwicklungen. Wiesbaden, S. 101-129.
152. Klein, H. (1974): Die Konsultation externer Berater. In: Klein, H./ Knorpp, J. (Hrsg.): Entscheidung unter Außeneinfluss. Tübingen, S. 3-108.
153. Klein, H: (1978): Zur Messung des Beratungserfolges. In: Zeitschrift für Organisation 47 (2), S. 105-110.
154. Klement, B. (1985): Lösungen aus dem Pool. In: Management Wissen 13 (8), S. 20-22.
155. Knights, D./Murray, F./Willmott, H. (1993): Networking as knowledge work: A study of strategic interorganisational development in the financial services. In: Journal of Management Studies 30 (6), S. 975-995.

156. Knyphausen, D. zu (1988): Unternehmungen als evolutionsfähige Systeme. Überlegungen zu einem evolutionären Konzept für die Organisationstheorie. München.
157. Knyphausen, D. zu (1991): Selbstorganisation und Führung. In: Die Unternehmung 45 (1), S. 47-64.
158. Knyphausen, D. zu (1993): "Why are Firms different?" Der „Ressourcenorientierte Ansatz" im Mittelpunkt einer aktuellen Kontroverse im Strategischen Management. In: Die Betriebswirtschaft 53 (6), S. 771- 792.
159. Knyphausen-Aufseß, D. zu (1997): Auf dem Weg zu einem ressourcenorientierten Paradigma? Resource-Dependence-Theorie der Organisation und Resource-based View des Strategischen Managements im Vergleich. In: Ortmann, G./ Sydow, J./Türk, K. (Hrsg.): Theorien der Organisation, S. 452-480.
160. König, E./Volmer, G. (1994): Systemische Organisationsberatung. Grundlagen und Methoden. 2. Auflage. Weinheim.
161. Königswieser, U. (1997): Flexible Berater knüpfen Netze. In: Ahlemeyer, H.W./ Königswieser, R. (Hrsg.): Komplexität managen. Strategien, Konzepte und Fallbeispiele. Frankfurt/Main, S. 163-182.
162. Königswieser, R./Exner, A. (1998): Systemische Intervention. Architekturen und Designs für Berater und Veränderungsmanager. Stuttgart.
163. Königswieser, R./Exner, A./Pelikan, J. (1995): Systemische Intervention in der Beratung. In: Organisationsentwicklung 13 (2), S. 53-65.
164. Kormann, H. (1971): Typen der Unternehmensberatung und ihre Stellung im Entscheidungsprozess der Unternehmensleitung. In: Koller, H./Kicherer, H.-P. (Hrsg.): Probleme der Unternehmensführung. Festschrift zum 70. Geburtstag von Eugen Hermann Sieber. München, S. 248-269.
165. Kramer, F. (1989): Erfahrungsbericht eines Industrieunternehmens. In: Meffert, H./Wagner, H./Backhaus, K. (Hrsg.): Unternehmensberatung – Was bringt Consulting? Dokumentation des Workshops vom 24. November 1988. Dokumentationspapier Nr. 51 der Wissenschaftlichen Gesellschaft für Marketing und Unternehmensführung e.V. Münster, S. 61-83.
166. Krebs, D. (1980): Unternehmensberatung in der Bundesrepublik Deutschland. Bochum.
167. Krüger, W. (1993): Organisation der Unternehmung. 2. Auflage. Stuttgart.

168. Krystek, U./Zumbrock, S. (1993): Planung und Vertrauen. Die Bedeutung von Vertrauen und Misstrauen für die Qualität von Planungs- und Kontrollsystemen. Stuttgart.
169. Kubr, M. (1977): Management Consulting. A Guide to the Profession. Genf.
170. Küpper, W./Ortmann, G. (Hrsg.) (1988): Vorwort: Mikropolitik – Das Handeln der Akteure und die Zwänge der Systeme. In: Küpper, W./Ortmann, G. (Hrsg.): Mikropolitik – Rationalität, Macht und Spiele in Organisationen. Opladen, S. 7-9.
171. Kurbjuweit, D. (1996): Die Propheten der Effizienz. In: Die Zeit, Nr.3, S. 9-11.

172. Landry, M. (1995): A Note on the Concept of 'Problem'. In: Organization Studies 16 (2), S. 315-343.
173. Laux, H. (1990): Risiko, Anreiz und Kontrolle. Berlin.
174. Lentz, B. (1996): Nichts für schwache Nerven. In: Capital 35 (9), S. 48-54.
175. Lévi-Strauss, C. (1994): Das wilde Denken. 9. Auflage. Frankfurt/Main.
176. Lincoln, J.R. (1982): Intra- (and inter-) organizational networks. In: Bacharach, S.B. (Hrsg.): Research in the sociology of organizations. Vol. 1. JAI. Greenwich, Conn., S. 255-294.
177. Lindblom, C.E. (1959): The science of "muddling through". In: Public Administration Review 19 (2), S. 78-88.
178. Lippitt, R./Lippitt, G. (1977): Der Beratungsprozess in der Praxis. In: Sievers, B. (Hrsg.): Organisationsentwicklung als Problem. Stuttgart, S. 93-115.
179. Loose, A./Sydow, J. (1994): Vertrauen und Ökonomie in Netzwerkbeziehungen – Strukturationstheoretische Betrachtungen. In: Sydow, J./Windeler, A. (Hrsg.): Management interorganisationaler Beziehungen. Opladen, S. 160-193.
180. Luhmann, N. (1969): Legitimation durch Verfahren. Neuwied am Rhein.
181. Luhmann. N. (1971): Sinn als Grundbegriff der Soziologie. In: Habermas, J./Luhmann, N.: Theorie der Gesellschaft oder Sozialtechnologie. Frankfurt/Main, S. 25-100.
182. Luhmann, N. (1973a): Vertrauen. Ein Mechanismus zur Reduktion sozialer Komplexität. 2. Auflage. Stuttgart.
183. Luhmann, N. (1973b): Zweckbegriff und Systemrationalität. Frankfurt/Main.
184. Luhmann, N. (1974): Soziologie als Theorie sozialer Systeme. In: Luhmann, N.: Soziologische Aufklärung. Band 1. Aufsätze zur Theorie sozialer Systeme. 4. Auflage. Stuttgart, S. 113-136.

185. Luhmann, N. (1981): Soziologische Aufklärung. Band 3: Soziales System, Gesellschaft, Organisation. Opladen.
186. Luhmann, N. (1983): Rechtssoziologie. Opladen.
187. Luhmann, N. (1984): Soziale Systeme. Frankfurt/Main.
188. Luhmann, N. (1988): Organisation. In: Küpper, W./Ortmann, G. (Hrsg.): Mikropolitik – Rationalität, Macht und Spiele in Organisationen. Opladen, S. 165-185.
189. Luhmann, N. (1990): Sthenographie. In: Luhmann, N./Maturana, H./Namiki, M./ Redder, V./Varela, F. (1990): Beobachter. Konvergenz der Erkenntnistheorien? München, S. 119-137.
190. Luhmann, N. (1991): Soziologie des Risikos. Berlin.
191. Luhmann, N. (1992a): Kommunikationssperren in der Unternehmensberatung. In: Luhmann, N./Fuchs, P.: Reden und Schweigen. Frankfurt/Main, S. 209-227.
192. Luhmann, N. (1992b): Fragen an Niklas Luhmann (Interview). In: Königswieser, R./Lutz, C. (Hrsg.): Das systemisch evolutionäre Management: der neue Horizont für Unternehmer. 2. Auflage. Wien, S. 95-111.
193. Lyles, M.A./Mitroff, I.I. (1980): Organizational Problem Formulation. an Empirical Study. In: Administrative Science Quarterly 25 (1), S. 102-119.

194. Maas, P. /Schüller, A. /Strasmann, J. (1992): Einleitung. In: Maas, P./Schüller, A./Strasmann, J. (Hrsg.): Beratung von Organisationen. Stuttgart, S. 2-8.
195. Maleri, R. (1997): Grundlagen der Dienstleistungsproduktion. Berlin.
196. Malik, F. (1979): Die Managementlehre im Lichte der modernen Evolutionstheorie. In: Die Unternehmung 33 (4), S. 303-316.
197. Malik, F./Probst, G.J.B. (1981): Evolutionäres Management. In: Die Unternehmung 35 (2), S. 121-140.
198. March, J.G./Simon, H.A. (1958): Organizations. New York/London.
199. Margulies, H./Raia, A.P. (1972): The myth and magic in OD. In: Business Horizons 15 (4), S. 77-82.
200. Marner, B. (1982): Unternehmensberatung im Dienste der Unternehmensführung. Einschätzungen aus der Sicht der Praxis. Osnabrück.
201. Maturana, H.R. (1985): Erkennen: Die Organisation und Verkörperung von Wirklichkeit. 2. durchges. Auflage. Braunschweig/Wiesbaden.
202. Mead, G.H. (1969): Sozialpsychologie. Neuwied.

203. Mead, G.H. (1991): Geist, Identität und Gesellschaft. 8. Auflage. Frankfurt/Main.
204. Mechler, H.(1974): Der Unternehmensberater. Partner auf Zeit. München.
205. Meffert, H. (1989): Unternehmensberatung – Bestandsaufnahme und empirische Ergebnisse. In: Meffert, H./Wagner, H./Backhaus, K. (Hrsg.): Unternehmensberatung – Was bringt Consulting? Dokumentation des Workshops vom 24. November 1988. Dokumentationspapier Nr. 51 der Wissenschaftlichen Gesellschaft für Marketing und Unternehmensführung e.V. Münster, S. 3-34.
206. Meffert, H. (1990): Unternehmensberatung und Unternehmensführung – Eine empirische Bestandsaufnahme. In: Die Betriebswirtschaft 50 (2), S. 181-197.
207. Mencke, C. (2005): Vertrauen in sozialen Systemen und in der Unternehmensberatung. Eine Grundlagenanalyse und Hinweise für eine vertrauenssensible Beratungspraxis am Beispiel größerer mittelständischer Unternehmen. DUV
208. Meyer, D. (1971): Möglichkeiten und Probleme der Unternehmensberatung bei Genossenschaften, untersucht am Beispiel der Einkaufsgenossenschaften des Handels und des Handwerks in der Bundesrepublik Deutschland. Bonn.
209. Miles, R.E./Snow, C.C. (1986): Organizations: New Concepts for new Forms. In: California Management Review, 28 (2), S. 62-73.
210. Mingers, S. (1996): Systemische Organisationsberatung. Eine Konfrontation von Theorie und Praxis. Frankfurt/Main.
211. Mintzberg, H. (1973): The nature of managerial work. New York.
212. Mintzberg, H. (1983): Power in and around organizations. Englewood Cliffs.
213. Mitchell, J.C. (1969): The Concept and Use of Social Networks. In: Mitchell, J.C. (Hrsg.): Social Networks in Urban Situations. Manchester, S. 1-32.
214. Morgan, G. (2018): Bilder der Organisation. Stuttgart.
215. Müller, W.R. (1981): Funktionen der Organisationsberatung. In: Die Unternehmung 41 (1), S. 41-50.
216. Müller, H.-P./Schmid, M. (1995): Paradigm Lost? Von der Theorie sozialen Wandels zur Theorie dynamischer Systeme. In: Müller, H.-P./Schmid, M. (Hrsg.): Sozialer Wandel. Frankfurt/Main, S. 9-55.

217. Mylenbusch, H. (1969): Deutsche Unternehmensberater sehen große Zukunftschancen. In: Die Welt Nr. 231, Samstag, 04.10.1969, S. 15.

218. Neuberger, O. (1994): Personalentwicklung. 2. Auflage. Stuttgart.

219. Nord, W.R. (1974): The failure of current applied behavior schience: A Marxian perspective. In: JAPS 10, S. 557-578.

220. Okun, A. (1980): The invisible handshake and the inflationary process. In: Challenge 70 (6), S. 5-12.

221. Ortmann, G. (1988): Macht, Spiel, Konsens. In: Küpper, W./Ortmann, G. (1988): Mikropolitik – Rationalität, Macht und Spiele in Organisationen. Opladen, S. 13-26.

222. Ortmann, G. (1995a): Zur Einführung. Die Formen der Produktion und das Bewusstsein der Kontingenz. Vom Stecknadelbeispiel und Fords Fließband zu lean production und business reengeenering. In: Ortmann, G.: Formen der Produktion. Organisation und Rekursivität. Opladen, S. 9-25.

223. Ortmann, G. (1995b): Rekursivität, Produktivität, Viabilität. In: Ortmann, G.: Formen der Produktion. Organisation und Rekursivität. Opladen, S. 98-124.

224. Ortmann, G. (1995c): Im Namen der Ökonomie. Der Computer, das Produktivitätsparadox und die Theorie des Lock In. In: Ortmann, G.: Formen der Produktion. Organisation und Rekursivität. Opladen, S. 151-174.

225. Ortmann, G. (1995d): „Lean". Zur rekursiven Stabilisierung von Kooperation. In: Ortmann, G.: Formen der Produktion. Organisation und Rekursivität. Opladen, S. 291-337.

226. Ortmann, G. (1995e): Heuchelei, Bigotterie, Intrige. Eine Apologie. In: Volmerg, B. et al.: Nach allen Regeln der Kunst. Macht und Geschlecht in Organisationen. Freiburg.

227. Ortmann, G./Windeler, A./Becker, A./Schulz, H.-J. (1990): Computer und Macht in Organisationen. Opladen.

228. Ortmann, G./Sydow, J./Windeler, A. (1997): Organisation als reflexive Strukturation. In: Ortmann, G./Sydow, J./Türk, K. (Hrsg.): Theorien der Organisation. Opladen, S. 315-354.

229. Outhwaite, W. (1990): Agency and Structure. In: Clark, J./Modgil, C./Modgil, S. (Hrsg.): Anthony Giddens: Consensus and controversy. London, S. 63-72.

230. Parmentier, K./Schade, H.J./Schreyer, F. (1996): Berufe im Spiegel der Statistik. Beschäftigung und Arbeitslosigkeit 1985-1995. BeitrAB 60. Nürnberg.

231. Penrose, E. (1959): The Theory of the Growth of the firm. Oxford.

232. Perich, R. (1989): Unternehmensorganisation im Wandel. An der Schwelle zu einem neuen Organisationsverständnis. In: Zeitschrift für Führung und Organisation. 58 (1), S. 5-14.

233. Perlitz, W. (1975): Zum Entscheidungsproblem: Eigenerstellung/Fremdbezug von Unternehmensberatungsleistungen. Nürnberg.

234. Perls, F.S. (1979): Grundlagen der Gestalttherapie. 2. Auflage. München.

235. Petts, N. (1997): Building Growth on Core Competences – a Practical Approach. In: Long Range Planning 30 (4), S. 551-561.

236. Pfeffer, J./Salancik, G.R. (1978): The External Control of Organizations. A Resource Dependence Perspective. New York.

237. Pickert, G. (1990): Ablauf von Beratungsleistungen. In: WISU – Das Wirtschaftsstudium 19 (6), S. 352-353.

238. Plinke, W. (1989): Die Geschäftsbeziehung als Investition. In: Specht, G./Silderer, G./Engelhardt, W.H. (Hrsg.): Marketing-Schnittstellen. Stuttgart, S. 305-326.

239. Polanyi, M. (1985): Implizites Wissen. Frankfurt/Main.

240. Probst, G.J.B. (1985): Regeln des systemischen Denkens. In: Probst, G.J.B./Siegwart, H. (Hrsg.): Integriertes Management. Bausteine des systemorientierten Managements. Bern, S. 181-204.

241. Probst, G.J.B. (1987): Selbst-Organisation. Ordnungsprozesse in sozialen Systemen aus ganzheitlicher Sicht. Berlin.

242. Pütz, B./Kierst, D. (1992): Die psychologische Perspektive in der Beratung. In: Maas, P./Schüller, A./Strasmann, J. (Hrsg.) (1992): Beratung von Organisationen. Stuttgart, S. 67-92.

243. Ranson, S./Hinings, C.R./Greenwood, R. (1980): The structuring of organizational structures. In: Administrative Science Quarterly 25 (1), S. 1-17.

244. Rechberg, H. (1982): Dem guten Rat müssen die guten Taten folgen. In: FAZ – Blick durch die Wirtschaft. Nr. 148, S. 3.

245. Rechtien, W. (1988): Das nichtprofessionelle beratende Gespräch. Fernuniversität-Gesamthochschule Hagen. Kurs Nr. 03273. Hagen.

246. Reese-Schäfer, W. (1992): Luhmann zur Einführung. Hamburg.
247. Reindl, J. (1985): Unternehmensberatung und Rationalisierung. Anleitung zur betrieblichen Gegenwehr durch Betriebsräte und Belegschaften. Saarbrücken.
248. Richter, M. (1979): Der Einsatz von Beratern in Problemlösungsprozessen. In: Betriebswirtschaftliche Forschung und Praxis 31 (2), S. 127-143.
249. Rieckmann, H. (1980): Organisationsentwicklung einer neuen Fabrik. In. Management-Zeitschrift IO 49 (1), S. 18-22.
250. Rieckmann, H. (1982): Was ist „Organisationsentwicklung" (OE) und wo kann sie helfen? In: Zeitschrift für Führung und Organisation 51 (5-6), S. 269-275.
251. Rieckmann, H. (1992): Organisationsentwicklung – von der Euphorie zu den Grenzen. In: Sattelberger, T. (Hrsg.): Die lernende Organisation. Gabler, S. 125-143.
252. Rieckmann, H./Sievers, B. (1978): Lernende Organisation – Organisiertes Lernen. Systemveränderung und Lernen in sozialen Organisationen. In: Bartölke, K. et al. (Hrsg.): Arbeitsqualität in Organisationen. Wiesbaden, S. 259-276.
253. Ring, P.S. (1993): Processes facilitating reliance on trust in inter-organizational networks. In: Ebers, M. (Hrsg.): Inter-organizational Networks: Structures and Processes. Proceedings of the ESF Workshop. Berlin. 6-7. September 1993, S. 367-408.
254. Ringlstetter, M. (1988): Auf dem Weg zu einem evolutionären Management. München.
255. Rock, R./Krebs, M. (1994): Unternehmungsnetzwerke – eine intermediäre oder eigenständige Organisationsform? In: Sydow, J./Windeler, A. (Hrsg.): Management interorganisationaler Beziehungen. Opladen, S. 322-345.
256. Rogers, C.G. (1972): Die nicht-direktive Beratung. München.
257. Rogers, C.G. (1991): Klientenzentrierte Psychotherapie. In: Rogers, C.G./Schmid, P.F. (Hrsg.): Person – zentriert. Mainz, S. 185-235.
258. Rosenstiel, L./Molt, W./Rüttinger, B. (1988): Organisationspsychologie. 7. Auflage. Stuttgart.
259. Rotter, J.B. (1980): Interpersonal trust, trustworthiness, and gullibility. In: American Psychologist 35 (1), S. 1-7.
260. Rühli, E. (1993): Unternehmensführung und Unternehmenspolitik III. Bern/Stuttgart.

261. Sadowski, D./Frick, B. (1989): Unternehmerische Personalpolitik in organisationsökonomischer Perspektive: Das Beispiel

der Schwerstbehindertenbeschäftigung. In: Mitteilungen aus der Arbeitsmarkt- und Berufsforschung 22, S. 407-418.

262. Schäffter, O. (1991): Modi des Fremderlebens. Deutungsmuster im Umgang mit Fremdheit. In: Schäffter, O. (Hrsg.): Das Fremde. Erfahrungsmöglichkeiten zwischen Faszination und Bedrohung. Opladen, S. 11-42.

263. Schein, E.H. (1969): Process Consultation: Its Role in Organization Development. 2. Auflage. Reading, MA.

264. Schein, E.H. (1989): Organisationsentwicklung: Wissenschaft, Technologie oder Philosophie? In: Zeitschrift für Organisationsentwicklung. 8 (3), S. 1-10.

265. Scherer, H.-P. (1992): Spur der Verwüstung. In: Wirtschaftswoche 46 (45), S. 82-91.

266. Schleip, W. (1968): Wechselseitiges Ringen um Anerkennung und Vertrauen. In: Rationalisierung 19 (10), S. 242-245.

267. Schmidt, G. (1989): Methoden und Techniken der Organisation. Bd. 1. 8. Auflage. Gießen.

268. Schober, H. (1991): Irritation und Bestätigung – Die Provokation der systemischen Beratung oder: Wer macht eigentlich die Veränderung? In: Hofmann, M. (Hrsg.): Theorie und Praxis der Unternehmensberatung. Heidelberg, S. 345-370.

269. Schott, G. (1972): Der Beruf des Unternehmensberaters. Grundlegender Wegweiser. Herne/Berlin.

270. Schreyögg, G. (1984): Strategisches Management. Berlin/New York.

271. Schreyögg, G. (1990): Organisation I: Einführung in die Organisationslehre. Fernuniversität-Gesamthochschule Hagen – Kursangebot im Schwerpunktfach „Organisation und Planung". Kurs Nr. 00550. Hagen.

272. Schreyögg, G. (1997): Theorien organisatorischer Ressourcen. In: Ortmann, G./Sydow, J./Türk, K. (Hrsg.): Theorien der Organisation. Opladen, S. 481-486.

273. Schreyögg, G./Noss, C. (1995): Organisatorischer Wandel: Von der Organisationsentwicklung zur lernenden Organisation. In: Die Betriebswirtschaft 55 (2), S. 169-185.

274. Schreyögg, G./Steinmann, H. (1986): Zur Praxis strategischer Kontrolle. In: Zeitschrift für Betriebswirtschaft 56 (1), S. 40-50.

275. Schröder, E.F. (1988): Unternehmensberatung in der Führung eines Industrieunternehmens. In: Meffert, H./Wagner, H./Backhaus, K. (Hrsg.): Unternehmensführung und -beratung – Was bringt Consulting? Dokumentation des 14. Münsteraner Führungsgesprächs. Dokumentationspapier Nr. 47 der

Wissenschaftlichen Gesellschaft für Marketing und Unternehmensführung e.V. Münster, S. 68-73.

276. Scott, J. (1991): Social network analysis: A handbook. London.

277. Seitz, F. (1960): Inhalt und Ziel nützlicher Unternehmensberatung. In: Mensch und Arbeit 12 (2), S. 36-37.

278. Selvini-Palazzoli, M. et al. (1981): Hypothetisieren – Zirkularität – Neutralität: Drei Richtlinien für den Leiter der Sitzung. In: Familiendynamik 6 (2), S. 123-139.

279. Selvini-Palazzoli, M. et al. (1985): Hinter den Kulissen der Organisation. 2. Auflage. Stuttgart.

280. Selvini-Palazzoli, M. et al. (1987): Das Individuum im Spiel. In: Zeitschrift für systemische Therapie 5 (3), S. 144-152.

281. Siebert, H. (1991): Ökonomische Analyse von Unternehmensnetzwerken. In: Staehle, W.H./Sydow, J. (Hrsg.): Managementforschung 1. Berlin und New York, S. 291-311.

282. Shapiro, E.C. (1996): Mode, nicht Methode. In: Manager-Magazin 26 (12), S. 170-176.

283. Sievers, B. (1978): Organisationsentwicklung als Aktionsforschung. In: Zeitschrift für Organisation 47 (4), S. 209-218.

284. Simmel, G. (1968): Soziologie. 5. Aufl. Berlin.

285. Simon, F.B./Stierlin, H. (1984): Die Sprache der Familientherapie. Ein Vokabular. Stuttgart.

286. Sloane, C. (1987): A perspective of trends in the management consulting industry: 1987-2000. Presentation at ACME Annual Meeting. Sea Island.

287. Sloterdijk, P. (1983): Kritik der zynischen Vernunft. Frankfurt/Main.

288. Spencer Brown, G. (1969): Laws of form. London.

289. Staehle, W.H. (1991a): Organisatorischer Konservatismus in der Unternehmensberatung. In: Gruppendynamik 22 (1), S. 19-32.

290. Staehle, W.H. (1994): Management, 7. Auflage. München.

291. Staehle, W.H./Grabatin, G. (1979): Effizienz von Organisationen. In: Die Betriebswirtschaft 39 (1), S. 89-102.

292. Starbuck, W.H. (1982): Congealing Oil: Inventing Ideologies to Justify Acting Ideologies Out. In: Journal of Management Studies 19 (1), S. 3-27.

293. Starbuck, W.H. (1992): Learning By Knowledge-Intensive Firms. In: Journal of Management Studies 29 (6), S. 713-740.

294. Steele, F. (1975): Consulting for Organizational Change. Amherst.

295. Stevens, J.O. (1975): Die Kunst der Wahrnehmung. München.

296. Steyrer, J. (1991a): „Unternehmensberatung" – Stand der deutschsprachigen Theorienbildung und empirischen Forschung. In: Hofmann, M. (Hrsg.): Theorie und Praxis der Unternehmensberatung. Heidelberg, S. 1-44.

297. Steyrer, J. (1991b): Klientenspezifische Konfliktbarrieren im Prozess der Unternehmensberatung. In: Zeitschrift für betriebswirtschaftliche Forschung 43 (9), S. 783-796.

298. Sydow, J. (1985): Organisationsspielraum und Büroautomation. Berlin.

299. Sydow, J. (1992): Strategische Netzwerke. Evolution und Organisation. Wiesbaden.

300. Sydow, J. (1996): Inter-organizational relations. In: Warner, M. (Hrsg.): International encyclopedia of business and management, Vol. 3. London, S. 2360-2373.

301. Sydow, J. (1997): Mitbestimmung und neue Unternehmungsnetzwerke. Expertise für das Projekt „Mitbestimmung und neue Unternehmenskulturen". Gütersloh.

302. Sydow, J./Windeler, A. (1993): Managing corporate networks. A structurationist perspective. In: Ebers, M. (Hrsg.): Proceeding of the workshop on interorganizational networks: structures and processes. Paderborn, S. 192-236.

303. Sydow, J./Windeler, A. (1994): Über Netzwerke, virtuelle Integration und Interorganisationsbeziehungen. In: Sydow, J./Windeler, A. (Hrsg.): Management interorganisationaler Beziehungen. Opladen, S. 1-21.

304. Sydow, J./Windeler, A. (1997): Managing Inter-Firm Networks: A Structurationist Perspective. In: Bryant, C.G.A./Jary, D. (Hrsg.): Anthony Giddens: Critical Assessments, Vol. 4. London, S. 455-495.

305. Sydow, J./Windeler, A. (1999): Projektnetzwerke: Management von (mehr als) temporären Systemen. In: Engelhard, J./Sinz, E.J. (Hrsg.): Kooperation im Wettbewerb. Wiesbaden, S. 212-235.

306. Sydow, J./Windeler, A./Krebs, M./Loose, A./van Well, B. (1995): Organisation von Netzwerken. Strukturationstheoretische Analysen der Vermittlungspraxis in Versicherungsnetzwerken. Opladen.

307. Teuscher, W. (1959): Die Einbeziehung des Forschers in die Untersuchungsgruppe durch Status- und Rollenzuweisung als Problem der empirischen Forschung. In: KZfSS 59, S. 250-256.

308. Thompson, J.B. (1989): The theory of structuration. In: Held, D./Thompson, J.B. (Hrsg.): Social theory of modern societies: Anthony Giddens and his critics. Cambridge, S. 56-76.

309. Thorelli, H.B. (1986): Networks: Between markets and hierarchies. In: Strategic Management Journal 7 (1), S. 37-51.

310. Thürbach, R.-P. (1989): Perspektiven der Unternehmensberatung. In: Meffert, H./Wagner, H./Backhaus, K. (Hrsg.): Unternehmensberatung – Was bringt Consulting? Dokumentation des Workshops vom 24. November 1988. Dokumentationspapier Nr. 51 der Wissenschaftlichen Gesellschaft für Marketing und Unternehmensführung e.V. Münster, S. 70-83.

311. Tichy, N./Tushman, M./Fombrun, C. (1979): Social network analysis for organizations. In: Academy of Management Review 4 (4), S. 507-519.

312. Titscher, S. (1995): Das Normogramm. Ein Methodenvorschlag zur Gruppen- und Organisationsforschung. In: Zeitschrift für Soziologie 24 (2), S. 115-136.

313. Titscher, S. (1991): Intervention: Zu Theorie und Techniken der Einmischung. In: Hofmann, M. (Hrsg.): Theorie und Praxis der Unternehmensberatung. Heidelberg, S. 309-343.

314. Titscher, S./Königswieser, R. (1985): Entscheidungen in Unternehmen. Zur Theorie und Praxis des Umgangs mit Krisen wechselseitiger Abhängigkeit. Wien.

315. Trebesch, K. (1980): Ursprung und Ansatz der Organisationsentwicklung sowie Anmerkungen zur Situation in Europa. In: Koch, U./Meuers, H./Schuck, M. (Hrsg.): Organisationsentwicklung in Theorie und Praxis. Frankfurt/Main, S. 31-50.

316. Trebesch, K. (1982): 50 Definitionen der Organisationsentwicklung – und kein Ende. In: Zeitschrift der Gesellschaft für Organisationsentwicklung 1 (2), S. 37-62.

317. Trebesch, K. (1984a): Organisationsentwicklung in der Krise? In: Hinterhuber, H./Laske, St. (Hrsg.): Zukunftsorientierte Unternehmenspolitik. Freiburg, S. 312-331.

318. Trebesch, K. (1984b): Kann und soll man die Effizienz von OE-Prozessen messen – was biete ich an? In: Organisationsentwicklung 2 (3), S. 57-61.

319. Tripp, W. (1975): Consulting-Knigge: Spielregeln für Berater und Unternehmen. In: Manager-Magazin, 5 (12), S. 66-67.

320. Trippen, L. (1988): Unternehmensberatung in der Führung eines Bankbetriebes. In: Meffert, H./Wagner, H./Backhaus, K. (Hrsg.): Unternehmensführung und –beratung – Was bringt Consulting? Dokumentation des 14. Münsteraner Führungsgesprächs. Dokumentationspapier Nr. 47 der Wissenschaftlichen

Gesellschaft für Marketing und Unternehmensführung e.V. Münster, S. 56-67.

321. Tschierschky, J. (1971): Bemerkungen zur betriebswirtschaftlichen Problematik der Beteiligung externer Berater am Entscheidungsprozess in der Unternehmung. In: Neue Betriebswirtschaft und betriebswirtschaftliche Datenverarbeitung 4 (3), S. 43-49.

322. Türk, K. (1989): Neuere Entwicklungen in der soziologischen Theorie der Organisation. Kurseinheit 1 u. 2. Fernuniversität Hagen. Hagen.

323. Turner, A. (1983): Ein guter Berater liefert mehr als Berichte. In: Harvard Manager o. Jg. (3), S. 40-47.

324. Varela, F.J. (1990): Kognitionswissenschaft – Kognitionstechnik. Eine Skizze aktueller Perspektiven. Frankfurt/Main.

325. Wagner, H. (1975): Hier zitiert nach Raithel, H. (1975): Mut zur Selbstverleugnung. In: Manager-Magazin 5 (12), S. 60-64.

326. Wagner, H. (1992): Der Beratungsmarkt. In: Wagner, H./Reineke, R.-D. (Hrsg.): Beratung von Organisationen. Wiesbaden, S. 1-27.

327. Waldenfels, B. (1987): Ordnung im Zwielicht. Frankfurt/Main.

328. Wallerstein, R.S./Sampson, H. (1971): Issues in research in the psychoanalytic process. In: International Journal of Psycho-Analysis 52 (11), S. 11-50.

329. Watzlawick, P. (1983): Anleitung zum Unglücklichsein. 2. Auflage. München.

330. Watzlawick, P. (1990): Die Fliege und das Fliegenglas. In: Watzlawick, P. (Hrsg.): Die erfundene Wirklichkeit. München, S. 229-235.

331. Watzlawick, P./Beavin, J. (1990): Einige formale Aspekte der Kommunikation. In: Watzlawick, P./Weakland J.H. (Hrsg.): Interaktion. München, S. 95-110.

332. Weakland, J.H./Fisch, R./Watzlawick, P. (1990): Kurztherapie – Zielgerichtete Problemlösungen. In: Watzlawick, P./Weakland, J.H. (Hrsg.): Interaktion. München, S. 369-402.

333. Weber, M. (1980): Wirtschaft und Gesellschaft. 5. Auflage. Tübingen.

334. Weick, K.E. (1985): Der Prozess des Organisierens. Frankfurt/Main.

335. Weirich, W. (1974): Beratung in der BRD – Untersuchungsergebnisse. Ergebnisse einer Unternehmensbefragung. In.

Meyer, C.W. (Hrsg.): Gedanken zur Unternehmensführung. Berlin, S. 185-201.

336. Weißbach, H.-J. (1987): Auf der Suche nach einem Antiparadigma. In: Malsch, T./Seltz, R. (Hrsg.): Die neuen Produktionskonzepte auf dem Prüfstand. Berlin, S. 209-229.

337. Welge, M.K. (1987): Unternehmensführung. Band 2. Organisation. Stuttgart.

338. Weltz, F. (1986): Aus Schaden dumm werden. Zur Lernschwäche von Verwaltungen. In: Office Management 34 (5), S. 532-534.

339. Wernerfelt, B. (1984): A Resource-based View of the Firm. In: Strategic Management Journal 5, S. 171-180.

340. Willke, H. (1985): Societal Guidance Through Law? Arbeitspapier. Bielefeld.

341. Willke, H. (1987): Strategien der Intervention in autonome Systeme. In: Baecker, D. et al. (Hrsg.): Theorie als Passion. Niklas Luhmann zum 60. Geburtstag. Frankfurt/Main, S. 333-361.

342. Willke, H. (1992): Beobachtung, Beratung und Steuerung von Organisationen in systemtheoretischer Sicht. In: Wimmer, R. (Hrsg.): Organisationsberatung. Wiesbaden, S. 17-42.

343. Willke, H. (1993): Systemtheorie. Eine Einführung in die Grundprobleme der Theorie sozialer Systeme. 4. Auflage. Stuttgart/Jena.

344. Willke, H. (1994). Systemtheorie II: Interventionstheorie. Grundzüge einer Theorie der Intervention in komplexe Systeme. Stuttgart/Jena.

345. Willke, H. (1995): Systemtheorie III: Steuerungstheorie. Stuttgart/Jena.

346. Wimmer, R. (1988): Das Herstellen einer tragfähigen Arbeitsbeziehung zwischen Berater- und Klientensystem. In: Zeitschrift für systemische Therapie 6 (4), S. 267-278.

347. Wimmer, R. (1991): Organisationsberatung – Eine Wachstumsbranche ohne professionelles Selbstverständnis. Überlegungen zur Weiterführung des OE-Ansatzes in Richtung systemischer Organisationsberatung. In: Hofmann, M. (Hrsg.): Theorie und Praxis der Unternehmensberatung. Heidelberg, S. 45-135.

348. Wimmer, R. (Hrsg.) (1992): Organisationsberatung. Neue Wege und Konzepte. Wiesbaden.

349. Wimmer, R. (2012): Organisation und Beratung. Systemtheoretische Perpektiven für die Praxis. Heidelberg.

350. Winter, S.G. (1987): Knowledge and competence as strategic assets. In: Teece, D.J. (Hrsg.): The competitive challenge. Cambridge, S. 159-184.
351. Wirtz, K.E. (1985): Wettbewerbsdruck und Problemlösungsinitiative: Determinanten der Nachfrage nach externer Unternehmensberatung. Berlin.
352. Witte, E. (1972): Das Informationsverhalten in Entscheidungsprozessen. In: Witte, E. (Hrsg.): Das Informationsverhalten in Entscheidungsprozessen. Tübingen, S. 1-88.
353. Wohlfart, R. (1989): Consulting aus der Perspektive der Unternehmenspraxis – Erfahrungsbericht der Bundespost. In: Meffert, H./Wagner, H./Backhaus, K. (Hrsg.): Unternehmensberatung – Was bringt Consulting? Dokumentation des Workshops vom 24. November 1988. Dokumentationspapier Nr. 51 der Wissenschaftlichen Gesellschaft für Marketing und Unternehmensführung e.V., S. 54-69.
354. Wohlgemuth, A.C. (1982): Das Beratungskonzept der Organisationsentwicklung – Neue Form der Unternehmensberatung auf Grundlage des sozio-technischen Systemansatzes. Bern/Stuttgart.
355. Wurche, S. (1994): Vertrauen und ökonomische Rationalität in kooperativen Interorganisationsbeziehungen. In: Sydow, J./Windeler, A. (Hrsg.): Management interorganisationaler Beziehungen. Opladen, S. 142-159.

356. Yuchtman, E./Seashore, S.E. (1967): A systems resource approach to organizational effectiveness. In: American Sociological Review, S. 891-903.

357. Zand, D.E. (1977): Vertrauen und Problemlösungsverhalten von Managern. In: Lück, H.E. (Hrsg.): Mitleid, Vertrauen, Verantwortung: Ergebnisse der Erforschung prosozialen Verhaltens. Stuttgart, S. 61-74.
358. Zucker, L.G. (1986): Production of trust: Institutional sources of economic structure, 1840-1920. In: Staw, B.M./Cummings, L.L. (Hrsg.): Research in organizational behavior 8. Greenwich, Conn., S. 53-111.
359. Zündorf, L. (1987): Macht, Einfluss und Vertrauen. Elemente einer soziologischen Theorie des Managements. In: Angewandte Sozialforschung 14, S. 303-311.
360. Zwingmann, E./Schwertl, W./Staubach, M.L./Emlein, G. (1998): Management von Dissens. Die Kunst systemischer Beratung von Organisationen. Frankfurt/Main.